내가 뽑은 원픽! 최신 출제경향에 맞춘 최고의 수험서

2024

검색 광고마케터

밑줄만 외우면 합격하는

방미영, 서보윤 공저

1급

예문에듀
EDU

PROFILE ✏️

방미영

- 추계예술대학교 문화예술학 박사
- 서경대학교 광고홍보콘텐츠학과 교수
- 청년문화콘텐츠기획단 대표(운영위원장)
- 한국전자출판학회 회장 / 글로벌문화콘텐츠학회 부회장
- 중소기업유통센터 평가위원

서보윤

- 중앙대학교 신문방송학과 박사
- 동아방송예술대학교 광고크리에이티브과 교수
- 한국방송통신대학교 홍보팀장 역임
- BRANDA Corp. 커뮤니케이션 & 매체전략 전문위원 역임

머리말

검색광고는 포털 중심인 우리의 디지털 생태계에서 대표적인 마케팅 수단이자 필수적인 요소가 되고 있습니다. 이에 검색광고를 전략적으로 전문 기획, 운용하는 마케터의 역할은 더 중요해지고 있습니다.

검색광고마케터 1급 자격증은 디지털 마케팅에 특화된 필수 자격증으로, 많은 온라인광고대행사 및 기관에서 취득 권유 혹은 의무적 취득이 요구되고, 취득 시 인사고과에 반영하거나 채용 시에 우대 요건 중의 하나가 되고 있습니다.

본서는 온·오프라인 비즈니스를 창업하고 디지털 마케팅의 대표적인 방법인 검색광고를 직접 운영하길 희망하시는 분과 온라인광고대행사 취업을 희망하는 분, 그리고 관련 업종 종사자로서 전문적인 실무 능력을 키우고자 하시는 분을 대상으로, 디지털 마케터로서의 전문성과 실무적 역량 함양을 목표로 하고 있습니다.

온·오프라인 비즈니스 사업자들은 스스로 검색광고를 운영할 수 있는 이론과 실무를 갖추고, 관련 업종 희망자 및 종사자는 검색광고의 실제 기획, 등록과 운용, 그리고 활용 전략 전반을 학습해 검색광고 마케터로서의 자격 요건을 갖출 수 있을 것입니다.

자격증 취득에 도움이 되고자 네이버, 카카오, 구글의 검색광고를 중심으로 새롭게 개정된 사항을 적극 반영했으며, 매체사별 공통 사항은 물론 차이점을 쉽게 기억할 수 있도록 제시하였습니다. 지금까지의 기출문제 분석을 통해 핵심 이론을 제시하고, 2022년, 2023년에 출제된 8회 분량의 기출문제를 최대한 복원해 실제 시험에 대비할 수 있도록 구성했습니다.

본서의 내용이 검색광고마케터 1급 자격증을 준비하시는 분에게 도움이 되길 바라며, 모두의 합격을 응원합니다.

저자 방미영, 서보윤

👍 검색광고마케터 1급

- 디지털정보화로 초연결사회에 접어들면서 마케팅시장은 일방향적인 불특정 광고방식에서 데이터를 기반으로 효율적인 채널별 특성에 맞춘 온라인 디지털마케팅이 중심이 됨으로서 특화된 필요분야에서 전문적이고 실무적인 지식 및 역량을 평가하는 자격
- 광고대행사 뿐만이 아니라 많은 기업에서도 디지털비즈니스, 마케팅 및 검색광고의 전문인력을 통한 효율적 마케팅 분석, 전략수립 등의 자격을 갖춘 마케팅 직무자격조건으로 활용할 수 있는 자격

응시자격 및 비용

- 응시자격 : 제한 없음
- 응시지역 : 비대면 온라인
- 응시비용 : 50,000원(배송비 포함 발급 수수료 5,800원 별도)

👍 시험일정

회차	접수일자	시험일자	합격자 발표
2401회	02.12~02.23	03.23	04.12
2402회	05.13~05.24	06.22	07.12
2403회	08.19~08.30	09.28	10.18
2404회	11.11~11.22	12.21	25.01.10

시험과목

검정과목	검정방법	문항수	시험시간	배점	합격기준
• 온라인 비즈니스 및 디지털 마케팅 • 검색광고 실무 활용 • 검색광고 활용 전략	객관식	40문항	90분	100	70점 이상 (검정방법별 40% 미만 과락)
	단답식	20문항			

※ 시험에 관한 내용은 변경될 수 있으니 시험 전 정보통신기술자격검정(http://www.ihd.or.kr) 홈페이지를 참조하시기 바랍니다.

무료 동영상 강의 이용 가이드

다음 단계에 따라 시리얼 번호를 등록하면 무료 동영상 강의를 이용할 수 있습니다.

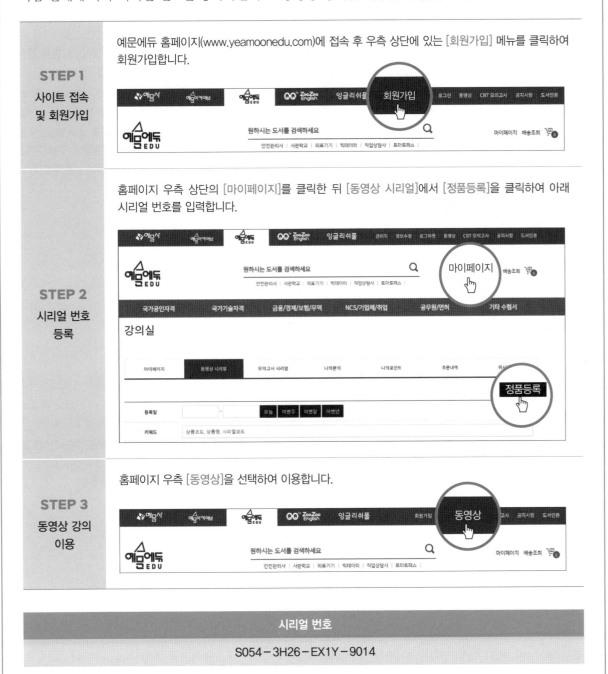

STEP 1
사이트 접속
및 회원가입

예문에듀 홈페이지(www.yeamoonedu.com)에 접속 후 우측 상단에 있는 [회원가입] 메뉴를 클릭하여 회원가입합니다.

STEP 2
시리얼 번호
등록

홈페이지 우측 상단의 [마이페이지]를 클릭한 뒤 [동영상 시리얼]에서 [정품등록]을 클릭하여 아래 시리얼 번호를 입력합니다.

STEP 3
동영상 강의
이용

홈페이지 우측 [동영상]을 선택하여 이용합니다.

시리얼 번호

S054 – 3H26 – EX1Y – 9014

도서의 구성과 활용

필수 핵심만을 모은 과목별 이론

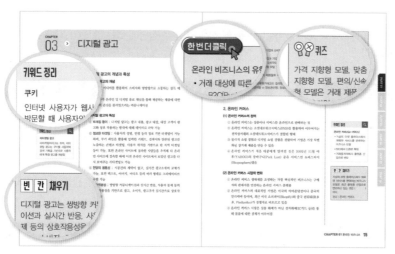

- 과목별로 시험에 꼭 나오는 핵심이론에 밑줄을 그어 구성하였다.
- 누구나 단번에 합격할 수 있도록 본문에는 한 번 더 클릭을, 양쪽 날개에는 O×퀴즈, 빈칸채우기, 키워드정리를 꼼꼼하게 수록하였다.

최신 출제 유형으로 구성한 출제예상문제

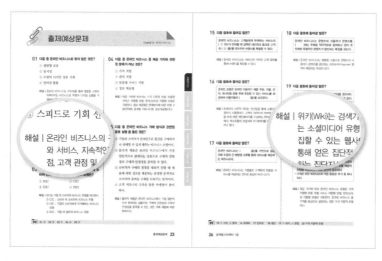

- 챕터별로 출제예상문제를 수록하여 학습과 복습을 동시에 할 수 있도록 하였다.
- 문제 바로 아래 작성된 상세한 해설로 최고 효율의 학습이 가능하다.

꼭 풀어봐야 할 2022년, 2023년 기출복원유형문제

- 전문 저자만의 기출복원 노하우로 2022년, 2023년 기출문제를 복원·재편집하여 수록하였다.
- 불필요한 과년도 기출문제보다는 가장 최신의 기출문제를 제공하여 출제 경향을 파악할 수 있다.

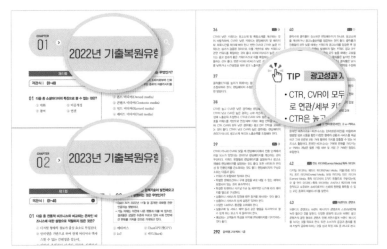

약관 및 정책을 요약한 부록 + 핵심 이론집 소책자

도서의 말미에 업체별로 약관, 운영정책까지 완벽히 수록하여 마무리 학습이 가능하다.

- 시험장까지 야무지게 챙겨가는 소책자!
- 시험 직전 이론만 빠르게 훑어볼 수 있도록 한 손에 들어오는 소책자 수록

목차

PART 01

온라인 비즈니스와 디지털 마케팅

1. 온라인 비즈니스

(1) 온라인 비즈니스의 개념

① <u>인터넷을 통한 양방향 정보 교류</u>로 물리적 상품 이외에도 <u>무형의 디지털 상품을 거래</u>의 대상으로 하는 비즈니스 영역

② 전통적 비즈니스의 주요 요소가 토지, 노동, 자본이었던 반면 온라인 비즈니스는 <u>정보, 지식을 주요 요소</u>로 하고 있음

③ 디지털 경제의 핵심이자 차세대 기업 경쟁의 중심으로 주목받고 있음

④ 온라인 비즈니스 모델은 기업의 인터넷 비즈니스 수익 창출의 원천

⑤ 온라인 비즈니스(온라인상의 비즈니스 활동 전반) → e-커머스(온라인상의 구매와 판매)

(2) 온라인 비즈니스의 성공요인

1) 차별화된 콘텐츠와 서비스

① 콘텐츠의 사용자가 콘텐츠를 생산하는 주체로 적극적으로 참여하고 있어 개인화된 독창적인 콘텐츠가 양산됨

② 차별화된 콘텐츠의 독창성은 콘텐츠의 소비를 능동적으로 이용하게 함

③ 독창성이 부족한 콘텐츠는 메타 플랫폼에서 배포가 줄어들거나 수익화 도구 액세스 권한이 제한·삭제될 수 있음

2) 지속적인 수익 창출 모델

① 온라인 비즈니스의 성공 요소는 수익을 지속적으로 창출하는 데 있음

② 대부분의 기업이 지속적인 수익 창출을 위한 운영시스템이 구축되어 있지 않아 실패함

③ 온라인 비즈니스의 지속성을 위해서는 기업의 제품력, 기술력, 브랜드력을 위한 전문 인력 확보와 물류시스템 등 작업환경을 위한 기반시설을 갖추어야 함

3) 스피드로 기회 선점

  ① 온라인 비즈니스는 고객 요구에 대해 신속한 파악과 대응을 할 수 있음

  ② 온라인 비즈니스는 변화와 속도가 빠른 신기술로 시장을 리드함

4) 고객 관점 및 고객 경험

  ① 온라인 비즈니스는 고객들과 직접 소통함으로써 콘텐츠의 경험을 공유함

  ② 온라인 비즈니스는 제품과 서비스를 선보이고 고객과 소통하며, 비즈니스에 관한 중요한 정보를 공유함

  ③ 많은 사람에게 맞춤화된 콘텐츠보다 자기 자신에게 관련성 높은 콘텐츠가 더욱 중요하다고 답한 Z세대의 비율이 65%로, 개인에게 맞춤화된 콘텐츠가 중요해짐

5) 특허

  ① 기업의 비즈니스 모델이 가진 자산 가치를 구현하는 것

  ② 시장 선점자에게 독점적 위치 제공, 후발주자에게는 진입장벽으로 작용

한번더클릭

온라인 비즈니스 모델의 5대 성공 요인
차별화된 콘텐츠와 서비스, 지속적인 수익 창출, 스피드로 기회 선점, 고객 관점 및 고객 경험, 특허

---

(3) 온라인 비즈니스의 특징

1) 간편성

  ① 인터넷을 기반으로 하므로 언제 어디서나 액세스할 수 있음

  ② 인터넷 연결이 있는 사람들은 전 세계 어디에서나 회사 웹사이트와 온라인 상점에 쉽게 접근할 수 있음

  ③ 제한된 시간 동안만 열리는 전통적 비즈니스와 달리 상품 판매자와의 상호작용, 주문, 결제 등 연중무휴 24시간 서비스가 제공되어 고객에게 편리함을 제공함

2) 개방성

  ① 제품과 서비스를 제공할 수 있는 시스템만 있으면 전 세계적으로 마케팅할 수 있으며, 시간과 공간의 지리적 경계 없이 액세스할 수 있어 전 세계 인구를 대상으로 타겟 고객층을 확보할 수 있음

② 풀타임 또는 파트타임으로 다른 직무를 수행하면서 온라인 비즈니스를 할 수 있음

③ 틈새 제품이나 특정 유형의 제품을 찾을 수 있게 액세스함으로써 제한된 범위의 소비자들에게 유용함

3) 확장성

① 고객들에게 부여하는 서비스의 가치가 인지될 때 <u>강력한 네트워크 효과로 고객의 참여를 유도하여 브랜드를 확장</u>할 수 있음

② 온라인 비즈니스에서 제공하는 메시지 내용(텍스트, 동영상, 사진, 메시지, 소리, 링크 등)은 <u>고객이 구매하려는 상품 및 서비스의 정보를 확장</u>해줌

③ 고객 참여와 피드백이 바이럴 마케팅의 중요한 수단으로 활용되어 제품의 구매까지 확장됨

④ <u>Go-To-Market(GTM) 전략</u>을 통해 합리적인 고객 확보 비용으로 상당수의 고객 확보가 가능하며, 수평 비즈니스로의 확장 가능
　　예 프라이스라인닷컴(priceline.com)은 호텔, 항공, 여행, 렌터카 및 휴가 패키지 예약으로 비즈니스 확장

한번더클릭

온라인 비즈니스의 특징
온라인 비즈니스는 간편성, 개방성, 확장성을 가진 비즈니스

(4) 온라인 비즈니스의 유형

1) 거래 대상에 따른 분류

① <u>B2C(기업 대 소비자)</u> : B2C 비즈니스는 <u>온라인 비즈니스의 대표적 유형</u>으로 최종 사용자에게 직접 판매하는 형식임. B2C 비즈니스는 모바일 앱, 기본 광고 및 리마케팅과 같은 기술을 활용하여 고객에게 직접 마케팅 진행

② <u>B2B(기업 대 기업)</u> : B2B 비즈니스는 제품이나 서비스를 다른 비즈니스에 판매하는 유형 예 <u>기업의 MRO 전문업체 활용</u>

③ <u>D2C(소비자에게 직거래)</u> : 기업이 소비자와 직거래를 하는 비즈니스 형태로 유통 단계를 최소화하거나 없애고, <u>온라인 자사몰</u> 등을 통해 소비자에게 직접 제품을 판매하는 방식

④ C2C(소비자 대 소비자) : 인터넷 경매 또는 벼룩시장과 같이 어떤 중개기관을 거치지 않고 소비자들이 인터넷을 통해 직거래를 하는 방식

⑤ B2B2C(Business-to-Business-to-Consumer) : B2B2C는 기업이 다른 조직과 협력하여 최종 고객에게 제품이나 서비스를 판매하는 비즈니스 유형

⑥ B2G(기업 대 정부) : 기업이 정부 기관이나 공공 기관에 제품을 판매하는 온라인 비즈니스의 유형으로 정부 계약의 성공적인 입찰에 의존

⑦ C2B(소비자 대 기업) : 기업에서 고객으로 나가는 일방적 관계가 아니라 고객에서 기업으로 연결되는 역방향, 그리고 양자를 통합한 쌍방향적으로 이루어지는 비즈니스 유형을 말함. 알리바바의 창업자 마윈 회장은 B2B, B2C에 이어 C2B 시대가 올 것으로 예측할 만큼 이에 대한 기대가 큼. 최근에는 소셜미디어 인플루언서와 연결해 창의적 마케팅에 활용되고 있음

2) 거래 가치에 따른 분류

① 가격 측면(가격 지향형 모델) : 온라인 비즈니스를 시작하는 주요 이점은 비용 차이임. 전통적인 사무실 기반 비즈니스를 설정하는 동안 물리적 위치에 투자해야 하는 비용을 최적화하여 아마존, 쿠팡 등 온라인 비즈니스의 최저가 가격으로 시장을 선도할 수 있는 모델

② 편의 측면(편의/신속성 지향형 모델) : 온라인 비즈니스의 편리성은 시간의 제약을 받지 않고 제품을 구매할 수 있다는 것으로, 더 많은 고객이 상품과 서비스를 온라인으로 편리하게 쇼핑할 수 있도록 구매에 대한 정보를 상세하게 제공해야 함. 최근 온라인 비즈니스가 200조 원 이상의 시장을 형성한 것도 커뮤니케이션을 통한 제품의 정보를 소통하는 편의를 제공하기 때문에 온라인 비즈니스의 최적화 모델이 됨

③ 서비스 측면(맞춤 서비스 지향형 모델) : 전통 비즈니스가 온라인 비즈니스로 이동한 것은 디지털 기술의 발달로 정보의 공유가 가능해졌기 때문. 이로 인해 고객 경험이 실시간 공유되면서 제품에 대한 속성과 만족도가 기업의 제품과 서비스에 직접 영향을 미치고 이에 맞는 서비스 제공에 중점을 두는 모델

PART 01
PART 02
PART 03
PART 04
PART 05
PART 06

3) 거래 제품에 따른 분류

① **물리적 제품 거래** : 물리적 제품은 온라인 비즈니스에서 가장 일반적으로 판매되는 상품으로, 구매의 간편성과 구매의 안정성을 충족할 수 있음. 알고리즘에 의한 타겟층 분석으로 유통의 최적화를 통해 온라인 비즈니스의 확장성을 확보함

② **디지털 상품 거래** : 전통 비즈니스에서 온라인 비즈니스로 이동함에 따라 상품에 대한 고객의 경험과 가치를 공유하는 것이 제일 중요하며, 디지털 상품의 특성을 파악하고 저작권, 특허권 등을 침해하지 않아야 함

4) 판매방식에 따른 분류

① **판매형** : 온라인 비즈니스는 기업과 소비자가 온라인으로 물건을 구매하거나 판매할 수 있게 해주는 비즈니스 모델. 판매형은 다양한 상품을 판매하는 쇼핑몰과 특정 제품만을 판매하는 카테고리 킬러(Category Killer) 플랫폼으로 구분되며, 특히 버티컬 커머스 플랫폼(Vertical Commerce Platform)은 특정 제품(⑩ 패션, 식품, 인테리어 등)을 전문적으로 판매

② **중개형** : 압도적인 정보격차로 인해 소비자가 구매의 결정을 내리지 못할 때 제품에 대한 정보를 제공하는 공정한 중개자로 소비자의 올바른 구매를 도와주는 방식. 소비자는 서비스에 대해 약간의 비용을 지급하며, 판매자는 중개 수수료를 지급함. 중개형 모델은 정확하고 편견 없는 정보 제공이 필수

③ **커뮤니티형** : 온라인 비즈니스의 특장점은 고객 커뮤니티 구축을 통한 마케팅이 용이하다는 것. 일부 웹사이트는 같은 생각을 가진 사람들이 와서 생각을 공유할 수 있는 포럼과 카페 등을 만들기도 함. 고객 기반 커뮤니티는 제품 가치의 감성 소비를 이끌 수 있으며, 팬덤을 형성하여 소비 문화로까지 발전 가능

④ **정보제공형** : 온라인 비즈니스의 장점은 판매하려는 제품에 대한 시장이 항상 존재한다는 것. 비즈니스 구축을 위한 정보를 생산하고, 검색하는 과정을 통해 트렌드와 타겟층에 대한 예측이 가능

온라인 비즈니스의 유형
- 거래 대상에 따른 분류
  - B2C(Business To Consumer) : 기업과 소비자 간 거래 **예** 포털, 검색, 온라인 커머스
  - B2B(Business To Business) : 기업과 기업 간 거래 **예** MRO
  - C2C(Consumer To Consumer) : 소비자와 소비자 간 거래 **예** 중고장터
  - D2C(Direct To Consumer) : 기업이 소비자와 직거래를 하는 형태 **예** 온라인 자사몰
  - C2B(소비자 대 기업) : 고객에서 기업으로 연결, 그리고 고객과 기업 간의 쌍방향적으로 이루어지는 비즈니스 유형 **예** 소비자가 가격, 제품 등을 직접 요청
- 제공 가치에 따른 구분 : 가격 지향형 모델, 맞춤 서비스 지향형 모델, 편의/신속성 지향형 모델
- 거래 제품에 따른 구분 : 물리적 제품 거래(물류 체계 구축이 중요), 디지털 제품 거래(고객 체험 유도)
- 판매방식에 따른 구분 : 판매형(카테고리 킬러형 vs 쇼핑몰형), 중개형(경매형 vs 매칭형), 커뮤니티형(정보검색형 vs 정보생산형), 정보제공형(전문 커뮤니티형 vs 포털형)

2. 온라인 커머스

(1) 온라인 커머스의 정의

① 온라인 커머스는 상품이나 서비스를 온라인으로 판매하는 것

② 온라인 커머스는 소셜네트워크서비스(SNS)를 활용하여 이루어지는 전자상거래와 소셜네트워크서비스가 결합된 형태

③ 물리적 쇼핑 경험과 디지털 쇼핑 경험을 결합하여 기업은 가장 차별화된 상거래 제품을 만들 수 있음

④ 온라인 커머스가 처음 대중에게 알려진 것은 2005년 11월 야후(YAHOO)의 장바구니(Pick List) 공유 서비스인 쇼퍼스피어(Shoposphere)였음

(2) 온라인 커머스 시장의 변화

① 온라인 커머스 생태계를 조성하는 가장 핵심적인 비즈니스는 구매자와 판매자를 연결하는 온라인 커머스 플랫폼

② 온라인 커머스의 대표적인 기업은 미국의 아마존닷컴이나 중국의 알리바바 등이며, 최근 미국 쇼피파이(Shopify)와 중국 핀둬둬(拼多多, Pinduoduo)가 경쟁자로 떠오르고 있음

③ 온라인 커머스 시장은 실물 화폐가 아닌 전자화폐(IC카드 등)를 통해 물품에 대한 결제가 이루어짐

④ 온라인 커머스 시장의 성장을 주도하는 배송 및 물류 산업이 빠른 성장 속도를 내고 있는 만큼 온라인 커머스 시장의 확대는 지속될 가능성이 높음

(3) 온라인 커머스 시장 트렌드

① 메타버스몰 진출 : 휴대폰과 태블릿을 통해 가구 및 가정 장식을 쇼핑할 수 있는 룸 데코레이터(Room Decorator)와 같은 증강현실(AR) 쇼핑 도구를 보유하여 소비자가 편리하게 구매할 수 있는 체험 앱이 있음

② IoT의 힘 활용 : 사물인터넷(IoT)은 온라인 비즈니스에서 RFID (Radio-Frequency Identification) 태그와 공급망 및 항공 우편 배송의 스마트 센서 장치로 수백만 개 다른 장치에서 데이터를 수집할 수 있을 만큼 충분히 지능적이기 때문에 마케팅에 필수적임

③ 프로그레시브 웹/앱 만들기 : 프로그레시브 웹/앱(PWA)은 모바일 사용자 경험을 관심의 중심에 두는 것을 기반으로 하기 때문에 온라인 비즈니스 마케팅에 관심이 있음. 이 기술은 단일 인스턴스에서 웹과 기본 앱의 두 가지 장점을 모두 제공함

④ 마케팅을 위한 팟캐스트 활용 : 팟캐스트는 온라인 비즈니스 마케팅 분야에서 양질의 콘텐츠를 통해 브랜드의 권위와 전문성을 보여줄 수 있는 가장 좋은 방법

⑤ 제품 판매 라이브 스트리밍 : 온라인 비즈니스 회사는 라이브 온라인 비디오 스트리밍을 통해 서비스와 제품을 판매함. 동영상은 페이스북(Facebook), 인스타그램(Instagram) 및 틱톡(TikTok)을 비롯한 다양한 소셜미디어 플랫폼에서 호스팅 할 수 있으며 모든 앱에는 라이브로 전환할 수 있는 기능이 있음

⑥ 마이크로 인플루언서와의 협업 : 온라인 비즈니스 회사는 진정한 인플루언서를 선택하고 장기적인 파트너십을 구축

(4) 온라인 커머스 시장의 활용 전략

① '유료 멤버십'을 통한 록인(Lock-in) 전략 : 특정한 제품이나 서비스에 이용자를 묶어두기 효과(가두리 효과) 예 아마존 프라임, 쿠팡 로켓와우

키워드 정리 🔍

록인(Lock-In) 전략
소비자를 특정 제품이나 서비스에 말 그대로 '묶어두는' 효과를 뜻하는 것으로, 고착 효과, 가두리 효과로도 불림

② 온라인과 오프라인을 통합한 옴니채널 전략

    ㉠ 라틴어의 <u>옴니(Omni)</u>와 상품의 유통경로를 의미하는 <u>채널 (Channel)</u>이 합성된 옴니채널은 고객을 중심으로 기업이 보유한 모든 온·오프라인 채널을 통합하고 연결하여 일관된 커뮤니케이션을 제공해 고객 경험을 강화하고 판매를 증대시키는 채널 전략

    ㉡ 기업이 보유한 인터넷, 모바일, 오프라인 매장을 통합하고 연결하여 동일한 제품, 가격, 혜택, 배송을 받을 수 있도록 제공해 다른 매장으로의 이탈을 최소화하고 판매를 증대시키고자 하는 전략

    ㉢ 아마존고(Amazon Go)나 스타벅스의 사이렌 오더가 대표적 사례

③ 쇼루밍/리버스 쇼루밍

    ㉠ <u>쇼루밍(Showrooming)</u> : 매장이 제품 구경만 하는 전시장 역할을 한다는 의미로, 상품 선택은 매장에서 하고 실제 구매는 인터넷 쇼핑몰에서 하는 구매 형태

    ㉡ <u>역쇼루밍(Reverse Showrooming)</u> : 쇼루밍과 반대로 온라인 매장에서 제품을 검색 후 오프라인 매장에서 구매하는 형태로 이러한 사람들을 리버스 쇼루밍족(역쇼루밍족)이라 함

3. 온라인 포털

(1) 온라인 포털의 정의

① 온라인 또는 웹 포털은 <u>사용자에게 정보, 도구 및 링크에 대한 입구를 제공하는 웹페이지</u>

② 사용자에게 데이터에 대한 단일 액세스 지점을 제공하는 플랫폼

③ 커뮤니티 구성원과 소통하는 중앙 집중식 디지털 허브로 디지털 생태계에서 사람들을 모으는 솔루션

(2) 온라인 포털의 종류

① 기업용 온라인 포털 : 기업은 온라인 포털을 통해 고객들의 참여 증대로 수익성을 높일 수 있어 자체 온라인 포털을 구축하고 있음

② 교육용 온라인 포털 : 전 세계의 학교와 대학교는 커뮤니티 간의 커뮤니케이션을 최적화하기 위해 학생 포털을 도입함. 대부분의 학생 포털에는 과정, 학교 프로그램, 일정 및 교사 프로필에 대한 정보가 포함됨

키워드 정리

온라인 포털

웹 접속 시 출발점이 되는 사이트로 사용자가 자주 방문하는 기준점이 되는 사이트 이용자를 유입할 수 있는 킬러 서비스를 제공하여 많은 트래픽을 창출하고 있음

PART 01
PART 02
PART 03
PART 04
PART 05
PART 06

③ **의료용 온라인 포털** : 의료 관련 정보와 관련된 복잡성이 증가함에 따라 웹 포털과 같은 동적 도구가 주요 이점. 의료용 온라인 포털은 환자와 의료 전문가는 위치나 시간에 제한없이 상호작용할 수 있음

④ **금융 온라인 포털** : 거시 경제 환경의 압력으로 인해 금융 부문은 서비스를 디지털화 함. 디지털 뱅킹은 실용성과 편의성 때문에 모든 고객이 선택하는 프로세스가 되었으며, 모바일 앱에 로그인하면 은행 거래가 완료되는 데 3~5분밖에 걸리지 않음

⑤ **커뮤니티 온라인 포털** : 온라인 커뮤니티 포털에서 고객에게 웹 포털 계정을 제공하면 콘텐츠를 보다 자유롭게 활용할 수 있으며, 회원들에게 소속감과 친숙함을 제공

(3) 온라인 포털의 특징

① 온라인 포털은 온라인 이용자가 제품 주문, 지불, 관리, 모니터링 등을 위해 유입할 수 있는 서비스를 제공하여 이용자들의 트래픽 보유

② 확보된 이용자를 대상으로 콘텐츠 판매, 온라인 커머스, 광고 등으로 수익뿐만 아니라 브랜드의 가치를 제고하여 온라인 입지를 구축

(4) 온라인 포털이 제공하는 5C 서비스

① <u>커넥션(Connection)</u> : 인터넷 연결 서비스

② <u>콘텐츠(Contents)</u> : 사이트의 내용 서비스

③ <u>커뮤니티(Community)</u> : 공동체 서비스

④ <u>커머스(Commerce)</u> : 상거래 서비스

⑤ <u>커스터마이제이션(Customization)</u> : 고객맞춤화 서비스

(5) 온라인 포털의 발전과정

① 1단계 : Search(검색 디렉토리 서비스)

② 2단계 : Communication(채팅, 메신저, 이메일, 홈페이지 서비스)

③ 3단계 : Community(게시판, 커뮤니티 구축 서비스)

④ 4단계 : Contents&Commerce(커머스 사이트로 링크 연결, 자체 쇼핑몰, 유료 콘텐츠)

4. 검색엔진

(1) 검색엔진의 정의

① 인터넷상에서 방대한 분량으로 흩어져 있는 자료 중 원하는 정보를 쉽게 찾을 수 있도록 도와주는 소프트웨어 또는 프로그램

② 인터넷에 존재하는 모든 웹사이트와 파일을 대상으로 정보를 검색하여 자료를 제공

③ 검색엔진은 월드와이드웹(World Wide Web)의 정보에 액세스하는 데 사용

④ 데이터베이스에서 지정된 기준과 일치하는 항목을 검색하고 식별하는 조정된 프로그램 집합

⑤ 검색엔진은 품질 및 관련성 같은 일련의 기준에 따라 사람들에게 올바른 정보를 제공하도록 설계

(2) 검색엔진의 종류

① **디렉토리 검색** : 데이터베이스를 주제별로 나눈 뒤 원하는 자료를 편하게 찾을 수 있도록 하는 검색엔진으로 찾고 싶은 문서를 보기 위해 분류 주제를 여러 번 클릭해야 하는 단점이 있음(예 야후)

② **인덱스 검색** : 데이터베이스의 데이터를 빨리 찾기 위한 색인 기술. 검색로봇이 정보를 주기적으로 수집하여 인덱스 데이터베이스에 정보의 위치를 저장(예 구글)

③ **통합검색** : 사용자가 입력한 검색어에 적합한 다양한 콘텐츠를 블로그, 카페, 뉴스, 이미지 등에서 찾아 한 화면에 모아서 검색 결과를 제공(예 네이버)

> **한번더클릭**
>
> **검색엔진의 종류**
> • 디렉토리 검색 : 정보를 주제별로 분류한 후 계층별로 정리한 목록을 제공 예 야후
> • 인덱스 검색 : 검색로봇이 정보를 주기적으로 수집하여 인덱스 데이터베이스에 정보의 위치를 저장 예 구글
> • 통합검색 : 거의 모든 유형의 문서와 데이터를 총망라한 검색 결과를 제공 예 네이버

키워드 정리 🔍

검색엔진

인터넷상에서 방대한 분량으로 흩어져 있는 자료 중 원하는 정보를 쉽게 찾을 수 있도록 도와주는 소프트웨어 또는 프로그램. 인터넷에 존재하는 모든 웹사이트와 파일을 대상으로 정보를 검색하여 자료를 제공

퀴즈

검색엔진은 인터넷상에서 방대한 분량으로 흩어져 있는 자료 중 원하는 정보를 쉽게 찾을 수 있도록 도와주는 소프트웨어 또는 프로그램이다. (○ / ×)

정답 | ○

빈 칸 채우기

(   )은/는 모든 유형의 문서와 데이터를 총망라한 검색 결과를 제공한다.

정답 | 통합검색

PART 01
PART 02
PART 03
PART 04
PART 05
PART 06

(3) 검색엔진의 작동 단계

① 크롤링 : 사용자가 찾고자 하는 웹페이지를 업데이트하고 지속적으로 찾아줌. URL 검색이라고도 함

② 인덱싱 : 페이지가 크롤링 되면 텍스트 콘텐츠가 처리·분석되어 검색엔진이 콘텐츠 내용을 이해하는 데 도움이 되는 속성 및 메타데이터로 태그가 지정됨

③ 검색 및 순위 : 사용자가 데이터베이스에서 정보를 요청하는 쿼리(Query)를 입력하면, 검색엔진은 색인에서 일치하는 페이지를 검색하고 검색엔진 결과 페이지(SERP)에서 가장 관련성이 높은 결과를 반환

5. 소셜미디어

(1) 소셜미디어의 정의

① IT 기술의 발달로 개방과 참여, 공유 등의 가치가 중요해진 웹 2.0 시대에 개인의 경험을 통한 정보와 의견 등을 타인과의 관계 형성을 통해 확장시킬 수 있는 개방화된 온라인 플랫폼

② 측정 가능한 퍼블리싱 기술(Scalable publishing technique)을 이용해 사회적 상호작용을 가능하게 함

③ 웹과 모바일에서 콘텐츠를 쉽게 전파할 수 있도록 고안

④ 콘텐츠를 쉽게 생산하고 공유하며, 소비할 수 있도록 중개하는 플랫폼 기능을 수행. 모든 콘텐츠가 공유·유통되면서 개인 간의 커뮤니케이션을 촉진. 사회적 관계 맺기가 확대됨

(2) 소셜미디어의 특성

① 웹 2.0과 소셜미디어

㉠ 인터넷 주소 맨 앞에 붙이는 WWW는 월드와이드웹(World Wide Web)의 약자로, 1989년 12월 16일에 개발이 시작되고, 1990년 12월 20일에 보급되기 시작함

㉡ 인터넷에 연결된 컴퓨터 간의 정보를 공유하는데, 이러한 연결망이 거미줄처럼 엮인 공간을 월드와이드웹이라고 부름. 기술에 따라 1.0에서 2.0, 3.0으로 발전함

㉢ Web 1.0의 기술적인 구성요소의 특징은 정적 페이지, 프레임셋의 이용, HTML 확장, 온라인 방명록, GIF 버튼 등이 있음

② Web 2.0은 2003년 컴퓨터 프로그래밍과 관련된 출판사 설립자인 팀 오라일리(Tim O'Reilly)가 회의 중 브레인스토밍하는 과정에서 처음 제기된 개념으로, 개방을 통해 사용자들의 정보 공유와 참여를 끌어내고 이를 통해 정보의 가치를 지속적으로 증대시키는 것을 목표로 하는 일련의 움직임을 말함

⑩ 웹 2.0 서비스로 인터넷 사용자 공유와 참여 확산, 모든 사람이 참여할 수 있는 플랫폼 제공을 통해 집단지성 활용 가능

ⓑ 웹 2.0의 네트워킹 기술로 소셜미디어가 사회를 움직이는 하나의 동력으로 영향력 발휘

ⓢ Web 3.0은 '시맨틱 웹' 기술을 이용해 웹페이지에 담긴 내용을 이해하고 개인 맞춤형 정보를 제공할 수 있는 지능형 웹 기술로 지능화, 맞춤화, 개인화의 특성을 가짐. 웹 2.0에서 진화된 형태라 할 수 있음

② 소셜미디어의 특징

ⓐ 참여(Participation) : 소셜미디어에 관심을 가진 모든 사람들의 참여로 이어지며 개방적으로 이어진 사람들의 피드백을 촉진

ⓑ 공개(Openness) : 정보 공유를 촉진하는 콘텐츠 접근 및 사용에 대한 진입장벽이 없으며, 참여와 피드백이 모두 공개

ⓒ 대화(Conversation) : 전통적인 미디어가 브로드캐스트(Broadcast)로 청중과 시청자에게 일방적으로 유통되었다면, 소셜미디어는 쌍방향으로 유통

ⓓ 커뮤니티(Community) : 소셜미디어는 특정 주제나 관심사를 중심으로 즉각적으로 커뮤니티를 구성하여 반응하고 소통

ⓔ 연결(Connectedness) : 소셜미디어는 링크를 통해 다양한 미디어 이용자와 연결되면서 확장하고 성장

한번더클릭

소셜미디어의 특성
- 참여(Participation)
- 공개(Openness)
- 대화(Conversation)
- 커뮤니티(Community)
- 연결(Connectedness)

(3) 소셜미디어의 유형

① 기준별 유형 구분

 ⊙ 목적에 따른 분류 : 콘텐츠의 공유와 커뮤니케이션, 협업, 엔터테인먼트 등에 따른 모델로 분류

 ⓛ 내용에 따른 분류 : 블로거 닷컴, 위키피디아 등 게시형과 소셜네트워킹, 게임, 라이브 방송, 사진 공유, 오디오 등

 ⓒ 기능에 따른 유형 : 비즈니스를 위한 기능, 블로그를 위한 기능, 관심 주제 기반의 버티컬을 위한 기능, 개인의 프로필을 위한 기능, 커뮤니케이션을 위한 기능, 마이크로블로깅 기능

 ⓡ 서비스 개방 수준에 따른 분류 : 개방형, 준폐쇄형, 폐쇄형

② 대표적인 소셜미디어 유형

 ⊙ 블로그(Blogs) : 자신의 정보를 타인과 공유하기 위한 미디어

 ⓛ 소셜네트워크서비스(SNS) : 실명(프로필 작성) 기반 네트워크 서비스로 페이스북, 인스타그램, 카카오스토리 등

 ⓒ 콘텐츠 커뮤니티 : 사용자가 자유롭게 플랫폼(커뮤니티)에 참여해서 콘텐츠를 소비하고 자신이 직접 콘텐츠를 올리는 플랫폼(커뮤니티)

 ⓡ 위키스(Wikis) : 검색기반 정보 공유와 협업으로 지식을 창조하는 목적의 미디어로 편집과 관리에 참여 가능

 ⓜ 팟캐스트 : 사용자들이 원하는 프로그램을 선택하여 자동으로 구독할 수 있도록 하는 인터넷 방송

(4) 소셜미디어 커뮤니케이션 특징

① 상호작용성

② 탈대중성

③ 비동시성

④ 상호연결성

⑤ 능동성

(5) 소셜미디어 기능

① 관여

② 창조

③ 토론

④ 촉진

⑤ 측정

키워드 정리 🔍

소셜 미디어의 유형

블로그(Blogs), 소셜네트워크서비스(SNS), 콘텐츠 커뮤니티, 위키스(Wikis), 팟캐스트, 비디오 블로그(Vlog), 유튜브, 메시지 보드 등

빈 칸 채우기

소셜미디어의 유형은 블로그, 소셜네트워크서비스(SNS), 콘텐츠 커뮤니티, ( ), 팟캐스트 등이 있다.

정답 | 위키스

퀴즈

팟캐스트는 사용자들이 원하는 프로그램을 선택하여 자동으로 구독할 수 있도록 하는 인터넷 방송의 일종이다. (ㅇ / ✕)

정답 | ㅇ

키워드 정리 🔍

집단지성

서로 협업을 통하여 얻은 집단적 능력, 혹은 집단적 능력의 결과를 의미. 디지털 시대에서는 개개인의 생각들이 모여 더욱 나은 해결 방안을 도출한다는 의미로 사용되고 있음. 여러 사람이 편집 가능한 웹사이트 시스템인 위키(Wiki)가 대표적임

출제예상문제

01 다음 중 온라인 비즈니스로 맞지 않은 것은?

① 쌍방향 교류
② 동시성
③ 무형의 디지털 상품 거래
④ 인터넷 활용

해설 | 온라인 비즈니스는 인터넷을 통해 쌍방향 교류로 이루어지는 비즈니스로 무형의 디지털 상품을 거래하는 영역이다.

02 다음 중 온라인 비즈니스의 성공 요인이 아닌 것은?

① 지속적인 수익 창출
② 특허
③ 스피드로 기회 선점
④ 맞춤형 서비스

해설 | 온라인 비즈니스의 구성 요인은 차별화된 콘텐츠와 서비스, 지속적인 수익 창출, 스피드로 기회 선점, 고객 관점 및 고객 경험, 특허이다.

03 다음 중 온라인 비즈니스의 유형 중 기업 대 소비자 간의 거래를 뜻하는 비즈니스 유형은?

① B2C
② C2C
③ D2C
④ B2G

해설 | B2C는 기업 대 소비자의 비즈니스 유형을 의미한다.
② C2C : 소비자 대 소비자의 비즈니스 유형
③ D2C : 기업이 소비자에게 직거래하는 비즈니스 유형
④ B2G : 기업 대 정부의 비즈니스 유형

04 다음 중 온라인 비즈니스 중 제공 가치와 관련된 분류가 아닌 것은?

① 가격 지향
② 편의 지향
③ 맞춤형 서비스 지향
④ 정보 제공형

해설 | 제공 가치에 따라서는 가격 지향형 모델, 맞춤형 서비스 지향형 모델, 편의/신속성 지향형 모델로 구분된다. 정보 제공형은 판매방식에 따른 유형 구분(판매형, 중개형, 커뮤니티형, 정보제공형)이다.

05 다음 중 온라인 비즈니스 거래 방식과 관련된 분류 설명 중 틀린 것은?

① 기업과 소비자가 온라인으로 물건을 구매하거나 판매할 수 있게 해주는 비즈니스 모델이다.
② 물리적 제품은 온라인 비즈니스에서 가장 일반적으로 판매되는 상품으로 구매의 간편성과 구매의 안정성을 충족할 수 있다.
③ 소비자가 구매의 결정을 내리지 못할 때 제품에 대한 정보를 제공하는 공정한 중개자로 소비자의 올바른 구매를 도와주는 방식이다.
④ 고객 커뮤니티 구축을 통한 마케팅이 용이하다.

해설 | 물리적 제품은 온라인 비즈니스에서 가장 일반적으로 판매되는 상품으로, 구매의 간편성과 구매의 안정성을 충족할 수 있는 것은 거래 제품에 따른 분류이다.

정답 01 ② 02 ④ 03 ① 04 ④ 05 ②

06 다음은 온라인 비즈니스의 구성 요인 중 무엇에 대한 설명인가?

> 이것은 시장 선점자에게 독점적 위치를 제공하고 후 발주자에게는 엄청난 진입장벽으로 작용한다.

① 지속적인 수익 창출
② 고객 관점 및 고객 경험
③ 스피드로 기회 선점
④ 특허

해설 | 온라인 비즈니스의 구성 요인은 차별화된 콘텐츠와 서비스, 지속적인 수익 창출, 스피드로 기회 선점, 고객 관점 및 고객 경험, 특허이다. 이 중에서 선점자에게 독점적 위치를 제공하고 후발주자에게는 엄청난 진입장벽으로 작용하는 요인은 특허이다.

07 다음 중 온라인 비즈니스에서 거래 방식과 관련된 분류가 아닌 것은?

① 판매형
② 중개형
③ 디지털 상품형
④ 커뮤니티형

해설 | 디지털 상품은 온라인 비즈니스 거래 제품과 관련된 분류다.

08 다음 중 온라인 비즈니스의 특징이 아닌 것은?

① 신뢰성
② 간편성
③ 개방성
④ 확장성

해설 | 온라인 비즈니스의 특징은 간편성, 개방성, 확장성이다.

09 다음 중 온라인 포털이 제공하는 서비스가 아닌 것은?

① 커넥션(Connection)
② 콘텐츠(Contents)
③ 가치(Value)
④ 커스터마이제이션(Customization)

해설 | 온라인 포털이 제공하는 서비스는 커넥션(Connection), 콘텐츠(Contents), 커뮤니티(Community), 커머스(Commerce), 커스터마이제이션(Customization)이다.

10 온라인 포털의 발전과정으로 맞는 것은?

① Contents&Commerce → Community → Communication → Search
② Search → Communication → Community → Contents&Commerce
③ Search → Community → Communication → Contents&Commerce
④ Communication → Community → Contents&Commerce → Search

해설 | 온라인 포털의 발전과정은 Search → Communication → Community → Contents&Commerce이다.

11 다음 중 검색엔진에 대한 설명으로 맞지 않는 것은?

① 인터넷 이용자가 정보를 검색하고 자료를 찾을 수 있도록 돕는 시스템이다.

② 데이터베이스에서 지정된 기준과 일치하는 항목을 검색하고 식별하는 조정된 프로그램이다.

③ 통상적 검색엔진은 디렉토리 검색 방법으로만 이루어진다.

④ 품질 및 관련성 같은 일련의 기준에 따라 사람들에게 올바른 정보를 제공하도록 설계된다.

해설 | 검색엔진은 디렉토리 검색 방법 외에 인덱스 검색, 통합검색 방법이 있다.

12 다음 중 소셜미디어의 특징이 아닌 것은?

① 비관여　　　　② 공개

③ 대화　　　　　④ 연결

해설 | 소셜미디어의 특징은 참여, 공개, 대화, 커뮤니티, 연결이다.

13 다음 소셜미디어의 등장에 관한 내용 중 맞지 않는 것은?

① 정보통신 기술의 발달로 웹 2.0 시대를 맞이하여 개방화된 온라인 플랫폼이 등장하였다.

② 측정 가능한 퍼블리싱 기술을 이용해 사회적 상호작용이 가능해졌다.

③ 사람들의 친화욕구와 자기표현 욕구가 감소하고 있다.

④ 웹과 모바일에서 콘텐츠를 쉽게 전파할 수 있도록 고안되었다.

해설 | 소셜미디어는 콘텐츠를 쉽게 생산하고 공유하며 소비할 수 있도록 중개하는 플랫폼 기능을 수행하여 개인 간의 커뮤니케이션을 촉진하고 사회적 관계 맺기가 확대되었다.

14 다음은 어떠한 플랫폼의 유형인가?

- 블로그(Blogs)
- 소셜네트워크서비스(SNS)
- 마이크로블로그(Micro Blog)
- UCC

① 소셜미디어　　　② 디지털 콘텐츠

③ 온라인 비즈니스　④ 디지털 광고

해설 | 소셜미디어는 의견, 생각, 관점, 정보 등을 타인과 공유하기 위한 온라인 플랫폼이다.

15 다음 괄호에 들어갈 말은?

> 온라인 비즈니스는 고객들에게 부여하는 서비스의
> (㉠)이/가 인지될 때 강력한 네트워크 효과로 고객
> 의 (㉡)을/를 유도하여 브랜드를 확장할 수 있다.

해설 | 온라인 비즈니스는 서비스의 가치와 고객 참여를
　　　통해 브랜드를 확장할 수 있다.

16 다음 괄호에 들어갈 말은?

> 온라인 포털은 온라인 이용자가 제품 주문, 지불, 관
> 리, 모니터링 등을 위해 유입할 수 있는 서비스를 제
> 공하여 이용자들의 (　　　　)을/를 보유한다.

해설 | 트래픽의 사전적 의미는 전산망을 통해 소통되는
　　　정보의 소통량이다. 고객이 사이트의 서버에 접근
　　　을 하게 되면, 메인페이지를 구성하는 이미지와 플
　　　래시, 텍스트들이 전송되며 이 데이터를 트래픽이
　　　라고 한다.

17 다음 괄호에 들어갈 말은?

> 온라인 비즈니스는 (　　　　)을/를 기반으로 공급
> 자와 수급자 간 쌍방향 교류를 통해 서비스를 제공하
> 는 비즈니스다.

해설 | 온라인 비즈니스는 기업들이 고객에게 맞춤형 서
　　　비스를 제공하는 인터넷 중심의 비즈니스다.

18 다음 괄호에 들어갈 말은?

> 온라인 비즈니스는 콘텐츠의 사용자가 콘텐츠를
> (　　　　)하는 주체로 적극적으로 참여하고 있어 개
> 인화된 독창적인 콘텐츠가 양산되는 특징을 갖는다.

해설 | 온라인 비즈니스는 쌍방향 소통으로 콘텐츠의 사
　　　용자가 콘텐츠를 생산하는 프로슈머(Prosumer) 영
　　　역이 확장되는 특징이 있다.

19 다음 괄호에 들어갈 말은?

> (㉠)은/는 정보 공유와 협업으로 지식을 창조하는
> 목적의 미디어로 (㉡)와/과 관리에 참여할 수 있다.

해설 | 위키(Wiki)는 검색기반 정보 공유로 지식을 창조하
　　　는 소셜미디어 유형 중 하나이다. 여러 사람이 편
　　　집할 수 있는 웹사이트 시스템으로 서로 협업을
　　　통해 얻은 집단적 능력, 혹은 집단적 결과를 의미
　　　하는 집단지성을 얻기 위해 이용한다.

20 다음은 제공 가치에 따른 온라인 비즈니스 유형
에 따른 설명이다. 괄호에 들어갈 단어로 알맞
은 것은?

> • (　　　　)을/를 구축하기 위해서는 상품의 특성에
> 　따른 적절한 사업 규모 설정과 기존 유통 채널의
> 　반발을 최소화하기 위한 방안이 중요하다.
> • 가격은 모든 비즈니스의 가장 중요한 무기 중 하나
> 　이다.

해설 | 제공 가치에 따라 온라인 비즈니스 유형은 가격
　　　지향형 모델, 맞춤 서비스 지향형 모델, 편의/신속
　　　성 지향형 모델로 구분된다. 온라인 비즈니스 중
　　　가격을 중심으로 설정하는 것은 가격 지향적 모델
　　　이다.

정답 15 ㉠ 가치, ㉡ 참여　16 트래픽　17 인터넷　18 생산　19 ㉠ 위키, ㉡ 편집　20 가격 지향적 모델

CHAPTER
02 > 디지털 마케팅

1. 전통적 마케팅

(1) 전통적 마케팅의 개요

① 마케팅과 광고는 TV, 라디오 및 인쇄물과 같은 단방향 메시지 사용
② 무엇을 말하고, 누구에게 말하고, 언제 듣는지 통제 가능

(2) 전통적인 마케팅의 장단점

① 장점
  ㉠ 고령층에 도달하기 위한 방법으로 전통적인 마케팅이 효과적일 수 있음
  ㉡ 중소기업이라면 대기업과 디지털 공간을 놓고 경쟁하기보다는 광고판, 전단지 및 이벤트를 사용하는 것이 더 효과적일 수도 있음
  ㉢ TV 또는 라디오 광고는 여러 번 반복을 통해 청중에게 비즈니스와 브랜드 상기에 효과적

② 단점
  ㉠ 수신자가 전달되는 비즈니스 또는 제품/서비스에 관심이 있다는 보장이 없음
  ㉡ 전통적인 마케팅은 결과와 데이터 산출에 몇 주 또는 몇 달이 걸릴 수 있도 있음
  ㉢ 후속조치를 취하기로 결정하지 않는 한 누군가가 광고를 보았는지 알 수 없음

(3) 전통적인 마케팅의 형태

① TV/라디오 광고 : 전통적인 마케팅 방법 중 대표적
② 신문 및 잡지 광고 : 신문과 잡지는 모든 것에 관한 정보를 얻을 수 있는 가장 훌륭한 출처 중 하나

③ 전단 : 많은 회사와 사업체가 서비스를 홍보하기 위해 여전히 전단을 인쇄하여 활용

④ 빌보드 : 빌보드에는 광고 사진이 포함되어 있으며, 대부분 광고판은 서비스를 홍보하기 위해 최고의 회사와 비즈니스에서 배치

⑤ 전화 및 SMS 마케팅 : 주로 다양한 비즈니스 및 서비스에 대한 전화 통화 및 광고 문자 메시지가 포함

⑥ 추천 : 조직이 고용주와 고객에게 제품과 서비스를 친구, 가족 또는 이웃에게 추천하도록 요청하는 것

⑦ 다이렉트 메일(DM) : 많은 기업이 회사의 목표 지역이나 도시에 있는 사람들에게 엽서나 통지문을 통해 광고를 우편으로 발송

2. 디지털로의 마케팅 패러다임 변화

(1) 마케팅 패러다임 전환

구분	Old Paradigm	New Digital Paradigm
소비자	수동적 소비자	능동적 소비자
커뮤니케이션	• 기업 주도적 • 일방향 • 노출 위주 효율성	• 소비자 욕구 중심 • 양방향 • 상호작용, 참여, 체험
소비자 조사	설문조사	빅데이터
광고 방식	• 푸시형(Push) • 대량의 일원화된 메시지 전달	• 개인 맞춤형 • 재미와 감성을 지닌 브랜디드 콘텐츠 중심

(2) 디지털 마케팅으로의 변화 양상

① 매체 시장의 세분화 : 4대 매체 중심 → 디지털 미디어

② 수동적 소비자에서 능동적 참여형 소비자로 진화

③ 소비자 경험 중심의 옴니채널 유통구조 : 검색은 온라인, 체험은 오프라인, 구매는 모바일

④ 데이터베이스마케팅의 성장 : 빅데이터 마케팅 등 개인화된 맞춤형 마케팅 등장

⑤ 성과 중심의 퍼포먼스 마케팅 부상

⑥ 글로벌 경쟁의 심화

(3) 전통적 마케팅 vs 디지털 마케팅

구분	전통적	디지털
커뮤니케이션	• 일방향 커뮤니케이션 • 반복 노출	• 양방향 커뮤니케이션 • 정밀한 타겟팅 가능
미디어	4대 매체 중심 (TV, 신문, 라디오, 잡지)	• 페이드 미디어(Paid media, 유료 미디어) • 온드 미디어(Owned media, 보유/소유 미디어) • 언드 미디어(Earned media, 획득 미디어)
소비자 구매 행동	AIDMA(Attention → Interest → Desire → Memory → Action)	AISAS(Attention → Interest → Search → Action → Share)
특징	• 거래 중심 • 소비 중심 • 광고 중심 • 짧은 유통기간	• 관계 중심 • 자산 중심 • 정보 중심 • 긴 유통기간

(4) 디지털 시대 트리플 미디어(Triple Media)

① 페이드 미디어(Paid media, 유료 미디어)
  ㉠ 조직이나 개인이 비용을 들여 온·오프라인 미디어 채널을 통해 메시지를 전달하고자 할 때 유료로 사용하는 미디어
  ㉡ 배너광고, 네이티브 광고 등이 해당
② 온드 미디어(Owned media, 보유/소유 미디어)
  ㉠ 기업이 자체적으로 가지고 있는 커뮤니케이션 미디어
  ㉡ 웹사이트, 소셜미디어 채널, 블로그 등이 해당
③ 언드 미디어(Earned media, 획득 미디어)
  ㉠ 제3자에 의해 창작되고 소유되어 소비자로부터 신뢰와 평판을 획득할 수 있는 모든 종류의 퍼블리시티를 의미
  ㉡ 고객 후기, 커뮤니티 게시물, 개인 크리에이터들의 자발적 리뷰 등이 해당

> **키워드 정리** 🔍
>
> **AISAS 모델**
> 일본 광고대행사 덴츠가 주창한 소비자 구매 행동 모델로 소셜미디어 시대에 소비자의 구매 행동은 주목/인지하고(Attention), 흥미를 느끼고(Interest), 검색(Search) 다음에 행동(Action)하고, 이를 공유(Share)한다는 것

한번더클릭 🖱️

디지털 미디어의 유형
• 페이드 미디어(Paid media, 혹은 유료 미디어)
• 온드 미디어(Owned media, 혹은 보유/소유 미디어)
• 언드 미디어(Earned media, 혹은 획득 미디어)

PART 01
PART 02
PART 03
PART 04
PART 05
PART 06

3. 디지털 마케팅

(1) 디지털 마케팅 개념

① 인터넷 및 기타 형태의 디지털 커뮤니케이션을 사용하여 고객의 니즈(Needs)와 욕구(Wants)를 충족시키기 위해 고객 맞춤형 제품과 서비스를 개발하고, 적절한 시간, 가격, 장소를 통해서 고객과 상호작용하여 소통하고 프로모션하는 일정의 과정

② 고객 경험을 극대화하고, 고객과의 지속적 관계 유지에 목적

③ 인터넷 마케팅, 소셜미디어 마케팅, 모바일 마케팅, 콘텐츠 마케팅을 포괄하는 광의의 개념

(2) 디지털 마케팅의 등장 배경

① **정보통신 기술의 발전** : 정보통신 기술의 발달로 인터넷과 디지털 플랫폼의 등장으로 디지털 마케팅에 있어 채널 선택과 전략이 중요

　㉠ 터치스크린 : 스크린을 터치해 원하는 기능 사용 가능

　㉡ N-스크린 : TV나 PC, 태블릿PC, 스마트폰 등 다양한 기기에서 하나의 콘텐츠를 끊김없이 이용할 수 있게 해주는 서비스, 즉 N개의 화면을 통해 콘텐츠를 이용할 수 있는 서비스를 말함

　㉢ 클라우딩 컴퓨팅 : 컴퓨팅 리소스를 인터넷을 통해 사용하는 것을 말함

② **시장의 변화** : 전자상거래를 통해 소비자들의 개인화, 맞춤화가 가능해진 시장은 많은 데이터와 트래픽 창출을 통해 고객에게 맞는 마케팅 실행이 가능해짐

③ **고객의 변화** : 디지털 시장의 변화로 각종 정보 취합이 다양해짐에 따라 정보의 검증을 위한 쌍방향 커뮤니케이션을 통해 소비자의 흥미와 취향에 맞는 마케팅이 가능해짐

　㉠ 프로슈머(Prosumer) : 앨빈 토플러가 처음 언급한 개념으로 디지털 시대에 생산에 직접 참여하는 소비자, 즉 생산자(Producer)와 소비자(Consumer) 합성어인 생비자를 말함

　㉡ 디지털 네이티브(Digital Native) : 어린 시절부터 인터넷이 발달한 환경에서 성장해 디지털 기기를 자유롭게 사용하는 세대를 말함

④ **소비자의 구매 행동 변화**

　㉠ 전통적인 소비자의 구매 행동 과정은 미국 경제학자 로렌드 홀(Rolland Hall)에 의해 제창된 AIDMA(Attention → Interest → Desire → Memory → Action) 과정으로 설명

ⓛ 소셜미디어와 같은 디지털 미디어의 확대로 소비자들의 구매 행동 과정은 일본 광고회사 덴츠(Dentsu)가 제창한 AISAS(Attention /Awareness → Interest → Search → Action → Share) 과정으로 변화

ⓒ 소비자의 구매 행동 변화로 인해 전통적인 마케팅에서 벗어난 새로운 방식의 마케팅 방안 모색이 요구

(3) 디지털 마케팅의 장단점

① 장점

ㄱ 데이터 및 청중 참여를 즉시 추적 가능

ㄴ 데이터를 통해 타겟에게 가장 적합한 유형의 콘텐츠, 가장 효과적인 매체, 심지어 하루 중 가장 참여도가 높은 시간대를 포함하여 수많은 인사이트를 얻을 수 있음

ㄷ 디지털 마케팅 전략은 비용이 훨씬 저렴

② 단점

ㄱ 일부 인터넷 사용자는 광고 차단을 사용하므로 팝업이나 배너광고가 표시되지 않을 수 있음

ㄴ 사용자가 프리미엄 서비스(예 Spotify, Hulu, Twitch)에 대해 비용을 지불하면 광고를 건너뛰거나 제거할 수 있음

ㄷ 새로운 기술과 트렌드가 너무 자주 등장하기 때문에 디지털 마케팅 전술은 효과에 대해 지속적으로 평가되고 재평가되어야 함

(4) 디지털 마케팅의 차별화 요인

① 데이터 중심

② 고객 도달 및 세분화

③ 단방향에서 쌍방향으로

④ 저렴한 가격

⑤ 기존보다 높은 ROI

(5) 디지털 마케팅의 유형

① 소셜미디어 마케팅 : 소셜미디어 광고 마케팅과 SMM(Social Media Management) 마케팅으로 구분

ㄱ 소셜미디어 광고 마케팅 : 소셜미디어에 비용을 지불하고 원하는 타겟에게 광고를 통해 인위적으로 도달(Paid Reach)

ⓛ SMM(Social Media Management) 마케팅 : 소셜미디어 플랫폼이나 웹사이트를 통해 제품이나 서비스를 제공해 소셜미디어에서 콘텐츠의 유기적 트래픽 유입을 최적화하여 유기적 도달을 확대하는 마케팅

② **콘텐츠 마케팅** : 다양한 유형의 콘텐츠를 활용해 브랜드나 상품, 서비스에 대한 고객들의 관심과 행동 변화를 유도하는 활동으로 타겟에게 가치 있고 연관성 높은 콘텐츠를 제작해 비슷한 관심사나 공감대를 가진 잠재고객층에게 해당 콘텐츠를 계속 확산시켜 나가는 마케팅 기법

③ **검색엔진 마케팅**

  ㉠ 검색광고 : 키워드를 구매해 클릭당 과금하는 형태로 광고비를 지급하는 마케팅 방식

  ㉡ SEO(Search Engine Optimization) 마케팅 : 검색엔진에서 홈페이지, 웹사이트가 검색결과 상위에 더 잘 노출될 수 있게 하여 웹사이트로의 트래픽(사이트 유입)을 높이는 방식

④ **모바일 마케팅** : 모바일의 특성인 개인화, 즉시성, 위치성에 기반한 마케팅 방식

⑤ **제휴 마케팅** : 잘 알려진 인플루언서나 유명인의 도움을 받아 제품이나 서비스를 광고하는 것을 포함해 다른 조직과의 협력, 제휴를 통해 목표를 달성하는 마케팅

⑥ **구전 마케팅**

  ㉠ 구전 마케팅은 광고비용 절감, 신속한 리드 생성, 신뢰성 향상, 주류 미디어에 노출, 빠르게 성장 등의 효과가 있음

  ㉡ 온라인 구전 마케팅(e-WOM ; Electronic Word of Mouth) : 온라인상에서 소비자가 직접 경험과 정보를 다른 소비자와 공유하는 자발적 의사소통으로 빠른 확산 속도와 넓은 구전 영역이 특징

  ㉢ 바이럴 마케팅 : 바이러스(Virus)와 마케팅(Marketing)의 합성어로 사용되는 바이럴 마케팅은 바이러스처럼 빠르게 전파된다는 의미. 입소문 마케팅에 뿌리를 두고 있지만, 소비자들을 장려해서 그들이 마케팅 메시지를 다른 소비자들에게 퍼뜨리게 하는 방식이라는 점에서 입소문 마케팅과 차이가 있음

  ㉣ 버즈 마케팅 : 오락이나 뉴스 같은 이야깃거리를 제공해서 소비자가 제품을 직접 사용해보고 SNS에 올려서 자연스럽게 구매를 유도하는 방법

ⓜ 인플루언서 마케팅 : 디지털에서 다른 사람들에게 많은 영향을 미치는 의견 선도 및 영향력 행사자(Influencer)를 활용하는 마케팅

ⓗ 커뮤니티 마케팅 : 제품과 관련된 다양한 커뮤니티(동호회, 토론방, 사용자 그룹)를 만들어주고 이를 지원하는 마케팅으로 제품 정보를 공유하고 브랜드 충성도를 높이는 역할 수행

⑦ 코즈 마케팅(Cause Marketing) : 기업의 사회적 책임과 마케팅을 결합해 공유 가치 창출(CSV ; Creating Share Value)을 하는 방법으로 기업이 환경, 보건, 빈곤 등과 같은 사회적 이슈, 즉 코즈(Cause)를 기업의 이익 추구를 위해 활용하는 마케팅 전략. 소비자로 하여금 착한 소지를 유도하고 기업이 추구하는 사익과 공익을 동시에 얻는 것을 목표로 함

퀴즈

인플루언서 마케팅은 디지털에서 다른 사람들에게 많은 영향을 미치는 의견 선도 및 영향력 행사자(influencer)를 활용하는 마케팅이다. (ㅇ / ✕)

정답 | ㅇ

(6) 디지털 마케팅 트렌드

① 동영상 중심 콘텐츠 소비가 트렌드로 대두

② 브랜디드 콘텐츠

ⓐ 다양한 문화적 요소와 브랜드 광고를 결합한 콘텐츠

ⓑ 제품, 회사명, 브랜드를 직접 노출하지 않지만 문화 콘텐츠 속에 브랜드의 핵심 메시지를 녹여내 강력한 효과

ⓒ 소비자의 공감과 흥미를 통해 자발적인 공유를 이끌어내는 것을 목표

③ 챗봇 : 인공지능 기반으로 사람과 실시간 대화를 나누는 소프트웨어, 즉 메신저에서 일상 언어로 대화할 수 있는 채팅 로봇 프로그램

ⓔ 네이버 톡톡

ⓐ ChatGPT

• Open AI가 2022년 11월 말 공개한 대화형 전문 인공지능 챗봇

• 기능 자체는 이전에 나온 챗봇과 다를 바 없지만, 결과물은 상당한 수준에 이르고 있어 사회 전반에 큰 변화를 가져올 것으로 기대되고 있음

ⓑ 구글은 2023년 2월 챗GPT 대항마로 대화형 AI 서비스 바드(Bard)를 발표하고, 마이크로소프트(MS)는 자사의 검색 엔진 빙(Bing)에 챗GPT 기반 언어모델을 장착했다고 발표하면서 생성 AI와 결합한 검색시장 주도권을 차지하기 위한 글로벌 경쟁이 본격화됨

ⓒ 네이버 Cue:

• 대화를 통해 답변을 찾아주는 네이버의 AI 검색 서비스

- 언어 모델에 추론(reasoning), 검색 계획(planning), 도구 사용(tool usage), 검색 기반 생성(retrieval–augmented generation) 기술을 네이버 검색과 결합한 AI 생성형 검색 서비스
  - ㉣ 네이버 에어서치(AI+Search)
    - 네이버 검색엔진 내의 에어서치는 <u>인공지능(AI)+검색(Search)의 합성어로 인공지능을 통해 네이버 검색엔진에 노출되는 검색 알고리즘을 말함</u>
    - 인공지능 데이터를 바탕으로 이용자가 검색하는 것에 대한 정보를 제공할 수 있는 콘텐츠나 링크를 노출시키는 새로운 노출 방법으로 사용자가 장소, 쇼핑, 관심사 등을 검색하여 여러 주제의 <u>스마트블록을 통해 연관키워드의 검색결과를 노출해줌</u>
    - 예를 들어 장소를 검색하면 함께 가볼 만한 장소, 지역별 로컬 맛집, TV속 맛집 등의 스마트블록이 노출되고, 상품을 검색하면 내돈내산 리뷰 상품, 시기별 많이 찾는 상품 등의 스마트블록이 제공되는 것

4. 디지털 마케팅의 목표와 전략

(1) 디지털 마케팅의 목표

① 브랜드 인지도 증가 : 현재 및 잠재고객에게 브랜드 인지도를 높임
② 리드 생성 : 제품 또는 서비스에 대한 고객의 관심을 유도하고 관심을 표명한 사용자의 연락처 목록 생성
③ 판매 촉진 : 제품 또는 서비스의 판매 촉진
④ 정보 제공 : 사용자에게 최신 정보를 제공함으로써 정보 제공에 대한 사용자의 만족도를 높일 수 있음
⑤ 고객의 직접 참여 : 고객이 직접 참여 가능
⑥ 트래픽 생성 : 웹사이트의 방문객 수 증가

한번더클릭 🖱

디지털 마케팅의 목표
- 브랜드 인지도 증가
- 리드 생성
- 판매 촉진
- 정보 제공
- 고객의 직접 참여
- 트래픽 생성

(2) 마케팅 전략

1) STP 전략

① 필립 코틀러(P. Kotlker)는 기업이 시장을 세분화하여 새로운 고객을 유치하고 지속적인 수익을 낼 수 있도록 하기 위한 STP 전략을 제안. 이는 시장세분화, 목표시장 설정, 포지셔닝의 세 단계로 구성

② **시장세분화(Market Segmentation) 전략** : 기업의 마케팅 전략 구축을 위한 중요한 행위로써 전체 소비자를 인구통계학적 변수, 심리학적 변수, 행동적 변수에 따라 몇 개의 소비자 집단으로 분류하는 것으로 대표적으로 인터넷상에서 소비자 가치와 라이프스타일 파악하는 I-VALS(Internet Value&Life-Style) 등이 있음

③ **표적시장(Targeting) 전략** : 세분화한 시장을 평가하여 선정하는 과정. 하나의 시장에 집중하는 집중 마케팅과 여러 개의 표적시장을 선정하여 각기 다른 마케팅 전략을 구사하는 차별적 마케팅으로 구분

④ **포지셔닝(Positioning) 전략** : 기업이 원하는 대로 자사의 제품을 소비자에게 인식시켜 시장에서 자사의 제품이 독특한 위치를 차지할 수 있도록 함

 ㉠ 포지셔닝 설정 방법 : 제품 속성에 따른 포지셔닝, 이미지 포지셔닝, 경쟁제품에 의한 포지셔닝, 제품 사용 상황에 의한 포지셔닝, 제품 사용자에 의한 포지셔닝 등

 ㉡ 포지셔닝 맵(Positioning Map) 작성 절차 : 차원의 수를 결정 → 차원의 이름을 결정 → 경쟁사 제품 및 자사 제품의 위치 확인 → 이상적인 포지셔닝 결정

 ㉢ 재포지셔닝 : 소비자의 욕구 및 경쟁 환경의 변화에 따라 기존 제품이 가지고 있던 포지션을 분석하여 새롭게 조정하는 활동 **예** 존슨앤존슨(Johnson&Johnson)의 베이비 화장품, 밀러 맥주 등

2) 마케팅 믹스 전략

① 마케팅 목표 달성을 위해 마케팅 활동에서 사용되는 여러 가지 방법을 전체적으로 조정하고 구성하는 일, 즉 마케팅의 수단을 적절하게 결합 내지 조화해서 사용하는 전략

② **마케팅 4P 전략**

 ㉠ 1960년대 에드먼드 제롬 매카시(Edmund Jerome McCarthy)가 창안한 기업 중심의 전통적 전략

 ㉡ 4P는 Product(제품), Price(가격), Place(장소/유통), Promotion(촉진/프로모션)으로 구성되어 있으며, 이를 잘 믹스한 마케팅 전략

🎙️퀴즈

포지셔닝 맵(Positioning Map) 작성 절차는 차원의 수를 결정 → 차원의 이름을 결정 → 경쟁사 제품 및 자사 제품의 위치 확인 → 이상적인 포지셔닝의 결정 순서로 이루어진다. (○ / ×)

정답 | ○

③ 마케팅 4C 전략

  ㉠ 1993년 로버트 로터본(Robert F. Lauterborn)이 주장한 마케팅 4P 전략을 대신해 <u>정보사회에서 고객 관점의 4C 전략</u>

  ㉡ <u>4C는 Customer Value/Benefit(고객의 가치/혜택), Customer Cost(고객이 부담하는 비용), Convenience(고객의 편리성), Communication(고객과의 커뮤니케이션)으로 구성</u>

④ 마케팅 4E 전략

  ㉠ 신경제학자인 도널드 칼네(Donald Calne)가 주장한 것으로 감성이 인간의 행동 변화를 가져오기 때문에 고객에게 독창적이고 높은 <u>감성적 부가가치를 제공해야 한다는 차원</u>

  ㉡ <u>4E는 Evangelist(브랜드 전도사/호감과 충성도를 가진 고객), Enthusiasm(열정), Experience(체험/경험), Engagement(브랜드 참여)로 구성</u>

〈그림〉 마케팅 믹스 전략의 변화 양상

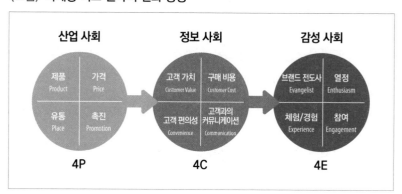

한번더클릭

마케팅 4P, 4C, 4E

• 마케팅 4P
  – Product : 제품
  – Price : 가격
  – Place : 유통
  – Promotion : 촉진

• 마케팅 4C
  – Customer Value/Benefit : 고객의 가치/혜택
  – Customer Cost : 고객이 부담하는 비용
  – Convenience : 고객의 편리성
  – Communication : 고객과의 커뮤니케이션

- 마케팅 4E
  - Evangelist : 브랜드 전도사
  - Enthusiasm : 열정
  - Experience : 체험/경험
  - Engagement : 브랜드 참여

(3) 디지털 마케팅의 목표와 평가지표 유형

① <u>KPI(Key Performance Indicators)</u> : 핵심성과지표, 수치로 표현 가능한 광고의 목표
② <u>PAR(Purchase Action Ratio)</u> : 마케팅을 통해 <u>브랜드 인지가 브랜드 구매로 얼마나 잘 전환되었는지</u>를 평가
③ <u>BAR(Brand Advocate Ratio)</u> : 마케팅을 통해 <u>브랜드 인지가 브랜드 옹호로 얼마나 잘 전환되었는지</u>를 평가

(4) 디지털 브랜딩

① 디지털 브랜딩은 가치를 제공하고 충성도와 브랜드 인지도를 높이는 데 중점
② 디지털 브랜딩의 핵심 전략은 모든 마케팅 채널과 접점에서 일관성을 유지해야 하며 고객이 가치와 철학을 이해하도록 해야 함

퀴즈

PAR(Purchase Action Ratio)는 브랜드 인지를 브랜드 구매로 얼마나 잘 전환시켰는가를 평가하는 지표이다. (○ / ×)
정답 | ○

키워드 정리 🔍

디지털 브랜딩 vs 디지털 마케팅
- 디지털 브랜딩은 가치를 제공하고 충성도와 브랜드 인지도를 높이는 데 중점
- 디지털 마케팅은 새로운 고객을 찾고 판매 창출에 중점

PART 01
PART 02
PART 03
PART 04
PART 05
PART 06

출제예상문제

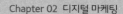

01 다음 중 전통적 마케팅과 디지털 마케팅의 차이점으로 바르게 연결된 것은?

전통적 마케팅	디지털 마케팅
① 긴 유통기간	짧은 유통기간
② 관계 중심	거래 중심
③ 자산 중심	소비 중심
④ 광고 중심	정보 중심

해설 | 전통적인 마케팅과 디지털 마케팅의 차이는 거래 → 관계, 소비 → 자산, 광고 → 정보, 짧은 유통기간 → 긴 유통기간이다. 바르게 연결된 것은 전통적 마케팅은 광고 중심에서 디지털 마케팅은 정보를 중심으로 한다는 점이다.

02 다음 중 디지털 마케팅의 장점이 아닌 것은?

① 데이터 및 청중 참여를 즉시 추적할 수 있다.
② 사이트에 링크를 클릭하거나 이메일을 읽거나 소셜미디어에서 팔로우하면 해당 정보를 즉시 얻게 된다.
③ 사용자가 프리미엄 서비스에 대해 비용을 지불하면 광고를 건너뛰거나 제거할 수 있다.
④ 특정 청중에게 가장 적합한 유형의 콘텐츠, 가장 효과적인 매체, 가장 참여도가 높은 시간대에 대한 인사이트를 얻을 수 있다.

해설 | 사용자가 프리미엄 서비스에 대해 비용을 지불하면 광고를 건너뛰거나 제거할 수 있다는 점은 디지털 마케팅의 단점으로 볼 수 있다.

03 다음 중 디지털 마케팅의 목표로 적합하지 않은 것은?

① 리드 생성   ② 판매 촉진
③ 트래픽 생성   ④ 고객의 간접 참여

해설 | 디지털 마케팅 목표는 브랜드 인지도 증가, 리드 생성, 판매 촉진, 정보 제공, 고객의 직접 참여, 트래픽 생성 등이 될 수 있다. 고객의 간접 참여가 아니라 직접 참여로 보아야 한다.

04 다음이 설명하고 있는 것은 무엇인가?

> • 소비자나 제3자가 정보를 생산하는 매체
> • 대표적인 예는 입소문, 뉴스 기사

① 언드 미디어(Earned Media)
② 페이드 미디어(Paid Media)
③ 온드 미디어(Owned Media)
④ 융합 미디어(Convergence Media)

해설 | 디지털 미디어는 페이드 미디어(Paid Media), 온드 미디어(Owned Media), 언드 미디어(Earned Media)로 구분된다. 이 중 제3자에 의해 창작되고 소유되어 소비자로부터 신뢰와 평판을 획득할 수 있는 디지털 미디어를 언드 미디어(Earned Media)라고 한다.

05 다음 중 디지털 마케팅 패러다임으로 적합하지 않은 것은?

① 수동적 소비자에서 능동적 소비자로 진화하였다.

② TV와 라디오 등의 전통매체의 영향력이 강해졌다.

③ 빅데이터 등의 발달로 개인화된 맞춤형 마케팅이 등장하고 있다.

④ 소비자는 검색은 온라인, 체험은 오프라인, 구매는 모바일에서 하는 등 온·오프라인 채널을 다양하게 활용하고 있다.

해설 | 디지털 환경에서는 수동적 소비자에서 능동적 참여형 소비자로 진화하고, 빅데이터 등의 발달로 개인화된 맞춤형 마케팅이 등장하고 있다. 소비자는 검색은 온라인, 체험은 오프라인, 구매는 모바일에서 하는 등 온·오프라인 채널을 다양하게 활용하고 있다. 반면 4대 매체 중심에서 디지털 미디어로의 변화해 전통매체의 영향력이 감소하고 있다.

06 다음 중 마케팅 전략 중에 기업이 원하는 대로 자사의 제품을 소비자에게 인식시켜 시장에서 자사의 제품이 독특한 위치를 차지할 수 있도록 하는 전략은 무엇이라고 하는가?

① 포지셔닝 전략

② 시장세분화 전략

③ 표적시장 전략

④ 타겟팅 전략

해설 | 마케팅의 STP 전략 중의 하나인 포지셔닝 전략은 기업이 원하는 대로 자사의 제품을 소비자에게 인식시켜 시장에서 자사의 제품이 독특한 위치를 차지할 수 있도록 하는 것이다.

07 다음 중 디지털 마케팅을 통해 브랜드 인지를 브랜드 구매로 얼마나 잘 전환되었는지를 평가하는 지표는 무엇인가?

① CVR   ② BAR

③ PAR   ④ KPI

해설 | 브랜드 인지를 브랜드 구매로 얼마나 잘 전환되었는지를 평가하는 지표는 PAR(Purchase Action Ratio)이다. 반면 BAR(Brand Advocate Ratio)은 브랜드 인지를 브랜드 옹호로 얼마나 잘 전환되었는지를 평가하는 지표이다.

08 다음 괄호에 공통으로 들어갈 말은 무엇인가?

- 디지털 마케팅의 새로운 트렌드 양상 중의 하나로 주로 일방향적 메시지 전달 형식의 광고에서 (   )(으)로 광고가 변화하고 있다.
- (   )은/는 브랜드가 생산에 주도적으로 참여한 콘텐츠로 스토리에 소비자에게 전달하고자 하는 브랜드의 핵심 메시지가 녹여내고 있고 소비자에게 유용한 정보와 재미를 제공한다.

해설 | 브랜드가 생산에 주도적으로 참여한 콘텐츠로 소비자에게 전달하고자 하는 브랜드의 핵심 메시지를 콘텐츠 스토리에 녹여내고 소비자에게 유용한 정보와 재미를 제공하는 것은 브랜디드 콘텐츠이다.

정답 01 ④ 02 ③ 03 ④ 04 ① 05 ② 06 ① 07 ③ 08 브랜디드 콘텐츠

09 다음에서 설명하는 네이버의 새로운 서비스 유형은 무엇인가?

> • 이것은 인공지능(AI)＋검색(Search)의 합성어로 네이버에서 제공하는 새로운 검색서비스를 말한다.
> • 사용자가 장소, 쇼핑, 관심사 등을 검색하면 여러 주제의 스마트블록을 통해 연관키워드의 검색결과를 노출해주는 서비스이다.

해설 | 네이버의 검색서비스인 에어서치는 인공지능(AI)＋검색(Search)의 합성어로 인공지능을 통해 네이버 검색엔진에 노출되는 검색 알고리즘을 말한다. 사용자가 장소, 쇼핑, 관심사 등을 검색하면 여러 주제의 스마트블록을 통해 연관키워드의 검색결과를 노출해주는 서비스이다.

10 다음에서 설명하는 것은 무엇인가?

> • 디지털 기술 활용 고객 경험 극대화, 고객과의 지속적인 관계 유지
> • 인터넷 마케팅, 콘텐츠 마케팅, 소셜미디어 마케팅을 포괄하는 용어

해설 | 인터넷 및 디지털 커뮤니케이션을 사용하여 고객의 니즈(Needs)와 욕구(Wants)를 충족시키기 위해 고객 맞춤형 제품과 서비스를 개발하고, 적절한 시간, 가격, 장소를 통해서 고객과 상호작용하여 소통하고 프로모션하는 일정의 과정을 디지털 마케팅이라고 한다. 이는 고객 경험을 극대화하고, 고객과의 지속적 관계 유지에 목적으로 한다. 인터넷 마케팅, 소셜미디어 마케팅, 모바일 마케팅, 콘텐츠 마케팅을 포괄하는 광의의 개념이다.

정답 | 09 에어서치   10 디지털 마케팅

1. 디지털 광고의 개념과 특성

(1) 디지털 광고의 개념

① 디지털 미디어를 활용하여 소비자와 양방향으로 소통하는 설득 메시지

② 광고주가 온라인 및 디지털 유료 채널을 통해 제공하는 제품에 대한 대중의 관심을 불러일으키는 커뮤니케이션

(2) 디지털 광고의 특징

① 트래킹 용이 : 디지털 광고는 광고 내용, 광고 대상, 대상 고객이 광고와 상호 작용하는 방식에 대해 데이터로 파악 가능

② 정교한 타겟팅 : 사용자의 성별, 연령 등의 정보 기반 타겟팅이 가능하며, 쿠키 파일을 활용해 입력한 키워드, 검색어와 연관된 광고를 노출하는 콘텐츠 타겟팅, 사용자 위치를 기반으로 한 지역 타겟팅 등이 가능. 또한 온라인 사이트에 접속한 사람들을 추적해 타 온라인 사이트에 접속할 때에 이전 온라인 사이트에서 보았던 광고를 다시 보여주는 리타겟팅도 가능

③ 전달의 융통성 : 시공간의 제약이 없고, 실시간 광고소재의 교체가 가능. 또한 텍스트, 이미지, 비디오 등의 여러 형태로 크리에이티브 구현 가능

④ 상호작용성 : 쌍방향 커뮤니케이션과 실시간 반응, 사용자 통제 등의 상호작용성을 기반으로 광고, 소비자, 광고주가 실시간으로 상호작용 가능

키워드 정리 🔍

쿠키

인터넷 사용자가 웹사이트를 방문할 때 사용자의 컴퓨터에 자동으로 저장되는 작은 임시 파일. 쿠키 정보 수집 및 분석을 통해 사용자의 행동 추적이 가능. 쿠키를 식별자로 하여 분석하는 것을 웹로그 분석이라 함

키워드 정리 🔍

리타겟팅 광고

리마케팅이라고도 하며, 리타겟팅 광고는 쿠키를 사용하여 검색 기록을 기반으로 사용자에게 특정 광고를 제공함

빈 칸 채우기

디지털 광고는 쌍방향 커뮤니케이션과 실시간 반응, 사용자 통제 등의 상호작용성을 기반으로 광고, 소비자, 광고주가 실시간으로 (   )이/가 가능하다.

정답 | 상호작용

한번더클릭

디지털 광고의 특징
- 트래킹 용이
- 정교한 타겟팅
- 전달의 융통성
- 상호작용성

퀴즈

디지털 광고의 주요 목적은 온라인 브랜딩, 트래픽 생성이다.
(○ / ×)

정답 | ○

퀴즈

디지털 광고는 사용자의 성별, 연령 등의 정보 기반 타겟팅, 검색어와 연관된 광고를 노출하는 콘텐츠 타겟팅, 사용자 위치를 기반으로 한 지역 타겟팅 등이 가능하다. (○ / ×)

정답 | ○

퀴즈

광고대행사는 특정 매체의 광고를 광고주나 광고대행사에 판매하는 광고매체 판매 대행사로 효과 예측 및 측정 비교, 매체 구매, 집행 등 관리 역할을 한다. 나스미디어, 인크로스, 메조미디어 등과 같은 회사가 대표적이다. (○ / ×)

정답 | ×

2. 디지털 광고의 주요 목적

① **온라인 브랜딩** : 인터넷에서 온라인 브랜딩은 시장에 포지셔닝을 위한 브랜드 관리 기법으로 온라인 비즈니스에서 소비자 인식 개선을 위한 필수요소임
② **트래픽 생성** : 검색광고, 배너광고, 동영상 광고 등 디지털 광고로 웹사이트로 충분한 트래픽을 끌어와 리드(Lead)를 창출

3. 디지털 광고의 산업구조

(1) 디지털 광고의 집행 절차

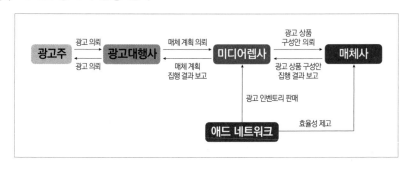

(2) 디지털 광고의 산업 주체

① **광고주** : 광고를 게재하는 주체(=스폰서)
② **디지털 광고대행사** : 패러다임의 빠른 변화로 인해 브랜드에 최적한 창의적 아이디어와 서비스를 제공하는 역할
③ **디지털 미디어렙/미디어랩(Media Representative)** : 특정 매체의 광고를 광고주나 광고대행사에 판매하는 광고매체 판매 대행사. 효과 예측 및 측정 비교, 매체 구매, 집행 등 관리 역할 **예** 나스미디어, 인크로스, 메조미디어, 크로스미디어, M2

④ **디지털 매체사** : 광고를 할 수 있는 매체로 플랫폼을 소유하고 있는 매체. 인터넷 포털인 구글, 네이버, 다음, 소셜미디어인 유튜브, 페이스북, 인스타그램, 모바일 온라인 사이트 등이 포함

⑤ <u>애드 네트워크</u> : <u>여러 광고 인벤토리를 네트워크 형태로 묶어 이를 광고주에게 판매하는 서비스를 제공</u>

⑥ 구글애즈와 같은 애즈 네트워크, 구글애드 매니저, OpenX와 같은 애드 익스체인저, 광고 지면을 제공하는 <u>광고 매체사의 인벤토리 판매 플랫폼인 SSP(Supply Side Platform)</u>가 있음. 이러한 것은 DSP(Demand Side Platform)와 DMP(Data Management Platform)로 발전

⑦ <u>DSP(Demand Side Platform)</u> : 디맨드(Demand)는 광고지면을 필요로 하는 사람, 즉 광고주를 말함. DSP는 <u>광고주가 타겟에게 적합한 인벤토리를 구매하려고 할 때 효과적인 구매를 위해 다양한 사용자 데이터를 수집, 저장, 분석하여 광고주에게 정확한 고객 데이터를 제공하는 플랫폼</u>으로 DMP, SSP, 애드 익스체인지 등과 연동하여 광고주를 대신하여 광고를 구매하고 적합한 타겟에게 광고를 노출함

⑧ <u>DMP(Data Management Platform)</u> : DSP가 애드 익스체인지 등으로부터 받은 사용자 정보가 광고주의 타겟과 일치하는지를 판단하는 것을 돕기 위해 <u>사용자 정보를 DSP에 제공해 주는 플랫폼</u>을 말함

4. 디지털 광고의 유형

(1) 소비자들이 보는 광고 형식(콘텐츠 수용 형식)에 따른 구분

① **텍스트 광고** : 문자 위주로 제시되는 광고
② **이미지 광고** : 디스플레이 광고(DA ; Display AD)
  ㉠ 배너 광고 : 인터넷 광고 중 가장 오래된 유형. 검색광고 대비 클릭률이 낮고, 광고 지면의 크기 제한, 가능한 광고 형식의 제한 등으로 인해 정보 제공 측면에 한계가 있음
  ㉡ 인터랙티브 배너 광고 : 배너 내에서 다양한 정보를 제공하고 사용자 개인정보도 수집 가능
  ㉢ 리치 미디어 배너 광고 : <u>멀티미디어를 활용하여 광고 메시지를 풍부하게 전달</u>

PART 01
PART 02
PART 03
PART 04
PART 05
PART 06

③ 동영상 광고

    ㉠ 게재 위치에 따른 동영상 광고 유형 : 인스트림 광고, 아웃스트림 광고

    ㉡ 노출 순서에 따라 영상 콘텐츠가 시작되기 전에 나오는 프리롤, 영상 콘텐츠 중간에 노출되는 미디롤, 영상 콘텐츠 재생 이후에 노출되는 포스트롤 광고로 구분

    ㉢ 온라인 동영상 광고 : 인스트림 동영상 광고, 배너 기반 동영상 광고, 텍스트 기반 동영상 광고로 구분

    ㉣ 스트리밍 미디어 광고 : OTT(Over-The-Top) 광고라고도 하며, 위성이나 케이블 없이 인터넷을 통해 전달되는 스트리밍 미디어 콘텐츠에 표시되는 특정 유형의 비디오 광고

(2) 소비자들이 광고에 어떻게 반응하는지(송출 방식)에 따른 구분

① 노출형 광고(DA ; 디스플레이 광고) : 일방향으로 이용자에게 정보를 전달하는 광고, 미디어렙 광고, 매체 자체의 판매 광고, 애드 네트워크 광고 등이 대표적

② 검색형 광고(검색광고, SA ; Search AD) : 이용자가 직접 입력한 키워드에 대한 광고, 검색 광고 플랫폼에서 판매하는 여러 형태의 광고 상품들

(3) 소비자 광고 접점으로서의 스크린의 크기와 형태에 따른 구분

PC 광고, 스마트폰 광고, 태블릿 광고, 디지털 사이니지 광고 등

(4) 광고 과금 체계에 따른 구분

CPC 광고, CPV 광고, CPM 광고, CPA 광고 등

(5) 광고매체 유형에 따른 구분

① 오디오 광고 : 스트리밍 음악이나 팟캐스트와 같은 온라인 오디오 콘텐츠 전, 도중 또는 후에 재생되는 광고

② 소셜미디어 광고 : 페이스북(뉴스피드/칼럼 광고), 인스타그램(스폰서광고), 트위터(프로모티드 트윗) 등 소셜미디어 플랫폼에 나타나는 광고

③ 모바일 광고
　　㉠ 특징 : 시간과 공간의 물리적 제약 극복, 광고 메시지 도달률 높음, 위치기반 지역 광고나 개인 맞춤형 광고로 진화, 즉각 반응성으로 빠르게 구매로 연결
　　㉡ 인앱(In-App) 광고 : 앱 다운로드 후 사용 시 배너 형태로 등장하는 광고 유형
　　㉢ 인터스티셜 광고(Interstitial ad) : 특정 페이지에서 다른 페이지로 이동 시 나타나는 광고. 모바일 스크린 전면에 게재되어 사용자의 주목도가 높고 다양한 크리에이티브 가능
　　㉣ QR광고, VR광고, AR광고 등 새로운 애드테크(Advertising+Technology) 기반의 새로운 광고가 등장하고 있음
④ 네이티브 광고
　　㉠ 이용하는 콘텐츠 일부처럼 보이도록 하여 관심을 끌고 자연스럽게 이끄는 형태의 광고. 네이티브 광고에는 유료 프로모션, PPL 등이 포함
　　㉡ 인피드 광고 : SNS상에서 자연스럽게 피드된 광고 **예** 뉴스피드 광고, 스폰서 광고, 프로모티드 트윗 광고
　　㉢ 기사 맞춤형 광고 : 기사와 관련된 콘텐츠가 광고로 노출되는 광고
　　㉣ 프로모티드 리스팅 : 검색어와 관련되는 상품이 제시되는 형태의 광고(맞춤형 추천)

퀴즈

인앱 광고는 사용자가 앱 다운로드 이전에 배너 형태로 보이는 광고를 말한다. (ㅇ / ×)

정답 | ×

빈 칸 채우기

(　　　　) 광고는 이용하는 콘텐츠의 일부처럼 보이도록 하여 관심을 끌고 자연스럽게 이끄는 형태의 광고로 인피드 광고, 기사 맞춤형 광고, 맞춤형 추천 광고 등이 있다.

정답 | 네이티브(native)

출제예상문제

01 디지털 광고에 대한 설명으로 맞지 않는 것은?

① 디지털 미디어를 활용하여 소비자와 양방향으로 소통하는 설득 메시지이다.

② 디지털 광고는 광고주가 온라인 및 디지털 유료 채널을 통해 제공하는 제품에 대한 대중의 관심을 불러일으키는 커뮤니케이션이다.

③ 디지털 광고는 광고 내용, 광고 대상, 대상 고객이 광고와 상호 작용하는 방식에 대한 데이터로 파악이 가능하다.

④ 시공간의 제약이 없고, 실시간 광고소재 교체가 가능하나 게재할 수 있는 광고 형식이 제한적이다.

해설 | 디지털 광고는 시공간의 제약이 없고, 실시간 광고소재 교체가 가능하다. 텍스트, 이미지, 비디오 등의 여러 형태로 크리에이티브를 구현할 수 있고 광고 형식이 제한적이지 않다.

02 다음 중 디지털 광고의 종류가 아닌 것은?

① 디스플레이 광고　　② 동영상 광고

③ 빌보드 광고　　④ 소셜미디어 광고

해설 | 빌보드 광고는 옥외광고의 일종으로 전통적 광고 매체이지 디지털 광고가 아니다.

03 다음 중 디지털 광고의 특징으로 적합하지 않은 것은?

① 전달의 융통성　　② 정교한 타겟팅

③ 일방향성　　④ 트래킹 추적 용이

해설 | 디지털 광고는 트래킹 추적이 용이한 특성을 갖는다. 또한 정교한 타겟팅이 가능하며, 다양한 크리에이티브를 전달할 수 있다는 점에서 전달의 융통성, 그리고 상호작용의 특성을 갖는다.

04 다음 중 광고산업 주체에 대한 설명으로 맞지 않은 것은?

① 디지털 광고대행사 : 시시각각 변하는 디지털 시대에 맞는 통찰력을 바탕으로, 브랜드에 적합한 디지털 기반 크리에이티브 아이디어와 서비스를 제공하는 역할을 수행한다.

② 디지털 미디어렙 : 광고를 게재하는 주체이다.

③ 디지털 매체사 : 광고를 할 수 있는 매체로 플랫폼을 소유하고 있다. 인터넷 포털인 구글, 네이버, 다음, 소셜미디어인 유튜브, 페이스북, 인스타그램, 모바일 온라인 사이트 등이 포함된다.

④ 애드 네트워크 : 매체사들의 여러 광고 인벤토리를 네트워크 형태로 묶어 이를 광고주에게 판매하는 서비스를 제공한다.

해설 | 디지털 미디어렙은 특정 매체의 광고를 광고주나 광고대행사에 판매하는 광고매체 판매 대행사이다. 광고를 게재하는 주체는 광고주이다.

05 다음 중 동영상 광고에 대한 설명으로 옳지 않은 것은?

① 범퍼애드는 스킵이 불가능한 6초 이하의 짧은 동영상 광고를 칭한다.

② 인터스티셜 광고(interstitial ad)는 특정 페이지에서 다른 페이지로 이동 시 나타나는 광고이다.

③ SNS상에서 자연스럽게 피딩되는 인피드 광고는 동영상 광고의 유형 중 하나이다.

④ 배너광고는 인터넷 광고 중 가장 오래된 유형으로 검색광고 대비 클릭률이 낮다.

해설 | SNS상에서 자연스럽게 피딩되는 인피드 광고는 동영상 형식(포맷)으로 되어 있을 수도 있지만, 동영상 광고 유형이 아니라 네이티브 애드(native ad)의 일종이다.

06 다음 중 모바일 광고의 특성으로 옳지 않은 것은?

① 시간과 공간의 물리적 제약 극복

② 높은 광고 메시지 도달

③ 위치기반 지역 광고나 개인 맞춤형 광고로 진화

④ 구매와는 별도의 반응을 나타냄

해설 | 모바일 광고는 시간과 공간의 물리적 제약 극복, 높은 광고 메시지 도달, 위치기반 지역 광고나 개인 맞춤형 광고로 진화, 즉각 반응성으로 빠른 구매 연결의 특성을 갖는다.

07 다음 ( )에 들어갈 말은 무엇인가?

( ) 광고는 리마케팅이라고도 하며, 쿠키를 사용하여 검색 기록을 기반으로 사용자에게 특정 광고를 제공하는 광고를 말한다.

해설 | 쿠키를 사용하여 검색 기록을 기반으로 사용자에게 특정 광고를 제공하는 광고는 리타겟팅 광고(혹은 리마케팅 광고)라고 한다. 리타겟팅 광고는 소비자의 관심을 입증하는 데이터가 있으므로 일반적으로 높은 수익률(ROI)을 나타낸다.

08 다음에서 설명하는 것은 무엇인가?

• 광고주 입장에서 많은 인터넷 매체사와 접촉하여 광고를 구매하고 집행, 관리를 대신해주는 역할 수행
• 매체사 입장에서 광고 판매 대행 역할 수행

해설 | 디지털 미디어렙(Media Representative)은 특정 매체의 광고를 광고주나 광고대행사에 판매하는 광고매체 판매 대행사이다. 효과 예측 및 측정 비교, 매체 구매, 집행 등 관리 역할을 한다.

09 다음 ( )에 각각 들어갈 말은 무엇인가?

디지털 광고의 주요 목적은 (㉠)와/과 (㉡)이다.

해설 | 디지털 광고의 주요 목적은 온라인 브랜딩과 트래픽 생성이다.

정답 01 ④ 02 ③ 03 ③ 04 ② 05 ③ 06 ④ 07 리타겟팅 08 미디어렙 09 ㉠ 온라인 브랜딩, ㉡ 트래픽 생성

10 다음에서 설명하는 것은 무엇인가?

기존 광고와 달리 이용자가 경험하는 콘텐츠 일부처럼 보이도록 하여 이용자의 관심을 자연스럽게 이끈 형태의 광고

해설 | 이용하는 콘텐츠 일부처럼 보이도록 하여 관심을 끌고 자연스럽게 이끄는 형태의 광고 형태를 네이티브 광고라고 한다.

정답 | 10 네이티브 광고

PART 02

검색광고 실무 활용

검색광고의 이해

1. 검색광고의 이해

(1) 검색광고의 개념

① 특정 키워드를 네이버, 카카오, 구글 등의 검색엔진(Search Engine)에 검색했을 때, 검색 결과에 노출되는 광고

② 이용자의 능동적인 검색 활동을 통해 정확한 타겟팅이 가능한 광고

③ 양질의 검색 결과를 제공하기 위해 검수 과정을 거친 광고

④ 키워드광고, SEM(Search Engine Marketing), SA(Search Ad), 유료 검색(Paid Search)이라고도 함

한 번 더 클릭 🖱️

검색광고
검색광고는 키워드광고, SEM(Search Engine Marketing), SA(Search Ad), 유료 검색(Paid Search)으로도 불린다.

(2) 검색광고를 집행해야 하는 이유

① 이용자들은 포탈뿐만 아니라 다양한 사이트에서 정보를 탐색하고, 여러 가치 측면에 대한 고려와 평가를 거쳐 비로소 구매에 이르는 이전보다 복잡해진 이용자들의 구매 여정을 가짐

② 검색결과는 이용자가 가장 솔직하게 관심사를 드러내고 집중해서 살펴보는 지면

(3) 검색광고의 참여 주체

① 광고주 : 검색엔진을 통해 자사의 웹사이트를 노출시키고자 하는 기업으로 광고주 가입을 통해 키워드를 구매

② 광고대행사 : 광고주를 위해 광고 전반을 전문적으로 대행하는 업체로 광고의 기획부터 운영, 성과 보고 등의 업무를 수행하며 그 대가로 매체사 또는 광고주로부터 대행 수수료를 받음

③ **검색광고 서비스업체** : 검색광고 운영시스템을 통해 키워드와 노출 지면을 판매하는 플랫폼

㉠ 광고를 게재할 수 있는 검색 웹사이트 및 앱 보유

㉡ 제휴(파트너) 관계를 맺은 사이트나 앱 보유

네이버	검색 파트너	ZUM, 옥션, G마켓, BB(베스트바이어), 다나와, 인터파크, 에누리닷컴, AK몰, 가자아이, 11번가 등
	콘텐츠 파트너	KBS미디어, 뽐뿌, 조선닷컴, 동아닷컴, 알바천국, iMBC, 중앙일보, 클리앙, 한경닷컴, 경향신문, 일간스포츠, 부동산써브 등
카카오	검색 파트너	다음(Daum), 네이트(Nate) 등
	콘텐츠 파트너	아프리카TV, 서울신문, 동아닷컴, 스포츠조선, 한국닷컴, 경향신문, 세계닷컴, 머니투데이, 한국경제TV, TV데일리 등
구글		Bing, 유튜브 등 다양한 검색 파트너와 구글 디스플레이 네트워크(GDN) 등

④ **포털사이트** : 검색페이지 지면을 제공 ㉲ 네이버, 구글, 다음, 네이트, 줌, Bing 등

2. 검색광고의 장단점

(1) 장점

① 특정 키워드를 검색했을 때, 검색 결과에 노출되는 광고

② 정보를 찾기 위해 검색하는 이용자에게 검색어와 관련한 상품/서비스 정보를 노출하는 타겟팅형 광고

③ 클릭을 받았을 때만 과금되는 종량제 광고(CPC)로 운영되어 효율적
※ 단, 디지털 광고 전상품 중 가장 저렴한 광고는 아님

④ 광고효과를 즉시 확인 가능

⑤ 매체사의 실시간 광고시스템을 통해 탄력적 운영과 관리 가능

⑥ 광고 대행사를 통하거나 매체사의 광고시스템을 통해 직접 운영(self-serve) 가능

⑦ 최대 클릭 비용 외에 광고품질에 따라 노출순위 결정

⑧ 직접 키워드를 검색한 구매 의도를 가진 고객을 유입시켜 비교적 높은 광고 성과 기대

빈 칸 채우기

일반적으로 검색광고는 (   ) 방식으로 노출이 되어도 클릭이 되지 않으면 광고비를 지불하지 않는다.

정답 | CPC

퀴즈

검색광고의 노출순위는 최대 클릭 비용 외에 광고 기간에 영향을 받는다. (ㅇ / ×)

정답 | ×

(2) 단점

① 관련 키워드를 검색한 사람들에게만 광고가 노출되기에 초기 브랜딩 광고로는 부적절
② 대형 포털사이트에서는 광고주 간의 치열한 경쟁으로 입찰가가 과도하게 높아질 수 있음(대표 키워드는 입찰가 높음)
③ 부정클릭 발생을 방지하기 어려움(무효클릭의 문제 발생)
④ 실시간으로 탄력적 운영이 가능하지만, 이에 따라 관리 리소스가 많이 투여됨

3. 검색광고의 과금 방식에 따른 구분

(1) 정액제 광고

① 월 단위 등의 일정 계약기간을 기준으로 광고 비용을 지불하는 광고 방식
② CPM 광고로도 불림
③ 주로 배너광고(디스플레이 광고, DA)에 사용

(2) 종량제 광고

① 소비자가 검색이나 배너광고를 클릭한 횟수를 근거로 지불하는 광고 방식
② CPC 광고로 불림
③ 클릭당 과금되는 방식이기 때문에 정액제 광고에 비해 합리적이며 저렴
④ 주로 검색광고(SA)에 사용

한번더클릭 🖱

검색광고의 특징
- 광고 대행업체를 통하거나 매체사의 광고시스템을 통해 직접 운영(self-serve) 가능
- 직접 키워드를 검색한 구매 의도를 가진 고객을 유입시켜 비교적 높은 광고 성과 기대
- CPC(Cost Per Click) 광고로 광고를 클릭했을 때에만 과금되는 종량제 방식은 정액제 광고에 비해 합리적이고 저렴
- 다양하고 구체적인 세부 키워드를 사용할수록 타겟이 명확해지며, 효율성이 향상됨
- 구매가능성이 높거나 전환가능성이 높은 클릭을 유도하는 것이 중요
- 다양한 영역에 노출 가능(PC, 모바일, 포털사이트 등)
- 자유로운 게재 및 중지로 광고를 탄력적으로 운영하며, 실시간 광고 수정이 가능하여 효율성 높음
- 노출순위가 입찰가 및 품질지수 순으로 산정되므로 지속적인 품질관리가 중요
- 클릭률이 높아지면 광고효과는 상승하지만, 광고비가 증가될 수도 있음

4. 인공지능과 검색광고

① 검색광고가 인공지능의 발달로 인해 변화 양상을 겪고 있음

② 대표적으로 ChapGPT를 비롯해, 구글, 네이버 등도 인공지능 활용 본격화

    ㉠ ChatGPT : Open AI가 2022년 11월 말 공개한 대화형 전문 인공지능 챗봇

    ㉡ 구글은 2023년 2월 챗GPT 대항마로 대화형 AI 서비스 바드(Bard)를, 마이크로소프트(MS)는 자사의 검색 엔진 빙(Bing)에 챗GPT 기반 언어모델을 장착했다고 발표하면서 생성 AI와 결합한 검색시장 주도권을 차지하기 위한 경쟁이 본격화

    ㉢ 네이버 Cue:

- 대화를 통해 답변을 찾아주는 네이버의 AI 검색 서비스
- 언어 모델에 추론(reasoning), 검색 계획(planning), 도구 사용(tool usage), 검색 기반 생성(retrieval-augmented generation) 기술을 네이버 검색과 결합한 AI 생성형 검색 서비스임

    ㉣ 네이버 에어서치(AI+Search)

- 네이버 검색엔진 내의 에어서치는 인공지능(AI)+검색(Search)의 합성어로 인공지능을 통해 네이버 검색엔진에 노출되는 검색 알고리즘을 말함
- 인공지능 데이터를 바탕으로 이용자가 검색하는 것에 대한 정보를 제공할 수 있는 콘텐츠나 링크를 노출시키는 새로운 노출 방법으로 사용자가 장소, 쇼핑, 관심사 등을 검색하여 여러 주제의 스마트블록을 통해 연관키워드의 검색결과를 노출해줌
- 예를 들어 장소를 검색하면 함께 가볼 만한 장소, 지역별 로컬 맛집, TV속 맛집 등의 스마트블록이 노출되고, 상품을 검색하면 내돈내산 리뷰 상품, 시기별 많이 찾는 상품 등의 스마트블록이 제공되는 것

5. 검색광고 용어 및 효과 산출 방법

(1) 검색광고 용어

① 대표 키워드 : 업종을 대표하는 키워드로 잠재고객들이 쉽게 검색하여 광고를 많이 노출시킬 수 있는 장점이 있으나 광고주 간의 입찰 경쟁이 치열하며 광고비 지출이 높을 수 있다는 단점이 있음

PART 01
PART 02
PART 03
PART 04
PART 05
PART 06

② **세부 키워드** : 대표 키워드의 하위개념으로 구체적인 서비스명이나 제품명, 지역명, 수식어를 조합한 키워드. 저렴한 입찰가로 광고를 노출시킬 수 있다는 장점이 있으나, 검색되는 수는 작다는 단점이 있음

③ **시즈널 키워드** : 특정 시기나 계절에 따라 조회수와 광고 효과가 급증하는 키워드

④ **이슈 키워드** : 특별히 중요하게 논의되는 주제나 쟁점 관련 키워드

⑤ **T&D(Title&Description)** : 검색광고에 노출되는 제목과 설명

⑥ **URL** : 검색 결과에 노출되는 URL인 표시 URL, 광고클릭 시에 도달되는 랜딩페이지인 연결 URL로 구분

⑦ **광고소재** : 검색 결과에 노출되는 광고 메시지

⑧ **확장소재** : 일반 광고소재 외에 전화번호, 위치정보, 홍보문구 등을 추가한 광고 메시지

한번더클릭

- 광고소재 : 검색 결과에 노출되는 광고 메시지로 제목과 설명문구(T&D), URL이 기본 구성
- 확장소재 : 광고소재 이외에 추가된 광고 메시지로 매체별로 다음과 같은 유형의 확장소재를 활용
  - 네이버 : 추가문구, 홍보문구, 서브링크, 가격링크, 파워링크 이미지, 이미지형 서브링크, 플레이스 정보, 홍보 영상, 블로그 리뷰
  - 카카오 : 추가제목, 부가링크, 가격테이블, 썸네일 이미지, 멀티 썸네일 이미지, 말머리, 계산하기, 전화하기, 톡채널
  - 구글 : 이미지, 사이트 링크, 콜아웃(deals), 구조화된 스니펫(types), 리드 양식, 가격, 위치, 앱, 판매자 평점

⑨ **순위지수(Ranking Index)** : 노출순위를 결정하는 지수

※ 노출순위 : 입찰가(최대 클릭 비용), 품질지수에 의해 결정

⑩ **품질지수(Quality Index)** : 광고의 품질을 나타내는 지수(네이버, 카카오는 품질지수, 구글은 품질평가점수로 명칭)

⑪ **랜딩페이지** : 검색엔진, 광고 등을 통해 방문하게 되는 페이지로 메인페이지가 될 수도 있고, 카테고리나 제품 상세페이지, 이벤트페이지가 될 수도 있음(연결페이지로도 불림)

⑫ **PV(Page View)** : 사용자가 홈페이지를 열어본 횟수, 즉 사용자가 특정 사이트 내의 홈페이지를 클릭한 수

※ 이벤트 : 사용자가 웹페이지에서 어떤 행동을 얼마나 했는지를 의미(스크롤, 버튼 클릭, 동영상 시청 등). PV는 이벤트 중의 하나로 취급 가능함

⑬ UV(Unique View/Visitors) : 중복되지 않은 방문자 수

⑭ DT(Duration Time) : 방문자가 사이트에 들어와서 체류한 시간

⑮ 반송수(Bounces) : 광고를 통해 랜딩페이지에 도달한 이용자가 더 이상 다른 페이지 이동 없이 랜딩페이지에서 방문을 종료 또는 바로 이탈한 수

⑯ 반송률(Bounce Rate) : 방문자 수 대비 반송수의 비율=이탈률(Exit Rate)

⑰ 전환(Conversion) : 광고를 통해 사이트로 유입 후 특정 행동을 취하는 것

⑱ 직접전환수 : 광고클릭 이후 30분 이내에 마지막 클릭으로 발생한 전환 수

⑲ 간접전환수 : 광고클릭 이후 30분부터 전환 추적기간 내에 발생한 전환 수(추적기간은 7~20일)

⑳ KPI(Key Performance Indicators) : 핵심성과지표, 수치로 표현 가능한 광고의 목표

(2) 검색광고 노출효과

① 노출수 : 광고가 노출된 횟수로 검색광고에서는 검색 사용자에게 광고가 노출된 횟수

② 클릭수 : 광고가 클릭된 횟수(=방문수)

③ 클릭률(CTR ; Click Through Rate/Ratio) : 노출수 대비 클릭수의 비율(%)

$$클릭률(CTR) = \frac{클릭수}{노출수} \times 100$$

※ 검색수 대비 클릭수의 비율이 아님을 주의

※ 노출수가 증가하면 CTR은 낮아짐

※ 클릭률이 높으면 품질지수 향상에 도움이 되므로, 클릭률을 높이기 위해서는 키워드 검색 의도별 T&D를 노출하는 것이 좋고, T&D에 키워드를 포함하면 볼드 처리되어 클릭률 상승에 도움이 됨

④ 전환율(CVR ; ConVersion Rate) : 클릭수 대비 전환이 일어난 비율(%)

$$전환율(CVR) = \frac{전환수}{클릭수} \times 100$$

※ CTR과 CVR은 검색광고의 대표적 광고효과 지표임

PART 01
PART 02
PART 03
PART 04
PART 05
PART 06

⑤ ROAS(Revenue On Ad Spend) : 광고비 대비 (전환) 매출액으로 광고를 통해 발생한 매출을 광고비로 나눈 값(%)

$$ROAS = \frac{(전환) \ 매출액}{광고비} \times 100$$

⑥ ROI(Return On Investment) : 투자 대비 수익률로 광고를 통해 발생한 순수익을 광고비로 나눈 값(%)

$$ROI = \frac{순이익}{투자비용} \times 100$$

참고

$$ROAS = \frac{전환 \ 매출액(구매건수 \times 객단가)}{광고비(클릭수 \times CPC)} \times 100$$

$$ROI = \frac{순이익 \ [전환 \ 매출액(구매건수 \times 객단가) \times 수익률]}{광고비(클릭수 \times CPC)} \times 100$$

※ 전환 매출액=객단가×전환수(구매건수)/객단가=전환매출액÷전환수(구매건수)
※ 총광고비=클릭수×CPC

⑦ CPA(Cost Per Action) : 전환당 비용. 정의하는 전환이 무엇이냐에 따라 CPS(Cost Per Sale), CPL(Cost Per Lead), CPI(Cost Per Install), CPV(Cost Per View) 등으로 구분

$$CPA = \frac{광고비}{전환수}$$

※ 전환수가 커지면 CVR 증가, CPA는 감소

⑧ CPS(Cost Per Sale) : 구매당 비용

$$CPS = \frac{광고비}{구매건수}$$

※ 구매건수(=전환수) = 클릭수×구매전환율
※ 구매전환율이 N배 상승하면, ROAS는 N배 상승, CPS는 1/N배 상승

⑨ CPC(Cost Per Click) : 광고비를 클릭수로 나눈 클릭당 비용

$$CPC = \frac{광고비}{클릭수}$$

빈 칸 채우기

(   )은/는 투자 대비 수익률로 광고를 통해 발생한 수익을 광고비로 나눈 값이다.
정답 | ROI

⑩ CPM(Cost Per Mile) : 광고가 1,000번 노출됐을 때의 비용(주로 배너광고에 쓰임)

$$CPM = \frac{광고비}{노출수} \times 1,000$$

한번더클릭

검색광고 효과 정리
- 노출수가 증가하면 CTR은 낮아진다.
- CVR이 올라가면 CPA는 낮아진다.
- CPC가 올라가면 ROAS는 낮아진다(단, CPC가 높은 키워드도 ROAS가 높을 수 있다).
- CTR과 CVR이 높아질수록 광고효과는 더 좋아진다.
- 구매전환율이 N배 상승하면, ROAS는 N배 상승, CPS는 1/N배 상승한다.

PART 01

PART 02

PART 03

PART 04

PART 05

PART 06

출제예상문제

01 다음 중 검색광고에 대한 설명으로 옳지 않은 것은?

① 검색광고는 키워드광고, SA(Search Ad), 유료 검색 등으로 불린다.

② 검색광고는 이용자의 능동적 검색 활동에 기반해 광고가 노출되기 때문에 정확한 타겟팅이 어렵다.

③ 검색광고 서비스업체는 양질의 검색 결과를 제공하기 위해 각 등록기준과 운영정책에 따라 검수과정을 거친다.

④ 검색광고는 검색엔진을 통해 기업의 웹사이트 등을 노출시킬 수 있는 광고이다.

해설 | 검색광고는 서비스나 제품 관련 키워드를 등록하여 고객이 검색했을 때 광고를 노출시킬 수 있어서 정확한 타겟팅이 가능하다.

02 다음 중 검색광고의 참여 주체가 아닌 것은?

① 광고주　　　　② 광고대행사
③ 서비스업체　　④ 한국인터넷진흥원

해설 | 검색광고의 참여 주체는 광고주, 광고대행사, 검색광고 서비스업체, 포털사이트이다.

03 다음 중 검색광고의 특징이 아닌 것은?

① 클릭을 받았을 때만 과금되는 광고로 효율적 운영이 가능하다.

② 광고효과를 즉시 확인할 수 있다.

③ 최대 클릭 비용으로 노출순위가 결정된다.

④ 매체사의 실시간 광고시스템을 통해 탄력적으로 운영할 수 있다.

해설 | 검색광고는 최대 클릭 비용 외에 광고품질에 따라 노출순위가 결정된다.

04 다음 중 검색광고의 특징으로 옳은 것은?

① CPC 광고의 경우 클릭당 과금되는 시스템으로 광고노출이 되었을 때에 과금된다.

② 검색광고는 초기 브랜드를 알리는 광고로 적합하다.

③ 광고노출순위는 최대 클릭 비용과 광고노출 기간을 반영해 최종 노출순위가 결정된다.

④ 매체사의 실시간 광고시스템을 통해 ON/OFF, 노출지면(매체), 입찰가, 예산 등을 탄력적으로 운영할 수 있다.

해설 | CPC 광고는 광고노출이 아니라 클릭했을 때에 과금되며, 검색광고는 초기 브랜드를 알리는 광고로는 적합하지 않다. 광고노출순위는 최대 클릭 비용 외에 광고품질에 따라 순위가 결정된다.

05 다음 중 검색광고의 단점으로 볼 수 없는 것은?

① 대형 포털사이트에서는 광고주 간의 치열한 경쟁으로 입찰가가 과도하게 높아질 수 있다.

② 관련 키워드를 검색한 사람들에게만 광고가 노출되기에 초기 브랜딩 광고로는 부적절하다.

③ 실시간으로 탄력적 운영이 가능하지만, 이에 따른 관리 리소스가 많이 투여된다.

④ 종량제 광고는 정액제 광고보다 광고비가 높다.

해설 | 종량제 광고는 클릭당 과금되는 방식으로 정액제 광고에 비해 합리적이며 저렴하다.

06 다음에서 설명하고 있는 검색광고 용어는 무엇인가?

> 투자 대비 수익률(이익률)에 대한 영어 약자로 검색광고에서는 광고를 통해 발생한 수익을 광고비로 나눈 값이다.

① ROAS   ② ROI

③ CTR   ④ CVR

해설 | 투자 대비 수익률은 ROI(Return On Investment)로 광고를 통해 발생한 순수익을 광고비로 나눈 값 (순이익/광고비)×100이다.

07 다음 중 검색광고에서 주로 사용하는 용어에 대한 설명으로 옳지 않은 것은?

① CPC : 광고클릭이 발생할 때마다 비용을 지불하는 종량제 광고 방식이다.

② 품질지수 : 게재된 광고의 품질을 나타내는 지수이다.

③ 확장소재 : 검색광고에 노출되는 메시지로 반드시 광고에 게재된다.

④ 순위지수 : 노출순위를 결정하는 지수이다.

해설 | 확장소재는 일반 광고소재 이외에 전화번호, 위치정보, 홍보문구, 추가링크 등을 말하며, 반드시 광고에 게재되는 것은 아니다. 업종에 따라서 확장소재 사용이 제한되는 업종도 있고, 확장소재 유형과 노출 영역 등에 따라 결정된다.

08 다음에서 설명하고 있는 것은 무엇인가?

> • 광고를 통해 방문하게 되는 페이지를 말한다.
> • 어디로 연결했느냐에 따라서 전환율이 다를 수 있다.

해설 | 광고를 클릭했을 때에 연결되는 페이지를 랜딩페이지라고 한다. 어디로 연결했느냐에 따라 전환율 등의 광고 성과가 다를 수 있으므로 어느 페이지를 랜딩페이지로 설정할 것인가에 대한 전략적 결정이 중요하다.

정답   01 ②   02 ④   03 ③   04 ④   05 ④   06 ②   07 ③   08 랜딩페이지

09 다음 표는 광고 운영성과를 나타내는 표이다. 빈칸에 ①과 ②에 들어갈 값은?

키워드	노출수	클릭수	CTR	광고비	CPC
청바지	5,000	50	①	100,000	②

해설 | ① CTR=(클릭수/노출수)×100=(50/5,000)×100
=1%
② CPC=광고비/클릭수=100,000/50=2,000

10 다음에서 설명하고 있는 것은 무엇인가?

- 사이트를 방문한 후 페이지 이동 없이 바로 이탈한 비율을 나타낸다.
- 랜딩페이지가 효과적인지를 판단하는 지표로 활용된다.

해설 | 반송률은 방문자 수 대비 반송수의 비율이다. 광고를 클릭한 사용자는 광고에서 본 내용과 관련 있는 페이지로 연결될 것이라 예상하지만 그렇지 않을 경우, 이탈할 가능성이 커지기 때문에 랜딩페이지가 효과적인지를 판단하는 지표가 될 수 있다.

검색광고의 기획

1. 검색광고의 기획과 매체 믹스

(1) 검색광고 기획의 과정

① **환경분석** : 현재의 시장 현황, 경쟁 현황, 타겟 분석 등

② **목표설정** : 검색광고를 통해 얻고자 하는 궁극적이고 구체적인 목표 수립

③ **매체전략** : 목표 달성을 위한 전략으로 크게는 검색광고 상품 선정 부터 작게는 키워드와 소재 등의 활용 전략을 설정

④ **일정계획** : 검색광고의 노출 등을 포함한 일정에 대한 계획 수립

⑤ **예산책정** : 목표를 달성하는 데 필요한 예산을 정하는 것

(2) 환경분석

1) 사용자 패턴 분석

① 특정 키워드를 직접 검색한 사람들에게만 광고가 노출되는 검색광 고는 검색 사용자의 니즈에 따라서 광고노출이 가능해지므로 검색 사용자 분석이 중요

② 검색 사용자 분석은 제품이나 서비스를 이용할만한 사용자들을 정 의하고 이들의 특성을 파악 · 분석하는 것

③ **인구통계학적 특성 활용** : 통계청(KOSIS)의 국가통계지표 등을 활용

④ **사용자 검색 트렌드 활용** : 각 매체사가 제공하는 검색 트렌드 사이 트를 통해 검색어 트렌드, 급상승 검색어 등 마케팅에 도움이 되는 다양한 지표 확인 가능

    ㉠ 연령별, 성별, 지역별, 기기별(PC/모바일), 기간별로 키워드의 검 색 추이를 확인

    ㉡ 주요 타겟이 선호하는 키워드를 발굴해 검색광고에 적용

빈 칸 채우기

검색광고는 특정 키워드를 직 접 검색한 사람들에게만 광고가 노출되기 때문에 검색을 하는 (　　　) 분석을 통해 니즈와 선 호하는 키워드를 발굴하는 것이 중요하다.

정답 | 사용자

2) 경쟁사 분석

① 검색광고뿐만 아니라 모든 마케팅 진행의 기본적인 분석

② **경쟁사 파악**

    ㉠ 동일 카테고리의 다른 브랜드를 파악

    ㉡ 동일 카테고리는 아니지만 대체될 수 있는 브랜드(간접적 경쟁사)를 파악

    ㉢ 광고하려는 웹사이트를 대표하는 키워드로 검색했을 때에 결과로 나타나는 업체 파악

③ **경쟁사 분석**

    ㉠ 경쟁사에서 집행하고 있는 광고 모니터링

    ㉡ 경쟁사의 집행상품 유형, 경쟁사의 주요 키워드 집행 여부, 순위, 광고소재 등을 분석

④ 인사이트 추출

⑤ 자사 광고전략에 반영 여부 검토

3) 자사 분석

① 자사의 강점 및 약점 파악

② 자사의 검색광고 집행상품, 노출순위, 광고소재 등 분석

③ 자사와 경쟁사 비교

④ 자사의 문제점과 기회요인 도출

(3) 광고목표

① 광고목표 설정

    ㉠ 검색광고를 통해 최종적으로 달성하고자 하는 구체적인 목표를 말함

    ㉡ 사용자 패턴 분석, 경쟁사 분석, 자사 분석 등을 통해 도출된 자사의 문제점과 기회요인을 기반으로 광고목표를 설정

ⓒ 매출액 증대를 목표로 하거나 업종에 따라 회원가입, 상담 신청, 이벤트나 프로모션 활성화를 위한 유입 증대 등을 목표로 할 수 있음

ⓔ 고객의 구매여정 속에서 광고주가 검색광고를 통해 최종적으로 달성하고자 하는 바를 광고목표로 설정

② 광고목표 수립 시 고려 사항

　ⓐ 광고목표는 구체적이고 명확해야 함(Specific)

　ⓑ 광고목표는 측정 가능한 것이어야 함(Measurable)

　ⓒ 광고목표는 달성 가능한 것이어야 함(Achievable)

　ⓓ 광고목표는 현실적이고 실현 가능한 것이어야 함(Realistic)

　ⓔ 광고목표는 달성 가능한 기간을 명시해야 함(Time bound)

(4) 예산 설정

① 광고목표 달성을 위한 예산 결정

　ⓐ 기업의 판매목표 달성을 위한 기업의 비용 지출 정도 결정

　ⓑ 어느 정도의 예산을 책정할 것인지는 늘 어려운 문제

② 예산책정 방법

　ⓐ 가용예산 활용법 : 기업들이 회사에서 우선적으로 다른 부분에 예산을 배정하고 남은 예산을 광고예산에 투입하는 방법(충당 가능한 수준의 광고예산을 책정하는 방법)

　ⓑ 매출액 비율법 : 현재 또는 예상되는 매출액의 일정 비율을 사용하거나 제품의 판매가격의 일정 비율을 광고비로 산정하는 방법

　ⓒ 경쟁자 기준법 : 자사의 광고예산을 타사의 예산에 맞추는 방식으로 보통 산업의 평균 광고예산을 책정하는 방법

　ⓓ 목표 및 과업기준법 : 가장 논리적인 예산 설정 방식으로 자사의 광고 활동을 통해 얻고자 하는 것이 무엇인지에 따라 예산을 책정하는 방법

　ⓔ 광고-판매 반응함수법 : 과거의 데이터를 통해 판매 반응함수가 존재할 경우 이익을 극대화할 수 있는 광고예산을 편성하는 방법

키워드 정리 🔍

목표 설정을 위한 SMART 기법

도래(George T. Dora)가 1981년에 발행된 글에서 처음 제시하고 이후에 루벤(Robert S. Ruben) 교수가 확장한 개념. 목표 설정은 구체적이고 (Specific), 측정 가능해야 하며(Measurable), 달성 가능해야 하고(Achievable), 실현 가능해야 하고(Realistic), 달성 가능한 기간을(Time bound) 명시할 것

빈 칸 채우기

예산책정 방식 중에서 현재 또는 예상되는 매출액의 일정 비율을 사용하거나 제품의 판매가격의 일정 비율을 광고비로 산정하는 방법은 (　　　　　)이다.

정답 | 매출액 비율법

(5) 매체 믹스(Media Mix)

① 검색광고 기획에 중요한 단계인 매체 믹스
  - ㉠ 두 가지 이상의 광고를 섞어 광고를 집행하는 것을 말함
  - ㉡ 광고목표를 효율적으로 달성하기 위한 수단
  - ㉢ 동일 비용으로 광고효과를 높일 수 있음
  - ㉣ 매체나 상품의 특성을 활용하여 보완하거나 시너지를 낼 수 있기에 검색광고 기획에 매우 중요한 단계
② 검색광고의 매체 믹스 유형
  - ㉠ 매체 믹스 : 네이버, 구글, 카카오 등에 광고 예산을 분배하여 집행
  - ㉡ 광고상품 믹스 : 다양한 광고 상품을 이용한 매체 믹스로 노출 영역과 광고 상품에 대한 특성을 이해하고 광고목표에 따라 적절히 믹스하여 운영하는 것이 효과적

2. 매체별 운영시스템

(1) 네이버 운영시스템

1) 광고 진행 절차

① 네이버의 광고시스템을 통해 등록 및 운영
② 일부 업종만이 집행 가능한 광고유형인 클릭초이스플러스, 클릭초이스상품광고는 네이버의 (구)광고관리시스템을 통해 집행되었으나 2022년 11월 서비스 종료
③ 광고주 가입(계정 만들기) → 광고 등록 → 광고 검토 → 광고 노출/운영 → 성과분석의 절차로 이루어짐
④ 광고시스템에서는 광고주가 복수의 계정을 생성할 수 있으며, 광고 목적에 따라 다수의 캠페인 운영 가능
⑤ 광고목적에 따라 파워링크, 쇼핑검색, 파워콘텐츠, 브랜드/신제품검색, 플레이스 중 선택하여 진행
⑥ 검색광고 유형은 사이트검색광고, 쇼핑검색광고, 콘텐츠검색광고, 브랜드검색광고, 신제품검색광고(신규 상품), 플레이스광고, 지역소상공인광고가 있음

구분	설명
사이트검색광고 (파워링크 유형)	키워드 검색 시 네이버 통합검색 및 네이버 내외부의 다양한 영역에 홈페이지와 홍보문구가 텍스트와 사이트 링크로 노출되는 기본형 검색광고

구분	설명
쇼핑검색광고 (쇼핑검색 유형)	네이버쇼핑의 검색 결과 화면에 상품 이미지와 정보를 노출하는 판매 유도형 검색광고(쇼핑몰 상품형, 제품 카탈로그형, 쇼핑 브랜드형이 있음)
콘텐츠검색광고 (파워콘텐츠 유형)	네이버 통합검색 결과에 블로그, 포스트, 카페 콘텐츠를 노출하는 정보제공형 검색광고
브랜드검색광고 (브랜드검색/ 신제품검색 유형)	이용자가 브랜드 키워드 또는 브랜드와 연관성이 높은 키워드를 검색할 경우, 해당 브랜드와 관련된 최신 정보를 다양한 템플릿을 이용하여 통합검색 결과의 상단에 노출하는 브랜드 콘텐츠형 검색광고
신제품검색광고 (브랜드검색/ 신제품검색 유형)	모바일 통합검색에서 제품/서비스와 연관된 일반 명사 키워드를 검색했을 경우 검색결과 상단에 신규 또는 리뉴얼 출시한 제품/서비스와 관련된 이미지/동영상 등의 콘텐츠를 노출하는 광고
플레이스광고 (플레이스 유형)	특정 장소를 찾는 사용자에게 내 업체를 적극적으로 홍보할 수 있는 마케팅 도구로, 플레이스 영역 내에 노출되는 네이티브 형태의 검색광고
지역소상공인광고 (플레이스 유형) *유효노출 과금	네이버 콘텐츠 지면에 업체 관련 이미지와 소재 정보를 함께 노출하는 지역 기반 광고

2) 회원(광고주) 가입

① 광고주 가입
　㉠ 사업자 광고주 : 사업자번호로 가입, 최대 5개 계정 생성 가능
　㉡ 개인 광고주 : 본인인증 후 개인정보로 가입, 최대 2개 계정 생성 가능
② 운영 방식
　㉠ 직접 운영(self-serve)
　㉡ 광고 대행 운영 : 광고 대행사 활용
③ 광고관리 및 운영을 보다 효율적으로 진행하기 위해 제3자에게 본인 계정의 광고 정보를 조회하거나 관리할 수 있도록 '권한설정' 기능을 통해 권한 부여 가능
④ 회원 탈퇴 시에 탈퇴한 계정 정보(사업자등록번호 등)로는 원칙적으로 탈퇴일로부터 30일간 다시 회원가입할 수 없음
⑤ 약관 및 광고 운영정책 위반 이력이 있는 경우는 탈퇴 혹은 직권 해지일로부터 6개월간 회원가입 제한

3) 광고 등록 : 캠페인>광고그룹>키워드/소재 정보를 등록하는 과정

① 캠페인

  ㉠ 일련의 마케팅 활동에 대해 목적을 기준으로 묶어 관리하는 광고전략의 단위

  ㉡ 캠페인 하위에는 광고그룹이 있으며, 광고그룹 안에 키워드와 소재가 존재

〈그림〉 네이버 검색광고 계정 구조

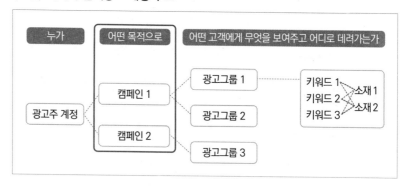

  ㉢ 새 캠페인 등록은 광고 목적에 따라 광고 상품 유형을 선택하고, 캠페인 이름, 하루예산(일예산), 예산균등배분 설정([고급옵션] 광고노출기간 설정)

  ㉣ 캠페인에서 선택할 수 있는 유형은 파워링크, 쇼핑검색, 파워콘텐츠, 브랜드검색, 플레이스 유형으로 총 5가지 유형

    ※ 캠페인 등록 후 유형 변경은 불가능

  ㉤ 캠페인은 광고주 계정당 최대 200개까지 만들 수 있음

  ㉥ 캠페인 유형에 맞는 비즈채널 등록

    • 비즈채널은 고객에게 정보를 전달하고 판매하기 위한 모든 채널

    • 웹사이트, 위치정보, 전화번호, 네이버 예약, 네이버 톡톡 등 사용자가 광고를 통해 도달하게 되는 사업자의 모든 정보채널이 비즈채널이 될 수 있음

    • 광고 집행을 위해서는 캠페인 유형에 맞는 비즈채널을 반드시 등록해야 함

비즈채널

- 고객에게 정보를 전달하고 판매하기 위한 모든 채널
- 웹사이트, 위치정보, 전화번호, 네이버 예약, 네이버 톡톡 등 사용자가 광고를 통해 도달하게 되는 사업자의 모든 정보채널은 비즈채널이 될 수 있음
- 광고 집행을 위해서 캠페인 유형에 맞는 비즈채널을 반드시 등록해야 함
- 비즈채널 단위로 소재와 키워드를 관리하고 노출할 수 있으며, 성과 측정 가능
- 비즈채널은 확장소재의 구성요소로도 활용 가능
- 광고주 계정당 총 1,000개까지 추가 가능(단, 전화번호 유형 중 통화추적번호는 최대 50개, 네이버 톡톡 유형은 최대 5개까지만 추가 가능)

② **광고그룹**

　㉠ 캠페인 활동에 대한 개별 실행 방법을 설정하는 단위

　㉡ 구체적으로 누구에게(타겟팅, 키워드), 무엇을 보여 주고(웹사이트, 소재, 확장소재), 어디로 안내할 것인가(연결 URL)를 설정

　㉢ 광고그룹 이름, 연결 웹사이트(URL), 기본 입찰가, 하루예산 설정

　㉣ [고급옵션]에서 광고노출 매체, PC 및 모바일 입찰가중치, 키워드 확장(Beta), 소재노출방식 설정

　㉤ 광고그룹별로 입찰가 변경, 매체 변경, 지역 변경, 요일/시간대 변경, 타겟팅(성별, 연령대) 변경, 예산 변경, PC/모바일 입찰가중치, 소재노출방식 등의 변경 설정하여 관리할 수 있음

　㉥ 광고그룹별로 다른 캠페인에 복사 가능

　㉦ 캠페인당 최대 1,000개, 광고주 계정당 최대 10,000개까지 만들 수 있음

③ **키워드**

　㉠ 검색 사용자가 검색을 위해 사용하는 단어이자, 광고주가 광고를 노출시키는 단위

　㉡ 광고에 노출할 키워드 추가

　㉢ 키워드를 직접 입력하거나 연관 키워드(광고그룹 기준 연관 키워드와 키워드 기준 연관 키워드)에서 선택 가능

　㉣ 더 많은 연관 키워드가 필요할 때에는 '키워드도구'를 활용

　㉤ 광고그룹별 입찰가와 별도로 키워드별 입찰가 지정 가능

　㉥ 키워드 확장 기능을 통해 해당 광고그룹의 등록 키워드와 유사 키워드의 자동 광고노출 가능

　㉦ 광고그룹당 최대 1,000개, 광고주 계정당 최대 100,000개까지 추가 가능

퀴즈

광고그룹에서는 고급옵션에서 매체별 노출 여부를 직접 설정할 수 있다. (○ / ×)

정답 | ○

④ 소재
  ㉠ 검색광고에서는 대표적으로 광고 문안(제목, 설명)이 소재에 해당하며, 사용자에게 노출되는 광고의 요소를 모두 포함
  ㉡ 광고소재 확장 가능
  ㉢ 확장소재의 유형으로는 추가문구, 홍보문구, 서브링크, 가격링크, 파워링크 이미지, 이미지형 서브링크, 플레이스 정보, 홍보 영상, 블로그 리뷰 등이 있음
  ㉣ 광고그룹당 최대 5개까지 만들 수 있으며, 확장소재는 유형별로 각 1개씩 만들 수 있음
  ㉤ 네이버 검색광고를 진행하기 위해서는 비즈머니 충전이 필요. 비즈머니가 없으면 광고를 집행할 수 없음

4) 광고시스템의 주요 기능

구분	내용
광고관리	즐겨찾기, 모든 캠페인(파워링크, 쇼핑검색, 파워콘텐츠, 브랜드검색, 플레이스)
정보관리	비즈채널 관리, 상품 그룹
보고서	다차원 보고서, 대용량 다운로드 보고서, 기타보고서(일부 캠페인)
도구	광고관리 TIP, 광고노출 진단, 검토 진행 현황, 키워드도구, 대량관리, 자동규칙, 서류관리, 계약관리, 이미지 라이브러리, 프리미엄 로그분석, 광고노출 제한 관리, API 사용 관리, 이력관리
비즈머니	비즈머니 관리, 쿠폰 관리, 자동충전 관리, 세금계산서

(2) 카카오 운영시스템

1) 광고 진행 절차
  ① 광고계정 만들기 → 캠페인 만들기 → 광고그룹 → 키워드 소재 만들기
    ※ 카카오톡 계정이 있으면 별도의 회원가입 없이 광고 진행 가능
  ② 키워드광고 관리자센터에서 운영
    ㉠ 직접 운영(self-serve)
    ㉡ 광고 대행 운영 : 광고 대행사 활용
  ③ 검색의 최상단에 위치한 프리미엄링크 영역에 동시 노출되며, 키워드 검색으로 사용자의 의도를 파악하여 원하는 정보 전달이 가능한 광고 형태

④ 광고 종류

    ㉠ <u>키워드광고</u> : 검색한 키워드와 연관성 있는 광고가 다음, 카카오톡, 제휴 매체 등 다양한 지면에 검색 결과 또는 텍스트형 배너 형태로 노출되는 광고

    ㉡ <u>브랜드검색광고</u> : 브랜드 키워드 또는 브랜드와 연관성이 높은 키워드 검색 시 다음 통합검색에 노출되는 <u>정보성 콘텐츠 상품</u>

⑤ **키워드광고 노출영역** : 다음(Daum) PC/모바일 검색 결과와 콘텐츠 영역에 노출

    ㉠ <u>PC 검색</u> : 다음(Daum)을 포함한 주요 포털사이트의 검색 결과 최상단인 프리미엄링크 영역에 최대 <u>10개</u>의 광고노출

    ㉡ <u>모바일 검색</u> : 다음, 네이트(Nate) 등 제휴된 다양한 모바일 웹/앱에서 모바일 검색 결과, <u>프리미엄링크 영역에 최대 6개의 광고 노출</u>(카카오톡 대화방 내 #검색 결과 키워드광고 탭 포함)

    ㉢ PC 콘텐츠 : 다음 메인 및 내부 지면, 카페, 뉴스 및 카카오톡 등의 카카오 내부 지면 및 언론사, 커뮤니티 등의 카카오와 제휴를 맺고 있는 외부 지면에 사용자가 검색한 키워드 및 카카오 서비스에서 소비한 콘텐츠를 바탕으로 광고노출

    ㉣ 모바일 콘텐츠 : 다음 메인 및 내부 지면, 카페, 뉴스 및 카카오톡 등의 카카오 내부 지면 및 언론사, 커뮤니티 등의 카카오와 제휴를 맺고 있는 외부 지면에 광고노출

⑥ **브랜드검색광고 노출 영역**

    ㉠ PC 베이직형 : 이미지와 텍스트로 구성

    ㉡ PC 프리미엄형 : 동영상배너형

    ㉢ 모바일 라이트형 : 이미지와 텍스트로 구성

    ㉣ 모바일 오토플레이형 : 브랜드 동영상을 5초 동안 오토플레이

⑦ 광고 시작을 위해서 반드시 웹사이트를 입력해야 함

한번더클릭

카카오 모먼트에서 집행 가능한 카카오 광고 유형
- 카카오비즈보드/비즈보드CPT
- 카카오 디스플레이광고
- 카카오 동영상광고
- 스폰서드 보드
- 쇼핑광고 등

PART 01
PART 02
PART 03
PART 04
PART 05
PART 06

2) 광고계정 만들기

① 광고대행사 없이 직접 운영을 원할 경우는 개인 사업자등록번호를 입력해 계정 생성

② 사업자등록번호 없이도 광고계정을 만들 수 있으나, 광고계정을 만든 후에는 사업자등록번호를 추가 등록할 수 없고, 세금계산서 자동 발행할 수 없음(사업자번호를 미등록한 광고계정은 타인에게 양도 불가)

③ 광고주 정보로 생성된 동일한 광고계정으로 다른 멤버 요청 가능('멤버로 요청하기' 기능)

④ 광고계정 → 사업자등록번호 입력 → 광고계정 이름 작성 → 픽셀& SDK 연동 설정 → 완료

3) 구조 : 캠페인>광고그룹>키워드와 소재

① 캠페인

㉠ 캠페인 등록을 위해서는 비즈채널이 필요

㉡ 비즈채널은 광고 대상을 의미하며, 광고를 집행하고자 하는 브랜드의 웹사이트를 말함

• 등록 가능한 비즈채널의 수는 광고계정당 최대 1,000개

• 비즈채널 등록 시 카카오톡 채널은 최대 2개 연동 가능

㉢ 캠페인 생성 단계에서 비즈채널, 캠페인 이름(최대 50자), 전환추적(픽셀&SDK 연동 여부), 추적 URL(설정/미설정), 일예산(최소 1원부터 최대 1천만 원까지 설정 가능) 설정

② 광고그룹

㉠ 광고그룹은 캠페인 목표를 달성하기 위해 상세 전략을 수립하는 단위

㉡ 광고 집행 대상(광고가 노출될 매체 유형 및 디바이스) 설정

㉢ 광고그룹 하위에 등록된 키워드 외에 키워드 확장을 통해 연관된 키워드에 자동으로 광고노출 가능

㉣ 기본 입찰가(최소 70원~최대 10만 원), 일예산(최소 1,000원부터 최대 1천만 원까지), 입찰가중치(노출 디바이스별로 최소 10%부터 최대 500%까지 1% 단위로 설정 가능), 집행 기간과 요일/시간을 설정

③ 키워드

ⓐ 키워드는 키워드광고 운영에서 가장 중요한 전략

ⓑ 고객이 검색할 주력 키워드 또는 서비스와 관련된 키워드를 등록 (직접 등록, 키워드 제안 기능을 이용해 연관 키워드를 찾아 한 번에 등록할 수도 있음)

ⓒ 입찰가 입력 : 광고그룹에 설정된 입찰가를 선택하거나 키워드 입찰 금액을 입력해 설정

• 키워드 입찰 > 직접 입력

• 키워드 입찰 > 순위별 평균 입찰(카카오 지면을 통해 광고가 집행된 키워드의 최근 30일 과거 실적을 토대로 예측한 수치로 입찰에 참여)

④ 소재

ⓐ 새소재를 등록, 기존에 사용한 소재 불러올 수도 있음

ⓑ 제목(15자 이내), 설명문구(45자 이내), 랜딩 URL(실제 광고 노출 시엔 비즈채널의 URL이 노출), 확장소재, 소재의 이름 입력

4) 카카오 키워드광고 관리자센터 대시보드

구분	내용
광고 만들기	캠페인, 광고그룹, 키워드, 소재 만들기
보고서	맞춤보고서
자산관리	비즈채널 관리, 심사서류 관리, 광고소재 관리, 키워드플래너, 대량관리, 이미지 관리, 픽셀&SDK 연동 관리, 광고노출 제한
설정	광고계정 관리, 광고캐시 관리, 결제카드 관리, 현금영수증 조회, 변경이력 관리

(3) 구글 운영시스템

1) 광고 진행 절차

① 구글애즈(Google Ads)를 통해 광고 등록 및 운영 가능

② 구글애즈를 열면 가장 먼저 표시되는 것은 개요 페이지

③ 광고 계정 만들기 → 캠페인 만들기 → 광고그룹 생성 → 광고로 진행

④ 구글의 광고 캠페인 유형 중 검색광고 진행을 위해서는 검색 캠페인 생성

⑤ 광고주가 달성하고자 하는 목표를 중심으로 검색 캠페인의 목표설정(단, 검색 캠페인에서는 판매, 리드, 웹사이트 트래픽 중에서만 목표로 선택 가능)

빈 칸 채우기

카카오에서는 키워드 입찰가를 직접 입력할 수도 있고, ( ) 입찰가는 참고하여 개별 입찰가를 입력할 수도 있다.

정답 | 순위별 평균

빈 칸 채우기

구글의 검색 캠페인은 달성하고자 하는 주요 목적에 따라 캠페인을 생성하는데, 광고목표로는 ( ), 리드, 웹사이트 트래픽이 있다.

정답 | 판매

퀴즈

구글에서 검색 캠페인을 진행할 때 설정 가능한 광고목표는 판매, 리드, 웹사이트 트래픽이다.

(ㅇ / ✕)

정답 | ㅇ

⑥ 검색광고 유형 설정

    ㉠ 검색 네트워크 : 키워드와 관련된 용어 검색 시 구글 검색 결과 및 구글 사이트에 게재

    ㉡ 디스플레이 네트워크 : 관련성이 높은 고객이 인터넷에서 사이트, 동영상, 앱을 탐색할 때에 광고를 게재(구글에서는 GDN ; Google Display Network로 칭함)

⑦ 타겟팅, 예산 설정 및 키워드 입찰, 광고 확장 관리

2) 광고계정 만들기

① 구글애즈 계정을 만들려면 이메일 주소와 운영하는 비즈니스의 웹사이트가 필요

② 웹사이트가 없어도 스마트 캠페인을 사용해 구글에서 광고 가능

③ 스마트 모드와 전문가 모드 설정 중 선택해 설정

    ㉠ 스마트 모드 : 간소화된 구글애즈 환경에서 실제 비즈니스 성과를 올리고 캠페인 설정 및 관리 시간을 절약할 수 있도록 구성

    ㉡ 전문가 모드 : 구글애즈의 모든 기능과 캠페인 유형 사용 가능. 입찰 전략을 더 세부적으로 설정할 수 있지만, 관리가 복잡해 고급 수준의 마케팅 담당자와 광고주에게 권장

3) 구조 : 캠페인>광고그룹>광고

① 캠페인

    ㉠ 검색, 디스플레이, 쇼핑, 동영상, 스마트, 디스커버리, 앱, 지역 중 검색 캠페인에 해당

    ㉡ 캠페인 유형을 선택하면 광고 목표를 달성하는 데 적합한 설정이 표시. 하나 이상의 광고 목표설정 가능

비즈니스 목표	검색 캠페인 목표	KPI 설정
브랜드 인지 강화 (시장 점유율 증대)	브랜드 노출, 웹사이트 트래픽 증가, 웹사이트 내 페이지 탐색 증가	자사 브랜드 키워드 노출 점유율, 경쟁사 키워드 대비 점유율 증대, 클릭수, CPC, PV, UV(구글 애널리틱스를 통해 측정 가능), 웹사이트 내 페이지 체류시간, 탐색 페이지 수
전환 및 매출 극대화	웹사이트 내 주요 전환 액션(회원가입, 장바구니, 구매 등)	전환 액션 발생수, CPA, 매출, ROAS

ⓒ 목표에 따라 다른 목표 달성 방법이 있음

광고목표	기능	목표 달성 방법
판매	구매 또는 전환 과정을 시작하는 기능	웹사이트 방문, 전화 통화, 매장 방문, 앱 다운로드
리드	전환 과정을 시작하는 기능	웹사이트 방문, 전화 통화, 매장 방문, 웹 다운로드, 리드 양식 제출
웹사이트 트래픽	제품이나 서비스를 조사하는 고객이 잠재적인 제품 옵션을 찾을 수 있도록 돕는 기능	비즈니스 웹사이트

ⓡ 네트워크, 타겟팅, 예산 및 입찰가 설정, 광고 확장 관리

② 광고그룹

ⓐ 광고그룹에는 1개 이상의 광고와 관련 키워드가 있음

ⓑ 다수의 광고그룹 생성 가능

③ 광고

ⓐ 광고 효력을 그래프로 제공

ⓑ 광고 효력이 '좋음' 이상인 반응형 검색광고를 만드는 것이 좋음

※ 광고품질 점수를 바탕으로 캠페인에 적합한 반응형 검색광고로 소재 제작

ⓒ 반응형 검색광고 : AI 기반 검색광고 구현

- 미리 작성된 광고 제목과 설명을 바탕으로 반응형 검색광고를 생성하여 노출
- 광고그룹당 최대 3개의 반응형 광고 작성 가능
- 반응형 광고 1개당 광고 제목(최소 3개, 최대 15개), 설명(최소 2개, 최대 4개)

4) 광고시스템 기능

구분	내용
모든 캠페인	개요, 캠페인, 설정, 위치, 변경 내역, 실적 타겟, 캠페인그룹
검색	광고시스템 내에서 검색
보고서	대시보드, 사전 정의된 보고서(측정기준), 보고서
도구 및 설정	결제, 설정, 측정, 일괄작업, 공유, 라이브러리, 계획

키워드 정리 🔍

반응형 검색광고

여러 개의 광고 제목과 설명을 입력했을 때, 자동으로 여러 조합을 통해 잠재고객의 검색어와 최대한 일치하도록 광고의 콘텐츠를 자동으로 조정해 노출하는 구글의 광고 형태

01 다음에서 설명하는 검색광고의 기획 단계는 무엇인가?

> • 일반적으로 광고를 진행하기 위해 마케터가 가장 먼저 해야 할 부분이다.
> • 구체적이고 명확하게 설정해야 하며, 측정 가능한 것으로 달성 가능한 기간 명시가 필요하다.

① 매체전략　　　　② 예산책정

③ 목표설정　　　　④ 일정계획

해설 | 검색광고의 기획은 환경분석 → 목표설정 → 매체전략 → 일정계획 → 예산책정의 단계로 이루어진다. 무엇보다 중요하게 먼저 설정해야 할 부분이며 SMART 공식에 따라 목표설정을 해야 한다.

02 다음 설명에서 (　　) 안에 공통으로 들어갈 단어는 무엇인가?

> • (　　)은/는 웹사이트, 쇼핑몰, 전화번호, 위치정보, 네이버 예약 등 잠재적 고객에게 상품 정보를 전달하고 판매하기 위한 모든 채널을 말한다.
> • 광고를 집행하기 위해서는 캠페인 유형에 맞는 (　　)이/가 반드시 등록되어야 한다.

① 비즈채널　　　　② 광고목표

③ 검색광고　　　　④ 매체 믹스

해설 | 고객에게 상품 정보를 전달하고 판매하기 위한 모든 채널을 비즈채널이라고 하며, 광고 집행을 위해서는 캠페인 유형에 맞는 비즈채널을 반드시 등록해야 한다.
※ 네이버, 카카오 동일

03 다음은 예산 설정에 대한 설명이다. 옳지 않은 것은?

① 가용예산 활용법은 기업들이 우선적으로 다른 부분에 예산을 배정하고 남은 예산을 광고 예산에 투입하는 방법이다.

② 매출액 비율법은 현재 또는 예상되는 매출액의 일정 비율을 사용하거나 제품의 판매가격의 일정 비율을 광고비로 산정하는 방법이다.

③ 경쟁자 기준법은 자사의 광고 예산을 타사, 주로 경쟁사의 예산에 맞추는 방식이다.

④ 광고-판매 반응함수법은 이익을 극대화할 수 있는 광고 예산 편성 방법으로 검색광고에서 주로 사용된다.

해설 | 광고-판매 반응함수를 얻는 것은 불가능해 실제로는 잘 활용되지 않는다.

04 다음 설명 중에서 옳은 것은?

① 매체 믹스는 두 가지 이상의 광고를 섞어 집행하는 것을 말한다.

② 일반적으로 국내 점유율이 높은 네이버에만 집중하는 것이 효율적이다.

③ 매체 믹스를 통해 더 많은 노출을 확보할 수 있지만, 광고 성과에는 영향이 없다.

④ 네이버 매체 내에서 상품 믹스는 광고 성과에 영향을 주지 않는다.

해설 | 매체 믹스는 두 가지 이상의 광고(상품)를 섞어 집행하는 것을 말하며 이는 광고목표를 효율적으로 달성하기 위한 수단이다. 매체나 상품의 특성을 활용하여 보완하거나 시너지를 낼 수 있기에 동일비용으로 높은 광고효과를 기대할 수 있다.

05 네이버 검색광고 운영시스템에 대한 설명이다. 다음 중 틀린 것은?

① 브랜드검색광고는 (구)광고관리시스템에서 등록 및 운영할 수 있다.

② 광고시스템의 도구 메뉴에서 키워드도구 기능을 제공하고 있다.

③ 광고시스템에서 광고 등록과 운영, 보고서 등의 기능을 제공한다.

④ 캠페인은 목적에 맞게 파워링크, 쇼핑검색, 파워콘텐츠, 브랜드검색, 플레이스의 총 5가지 유형으로 선택할 수 있으며, 캠페인 등록 후에는 변경할 수 없다.

해설 | 클릭초이스플러스, 클릭초이스상품광고의 등록과 집행이 (구)광고관리시스템에서 이루어져 왔으나, 2022년 11월 서비스가 종료되었다.

06 다음 중 카카오 운영시스템에 대한 설명으로 틀린 것은?

① 클릭당 과금되는 방식으로 운영되고 있다.

② 카카오 키워드광고를 통해 다음(Daum), 네이트(Nate), 줌(ZUM)에서 광고를 노출할 수 있다.

③ 캠페인 단위로 전환추적, 일예산을 설정할 수 있다.

④ 광고관리에서 노출 제한 IP를 등록할 수 있다.

해설 | 카카오 키워드광고를 통해 다음, 네이트 등의 주요 포털에 광고할 수 있다. 줌(ZUM)은 네이버 파워링크와 제휴되어 있다.

07 다음 중 구글 운영시스템에 대한 설명으로 옳은 것은?

① 구글 검색광고는 구글애즈워즈에서 등록과 운영이 가능하다.

② 광고주가 달성하고자 하는 목적에 부합하는 목표를 중심으로 캠페인을 생성해야 한다.

③ 광고그룹 단위에서 위치 및 언어 설정이 가능하다.

④ 구글애즈 계정을 만들기 위해서는 비즈니스 웹사이트가 반드시 필요하다.

해설 | 광고그룹은 유사한 타겟을 공유해야 하는 것이 효과적이다.
　① 구글 검색광고 운영시스템은 구글애즈워즈가 아니라 구글애즈(Google Ads)이다.
　③ 위치 및 언어 설정은 캠페인 단위에서 가능하다.
　④ 광고를 진행할 웹사이트가 없어도 스마트 캠페인을 사용해 구글에서 광고가 가능하다.

정답 01 ③　02 ①　03 ④　04 ①　05 ①　06 ②　07 ②

08 다음에서 설명하는 것은 무엇인가?

네이버 검색광고에 가입한 광고주 회원이 지정한 다른 회원에게 해당 회원의 회원계정에게 접근 및 관리 권한의 일부 또는 전부를 위탁하는 것을 말한다.

해설 | 네이버의 검색광고 약관에 따르면, 검색광고에 가입한 광고주 회원이 지정한 다른 회원에게 해당 회원의 회원계정으로의 접근 및 관리 권한의 일부 또는 전부를 위탁하는 것을 "권한설정"으로 규정하고 있다.

09 다음에 괄호에 들어갈 알맞은 단어는 무엇인가?

- ( )은/는 두 가지 이상의 광고를 섞어 진행하는 것을 말한다.
- 매체나 상품의 특성을 활용하여 보완하거나 시너지를 낼 수 있기 때문에 ( )은/는 검색광고 기획에 중요한 단계이다.

해설 | 두 가지 이상의 광고를 섞어 광고를 집행하는 매체 믹스는 효율적으로 광고목표를 달성하며, 동일 비용으로 광고효과를 높일 수 있다. 매체나 상품의 특성을 활용하여 보완하거나 시너지를 낼 수 있기에 검색광고 기획에 매우 중요한 단계이다.

10 다음에서 설명하고 있는 용어는 무엇인가?

광고계정의 구조 중의 하나로 마케팅 활동에 대한 목적을 기준으로 묶어서 관리하는 광고전략 단위이다.

해설 | 광고계정의 구조는 캠페인, 광고그룹, 키워드와 소재로 이루어져 있으며, 이 중에 마케팅 활동에 대한 목적을 기준으로 묶어서 관리하는 광고전략 단위는 캠페인이다.

정답 08 권한설정　　09 매체 믹스(혹은 미디어 믹스)　　10 캠페인

03 › 검색광고의 등록

1. 검색광고 등록 시스템과 프로세스 개요

(1) 캠페인 만들기

① 검색광고 등록은 캠페인>광고그룹>키워드/소재 정보를 등록하는 과정

② 캠페인은 일련의 마케팅 활동에 대해 목적을 기준으로 묶어 관리하는 광고전략의 단위

(2) 광고그룹 설정

광고그룹은 캠페인 활동에 대한 개별 실행 방법을 설정하는 단위로 대체로 구체적으로 누구에게(타겟팅, 키워드), 무엇을 보여 주고(웹사이트, 소재, 확장소재), 어디로 안내할 것인가(연결 URL)를 설정하는 것

(3) 키워드 설정

① 키워드는 검색 사용자가 검색을 위해 사용하는 단어이자, 광고주가 광고를 노출시키는 단위

② 키워드는 대표 키워드와 세부 키워드로 구분

③ 광고의 목표와 예산에 따라 대표 키워드와 세부 키워드를 적절하게 등록하여 효율적으로 운영하는 것이 바람직

④ 키워드 입력

    ㉠ 키워드 직접 입력

    ㉡ 연관 키워드(광고그룹 기준 연관 키워드와 키워드 기준 연관 키워드)에서 선택 가능

⑤ 세부 키워드, 연관 키워드 등록을 위해 키워드 발굴 필요

⑥ 키워드 확장 기능 사용

    ※ 네이버와 카카오는 광고그룹 단위에서 확장 여부 선택, 구글도 광고그룹 단위에서 확장검색 여부 선택 가능

키워드 정리 🔍

검색광고 관리시스템을 통한 키워드 발굴 도구

- 네이버 : 키워드도구
- 카카오 : 키워드플래너
- 구글 : 키워드플래너

⑦ 제외 키워드 등록 가능 : 광고노출을 원하지 않는 키워드 등록을 통해 노출 제한

한번더클릭

키워드 유형 구분
- 대표 키워드 : 업종을 대표하는 키워드로 잠재고객들이 쉽게 검색하여 광고를 많이 노출시킬 수 있는 장점이 있으나, 클릭당 비용이 높고 광고주 간의 입찰 경쟁이 치열하며 광고비 지출이 높을 수 있음
- 세부 키워드 : 대표 키워드의 하위개념으로 구체적인 서비스명이나 제품명, 지역명, 수식어를 조합한 키워드로 저렴한 입찰가로 광고를 노출할 수 있는 장점이 있으나 검색되는 수는 적을 수 있음
- 시즈널 키워드 : 특정 시기나 계절에 따라 조회수와 광고효과가 급증하는 키워드

(4) 입찰가 설정

① 검색광고는 입찰(경매) 방식으로 구매
② 광고시스템의 입찰가는 광고그룹 단위로 기본 입찰가를 설정할 수도 있고, 각 키워드별 키워드 입찰가 설정도 가능
③ 개별 입찰가 설정은 물론 자동입찰 설정 가능
④ 키워드별 노출순위 예상 실적 및 성과에 따라 입찰가 변경 가능
⑤ 입찰가를 높게 설정하면 일반적으로 광고가 더 많이 노출되어 사이트 방문객 수도 증가하나 광고클릭이 많아지고 클릭당 광고비가 증가하게 되어 많은 예산이 필요
⑥ 광고목표와 지불 가능한 광고예산을 고려하여 입찰가를 정하는 것이 바람직

(5) 광고소재 등록

① 광고소재는 검색 결과 노출되는 광고 메시지로 제목과 설명문구(T&D), URL이 기본 구성
② 일반 광고소재 외에 전화번호, 위치정보, 홍보문구 등을 추가한 광고 메시지를 확장소재로 사용 가능
③ 상품의 장점과 차별성을 부각하여 광고소재를 작성해야 함
④ 각 매체사의 가이드에 맞지 않게 작성된 소재는 광고노출 제한이 있을 수 있음
⑤ 광고소재 작성 TIP
  ㉠ 차별화된 장점 강조

ⓛ 가격, 프로모션 및 특별 혜택을 광고에 기재

ⓒ 1개 이상의 키워드를 광고에 포함

ⓔ 광고와 관련성 있는 방문 페이지 연결

ⓜ 복수의 광고소재를 등록하여 실적이 우수한 광고소재 발굴

ⓗ 확장소재 활용

한번더클릭

광고소재의 기본 요건
• 제목
• 설명문구
• 연결 URL

(6) 광고검수

① 광고소재, 키워드 등을 포함한 모든 광고의 구성요소가 검수 대상

② 신규 등록뿐만 아니라 게재 중인 광고도 다시 검수할 수 있음

③ 비즈채널(네이버, 카카오) 검수 후 키워드와 소재 검수

④ 영업일 기준 1~2일 내 검수 완료(네이버 영업일 기준 1일 이내, 카카오 영업일 기준 최대 2일 이내, 구글 영업일 1일 이내)

(7) 품질지수

① 네이버, 카카오, 구글 모두 검색 사용자와 광고주 모두의 만족도를 높이기 위해 광고품질을 측정

② 광고품질이 높은 광고는 더 낮은 비용으로 높은 순위에 광고 게재 가능

2. 매체별 등록 프로세스

(1) 네이버 검색광고 플랫폼과 등록 프로세스

① 네이버 광고시스템에서 검색광고 등록 및 집행

② 네이버 광고 등록 프로세스 개요

캠페인 만들기 ➡ 광고그룹 만들기 ➡ 광고 만들기(소재+키워드) ➡ 비즈머니 충전

③ 광고 유형별 등록 프로세스

구분	내용
사이트검색광고 (파워링크)	• 캠페인 만들기 • 광고그룹 만들기 • 광고 만들기(키워드＋소재)＋확장소재 등록
파워콘텐츠	• 캠페인 만들기 • 광고그룹 만들기 • 광고 만들기(키워드＋소재)

지역소상공인광고	• 캠페인 만들기
	• 광고그룹 만들기
	  – 스마트플레이스와 연동
	  – 하루예산 최대 3만 원
	• 광고 만들기(소재)
	  – 플레이스 소재와 연동하여 노출

쇼핑검색광고
(쇼핑광고)
	• 캠페인 만들기
	• 광고그룹 만들기
	  – 네이버쇼핑과 연동
	• 광고 만들기(소재)
	  – 상품정보 연동＋광고소재＋확장소재 등록

브랜드광고	• 캠페인 만들기
	• 광고그룹 만들기
	  – 대상매체, 소재템플릿 선택
	• 광고 만들기(키워드＋소재)
	  – 키워드 선택 시 예상 그룹 견적 확인
	  – 선택한 템플릿에 소재 입력

1) 캠페인 만들기

① 캠페인은 일련의 마케팅 활동을 목적(광고의 유형, 기간, 예산) 기준으로 묶어서 관리하는 단위

② 새 캠페인 버튼을 클릭해 캠페인 등록

③ 광고목적에 따른 캠페인 유형(파워링크 유형, 쇼핑검색 유형, 파워콘텐츠 유형, 브랜드검색 유형, 플레이스 유형)을 선택

빈 칸 채우기

네이버 광고시스템에서 캠페인 등록 시 (　　　) 유형, 쇼핑검색 유형, 파워콘텐츠 유형, 브랜드검색 유형, 플레이스 유형의 5가지 중에서 선택하여 등록하며 등록 후 유형 변경은 불가능하다.

정답 | 파워링크

키워드 정리 🔍

네이버 광고 등록 단계

• 캠페인 단위 : 하루예산(일예산), 예산균등배분 여부, 노출기간

• 광고그룹 단위 : 기본 입찰가, 하루예산, 입찰가중치, 소재 노출 방식

④ 캠페인 이름과 일예산(70원에서 10억 원까지 입력 가능, 10원 단위 입력)을 작성하고 예산균등배분 여부를 체크

⑤ 예산균등배분 체크로 하루예산이 조기에 소진되는 것을 방지

⑥ [고급옵션]에서 해당 캠페인의 광고 노출기간을 설정(오늘부터 종료일 없이 계속 노출/시작 및 종료 날짜 설정)

〈그림〉 캠페인 만들기

※ 출처 : https://manage.searchad.naver.com/

2) 광고그룹 만들기

① 광고그룹은 광고의 운영과 효과분석, 입찰을 진행하는 단위

② 새 광고그룹 버튼을 클릭해 광고를 등록하고 새 광고그룹의 이름, URL, 기본 입찰가, 하루예산을 설정

    ㉠ URL 삽입 후 성인사이트 및 회원전용 사이트 여부 확인

    ㉡ 기본 입찰가(광고클릭당 지불할 의사가 있는 최대 비용) 설정 : 70원부터 10만 원까지 입력 가능(10원 단위 입력)

    ㉢ 하루예산(하루 동안 광고그룹에서 지불할 의사가 있는 최대 비용) 설정 : 70원부터 10억 원까지 입력 가능(10원 단위 입력)

③ [고급옵션]에서 광고노출 매체, 콘텐츠 매체 전용입찰가, PC/모바일 입찰가중치, 키워드 확장 여부, 소재노출 방식 설정

    ㉠ 매체 : 모든 매체, 노출매체 유형 선택, 노출매체 개별 선택

    ㉡ 콘텐츠 매체 전용 입찰가 : 설정과 설정 안 함 중에 선택

    ㉢ PC/모바일 입찰가중치 : PC와 모바일 입찰가중치 설정

      • 광고그룹의 기본 입찰가를 기준(100%)으로 하여 10~500%까지 1% 단위로 설정 가능

키워드 정리 🔍

추적 코드

웹사이트의 쿠키와 같은 웹 로그 정보를 수집하고 사용자의 행동을 추적 및 분석하기 위해 웹사이트에 삽입하는 것. 추적 코드는 보통 자바스크립트(JavaScript)로 되어 있어서 구글에서는 스크립트 혹은 태그(tag)라고 하며, 카카오는 픽셀(Pixel)이라고 함. 반면, 앱로그 분석을 위해서는 SDK(Software Development Kit)를 앱에 설치해야 스마트 기기별 고유 식별값인 ADID(Advertising ID)를 활용해 사용자 행동을 추적할 수 있음

빈 칸 채우기

네이버 검색광고의 기본 입찰가는 최소 (①)원부터 최대 (②)원까지 설정할 수 있다.

정답 | ① 70, ② 10만(100,000)

- 입찰가중치는 노출 매체의 PC와 모바일 구분에 따라 기본 입찰가, 키워드 입찰가, 콘텐츠 매체 전용 입찰가에 모두 적용
- 설정한 입찰가중치에 따라 계산된 입찰가의 원 단위의 값이 있을 경우 올림한 입찰가로 입찰(**예** 키워드 입찰가 100원×PC 입찰가 가중치 112%=112원 → 120원으로 입찰)
- ㉣ 키워드 확장 여부 설정 : 사용(네이버 검색 영역에 해당 광고그룹의 등록 키워드와 유사한 의미를 가진 키워드가 자동으로 광고에 노출)과 사용 안함 중에 선택
- ㉤ 소재노출 방식 : 성과기반노출(광고그룹에 소재를 최소 2개 이상 등록해야 가능), 동일비중노출 중에 선택

〈그림〉 광고그룹 고급옵션 설정

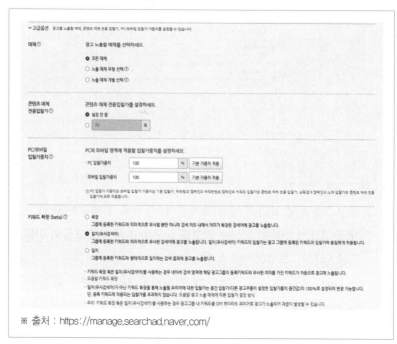

※ 출처 : https://manage.searchad.naver.com/

- ㉥ 이용자 세그먼트 타겟팅/잠재고객 타겟팅(Beta)
  - 잠재고객은 성별, 연령대 등의 인구 통계학적 특성과 달리 '관심사' 혹은 '구매의도'로 이용자를 분류한 단위를 말함
  - 잠재고객 타겟팅 기능을 이용하면 <u>비즈니스에 더 많은 관심을 보이는 이용자들은 평소 어떤 관심사와 구매의도를 가졌는지, 이용자별로 어떻게 나누어 관리할 수 있을지 파악 가능하며,</u> 이에 따른 운영 전략 수립이 가능함
  - 잠재고객 타겟팅에서 기능상 의미를 더 명확하게 나타내도록 <u>이용자 세그먼트 타겟팅으로 명칭이 변경됨</u>

- 기존의 성별, 연령, 지역 등의 타겟팅과 마찬가지로 광고그룹 단위에서 광고그룹당 카테고리 20개까지 선택하여 등록 가능

〈그림〉 잠재고객 타겟팅(Beta)

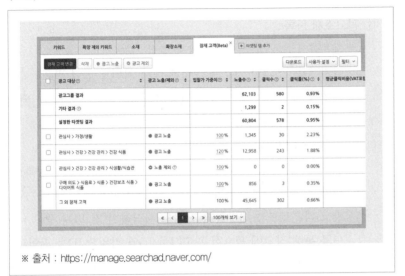

※ 출처 : https://manage.searchad.naver.com/

한번더클릭

입찰가중치
- 광고그룹의 기본 입찰가를 기준(100%)으로 하여 10~500%까지 1% 단위로 설정 가능
- 입찰가중치는 노출 매체의 PC와 모바일 구분에 따라 기본 입찰가, 키워드 입찰가, 콘텐츠 매체 전용 입찰가에 모두 적용
- 설정한 입찰가중치에 따라 계산된 입찰가의 원 단위의 값이 있을 경우 올림한 입찰가로 입찰(예 키워드 입찰가 100원×PC 입찰가 가중치 112%=112원 → 120원으로 입찰)

3) 광고 만들기
① 광고 만들기에서는 키워드와 광고소재를 입력
② 키워드를 직접 입력할 수도 있고 연관 키워드를 검색하여 추가
③ '키워드도구'를 활용해 관련성 높은 키워드를 조회 및 추가 가능
④ 키워드 추가 실적 예상하기를 통해 월 예상 클릭수, 월 예상 비용을 확인
⑤ 키워드 확장 가능
   ㉠ 검색 영역에 해당 광고의 등록 키워드와 유사한 의미를 가진 키워드가 자동으로 광고에 노출되도록 설정이 가능한 기능
   ㉡ 입찰가는 중간 입찰가의 100%로 설정되며 이후 변경 가능(단, 등록 키워드에 적용된 입찰가를 초과하지 않음)

PART 01
PART 02
PART 03
PART 04
PART 05
PART 06

퀴즈

네이버에서는 다른 매체와 다르게 검색광고를 노출할 매체를 개별 선택하여 광고를 진행할 수 있다. (○ / ×)
정답 | ○

⑥ 별도의 제외 키워드 등록 가능

   ㉠ 제외 키워드에 등록된 키워드는 광고가 노출되지 않으며, 제외 키워드는 언제든지 설정 및 삭제가 가능

   ㉡ 광고그룹명에서 제외 키워드 관리 가능

⑦ 광고소재 등록

   ㉠ 제목은 15자, 설명은 45자까지 입력 가능

   ㉡ 글자 수를 초과할 경우를 대비해 대체 키워드 입력 필요

   ㉢ 설명에 키워드 삽입 기능의 활용 시 볼드(진하게) 처리가 되어 주목도를 높일 수 있음

⑧ 키워드나 소재가 많으면 **대량관리 기능**을 사용

   ㉠ 광고시스템의 도구>대량관리에서 광고 다운로드, 대량 등록/수정, 대량 광고그룹 복사, Easy 대량관리(beta) 가능

   ㉡ 광고 다운로드 : 대량관리 작업을 시작하기 전 먼저 광고 다운로드를 통해 작업에 필요한 광고그룹 ID와 키워드 ID를 확인

   ㉢ 대량 등록/수정 : 작업 유형에 맞는 템플릿을 사용해 등록 또는 변경할 내용을 정리한 후 파일 업로드

   ㉣ 대량 광고그룹 복사 : 기본 입찰가 등의 광고그룹의 정보, 키워드 확장, 제외 키워드 포함 등과 같은 광고그룹의 하위 항목을 포함해서 복사할 수 있으며, 키워드나 소재, 확장소재도 복사 가능

   ㉤ Easy 대량관리(beta) : 파워링크 캠페인의 새로운 확장소재(추가 제목, 홍보문구, 서브 링크, 가격링크, 계산, 파워링크 이미지, 이미지형 서브링크) 등록에만 우선 적용되는 기능. 기존의 엑셀 템플릿 활용에서 Beta 버전으로 입력 시트 형태 제공

   ㉥ 대량 관리 가능하나, 대량 관리 내역은 최근 3개월까지만 제공

한번더클릭 🖱️

Easy 대량관리(beta)
- 기존의 엑셀 템플릿을 다운로드하여 내용을 입력하고, 파일을 업로드하는 방식에서 Beta 버전으로 입력 시트 형태 제공
- 파워링크 캠페인의 새로운 확장소재(추가 제목, 홍보문구, 서브 링크, 가격링크, 계산, 파워링크 이미지, 이미지형 서브링크) 등록에만 우선 적용

4) 키워드 입찰하기

① 캠페인, 광고그룹, 키워드와 소재 등록이 완료되었다면, 광고그룹에서 입찰가 변경(최소 70원~10만 원) 가능

② 입찰가 변경은 일괄 변경과 개별 변경 가능

③ 입찰가 설정 유형

구분	설명
최소 노출 입찰가	최근 4주간 검색을 통해 노출된 광고 중에서 최하위에 노출되었던 광고의 입찰가 중 가장 큰 값
중간 입찰가	최근 4주간 검색을 통해 노출된 광고의 입찰가를 큰 순서대로 나열했을 때의 중간값
○○위 평균 입찰가	최근 4주간 해당 순위에 노출되었던 입찰가의 평균값

5) 비즈머니 충전

① 네이버 검색광고의 광고 상품을 결제하는 데 사용되는 충전금

② 충전된 비즈머니로 광고비용을 지불하며, 비즈머니가 없으면 광고를 집행할 수 없음

③ 신용카드와 현금을 통해 충전 가능

④ 비즈머니에 잔액이 있어야 광고의 등록 또는 수정 요청에 대한 검토가 진행

⑤ 비즈머니가 예상 금액에 도달한 시점에 광고가 자동으로 중지

⑥ 경우에 따라 충전한 비즈머니의 금액이 모두 소진된 이후에도 추가적인 과금(마이너스 잔액)이 발생할 수 있음

6) 광고검수 및 광고 진행

① 비즈머니가 있어야 광고검수가 시작됨

② 광고소재, 키워드 등을 포함한 모든 광고의 구성요소가 검수 대상

한번더클릭

네이버 검색광고 등록 프로세스
- 캠페인 : 캠페인 유형, 캠페인의 이름, 하루예산(일예산), 예산균등배분 설정
  [고급옵션] 광고 노출기간과 추적 기능 설정
- 광고그룹 : 광고그룹의 이름, 연결 웹사이트(URL), 기본 입찰가, 하루예산 설정
  [고급옵션] 광고노출 매체, PC 및 모바일 입찰가, 키워드 확장(beta), 소재노출방식 설정
- 키워드 : 잠재고객이 검색할 만한 키워드 입력(연관 키워드, 키워드도구 활용), 키워드별 입찰가 지정
- 광고소재 등록(광고그룹당 5개까지), 확장소재 등록(유형별 1개씩)
- 비즈머니 충전 이후 광고검수 및 집행

키워드 정리 🔍

비즈머니
- 네이버 검색광고의 광고 상품을 결제하는데 사용되는 충전금
- 충전된 비즈머니로 광고비용을 지불
- 비즈머니가 없으면 광고 집행 불가
- 신용카드와 현금을 통해 충전 가능

PART 01
PART 02
PART 03
PART 04
PART 05
PART 06

(2) 카카오 광고 플랫폼과 등록 프로세스

① 카카오 키워드광고 플랫폼에서 검색광고 등록 및 집행

② 카카오 광고 등록 프로세스 개요

> **광고주(회원) 등록 ➡ 비즈채널 등록 ➡ 캠페인/광고그룹 만들기 ➡ 키워드/소재 만들기 ➡ 광고검수 ➡ 광고노출**

1) 캠페인 등록

① 도구>비즈채널 관리에서 비즈채널 등록 및 수정

※ 비즈채널을 선택해야 캠페인 생성 가능

② 캠페인 이름 등록(최대 50자)

③ [고급옵션]을 통해 전환추적(픽셀&SDK 선택), 추적 URL, 일예산(최소 1원부터 최대 1천만 원까지) 설정

ㄱ 전환추적 : 광고계정에 연결된 픽셀&SDK를 선택하면 캠페인에서 발생하는 전환 데이터수집 가능

ㄴ 추적 URL : 광고의 랜딩 URL에 파라미터로 광고 정보를 전달하는 기능 설정

ㄷ 일예산 : 최소 1원부터 최대 1천만 원까지 설정 가능

2) 그룹 설정

① 그룹 이름 작성

② 광고가 노출될 매체 유형 및 디바이스 설정

구분		설정 내용
매체 유형	검색 매체(검색어와 광고를 매칭하는 게재지면)	카카오, 파트너
	콘텐츠 매체(문맥과 광고를 매칭하는 게재지면)	카카오, 파트너
디바이스		모바일, PC

③ 키워드 확장 및 제외 키워드 등록

ㄱ 광고그룹 하위에 등록된 키워드 외에 키워드 확장을 통해 연관된 키워드를 자동으로 광고노출 가능

ㄴ 키워드 확장, 제외 키워드 등록도 가능

④ 기본 입찰가(최소 70원부터 최대 10만 원까지)와 일예산(최소 1,000원부터 최대 1천만 원까지) 설정

⑤ [고급옵션]에서 입찰가중치(노출 디바이스별로 최소 10%부터 최대 500%까지 1% 단위로 설정 가능)와 집행 기간과 요일/시간을 설정

⑥ 하나의 광고그룹에서 검색 매체 입찰가, 콘텐츠 매체 입찰가를 다르게 설정 가능

3) 키워드 발굴 및 키워드 등록

① 고객이 검색할 주력 키워드 또는 서비스와 관련된 키워드를 등록(직접 등록, 키워드 제안 기능을 이용해 연관 키워드를 찾아 한 번에 등록)

② 키워드플래너를 통해 연관 키워드 조회 및 추가 가능. 또한 키워드별 과거 데이터 및 예상 실적 데이터 파악 가능

    ㉠ 키워드 리스트에서 원하는 키워드를 선택한 후 바로 등록 가능

    ㉡ 검색하고자 하는 키워드의 연관 키워드 추천, 키워드별 PC/모바일 디바이스에서 최근 30일(어제로부터 과거 30일까지) 기준 광고 요청수, 클릭수, 클릭률, 평균 경쟁 광고수, 최고입찰가 제공

    ㉢ 과거 실적과 설정된 입찰가를 토대로 PC와 모바일에서 발생될 노출수, 클릭수, 월 비용, 순위평균 등 예상실적 제공

    ※ 검색광고 시스템을 통한 키워드 발굴 : 네이버의 키워드도구, 카카오의 키워드플래너, 구글의 키워드플래너를 통해 연관 키워드 발굴

③ 입찰가 입력 : 광고그룹에 설정된 입찰가를 선택하거나 순위별 평균 입찰가를 참고해 키워드 입찰가를 개별적으로 직접 입력

4) 소재

① '기존 소재 사용하기'를 통해 불러올 수도 있고, '새소재'를 클릭해 새로운 소재 등록 가능

② 제목(15자 이내), 설명문구(45자 이내), 랜딩 URL(광고클릭 시 연결될 URL, 실제 광고 노출 시엔 비즈채널의 URL 노출), 소재 이름 설정, 확장소재 등록

③ 등록한 소재는 영업일 기준 최대 2일 이내 심사 완료

5) 입찰가 변경 등의 관리

① 키워드별 예상 실적을 참고하여 입찰가 변경 가능

② 입찰가 일괄 변경과 개별 변경 가능

③ 순위별 평균 입찰가 설정 가능

6) 광고검수 및 집행

① 광고캐시가 있어야 광고검수 시작

    ㉠ 유상캐시 : 광고주가 무통장입금, 신용카드, 카카오페이로 결제하여 직접 충전 후 사용하는 캐시

키워드 정리 🔍

키워드플래너

- 키워드 리스트에서 원하는 키워드를 선택한 후 바로 등록 가능
- 검색하고자 하는 키워드의 연관 키워드 추천, 키워드별 PC/모바일 디바이스에서 최근 30일(어제로부터 과거 30일까지) 기준 광고 요청수, 클릭수, 클릭률, 평균 경쟁 광고수, 최고입찰가 제공

ⓛ 무상캐시 : 프로모션이나 이벤트로 인해 카카오에서 지급한 광고 캐시

② 광고소재, 키워드 등을 포함한 모든 광고의 구성요소가 검수 대상

> **한번더클릭**
>
> **카카오 검색광고 등록 프로세스**
> - 광고계정 만들기(카카오톡 계정이 있으면 별도의 회원가입 없이 광고 진행 가능)
> - 캠페인 : 비즈채널 등록 후 캠페인 생성 가능. 캠페인 이름 설정
>   [고급옵션] 전환추적(픽셀&SDK), 추적 URL, 하루예산(일예산) 설정
> - 광고그룹 : 광고그룹의 이름, 기본 입찰가, 하루예산 설정
>   [고급옵션] 입찰가중치, 집행기간과 요일/시간 설정
> - 키워드 : 잠재고객이 검색할 만한 키워드 입력(키워드플래너 활용), 키워드별 입찰가 지정 가능
> - 광고소재 등록(광고그룹당 20개까지), 확장소재 등록
> - 광고캐시 충전 이후 광고검수 및 집행

(3) 구글 검색광고 플랫폼과 등록 프로세스

① 구글 검색광고는 구글애즈(Google Ads)에서 등록 및 집행

② 구글 광고 등록 프로세스 개요

> **캠페인 설정 ➡ 광고그룹 생성 ➡ 광고 만들기**

1) 캠페인 설정

① **캠페인 유형** : 검색 결과에 게재되는 텍스트 광고인 검색 캠페인 선택

※ 출처 : http://ads.google.com/

② 캠페인 목표설정

광고목표	기능	목표 달성 방법
판매	구매 또는 전환 과정을 시작하는 기능	웹사이트 방문, 전화 통화, 매장 방문, 앱 다운로드
리드	전환 과정을 시작하는 기능	웹사이트 방문, 전화 통화, 매장 방문, 웹 다운로드, 리드 양식 제출
웹사이트 트래픽	제품이나 서비스를 조사하는 고객이 잠재적인 제품 옵션을 찾을 수 있도록 돕는 기능	비즈니스 웹사이트

※ 출처 : http://ads.google.com/

한번더클릭

구글의 캠페인 유형
검색 캠페인, 디스플레이 캠페인, 동영상 캠페인, 쇼핑 캠페인, 앱 캠페인, 지역 캠페인, 스마트 캠페인 등의 유형이 있으며, 검색광고 집행을 위해서는 검색 캠페인을 선택

③ 캠페인 이름 설정

④ <u>광고 게재영역 설정</u> : 검색 네트워크, 디스플레이 네트워크 게재의 여부 선택

구분	내용
검색 네트워크	키워드와 관련된 용어 검색 시 구글 검색 결과 및 구글 사이트에 게재
디스플레이 네트워크 (GDN)	관련성이 높은 고객이 인터넷에서 사이트, 동영상, 앱을 탐색할 때에 광고를 게재

⑤ <u>세부 설정</u> : <u>위치, 언어, 잠재고객</u>

⑥ 동적(다이내믹) 검색광고 설정 시 광고 제목, 웹사이트 콘텐츠를 이용하여 자동 설정 가능

⑦ 지역/관심에 따른 사용자 타겟팅, 잠재고객 타겟팅 가능

⑧ 고객이 사용하는 언어로 광고 게재 위치 제한 가능

2) 광고그룹 설정

① 다수의 광고그룹 생성이 가능

② 광고그룹에는 1개 이상의 광고가 있어야 하며, 유사한 타겟을 가진 광고와 키워드로 구성하는 것이 바람직

③ 구글의 키워드플래너를 이용해 관련성 높은 키워드를 조회하고 추가

④ 키워드 검색 유형 설정은 일치검색, 구문검색, 확장검색의 유형 중 하나를 선택

검색 유형	게재 키워드
일치검색	키워드와 정확하게 일치하는 검색어 또는 키워드와 의미 또는 의도가 동일한 검색어에 광고가 게재
구문검색	키워드의 의미가 포함되는 검색어에 광고가 게재
확장검색	키워드와 관련된 검색어에 광고가 게재되며, 해당 키워드가 포함되지 않은 검색어도 포함되어 광고 게재. 변형확장도 가능

⑤ 특별히 키워드 검색 유형을 지정하지 않으면, 기본적으로 확장검색 유형으로 설정됨

※ 출처 : Google Search Playbook, 2023

⑥ 특정 검색어에 대해 게재되지 않도록 제외 키워드를 추가하여 노출 제한 가능

　ⓐ 제외 키워드로 등록된 키워드는 광고가 노출되지 않음

　ⓑ 제외 키워드는 언제든지 설정 및 삭제가 가능

　ⓒ 제외 키워드 목록을 사용해 캠페인 전체에서 제외 키워드를 효율적으로 관리 가능

퀴즈

구글은 고객이 사용하는 언어로 게재 위치 제한이 가능하다.

(ㅇ / ✕)

정답 | ㅇ

ⓔ 제외 키워드에는 앰퍼샌드(&), 억양 기호(á), 별표(*)의 세 가지 기호를 사용할 수 있으며, 이러한 기호가 있는 키워드는 서로 다른 키워드로 간주

⑦ 키워드 등록 시 일일 예상 클릭수, 예상 비용, 평균 CPC 등 일일 예상치가 제공되므로 이를 검토하고 등록

한번더클릭

구글의 키워드 검색 유형과 도달범위
• 구글의 키워드 검색 유형 설정은 이전에는 일치검색, 구문검색, 변형 확장검색, 확장검색으로 이루어졌으나, 2021년 2월 변형 확장검색이 구문검색에 통합되어 현재는 일치검색, 구문검색, 확장검색으로 구분
• 광고 도달범위 : 확장검색>구문검색>일치검색

3) 광고 만들기

① 최종 도착 URL, 광고 제목, 설명 문구, 표시경로(선택)를 입력하고 광고 미리보기에 모바일 및 데스크톱 버전 광고를 표시

② 광고 제목은 15개까지 가능하며, 설명은 4개까지 등록 가능

③ 반응형 검색광고(Responsive Search Ad)를 진행하기 위해서는 광고 제목 최소 3개, 설명은 최소 2개를 입력해야 함

④ 집행 성과에 따른 광고효력 분석

〈그림〉 구글 광고소재 입력

※ 출처 : http://ads.google.com/

빈 칸 채우기

구글에서 키워드 검색 유형을 지정하지 않으면 (   )검색 유형으로 설정된다.

정답 | 확장

키워드 정리 🔍

광고효력
• 구글에서 광고문구 조합의 관련성, 품질, 다양성을 보여주는 지표
• 더 관련성 높고 독창적인 콘텐츠를 사용하면 고객에게 적합한 광고를 게재할 수 있으며, 광고 실적 개선에 도움
• '미완료'부터 '매우 좋음'까지 평가

PART 01
PART 02
PART 03
PART 04
PART 05
PART 06

4) 결재 설정

① 자동결재(구글애즈 계정에서 발생한 광고비는 광고주가 지정한 결재 방법으로 자동 청구되는 설정)를 사용

② 우리나라의 지불 방법은 신용카드나 체크카드, 월별청구, LG U+를 통한 지불 중 선택

5) 검토 및 확인

① 구글애즈 약관 동의 선택

② 캠페인 만들기 완료

③ 구글의 광고 미리보기 및 진단 도구를 이용해 실적 통계에 영향을 주지 않으면서 광고 미리보기와 광고 게재로 연결되는 키워드 확인 가능

한번더클릭

구글 검색광고 등록 프로세스
- 구글애즈 광고계정 만들기
- 캠페인 : 검색 캠페인의 목표 설정, 캠페인 이름, 광고게재 영역 설정(검색 네트워크/디스플레이 네트워크), 타겟팅, 예산설정 및 키워드 입찰가 설정, 광고 확장 관리
- 광고그룹 : 1개 이상의 광고와 키워드로 구성, 키워드 검색 유형 설정, 제외 키워드 추가
- 광고만들기 : 광고소재 만들기(텍스트 광고는 50개까지 등록 가능)
- 결제 설정 : 자동결재 여부 등
- 광고 검토 및 확인

---

(4) 광고검수

1) 네이버의 광고검수

① 비즈채널 검수

　㉠ 비즈채널의 업종별 등록 조건 충족 여부를 검수

　㉡ 비즈채널 검수 후 소재와 키워드 검토가 진행

　㉢ 회원제 사이트인 경우 테스트 계정의 아이디 및 비밀번호를 함께 등록해야 함

② 광고검수

　㉠ 광고소재, 키워드를 포함한 광고의 모든 요소가 검토 대상

　㉡ 광고검수를 위한 심사는 광고의 최초 신규 등록뿐만 아니라 광고소재 수정 시에도 실시

③ 광고제한 제품 및 서비스
    ㉠ 모든 금융 관련 비즈니스는 금융위원회 또는 기타 관련 규제 기관으로부터 법적으로 요구되는 등록 서류, 라이선스, 허가증 또는 이와 유사한 승인을 받아야 함
    ㉡ 게임 머니, 성인용 데이트 및 성인용 구직 서비스, 군용품, 성행위 보조기구(보조제), 등록되지 않은 휴대전화는 광고 제한
④ **검색광고 게재 제한** : 관련 법령 위반 시, 광고매체의 명예 · 평판 · 신용 · 신뢰도 훼손하거나 훼손할 우려가 있는 경우, 서비스 또는 광고매체의 품질을 저하시키거나 저하시킬 우려가 있는 경우, 검색광고의 효과가 현저히 떨어지는 경우

2) 카카오의 광고검수
① 광고소재, 키워드를 포함한 광고의 모든 요소가 검토 대상
② 광고검수를 위한 심사는 광고의 최초 등록 시 또는 광고소재 수정 시 실시
③ 광고주가 등록한 비즈채널 사이트, 키워드, 광고소재 및 랜딩 URL을 통해 연결되는 화면에 대한 적합성 여부, 연결화면에서의 정상적 작동 여부 등을 심사
④ 인터넷/모바일 이용자의 인터넷 이용을 방해하거나 혼동을 유발할 수 있는 경우, 현행법 및 윤리 기준 준수 여부 등을 반영해 심사

3) 구글의 광고검수
① 광고 또는 확장소재를 만들거나 수정한 후에는 검토 절차가 자동으로 시작
② 광고 제목, 설명, 키워드, 랜딩페이지, 이미지를 포함한 광고의 모든 요소가 검토 대상
③ 구글애즈 계정의 광고 및 확장>정책정보에서 광고 목록별 상태 확인 가능
④ 광고 검토 절차가 진행되는 동안에는 광고 상태가 '검토중'으로 표시
⑤ 대부분의 광고는 영업일 기준 1일 이내에 검토가 완료
⑥ 광고가 검토를 통과하면 상태가 '운영 가능'으로 변경되고 광고가 게재되기 시작
⑦ 검토 결과 정책 위반 사항이 발견되면 상태가 '비승인'으로 변경되어 광고가 게재되지 않음
⑧ **비승인 광고 수정하기** : 정책 위반 사항이 무엇인지를 검토하여 수정

빈 칸 채우기

카카오 검색광고를 시작하기 위해서는 웹사이트명, 웹사이트 URL, 검수 계정 여부, 카카오톡 채널, 업종을 입력해 (　　　)을/를 먼저 심사받아야 한다.

정답 | 비즈채널

⑨ **구글의 광고정책** : 구글의 광고정책은 금지된 콘텐츠, 금지된 행위, 제한된 콘텐츠 및 기능, 광고소재 및 기술 영역으로 구분

     ⊙ 금지된 콘텐츠 : 모조 브랜드, 위험한 제품 또는 서비스, 부정행위 조장, 차별 혹은 폭력 등을 조장하는 부적절한 콘텐츠 등

     © 금지된 행위 : 광고 네트워크 남용, 데이터 수집 및 사용, 허위 진술

     © 제한된 콘텐츠 및 기능 : 성적인 콘텐츠, 주류, 저작권 보호 콘텐츠, 도박 및 게임, 헬스케어 및 의료품, 정치 콘텐츠, 상표권 등

     @ 광고소재 및 기술의 영역 : 광고소재 및 전문성 관련 요건을 충족하지 못하는 광고, 랜딩페이지의 요건, 기술 요건, 광고 형식 요건의 충족

(5) 품질지수

① 네이버, 카카오, 구글 모두 검색 사용자와 광고주 모두의 만족도를 높이기 위해 광고품질을 측정

② 광고품질이 높은 광고는 더 낮은 비용으로 높은 순위에 광고 게재 가능

1) 네이버의 품질지수

① 다른 광고에 비해 얼마나 검색 사용자의 의도와 요구를 충족하고 있는가를 나타낸 것

② 7단계 막대 모양으로 1~2단계는 '광고품질이 좋지 않음', 3~5단계 '보통', 6~7단계 '높은 품질'을 의미

③ 최초 등록 시 평균값인 4단계 품질지수가 부여되고, 24시간 내 운영 성과에 따른 실제적인 품질지수가 적용.

④ 품질이 높을수록(6~7단계) 비용이 감소하고 광고의 노출순위가 높아짐

2) 카카오의 품질지수

① 키워드의 클릭률, 키워드와 소재와의 연관도, 광고의 성과 등을 종합적으로 계산하여 카카오의 광고품질을 나타낸 것

② 7단계 초록색 막대 모양으로 표현하며 1단계는 성과가 '극히 나쁨', 2~3단계 '각별한 주의', 4~5단계 '보통' 수준, 6~7단계 '좋은 품질'을 의미

③ 최초 등록 시 0단계의 품질지수를 받음

④ 품질이 높을수록(6~7단계) 비용이 감소하고 광고 순위가 높아짐

3) 구글의 품질평가점수

① 예상 클릭률, 광고 관련성, 방문 페이지 만족도를 통해 측정된 광고 품질의 측정치

② 품질평가점수는 키워드별로 1~10점으로 측정

   ※ 광고그룹별 적용되는 것이 아니라 키워드별로 적용

③ 최초 등록 시 0점으로 시작하며, 실적 데이터가 누적되면 품질평가 점수가 변함

④ 품질이 높을수록(9~10점) 광고 비용이 감소하고 광고 순위가 높아짐

한번더클릭

검색광고 품질지수
- 네이버 품질지수(1~7단계, 최초 4단계), 카카오 품질지수(1~7단계, 최초 0단계), 구글 품질평가점수(1~10점, 최초 0점)
- 광고품질이 높은 광고는 더 낮은 비용으로 높은 순위에 광고 게재 가능

3. 검색광고 상품

(1) 네이버 검색광고 상품

1) 상품

구분	설명
사이트검색광고 (파워링크 유형)	키워드 검색 시 네이버 통합검색 및 네이버 내·외부의 다양한 영역에 홈페이지, 홍보문구 텍스트와 사이트 링크가 노출되는 상품
쇼핑검색광고 (쇼핑검색 유형)	네이버쇼핑의 검색 결과 화면에 상품 이미지와 정보를 노출하는 판매 유도형 검색광고로 쇼핑몰 상품형, 제품 카탈로그형, 쇼핑 브랜드형이 있음
콘텐츠검색광고 (파워콘텐츠 유형)	네이버 통합검색 결과에 블로그, 포스트, 카페 콘텐츠를 노출하는 정보제공형 검색광고
브랜드검색광고 (브랜드검색/ 신제품검색 유형)	이용자가 브랜드 키워드 또는 브랜드와 연관성이 높은 키워드를 검색할 경우, 해당 브랜드와 관련된 최신 정보를 다양한 템플릿으로 통합검색 결과의 상단에 노출하는 콘텐츠형 상품(정액제)
신제품검색광고 (브랜드검색/ 신제품검색 유형)	모바일 통합검색에서 제품/서비스와 연관된 일반 명사 키워드를 검색했을 경우 검색결과 상단에 신규 또는 리뉴얼 출시한 제품/서비스와 관련된 이미지/동영상 등의 콘텐츠를 노출하는 광고

PART 01

PART 02

PART 03

PART 04

PART 05

PART 06

구분	설명
플레이스광고 (플레이스 유형)	특정 장소를 찾는 사용자에게 내 업체를 적극적으로 홍보할 수 있는 마케팅 도구로, 플레이스 영역 내에 노출되는 네이티브 형태의 광고
지역소상공인광고 (플레이스 유형) *유효노출당 과금	네이버 콘텐츠 지면에 업체 관련 이미지와 소재 정보를 함께 노출하는 지역 기반 광고(노출당 과금)

2) 유형별 특징

① 사이트검색광고

ㄱ 업종 및 서비스 관련 키워드 검색 시 네이버 통합검색 및 다양한 노출 매체에 홈페이지와 홍보문구가 노출되는 상품

ㄴ 업종 및 서비스 관련 정보 제공이나 상품 판매 등 콘텐츠가 확인되는 사이트가 있다면 광고 진행 가능

ㄷ 광고 등록과 광고노출 시에는 비용이 발생하지 않고, 클릭 시에만 과금이 되는 CPC 방식

ㄹ 직접 입찰가 설정 가능(기본 입찰가는 70원~10만 원)

ㅁ 노출 매체, 광고 게재 시간 설정 등을 통해 탄력적으로 광고 운용 가능

ㅂ 키워드에 설정된 입찰가와 품질지수를 고려하여 노출 순서 결정

ㅅ 산정된 광고노출 순서에 따라 네이버 '통합검색' 탭에서는 순위가 높은 10개의 광고가 파워링크 영역에 노출되며, 11위부터는 비즈사이트 영역에 최대 5개까지 노출

• 파워링크 영역 아래의 '더보기'를 클릭하면 나타나는 영역에는 한 페이지당 최대 25개의 광고가 노출되고, 광고 집행기간 표시

• 통합검색 탭 하단의 VIEW, 통합웹의 두 번째 페이지, 지식iN, 동영상 탭을 클릭하면 우측 상단에 파워링크 광고가 최대 5개까지 노출

• 모바일 네이버 통합검색의 1페이지에는 키워드별로 최대 3~5개의 광고가 노출

• 네이버쇼핑(shopping.naver.com)에서 키워드 검색 시 하단에 최대 5개의 광고가 노출

• 모바일 네이버쇼핑(m.shopping.naver.com)에서 키워드 검색 시 하단에 최대 3개의 광고가 노출

ㅇ 제휴 검색 파트너의 검색광고 영역과 제휴 콘텐츠 파트너의 콘텐츠 페이지에서 노출

ⓩ 확장소재 유형 : 추가제목, 추가설명, 홍보문구, 서브링크, 가격
링크, 계산, 파워링크 이미지, 이미지형 서브링크, 플레이스 정보,
홍보 영상, 블로그 리뷰

ⓩ 노출 영역에 따른 확장소재노출

※ 업종에 따라 파워링크에서 확장소재노출 불가

- 성인, 병/의원, 금융/보험 업종은 파워링크 파워링크 이미지,
이미지형 서브링크 확장 소재를 사용할 수 없음
- 성인, 병/의원, 대부업, 주류, 속옷 업종에서는 홍보영상과 블
로그 리뷰가 노출되지 않음

㉠ 파워링크 스마트블록 : 파워링크를 기반으로 선호할만한 파워링
크를 노출하는 반응형 광고로서 함께 찾은 파워링크(Beta), 지금
볼만한 파워링크(Beta) 영역을 모두 포함한 광고매체를 파워링크
스마트블록이라고 함

㉡ 함께 찾은 파워링크(Beta) : 최근 둘러본 파워링크를 기반으로
선호할 만한 파워링크를 노출하는 반응형 광고. 파워링크를 클
릭한 이용자가 광고 랜딩 페이지에서 다시 통합검색화면으로 이
동하면 파워링크 하단 영역에 '함께 찾은 파워링크(Beta)' 영역이
노출됨

- 기존에 사이트검색광고(파워링크 유형) 집행을 위해 등록한 광
고를 활용
- 전문서비스, 교육/취업, 건강/미용(병/의원 업종 제외), 부동산
업종 키워드 대상으로 노출
- 노출위치 : PC, 모바일 네이버 통합검색 파워링크 영역 하단
- 노출개수 : 최대 5개의 파워링크 노출
- 노출 가능한 확장소재
  - 모바일 : 가격링크, 서브링크, 예약, 위치정보, 이미지, 전화
번호
  - PC : 파워링크 이미지, 서브링크, 가격링크
- 노출매체 설정 : [파워링크 캠페인 > 광고그룹 설정 > 매체 설정]
에서 노출매체(파워링크 스마트블록)를 추가하여 선택
- 노출순위 : AI 딥러닝 기술로 자동 선출된 파워링크의 광고 품
질지수와 입찰가를 반영한 순위를 바탕으로 노출순위 결정
- 과금방식 : 파워링크와 동일하게 CPC 방식으로 과금되며, 노출
순위를 기반으로 과금

PART 01
PART 02
PART 03
PART 04
PART 05
PART 06

키워드 정리 🔍

파워링크 스마트블록
파워링크를 기반으로 선호할
만한 파워링크를 노출하는 반
응형 광고로서 함께 찾은 파워
링크(Beta), 지금 볼만한 파워
링크(Beta) 영역을 모두 포함한
광고매체를 칭함

키워드 정리 🔍

쇼핑검색광고 맞춤형 블록
사용자 쇼핑 이력에 따른 개인
화 상품 추천 블록

쇼핑검색광고 탐색형 블록
입력 키워드와 함께 볼만한 주
제/태그 하위 상품 추천 블록

• 함께 찾은 파워링크 노출 예시

※ 출처 : https://saedu.naver.com/

㉣ 지금 볼만한 파워링크(Beta) : 검색어를 바탕으로 검색 의도와 관련 있는 파워링크를 검색 결과 사이에 노출하는 반응형 광고. 사이트검색광고(파워링크 유형)를 운영하는 광고주가 이용할 수 있으나, 병/의원, 금융/보험, 법무/법률 업종은 노출되지 않음

• 노출위치 : PC, 모바일 네이버 통합검색 영역의 검색 결과 사이에 노출. 검색어를 토대로 검색 의도가 유사한 파워링크가 노출되므로 파워링크 영역에서 노출되지 않은 키워드가 지금 볼만한 파워링크(Beta) 영역에 노출될 수 있음

• 노출개수 : 최대 5개의 파워링크 노출

• 노출 가능한 확장소재
  - 모바일 : 가격링크, 서브링크, 예약, 위치정보, 파워링크이미지, 전화번호, 홍보영상
  - PC : 파워링크이미지, 서브링크, 가격링크, 위치정보

• 노출매체 설정 : [파워링크 캠페인>광고그룹 설정>매체 설정]에서 노출매체(파워링크 스마트블록)를 추가하여 선택

• 지금 볼만한 파워링크 노출 예시

※ 출처 : https://saedu.naver.com/

② 쇼핑검색광고

  ㉠ 네이버 쇼핑의 검색 결과 화면에 상품 이미지와 정보를 노출하는
    판매 유도형 검색광고

  ㉡ 쇼핑몰 상품형, 제품 카탈로그형, 쇼핑 브랜드형이 있음

  ㉢ 유형별 세부 특징

구분	특징

쇼핑몰 상품형	• 쇼핑몰이 직접 판매 중인 상품을 홍보하는 이미지형 광고
	※ 키워드를 선택할 필요 없이, 이미 네이버 쇼핑에 노출되고 있는 상품을 쇼핑 상위 영역에 노출하는 광고임
	• 집행 가능 카테고리 : 대부분의 카테고리 상품 노출 가능
	• 광고노출 위치 및 노출수
	  – 네이버 통합검색(PC/모바일) 결과 '네이버쇼핑' 영역 상단에 2개가 기본으로 노출
	  – 네이버 쇼핑검색(PC/모바일) 결과 페이지의 '상품리스트' 영역 상단 및 중간에 광고가 3개씩 기본으로 노출
	  – 네이버 이미지검색(모바일/PC) 결과 페이지 상단에 기본 3개의 광고가 노출

제품 카탈로그형	• 제조사 및 브랜드사가 네이버 쇼핑에 구축된 제품 카탈로그를 홍보하는 이미지형 광고 상품(쇼핑몰이 아니라 네이버쇼핑이 구축해 놓은 제품 카탈로그로 연결되는 광고상품)
	• 집행 가능 카테고리 : 패션의류, 패션잡화, 식품, 출산/육아, 가구/인테리어, 스포츠/레저, 화장품/미용, 생활/건강, 디지털 가전
	• 집행 가능 광고주 : 카탈로그 제품의 소유권을 가진 제조사/브랜드사, 국내 독점 유통권 계약자 및 광고집행 권한 위임자
	• 광고노출 위치 및 노출수
	  – 네이버 통합검색(PC/모바일) 결과 '네이버쇼핑' 영역 상단에 2개가 기본으로 노출되며, 네이버 쇼핑검색 (PC/모바일) 결과 상단 및 중간에 3개씩 노출
	  – 네이버 이미지검색(모바일/PC) 결과 페이지 상단에 기본 3개의 광고 노출
	  – 통합검색 추천, 쇼핑검색/카탈로그 추천으로 AI 기반 상품 추천 시 노출
	• 키워드형, 상품형, 조합형 등 다양한 형태로 노출 가능

쇼핑 브랜드형	• 네이버 브랜드패키지에 가입한 브랜드사의 컨텐츠와 상품을 네이버 쇼핑 검색결과 페이지에 효과적으로 노출하여 브랜드와 제품 라인업을 홍보할 수 있는 브랜드 전용 검색광고 상품(브랜드사를 위한 광고) • 집행 가능 광고주 : 네이버쇼핑 브랜드패키지에 가입된 브랜드사만이 집행 가능함 • 집행 가능 카테고리 : 순금, 상품권 등 브랜드패키지 서비스 대상이 아닌 카테고리를 제외한 모든 카테고리 • 내 브랜드 키워드, 다른 브랜드 키워드, 일반 키워드의 3가지 유형의 키워드를 직접 등록하고 입찰할 수 있음

퀴즈

이미지와 정보를 노출하는 판매 유도형 검색광고인 네이버의 쇼핑검색광고는 쇼핑몰 상품형, 제품 카탈로그형, 쇼핑 브랜드형이 있다. (○ / ×)

정답 | ○

구분	특징
쇼핑 브랜드형	• 광고노출 위치 및 노출수 : 네이버 모바일 쇼핑검색 상단 및 하단, PC 쇼핑검색 우측 상단 및 우측 하단에 광고 게재(검색결과 1페이지에만 노출) • 쇼핑 브랜드형 광고를 클릭하고 구매한 고객에게 네이버가 네이버페이 포인트 추가적립 혜택을 제공

ⓔ 쇼핑검색광고 맞춤형 블록 광고 : 사용자 쇼핑 이력에 따른 개인화 상품 추천 블록으로 로그인 이용자에 한정하여 사용자별 쇼핑 이력(클릭/구매/찜/장바구니)을 바탕으로 입력한 키워드와 연관된 관심 있던 상품 및 함께 볼만한 상품이 노출되는 광고(For You 반응형 영역에 노출)

• 맞춤형 블록 위치 : 쇼핑 컬렉션 하단. 일부 키워드는 쇼핑 컬렉션 상단에 노출
• 맞춤형 블록 내 광고 개수 및 위치 : 사용자별 이력(클릭/구매/찜/장바구니)에 따라 다름

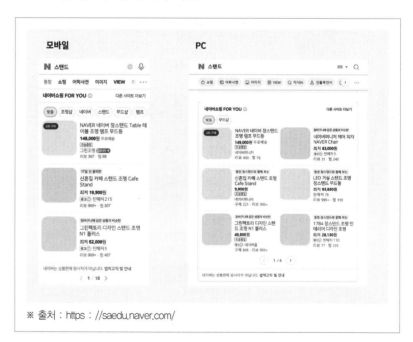

※ 출처 : https://saedu.naver.com/

ⓜ 쇼핑검색광고 탐색형 블록 광고 : 입력 키워드와 함께 볼만한 주제/태그 하위 상품 추천 블록으로, 비로그인 이용자에게도 노출되는 광고(함께 찾는 ○○○ 상품)

• 비로그인 이용자 및 관련 쇼핑 이력이 없는 이용자의 경우 키워드 연관 데이터로만 영역이 구성됨

- 로그인 이용자 및 관련 쇼핑 이력이 존재하는 이용자의 경우 최근 사용자 취향에 맞게 주제/탭 리스트가 달라짐
- 비패션 키워드에 한정하여 노출됨

③ 콘텐츠검색광고

  ㉠ 정보탐색이 많은 고관여 업종을 중심으로 키워드 검색 결과에 각 업종의 광고주가 직접 작성한 양질의 파워콘텐츠를 제공하는 형식의 광고

  ㉡ 고관여 핵심 이용자들에게 다량의 효과적인 파워콘텐츠 전달을 통한 브랜딩 가능

  ㉢ 네이버 블로그, 카페, 포스트를 통하여 신뢰성 있는 정보를 찾고자 하는 이용자의 의도가 담긴 지정된 키워드에 한해 광고 가능

  ㉣ 랜딩페이지 작성 방법
- 네이버 '블로그/포스트/카페' 내 페이지 활용
- 구매한 키워드와 관련 있는 정보를 주된 콘텐츠로 작성
- 누구나 아무런 제약 없이 확인 가능
- 링크를 삽입하는 경우, 콘텐츠와 충분히 관련 있는 페이지로 연결
- 이벤트/프로모션 관련 내용은 전체 콘텐츠 내용의 1/2 이후부터 노출

  ㉤ 노출영역과 노출 개수

노출영역	세부영역	노출 개수
네이버 PC	통합검색 VIEW 영역	최대 3개 노출+'더보기' 링크를 통한 추가 노출
네이버 모바일	통합검색 VIEW 영역	2개 노출+VIEW 탭에서 추가 노출
네이버 모바일	콘텐츠 영역 (네이버 모바일 뉴스, 지식iN, 카페 등 서비스 지면 하단)	1개 노출
ZUM PC/모바일	통합검색 영역	최대 3개 노출+'더보기' 링크를 통한 추가 노출

  ㉥ 과금은 클릭된 만큼만 비용을 지불하는 CPC 방식

  ㉦ 기본 입찰가는 최소 70원부터 최대 10만 원(VAT 제외)

④ 브랜드검색광고
- ㉠ 이용자가 브랜드 키워드 검색 시, 통합검색 결과 상단에 브랜드와 관련된 최신 콘텐츠를 텍스트, 이미지, 동영상 등을 이용하여 노출하는 상품
- ㉡ 네이버의 비즈니스 플랫폼을 이용하여 최신 브랜드 콘텐츠로 이용자와 소통하고 브랜딩 효과 창출 가능
- ㉢ 브랜드 검색을 구매하는 광고주와 직접적으로 연관이 있는 상호명, 상품명 등의 브랜드 키워드에 한해 브랜드 검색 집행이 가능하며, 브랜드 키워드가 아닌 일반 키워드로는 브랜드 검색 집행 불가
- ㉣ 광고소재 내의 클릭하는 각각 위치에 따라 세분화된 URL로 링크 설정 가능
- ㉤ 네이버 통합검색 페이지 상단 영역에 광고주가 구매한 브랜드 키워드에 대해 1개 광고가 단독 노출
- ㉥ 광고그룹 및 상품 유형, 노출 매체에 따라 원하는 상품을 선택하여 광고 가능

노출매체		유형
PC	라이트형	일반형
	프리미엄형	일반형, 갤러리, 동영상메뉴, 동영상슬로건
모바일	라이트형	일반 이미지, 썸네일, 리스팅
	프리미엄형	와이드이미지, 스토리, 오토플레이, 동영상
	브랜드추천형	와이드이미지, 스토리, 오토플레이, 동영상

- ㉦ 광고 집행 전에 계약을 통해 일정 금액을 선지불하고, 계약기간 동안 노출수나 클릭수에 제한 없이 광고가 노출되는 정액제 상품
- ㉧ 광고비는 최소 50만 원~680만 원이며, 상품 유형, 쿼리수(최근 30일 조회수) 합계, 광고노출 기간(최소 7일~최대 90일)에 따라 산정

⑤ 신제품검색광고
- ㉠ 모바일 통합검색에서 제품/서비스와 연관된 일반 명사 키워드를 검색했을 경우 검색결과 상단에 신규 또는 리뉴얼 출시한 제품/서비스와 관련된 이미지/동영상 등의 콘텐츠를 노출하는 광고 상품(이미지 1개형, 이미지 3개형, 동영상형)
- ㉡ 출시한 지 180일 이내의 제품/서비스 대상으로 집행 가능한 광고 상품으로, 신상품에 대한 인지도를 효과적으로 증대 가능
- ㉢ 주 단위 입찰 방식으로 구매 및 집행 가능하며 입찰 경쟁을 통해 정해진 광고비를 지불하는 정액제 상품

② 대표 키워드와 동의어 혹은 신제품을 의미하는 키워드로 구성되어 있는 '키워드그룹' 단위로 구매('키워드그룹'과 일치하는 제품/서비스만 집행 가능)

⑩ <u>모바일 검색결과 상단에 최대 2개 브랜드의 광고 노출</u>. 플리킹(손가락으로 밀어 넘기는 것)을 통해 두 개의 광고를 볼 수 있음

⑪ 2개 브랜드(2구좌) 집행 시에는 첫 화면에 번갈아 노출되며, 1개 브랜드(1구좌) 집행 시에는 검색량의 1/2에 노출됨

※ 출처 : 네이버 광고상품 설명서

⑥ <u>플레이스광고</u>

㉠ 특정 장소를 찾는 사용자에게 내 업체를 적극적으로 홍보할 수 있는 마케팅 도구로, <u>플레이스 영역 내에 노출되는 네이티브 형태의 광고</u>

㉡ 네이버 검색광고의 '플레이스 유형' 캠페인을 등록하여 스마트플레이스에 등록된 업체정보를 연결하면 광고 집행 가능

㉢ <u>참여 광고수가 많은(노출 가능 광고수가 10개 이상) 검색 결과의 경우 네이버 통합검색(PC/모바일)에 광고 입찰가와 검색결과와 업체 정보의 연관도에 의해 광고 순위가 결정되며, 차순위 입찰가에 기반하여 광고비가 산정됨</u>

㉣ 참여 광고수가 적은(노출 가능 광고수가 10개 미만) 검색 결과의 경우 노출 지면 및 입찰가와 관계없이 모든 광고가 균등하게 랜덤 노출되며 <u>최저가인 50원으로 고정 과금</u>[단, 플레이스서비스 지면이나 지도(앱/PC) 지면에 노출될 때는 모든 광고가 균등하게 랜덤 노출되며 최저가인 50원으로 고정 과금]

PART 01
PART 02
PART 03
PART 04
PART 05
PART 06

ⓜ 도박장 등 사행 행위 관련 업체, 유흥주점, Bar(바), 성인용품 등 판매 업체 등의 광고 불가 업체나 주유소, 편의점 등 이용자의 정보탐색 수요 등을 고려해 광고 제공이 적절치 않다고 판단되는 업체는 제외

ⓗ 광고 등록과 광고노출은 비용 발생하지 않고, 클릭 시에만 과금이 되는 CPC 방식(최저 입찰가 50원부터 최대 5,000원까지 10원 단위로 설정)

⑦ 지역소상공인광고

  ㉠ 네이버 콘텐츠 서비스를 이용하는 내 지역 사용자에게 노출되는 배너광고로, 오프라인 가게를 운영하는 지역 소상공인이 쉽게 집행할 수 있는 광고 상품

  ㉡ 네이버 스마트플레이스에 등록한 업체 정보를 바탕으로 광고 생성 (스마트플레이스와 연동)

  ㉢ 하루 최대 3만 회까지 광고노출 가능

  ㉣ 음식점(유흥주점 등 성인 업종 제외), 생활편의, 학원, 스포츠/레저/체험 등의 업종에 한해 광고 등록 가능

업종	세부 업종
음식점	한식, 일식, 중식 등
생활편의	헤어샵, 스튜디오, 공방, 수리/수선, 반려동물 호텔 등
학원	교습학원, 어학원, 음악학원, 자격증 학원 등
스포츠/레저/체험	헬스, 실내스포츠, 키즈카페, 주말농장 등
서비스/산업	오락/레저용품 대여 등
쇼핑/유통	스포츠용품, 장난감, 미술용품 등
교육/학문	독서실
건강/의료	동물병원

  ㉤ 네이버의 뉴스, 블로그 등 콘텐츠 서비스 페이지에 업체명, 태그 정보, 업체 이미지, 위치, 설명문구와 리뷰 수 등의 부가 정보 노출

  ㉥ 광고시스템에서 광고 노출을 원하는 지역을 읍면동(법정동) 단위로 최대 5개까지 선택할 수 있고, 성별 타겟팅 가능

  ㉦ 광고가 실제 보여진 유효노출수에 따라 과금되는 방식(유효노출당 0.5원)

한번더클릭

네이버 광고 유형별 노출 지면 및 노출 광고수

- 사이트검색광고 : 네이버 통합검색 시 파워링크에 10개, 비즈사이트 최대 5개의 광고가 노출+더보기를 통해 노출, 모바일 네이버 통합검색 시 1페이지에 키워드별로 최대 3~5개의 광고 노출
- 쇼핑검색광고 : 통합검색 시 네이버쇼핑 영역 상단에 2~6개 광고 노출, 네이버쇼핑 검색(PC/모바일)에서는 상단 및 중간에 3개씩 광고 노출
- 콘텐츠검색광고 : 네이버 PC 통합검색 VIEW(최대 3개 노출+더보기), 네이버 모바일 통합검색 VIEW(2개 노출+VIEW탭에서 더보기), 네이버 모바일 콘텐츠 영역(1개 노출), ZUM PC/모바일 통합검색 영역(최대 3개+더보기)
- 브랜드검색광고 : 네이버 PC와 모바일 통합검색 페이지 상단 영역에 브랜드 키워드에 대해 1개 광고 단독 노출
- 신제품검색광고 : 모바일 검색결과 상단에 최대 2개 브랜드의 광고 노출
- 플레이스광고 : PC/모바일 통합검색 및 플레이스 서비스 페이지, PC 지도웹, 지도앱의 목록 내에 2~4개의 광고가 노출(키워드에 따라 광고 노출 개수 달라짐)
- 지역소상공인광고 : 뉴스, 블로그 등 콘텐츠 서비스 페이지에 업체명, 태그 정보, 업체 이미지, 위치, 설명 문구와 리뷰 수 등의 부가 정보 노출

네이버 검색광고 유형별 과금 방식

- 사이트검색광고 : 클릭당 과금
- 쇼핑검색광고 : 클릭당 과금
- 콘텐츠검색광고 : 클릭당 과금
- 브랜드검색광고 : 정액제
- 신제품검색광고 : 정액제
- 플레이스광고 : 클릭당 과금
- 지역소상공인광고 : (유효)노출당 과금

(2) 카카오 검색광고 상품

구분	설명
키워드광고	검색한 키워드와 연관성 있는 광고가 다음, 카카오톡, 제휴 매체 등 다양한 지면에 검색 결과 또는 텍스트형 배너 형태로 노출되는 광고
브랜드검색광고	브랜드 키워드 또는 브랜드와 연관성이 높은 키워드 검색 시 다음(Daum) 통합검색에 노출되는 정보성 콘텐츠 상품으로 노출 영역, 소재 형태, 구간별 쿼리수에 따라 비용 다름

1) 키워드광고
① 키워드 검색으로 사용자의 의도를 파악하여 광고를 통해 원하는 정보 전달 가능
② 주요 검색의 최상단인 프리미엄링크 영역에 동시 노출

③ 쉽고 직관적인 메뉴로 구성된 키워드광고 플랫폼을 통해, 광고 등록 부터 보고서 확인까지 누구나 직접 운영(self-serve) 가능

④ 입찰가 및 품질지수에 따라 광고노출순위가 결정되어 노출

⑤ 광고노출 여부와 상관없이 고객이 클릭하여 사이트를 방문한 경우에만 비용을 지불하는 클릭당 과금 방식의 상품으로 클릭당 단가는 키워드별 입찰가, 광고 진행 과정에서 얻은 품질지수 등을 반영해 실시간으로 결정

⑥ 프리미엄링크

유형	내용
PC 검색	다음(Daum)을 포함한 주요 포털사이트의 검색 결과 최상단인 프리미엄 링크영역에 최대 10개의 광고 노출, 와이드링크(검색수요가 많을 때) 5개 추가(스폰서박스, 스페셜링크는 네이트의 키워드광고 상품)
모바일 검색	다음, 네이트 등 제휴된 다양한 모바일 웹/앱에서 모바일 검색 결과, 프리미엄링크 영역에 최대 6개의 광고노출(카카오톡 대화방 내 #검색 결과 키워드 광고 탭 포함)
PC 콘텐츠	다음 메인 및 내부 지면, 카페, 뉴스와 카카오 내부 지면 및 언론사, 커뮤니티 등의 카카오와 제휴를 맺고 있는 외부 지면에 사용자가 검색한 키워드 및 카카오 서비스에서 소비한 콘텐츠를 바탕으로 광고노출
모바일 콘텐츠	다음 메인 및 내부 지면, 카페, 뉴스와 카카오 내부 지면 및 언론사, 커뮤니티 등의 카카오와 제휴를 맺고 있는 외부 지면에 광고노출

⑦ 확장소재 : 추가제목, 부가링크(3~4개), 가격테이블, 이미지타입(썸네일, 멀티썸네일), 말머리, 계산하기, 톡채널 등

2) 브랜드검색광고

① 브랜드 키워드 또는 브랜드와 연관성이 높은 키워드 검색 시 다음 통합검색에 노출되는 정보성 콘텐츠 상품

② 브랜드에 대한 정보탐색의 목적이 있는 사용자에게 이미지, 동영상, 텍스트 등을 이용하여 브랜딩 가능

③ 노출영역

노출영역	내용
PC 브랜드 검색광고	• 통합 검색 결과 최상단에 노출되는 브랜드 검색 상품으로 브랜드에 대한 정보탐색의 목적이 있는 사람들에게 이미지, 동영상, 텍스트 등을 이용하여 브랜딩 가능 • 베이직형(이미지와 텍스트로 구성)과 프리미엄형(동영상 배너형)이 있음

노출영역	내용
모바일 브랜드 검색광고	• 모바일 브랜드 검색을 통해 모바일 인터렉션은 물론 모바일 액션까지 만들어낼 수 있는 상품 • 라이트형(이미지와 텍스트로 구성)과 오토플레이형(브랜드 동영상을 5초 동안 오토플레이)이 있음

④ 기존에는 30일 단위의 고정 구매에서 <u>최소 10일~최대 90일 사이에서 구매 가능</u>

⑤ 노출 영역, 소재 형태, 구간별 쿼리수(등록된 키워드수의 전월 검색수 기준)에 따라 <u>일일 광고단가가 다름</u>

3) 콘텐츠 매칭 광고

① <u>PC 및 모바일 검색결과 외에 콘텐츠 영역에서 사용자가 검색한 키워드 및 카카오 서비스에서 소비한 콘텐츠를 바탕으로 연관성 있게 노출되는 광고</u>

② 콘텐츠 매칭 광고는 텍스트 기반(제목, 설명문구, 비즈채널 등) 또는 확장소재 썸네일 이미지가 결합된 배너 형태로 노출됨

(3) 구글 검색광고 상품

① <u>구글의 검색광고 상품은 검색 결과의 상단, 측면, 하단이며, 상단에는 최대 4개까지만 게재 가능</u>

② 광고 게재 순위는 <u>최대 CPC 입찰가와 품질평가점수에 따라 결정</u>

③ 광고 게재 영역 구분

　㉠ 검색 네트워크 : 키워드와 관련된 용어 검색 시 구글 검색 결과 및 구글 사이트에 게재

　㉡ 디스플레이 네트워크 : 관련성이 높은 고객이 인터넷에서 사이트, 동영상, 앱을 탐색할 때에 광고 게재

한번더클릭

구글애즈(Google Ads)의 광고캠페인 유형
• 검색 네트워크 캠페인(검색광고)
• 디스플레이 네트워크 캠페인(GDN 디스플레이 광고)
• 동영상 캠페인(동영상 광고)
• 쇼핑 캠페인
• 앱 캠페인 등

퀴즈

카카오의 브랜드검색광고는 30일 단위의 고정 구매만 가능하다. (O / ×)

정답 | ×

④ 검색광고 유형

유형	내용
텍스트 광고	• 구글 검색 결과 위와 아래에 게재 • 광고는 표시 URL, 광고 제목(텍스트), 내용(텍스트)의 세 부분으로 구성 • 텍스트 광고에 광고 확장을 추가하면 위치, 전화번호, 웹사이트에 대한 추가적인 딥링크 등 더 자세한 비즈니스 정보를 제공 • 동적 텍스트를 사용하여 사용자별로 광고 맞춤 설정이 가능 • 특수문자 사용 가능 : 물결표(~), 움라우트(ä, ö, ü), 세딜라(ş, ç 등)
동적 검색광고 (DSA ; Dynamic Search Ad)	• 웹사이트에 새로 업데이트된 정보들을 자동으로 읽어 동적 검색광고 캠페인에 추가 • 자동으로 생성된 검색 소재는 캠페인에 추가가 되고, 유저가 이와 관련한 키워드를 검색하면 광고를 노출함
반응형 검색광고 (RSA ; Responsive Search Ad)	• 최대 15개의 제목과 4개의 설명문구를 입력할 수 있으며, 광고마다 최대 3개의 제목과 2개의 설명문구가 선택되어 서로 다른 조합 및 순서로 표시 • 자동으로 여러 조합을 통해 잠재고객의 검색어와 최대한 일치하도록 광고의 콘텐츠를 조정해 캠페인 실적을 향상시켜줌

⑤ 클릭이 일어난 횟수에 따라 비용을 지불하는 CPC 방식으로 검색 후 사용자가 링크를 클릭했을 때 과금

출제예상문제

01 다음 설명 중 옳지 않은 것은?

① 광고목적을 고려하여 캠페인을 생성한다.
② 광고그룹은 구체적으로 누구에게 무엇을 보여주고 어디로 안내할 것인가를 설정하는 것이다.
③ 구글의 검색광고의 캠페인 목표가 2가지라면 캠페인도 2개를 생성해야 한다.
④ 카카오 검색광고는 광고그룹 옵션 설정에서 노출할 지역을 설정할 수 있다.

해설 | 카카오 검색광고는 광고노출 지역설정 기능을 제공하지 않는다.

02 다음 클릭당 과금되는 상품이 아닌 것은?

① 파워링크
② 쇼핑검색광고
③ 브랜드검색광고
④ 파워콘텐츠

해설 | 네이버 검색광고 유형 중에서 클릭당 과금 방식이 아닌 것은 브랜드검색광고와 지역소상공인광고이다. 브랜드검색광고는 정액제 방식이며, 지역소상공인광고는 유효노출수에 따라 과금된다.

03 다음 네이버의 소재노출 방식에 대한 설명 중 틀린 것은?

① 네이버의 소재노출 방식은 성과기반노출과 동일비중노출 중에서 선택할 수 있다.
② 성과기반노출은 그룹 내 소재가 최소 3개 이상 존재해야 동작된다.
③ 다양한 내용의 소재를 3개 이상 작성하면 소재 성과 향상에 도움이 된다.
④ 성과기반노출은 성과가 우수한 소재를 우선적으로 노출되도록 한다.

해설 | 네이버의 소재노출 방식은 성과기반노출과 동일비중노출이 있고, 이 중 성과기반노출은 소재가 최소 2개 이상 등록되어 있어야 적용된다.

04 다음 중 네이버 검색광고에서 캠페인 등록에 대한 설명으로 틀린 것은?

① 광고의 목적에 따라 파워링크를 선택했다.
② 하루에 지출할 수 있는 예산을 설정했다.
③ 캠페인의 기본 입찰가를 설정했다.
④ 예산균등배분을 체크해 예산이 조기 소진되지 않도록 설정했다.

해설 | 캠페인 단위에서 하루예산(일예산), 예산균등배분, 노출기간을 설정하고, 광고그룹 단위에서 기본 입찰가, 하루예산(일예산), 노출매체, 입찰가중치, 키워드 확장 여부, 소재노출 방식을 설정한다.

정답 | 01 ④ 02 ③ 03 ② 04 ③

PART 01
PART 02
PART 03
PART 04
PART 05
PART 06

05 다음 중 네이버 검색광고의 광고그룹에 대한 설명으로 틀린 것은?

① 광고그룹 만들기에서 광고그룹의 이름과 URL, 기본 입찰가, 하루예산을 설정할 수 있다.

② 그룹의 기본 입찰가는 그룹에 속한 모든 키워드에 적용되는 입찰가이다.

③ 고급옵션을 통해 노출할 매체, 콘텐츠 매체 전용 입찰가, PC/모바일 입찰가중치, 소재 노출 방식을 설정할 수 있다.

④ 키워드 확장 여부를 선택할 수 있다.

해설 | 그룹의 기본 입찰가는 키워드별 입찰가 설정된 키워드를 제외한 모든 키워드에 적용된다.

06 다음 중 네이버의 광고소재에 대한 설명으로 옳지 않은 것은?

① 제목은 총 15자, 설명은 45자까지 등록이 가능하다.

② 등록하려는 키워드나 소재가 많을 경우, 대량관리 기능을 사용할 수 있다.

③ 키워드 삽입 기능 사용 시 글자수가 초과될 경우 대체 키워드가 노출된다.

④ 키워드와 연관도가 높은 페이지로 연결하기 위해 표시 URL을 수정할 수 있다.

해설 | 표시 URL은 수정할 수 없다.

07 다음 중 카카오 검색광고 등록 프로세스에 대한 설명으로 옳은 것은?

① 하나의 캠페인에 하나의 광고그룹이 포함된다.

② 캠페인 노출 기간은 최초 선택 시부터 1개월로 자동 설정된다.

③ 광고그룹의 확장검색은 직접 등록하지 않은 키워드라도 등록된 키워드에 해당 그룹의 광고를 자동으로 노출시키는 기능이다.

④ 등록 희망 키워드를 입력한 후 하나의 그룹으로 등록되어 있는 모든 키워드에 적용되는 기본 입찰가를 설정한다.

해설 | ① 광고그룹은 캠페인 당 최대 1,000개까지 등록 가능하다.
② 노출 기간은 오늘부터 자동 설정되지 않고 원하는 노출 기간을 설정할 수 있다.
④ 키워드의 입찰가는 광고그룹에서 설정된 입찰가를 선택하거나 키워드 입찰 금액을 입력해 설정할 수 있다.

08 다음 중 구글 검색 유형에 대한 설명으로 틀린 것은?

① 확장검색을 사용하면 키워드 목록에 없는 유사어에 대해서도 광고가 자동으로 게재된다.

② 일치검색은 키워드와 정확하게 일치하는 검색어, 또는 키워드와 의미 또는 의도가 동일한 검색어에만 광고가 게재된다.

③ 구문검색은 키워드의 의미가 포함된 검색어에 게재된다.

④ 특별히 검색 유형을 지정하지 않으면 기본적으로 일치검색 유형으로 설정된다.

해설 | 구글의 검색 유형은 특별히 지정하지 않으며 기본적으로 확장검색 유형으로 설정된다.

09 네이버, 카카오, 구글은 검색 사용자와 광고주 모두의 만족도를 높이기 위해 광고의 품질을 측정한다. 다음 중 틀린 것은?

① 네이버의 품질지수는 7단계로 분류하여 막대 형태로 보여준다.

② 카카오의 품질지수는 7단계로 분류하여 막대 형태로 보여준다.

③ 네이버와 카카오는 품질지수, 구글은 품질평가점수라고 한다.

④ 구글의 품질평가점수는 광고그룹 단위로 1~10점으로 부여된다.

해설 | 구글의 품질평가점수는 광고그룹 단위가 아니라 키워드별로 1~10점으로 부여된다.

10 다음 중 구글의 검색광고 운영시스템에 대한 설명으로 옳은 것은?

① 구글 검색광고는 구글애즈 보고서에서 볼 수 있으며, 이메일로 보내기 등의 기능은 없다.

② 광고주가 달성하고자 하는 주요 목적(검색 네트워크, 쇼핑플러스, 스타일포커스)에 부합하는 목표를 중심으로 캠페인을 생성한다.

③ 광고그룹은 캠페인의 하위 단위로 쇼핑몰 상품형과 제품 카탈로그형으로 구분된다.

④ 캠페인 생성 단계에서 네트워크와 기기, 위치 및 언어, 입찰 및 예산, 광고 확장을 설정할 수 있다.

해설 | ① 구글 검색광고는 구글애즈와 구글 애널리틱스에서 성과 보고서를 볼 수 있으며, 이메일로 받아 볼 수 있도록 예약을 설정할 수 있다.

② 광고주가 달성하고자 하는 주요 목적(판매, 리드, 웹사이트 트래픽)에 부합하는 목표를 중심으로 캠페인을 생성한다.

③ 광고그룹은 캠페인의 하위 단위로 유사한 타겟을 공유하며, 광고가 하나 이상 포함되어야 한다.

11 다음 중 네이버의 사이트검색광고에 대한 설명으로 옳지 않은 것은?

① 네이버 통합검색 탭에서 파워링크는 최대 10개까지 노출되고 비즈사이트는 최대 5개까지 노출된다.

② 모바일 네이버 통합검색 1페이지에는 키워드별로 최대 3개까지 광고가 노출된다.

③ 파워링크 영역 아래의 '더보기'를 클릭하면 나타나는 더보기 영역에는 한 페이지당 최대 25개의 광고가 노출되고, 광고 집행 기간이 표시된다.

④ PC 통합검색 탭 하단의 VIEW, 통합웹, 지식iN, 동영상 탭을 클릭하면 우측 상단에 파워링크광고가 최대 5개까지 노출된다.

해설 | 모바일 네이버 통합검색의 1페이지에는 키워드별로 최대 5개까지 광고가 노출된다. 모바일 네이버 쇼핑(m.shopping.naver.com)에서 키워드 검색 시 하단에 최대 3개의 광고가 노출되며, PC 네이버쇼핑(shopping.naver.com)에서 키워드 검색 시에는 하단에 최대 5개의 광고가 노출된다.

PART 01
PART 02
PART 03
PART 04
PART 05
PART 06

12 다음 중 네이버 검색광고에 대한 설명으로 옳은 것은?

① 플레이스광고는 블로그, 포스트, 카페에서만 등록할 수 있다.

② 쇼핑검색광고를 집행하기 위해서는 네이버 쇼핑에 입점된 쇼핑몰이 있어야 한다.

③ 파워링크 광고를 집행 중이라면 입점 쇼핑몰과 상관없이 쇼핑검색광고를 진행할 수 있다.

④ 모든 사이트의 테스트 계정을 등록하여 내부 콘텐츠를 확인할 수 있도록 해야 한다.

해설 | ① 블로그, 포스트, 카페에서만 등록할 수 있는 광고는 콘텐츠검색광고이다. 플레이스광고는 스마트플레이스에 등록한 업체 정보를 바탕으로 노출되는 네이티브 형태의 검색광고 상품이다.
③ 파워링크 광고를 집행 중이라도 쇼핑검색광고를 집행하기 위해서는 네이버 쇼핑에 입점된 쇼핑몰이 있어야 한다.
④ 회원제 사이트는 내부 콘텐츠를 확인할 수 있도록 테스트 계정의 아이디와 패스워드를 함께 등록해야 한다.

13 다음 중 구글 검색광고에 대한 설명으로 옳지 않은 것은?

① 구글 검색 결과 최상단에는 최대 4개까지만 광고가 게재된다.

② 광고의 게재 순위는 입찰가와 품질평가점수에 따라 결정된다.

③ 구글 검색광고는 검색 네트워크에만 광고가 게재된다.

④ 검색결과 상단에 게재되는데 필요한 기준은 하단에 게재되는데 필요한 기준보다 높다.

해설 | 구글의 검색광고는 검색 네트워크 외 디스플레이 네트워크에도 게재가 가능하다.

14 다음 중 파워콘텐츠에 대한 설명으로 옳은 것은?

① 파워콘텐츠 상품은 네이버 PC 통합검색과 네이버 모바일 통합검색 View 영역, 네이버 모바일 콘텐츠 영역, ZUM PC와 모바일 통합검색 영역에 노출된다.

② 정보탐색이 많은 고관여 업종을 중심으로 인플루언서들이 직접 작성한 양질의 파워콘텐츠를 제공하는 형식의 광고이다.

③ 파워콘텐츠로 등록할 수 있는 업종은 펜션, 포토스튜디오, 파티 이벤트 기획, 유아용품 대여 업종이다.

④ 파워콘텐츠는 페이스북, 인스타그램, 트위터 등의 SNS로도 연결할 수 있다.

해설 | 파워콘텐츠는 인플루언서가 아니라 광고주가 직접 제공하는 콘텐츠로, 네이버 블로그, 카페, 포스트로 연결이 가능하다.

15 다음 괄호에 공통으로 들어갈 알맞은 단어는 무엇인가?

> • (　　　　)은/는 웹사이트, 쇼핑몰, 전화번호, 위치정보, 네이버 예약 등 고객에게 정보를 전달하고 판매하기 위한 모든 채널을 말한다.
> • 광고를 집행하기 위해서는 캠페인 유형에 맞는 (　　　　)을/를 반드시 등록해야 한다.

해설 | 비즈채널은 광고주가 마련한 고객과의 접점을 위한 모든 채널로 광고를 집행하기 위해서는 캠페인 유형에 맞는 비즈채널을 반드시 등록해야 한다.

16 다음 괄호에 들어갈 알맞은 단어는 무엇인가?

구글의 텍스트 광고가 3개의 제목과 2개의 설명만을 입력할 수 있었던 것에 비해 (   ) 검색광고는 최대 15개의 제목과 4개의 문구를 입력할 수 있으며, 광고마다 자동으로 제목과 설명을 선택해 다른 조합과 순서로 표시된다. 즉 잠재고객의 검색어와 최대한 일치하도록 광고의 콘텐츠를 조정해 캠페인 실적을 향상시켜 준다.

해설 | 반응형 검색광고(RSA ; Responsive Search Ad)를 사용하면 고객에게 관련성 있는 메시지를 표시하도록 자동으로 조정되는 광고를 만들 수 있다. 반응형 검색광고는 최대 15개의 제목과 4개의 설명문구를 입력할 수 있으며, 광고마다 최대 3개의 광고 제목과 2개의 설명문구가 선택되고 조합되어 표시된다. 예를 들어, 최대 조합되었을 경우는 제목1+제목2+제목3+설명문구1+설문문구2와 같은 식으로 표시된다.

17 다음에 설명하는 것은 무엇인가?

• 네이버 검색광고의 광고 상품 결제에 사용되는 충전금이다.
• 잔액이 있어야 광고 등록 및 수정 요청에 대한 검토가 진행된다.

해설 | 비즈머니는 네이버 검색광고 진행을 위한 충전금으로, 비즈머니 충전이 완료되어 잔액이 있어야 광고의 등록 또는 수정 요청에 대한 검토가 진행된다. 경우에 따라 충전한 비즈머니 금액이 모두 소진된 이후에도 추가적인 과금(마이너스 잔액)이 발생할 수 있다.

18 다음에서 설명하는 것은 무엇인가?

• 키워드별 입찰가가 설정된 키워드를 제외한 모든 키워드에 적용되는 입찰가이다.
• 광고그룹에서 설정 가능하며, 이후에 광고그룹 수정 시에 변경이 가능하다.
• 콘텐츠 매체 전용입찰가를 설정하지 않을 경우 해당 매체에 적용되는 입찰가이다. 직접 설정 또는 자동입찰 설정 중에 선택 가능하다.

해설 | 광고시스템의 입찰가는 광고그룹 단위로 기본 입찰가를 설정할 수도 있고, 각 키워드별 키워드 입찰가 설정도 가능하다. 광고그룹에서 기본 입찰가 설정 후 변경이 가능하다. 콘텐츠 매체 전용입찰가를 설정하지 않으면 기본 입찰가가 적용된다.

19 다음 구글의 검색광고 게재 시에 검색어를 지정하는 검색 유형 중에서 광고 도달 범위가 큰 순서대로 나열하시오.

① 일치검색   ② 구문검색   ③ 확장검색

해설 | 구글의 이전 검색 유형은 일치검색, 구문검색, 변형확장검색, 확장검색으로 이루어졌으나, 2021년 2월 변형확장검색이 구문검색에 통합되어 현재는 일치검색, 구문검색, 확장검색으로 구분된다. 이세 가지의 검색 유형 중에서 광고도달 범위가 큰 순서는 확장검색>구문검색>일치검색이다.

PART 01

PART 02

PART 03

PART 04

PART 05

PART 06

20 다음 중 네이버 캠페인 단위에서 변경 혹은 수정할 수 있는 것은 무엇인가?

> 노출시간, 노출기간, 노출요일, 하루예산, 예산균등배분

해설 | 네이버 캠페인 단위에서 설정할 수 있는 것은 노출기간, 하루예산(일예산), 예산균등배분이며, 광고그룹 단위에서 설정할 수 있는 것은 기본 입찰가, 하루예산(일예산), 입찰가중치, 소재노출 방식 등이다.

21 다음에서 설명하는 알맞은 용어는 무엇인가?

> • 구글에서 특정 검색어에 대해 게재되지 않도록 (   )을/를 추가하여 노출을 제한할 수 있다.
> • 네이버 쇼핑검색광고를 진행할 때 상품이 노출되는 키워드 중 상품의 노출을 원치 않는 키워드가 있을 경우에 (   ) 관리를 통해 광고노출을 제외할 수 있다.

해설 | 제외 키워드에 등록된 키워드는 광고가 노출되지 않으며, 제외 키워드는 언제든지 설정 및 삭제가 가능하다. 네이버 쇼핑검색광고를 진행할 때 상품이 노출되는 키워드 중 상품의 노출을 원치 않는 제외 키워드를 설정할 수 있으며, 구글에서는 제외 키워드 목록을 사용해 캠페인 전체에서 제외 키워드를 더욱 효율적으로 관리할 수 있다.

PART 01

PART 02

PART 03

PART 04

PART 05

PART 06

1. 검색광고 관리 전략

(1) 캠페인 관리

1) 네이버

① 캠페인 : 일련의 마케팅 활동을 목적(광고의 유형, 기간, 예산)으로 묶어서 관리하는 단위

ㄱ 광고목적에 따른 캠페인 유형(파워링크 유형, 쇼핑검색 유형, 파워콘텐츠 유형, 브랜드검색 유형, 플레이스 유형) 선택

ㄴ 캠페인 이름과 일예산(70원부터 10억 원까지 입력 가능, 10원 단위 입력)을 작성하고 예산균등배분 여부를 체크

ㄷ 고급옵션에서 해당 캠페인의 광고 노출기간 선택

② 광고시스템의 '모든 캠페인'에서 등록한 캠페인 현황 제공

③ '기본설정'은 ON/OFF, 상태, 캠페인 이름, 캠페인 유형, 노출수, 클릭수, 클릭률, 평균클릭비용, 총비용이며, 새로운 사용자 설정을 통해 모든 캠페인 단위에서 노출할 수 있는 지표 선택 가능

④ 캠페인 상태 표시

캠페인 상태	설명	노출 가능 상태가 되기 위해 가능한 조치
중지 : 캠페인 OFF	광고주가 캠페인을 OFF하여, 캠페인이 일시 중지된 상태	캠페인을 'ON' 상태로 변경
중지 : 캠페인 기간 외	광고주가 설정한 캠페인의 광고 노출기간이 종료되어 캠페인이 중지된 상태	캠페인 종료 날짜를 재설정하거나 캠페인 기간을 '오늘부터 종료일 없이 계속 노출'로 변경
중지 : 캠페인 예산 도달	해당 캠페인에서 과금된 금액이 광고주가 설정한 캠페인 하루예산을 초과하여 캠페인이 중지된 상태	캠페인의 '하루예산'을 현재 설정된 금액보다 높은 금액으로 변경하거나, '제한 없음'으로 변경

캠페인 상태	설명	노출 가능 상태가 되기 위해 가능한 조치
노출 가능	캠페인이 ON 상태이며, 캠페인의 광고가 노출 가능한 상태	※ 실제 광고영역에서의 광고노출 여부는 캠페인 설정값 및 비즈채널, 광고그룹, 키워드, 소재 상태, 비즈머니 잔액(환불 상태), 경쟁 상황 등에 따라 달라질 수도 있음

⑤ 캠페인 관리 설정 세부 사항

구분		설정 사항
기본설정		ON/OFF, 상태, 캠페인 이름, 캠페인 유형, 노출수, 클릭수, 클릭률, 평균클릭비용, 총비용
사용자 설정	일반정보	캠페인 유형, 상태, 기간, 하루예산, 예산배분, 광고그룹수, 키워드 수
	사용자설정	노출수, 클릭수, 클릭률, 평균클릭비용, 총비용, 전환수, 전환율, 전환매출액, 광고수익률, 전환당 비용, 동영상 조회수
	기타	캠페인 ID, 등록시각, 수정시각

⑥ 선택한 '캠페인 관리' 버튼을 통해 기간 변경, 예산 변경, 자동규칙 만들기 가능

　㉠ 캠페인 하루예산을 설정 시 예산이 조기 소진되거나 설정한 예산보다 많이 과금될 것으로 예상되는 시점에 광고가 자동으로 중단됨. 이를 막기 위해 '예산균등배분'을 체크해야 하루 동안 꾸준히 광고 유지할 수 있음

　㉡ 자동규칙 기능은 캠페인, 광고그룹, 키워드 등의 규칙 대상에 특정한 조건과 실행할 작업을 등록하면 조건이 만족했을 때, 작업을 자동으로 수행해 주는 기능. 노출수 조건이 달성되면, 클릭수 조건이 달성되면, 총비용 조건이 달성되면 등의 조건과 함께 4가지 실행 유형 즉 이메일 받기, 입찰가 변경하기, OFF 하기, 하루예산 변경하기 중에서 선택하여 설정 가능

한번더클릭

자동규칙 사용법
- 네이버의 자동규칙 기능은 캠페인, 광고그룹, 키워드 등의 규칙 대상에 특정한 조건과 실행할 작업을 등록하면 조건이 만족했을 때, 작업을 자동으로 수행해 주는 기능
- 노출수 조건이 달성되면, 클릭수 조건이 달성되면, 총비용 조건이 달성되면 등의 조건과 함께 이메일 받기, 입찰가 변경하기, OFF 하기, 하루예산 변경하기의 4가지 실행 유형 중에서 선택하여 설정 가능

⑦ 각 캠페인 단위별로 성과 그래프와 캠페인 정보(상태, 캠페인 유형, 기간, 하루예산, 예산 배분)가 제공

⑧ '상세데이터'를 통해 더 자세한 성과 확인 가능

   ⊙ PC/모바일 구분, 요일 구분, 시간대 구분, 지역 구분에 따라 확인

   ⊙ 이외에 다차원 보고서를 만들어 광고 성과를 확인할 수 있음

   ⊙ 다차원 보고서는 광고관리에서 확인한 성과지표를 더욱 상세하고 다양한 기준으로 분석하거나, 광고 집행 성과를 보고 싶은 항목을 직접 선택해 정기적으로 성과지표를 확인할 수 있는 보고서
- 전체 키워드 성과는 보고서>다차원 보고서>새 보고서>키워드 보고서를 선택
- 전체 키워드 중에서 클릭이 발생한 키워드, 즉 비용이 발생한 키워드만 조회하고 싶은 경우에는 다차원 보고서 필터 기능(>=1 클릭수)을 활용해 보고서 선택
- 확장소재의 광고성과는 보고서>다차원 보고서>새 보고서>확장 보고서를 선택
- 세부매체별 광고성과는 보고서>다차원 보고서>새 보고서>매체 보고서를 선택

   ⊙ 전환수에 대한 광고성과를 확인하기 위해서는 '프리미엄 로그분석 서비스'를 이용해야 함
- 프리미엄 로그분석에서 확인 가능한 항목 : 전환수, 직접전환수, 간접전환수, 전환율, 전환매출액, 간접전환매출액, 직접전환매출액, 전환당 비용, 방문당 평균 체류시간, 방문당 평균 페이지뷰, 전환수(네이버 페이), 전환매출액(네이버 페이), 광고수익률(전환매출액/총광고비용)

빈 칸 채우기

네이버의 (　　　) 기능은 특정 조건에 따라 이메일 받기, OFF 하기, 입찰가 변경, 하루예산 변경하기 등의 작업을 수행해 주는 기능이다.

정답 | 자동규칙

PART 01
PART 02
PART 03
PART 04
PART 05
PART 06

광고성과 조회 및 확인

- 대부분의 광고성과는 광고시스템의 광고관리 메뉴에서 확인 가능
- 광고 집행 성과를 보고 싶은 항목을 직접 선택해 정기적으로 성과지표를 확인할 수 있는 다차원 보고서를 통해 확인 가능
  - 전체 키워드 성과는 보고서>다차원 보고서>새 보고서>키워드 보고서를 선택
  - 전체 키워드 중에서 클릭이 발생한 키워드, 즉 비용이 발생한 키워드만 조회하고 싶은 경우에는 다차원 보고서 필터 기능(>=1 클릭수)을 활용해 보고서 선택
  - 확장소재의 광고성과는 보고서>다차원 보고서>새 보고서>확장 보고서를 선택
  - 세부매체별 광고성과는 보고서>다차원 보고서>새 보고서>매체 보고서를 선택
- 전환에 대한 광고성과를 확인하기 위해서는 프리미엄 로그분석 서비스를 이용해야 함

2) 카카오

① 비즈채널을 선택해야 캠페인 생성 가능

② **캠페인 등록** : 캠페인 이름(최대 50자), 고급옵션을 통해 전환추적(픽셀&SDK 선택), 추적 URL, 일예산(최소 1원부터 최대 1천만 원까지 설정 가능) 설정

③ 키워드광고 관리자센터에서 모든 캠페인 현황을 확인할 수 있고, 기본 지표(노출수, 클릭수, 비용, 클릭률)와 성과 그래프를 제공

④ 캠페인별로 ON/OFF, 상태, 비즈채널, 일예산 노출수, 클릭수, 비용, 클릭률, 기간 확인 가능

⑤ '기본정보'에서 번호, 유형, 비즈채널, 픽셀&SDK, 일예산을 확인할 수 있고, '운영정보'에서 광고그룹, 키워드, 소재의 상태를 확인

3) 구글

① 구글의 캠페인 단위는 캠페인 유형, 캠페인 이름, 광고 게재영역 설정, 위치(모든 국가, 한국, 다른 위치 선택), 언어, 잠재고객 세그먼트 입력 설정

② 구글애즈에서 검색 캠페인 선택 시 캠페인 이름별로 예산, 상태, 유형, 클릭수, 노출수, 클릭률, 평균 CPC, 전환당비용, 전환율 등 기본 지표를 제공

③ 분류기준 아이콘을 눌러 개별 성과 확인 가능

④ 실적, 전환수, 기여 분석, 경쟁 통제, 구글 애널리틱스, 성과 그래프 확인 가능

⑤ 입찰통계 탭과 입찰통계 보고서를 통해 자신의 실적을 동일한 입찰에 참여한 다른 광고주의 실적 비교 가능

⑥ 입찰통계

구분	내용
노출 점유율	발생 가능한 예상 노출수 대비 실제로 발생한 노출수의 비율
중복률	광고주의 광고가 노출될 때 또 다른 광고주의 광고에는 얼마나 자주 노출이 발생했는지를 보여주는 빈도
경쟁 광고보다 높은 순위를 얻은 노출 비율	입찰에서 내 광고가 다른 광고주의 광고보다 더 높은 순위에 게재되는 빈도 또는 다른 광고주의 광고는 게재되지 않고 내 광고만 게재되었는지 여부
높은 게재순위 비율	자신의 광고뿐만 아니라 동일한 입찰에 참여한 다른 광고주의 광고도 동시에 노출되었을 때, 다른 광고주의 광고가 내 광고보다 더 높은 순위로 게재되는 빈도
페이지 상단 게재율	광고주의 광고(또는 다른 광고주의 광고)가 검색결과 위 페이지 상단에 게재되는 빈도
페이지 절대 상단 비율	광고주의 광고(또는 다른 광고주의 광고)가 검색결과 위의 페이지 절대 상단에 첫 번째 광고로 게재되는 빈도

(2) 광고그룹 관리

1) 네이버

① 광고그룹은 광고의 운영과 효과분석, 입찰을 진행하는 단위

② 광고그룹 등록 : 광고그룹의 이름, URL, 기본 입찰가, 하루예산을 설정

> **한번더클릭**
>
> **네이버 검색광고 상품별 기본 입찰가**
> • 사이트검색, 콘텐츠검색 : 최소 70원부터 최대 10만 원까지
> • 쇼핑검색광고(쇼핑 브랜드형) : 기본 입찰가는 최소 300원부터 최대 10만 원까지
> • 쇼핑검색광고(쇼핑몰형, 제품 카탈로그형) : 최소 50원부터 최대 10만 원까지
> • 플레이스광고 : 최소 50원부터 최대 5,000원까지
> • 지역소상공인광고 : 유효노출당 0.5원(3만 회까지 가능, 일일 15,000원)

③ 소재 등록 : 광고그룹당 소재는 최대 5개까지 등록 가능(확장소재는 유형별로 각 1개 등록 가능)하며, 소재노출 방식은 성과기반 노출과 동일비중 노출 중 선택 가능

④ 캠페인 이름을 클릭하면 해당 캠페인 하위에 등록된 전체 광고그룹의 목록 조회 가능

PART 01
PART 02
PART 03
PART 04
PART 05
PART 06

⑤ 광고그룹 목록에서 ON/OFF, 상태, 광고그룹 이름, 기본 입찰가, 채널정보(표시 URL을 의미), 노출수, 클릭수, 클릭률, 평균클릭비용, 총비용 지표를 제공

⑥ 광고그룹 상태

광고그룹 상태	노출 가능 상태가 되기 위한 조치
노출 가능	광고노출이 가능한 상태이므로 조치 사항 없음
중지 : 비즈채널 검토 중	검토는 영업일 기준 1~2일 소요. 검토 완료 메시지에 따라 진행
중지 : 비즈채널 노출 제한	비즈채널의 검토 결과와 노출 제한 사유 확인 후 증빙서류를 제출하거나 가이드에 따라 비즈채널을 수정한 뒤 재검토 요청
중지 : 그룹 OFF	광고그룹 목록에서 해당 광고그룹 'OFF' 버튼을 'ON'으로 변경
중지 : 그룹 예산 도달	하루예산을 변경 또는 '제한없음'으로 변경
중지 : 캠페인 OFF	캠페인 앞의 'OFF' 버튼을 'ON'으로 변경
중지 : 캠페인 기간 외	캠페인의 광고노출 기간을 '오늘부터 종료일 없이 계속 노출'로 변경하거나, 종료 날짜 재설정
중지 : 캠페인 예산 도달	캠페인의 '하루예산'을 현재 설정된 금액보다 높은 금액으로 변경하거나, '제한 없음'으로 변경
일부 노출 가능 : PC	비즈채널의 모바일 검토 결과와 노출 제한 사유를 확인한 후 가이드에 따라 비즈채널을 수정한 뒤 재검토 요청
일부 노출 가능 : 모바일	비즈채널의 PC 검토 결과와 노출 제한 사유를 확인한 후 가이드에 따라 비즈채널을 수정한 뒤 재검토 요청

⑦ 선택한 '광고그룹 관리 버튼'을 통해 입찰가 변경, 매체 변경, 지역 변경, 요일/시간대 변경, 성별 변경, 연령대 변경, 예산 변경, PC/모바일 입찰가중치 변경, 소재노출 방식 변경, 다른 캠페인으로 복사, 자동규칙 만들기, 즐겨찾기, 삭제 가능

⑧ '다른 캠페인으로 복사' 기능 사용 시 키워드 품질지수는 복사되지 않고, 해당 그룹에서의 광고성과에 따라 재산정 됨

⑨ 광고그룹 리스트 우측 상단에는 캠페인 단위와 동일하게 다운로드, 기본 설정, 상세데이터, 필터 설정 버튼이 있음

⑩ 개별 광고그룹을 클릭하면 광고그룹 단위의 성과 그래프와 광고그룹의 정보 제공

⑪ 키워드 확장 여부는 네이버 검색 영역에 해당 광고그룹의 등록 키워드와 유사한 의미를 가진 키워드가 자동으로 광고에 노출되는 기능.

노출된 유의어에 대한 입찰은 중간 입찰가의 100%로 설정되며, 등록 키워드에 적용되는 입찰가를 초과하지 않음

2) 카카오

① 광고그룹 만들기

 ㉠ 그룹 이름 설정

 ㉡ 광고가 노출될 매체 유형(검색 매체/콘텐츠 매체) 및 디바이스(모바일/PC) 설정

 ㉢ 키워드 확장 및 제외 키워드 등록

 ㉣ 기본 입찰가(최소 70원~최대 10만 원)와 일예산(최소 1,000원부터 최대 1천만 원까지) 설정

 ㉤ 고급옵션에서 입찰가중치(노출 디바이스별로 최소 10%부터 최대 500%까지 1% 단위로 설정 가능)와 집행 기간, 요일/시간 설정

② 그룹 목록에서 광고그룹 이름, ON/OFF, 상태, 기본 입찰가, 일예산, 노출수, 클릭수, 비용, 클릭률, 기간 확인 가능

③ 개별 광고그룹에서 입찰가와 랜딩 URL 변경 가능

키워드 입찰가	고정 입찰	• 직접 입력 • % 또는 원 단위로 증액 및 감액 • 모바일 또는 PC의 '순위별 평균 입찰가'로 입찰 가능
	광고그룹의 기본 입찰	광고그룹에 설정된 입찰가로 일괄 설정
랜딩 URL	설정	모바일/PC 랜딩 URL 개별 또는 일괄 설정
	미설정	선택한 키워드의 랜딩 URL 일괄 미설정 적용

④ 하나의 광고그룹에서 검색 매체 입찰가, 콘텐츠 매체 입찰가를 다르게 설정 가능

⑤ 키워드를 복사하여 원하는 광고그룹에 복사 가능

⑥ 광고그룹당 광고소재 20개까지 등록 가능하며, 성과우선노출 방식이 기본

3) 구글

① 다수의 광고그룹 생성이 가능하며, 광고그룹에는 1개 이상의 광고가 있어야 함

② 그룹 목록에서 광고그룹 이름, 상태, 타겟 CPA, 전환수, 전환당비용, 광고그룹 유형, 클릭수, 노출수, 클릭률, 평균 CPC, 비용, 전환율 확인 가능

키워드 정리 🔍

입찰가

• 네이버 광고시스템의 입찰가는 광고그룹 단위로 기본 입찰가를 설정할 수도 있고, 각 키워드별 키워드 입찰가 설정도 가능

• 기본 입찰가와 키워드 입찰가 동시 설정 시, 키워드 입찰가 우선 적용

• 키워드 확장 시에는 중간 입찰가의 100%로 설정되며, 등록 키워드에 적용되는 입찰가를 초과하지 않음

퀴즈

카카오는 순위별 평균 입찰가로 입찰가를 설정할 수 있다.

(ㅇ / ✕)

정답 | ㅇ

③ 개별 그룹에서 복사, 잘라내기, 붙여넣기, 사용설정, 일시정지, 삭제 가능

④ 광고 로테이션 변경(클릭률, 품질평가점수가 우수한 광고소재노출), 추적 템플릿 변경, 맞춤 매개변수 변경, 타겟팅 확장 설정 변경, 자동규칙 만들기 가능

⑤ 광고그룹당 광고소재는 텍스트 광고 50개까지 등록 가능하며, 광고 순환게재(균등, 최적화, 가중치적용, 순차) 선택 가능

한 번 더 클릭

자동규칙 사용
• 네이버 : 캠페인, 광고그룹, 키워드 등의 규칙 대상에 특정한 조건과 실행할 작업을(이메일 받기, OFF 하기, 입찰가 변경, 하루예산 변경) 등록하면 조건이 만족했을 때, 이메일 받기, 입찰가 변경하기, OFF 하기, 하루예산 변경하기 등의 작업을 수행해 주는 기능
• 구글 : 광고 예약, 광고 또는 키워드 수정, 입찰 예약, 예산 및 광고비 관리하는 등의 기능 가능. 구글애즈에서 '자동규칙 만들기' 선택>규칙 유형 설정>세부 조건 설정>규칙 실행 빈도 설정>규칙 이름 설정>규칙 저장

(3) 키워드 관리

1) 키워드 입찰 관리

① 검색량이 높은 인기 키워드는 광고주들의 입찰 경쟁이 치열

② 키워드 입찰 관리 방법은 선택키워드 입찰가 변경과 자동입찰 기능이 있음

③ 선택키워드 입찰가 변경은 한 번에 설정할 수 있는 일괄 변경과 각 키워드를 살펴보면서 입찰가를 조정하는 개별 변경이 가능

④ 선택키워드 입찰가 변경 방법

구분	내용
네이버	• 광고그룹 단위로 기본 입찰가 설정, 각 키워드별 키워드 입찰가 설정 가능 • 캠페인 선택>광고그룹 선택>키워드 목록을 선택 후 입찰가를 변경할 키워드를 선택한 후 테이블 상단 '입찰가 변경'을 클릭해 입찰가를 변경 • 기본 입찰가와 키워드 입찰가 동시 설정 시에는 키워드 입찰가가 우선 적용 • 광고그룹에서 입찰가 변경(최소 70원~10만 원) 가능 : 일괄 변경과 개별 변경 • 노출 매체(PC/모바일), 콘텐츠 매체 전용, 입찰가중치(기본 입찰가를 기준으로 10~500%까지 1% 단위) 변경 • 최근 4주간의 입찰 현황을 바탕으로 최소 노출 입찰가, 중간 입찰가, ○○위 평균 입찰가를 제공

키워드 정리

네이버/카카오 최소 입찰가와 과금 방식

입찰가는 노출 영역 중 PC 검색 포털, PC 콘텐츠, 모바일 검색에 적용되며, 최소 입찰가는 70원이며, 과금은 '차순위 입찰액+10원'에 부가세가 포함되어 과금

구분	내용
카카오	• 키워드별 예상 실적을 참고하여 입찰가 변경 • 입찰가 일괄 변경과 개별 변경 가능 • 모바일 또는 PC의 순위별 평균 입찰가 제공
구글	• 구글은 네이버, 카카오와 달리 최소입찰가가 정해져 있지 않음 • 키워드 목록에서 키워드를 선택해 CPC 입찰가 변경 가능과 자동입찰 가능 • 직접 입찰가 입력뿐만 아니라 입찰가 비율별, 금액별 증액과 감액 가능

⑤ 입찰가 유형

구분	설명
기본 입찰가	광고그룹별로 설정할 수 있는 입찰가
키워드 입찰가	• 키워드가 등록된 광고그룹에 등록된 기본 입찰가가 아니라 개별 키워드별로 적용된 입찰가 • 키워드 입찰가가 설정되면 키워드가 등록된 광고그룹의 기본 입찰가가 아닌 키워드 입찰가 적용
콘텐츠 매체 전용 입찰가	• 광고가 노출되는 매체가 콘텐츠 매체일 경우 적용되는 입찰가 • 기본 입찰가나 키워드 입찰가보다 먼저 입찰에 적용
최소 노출 입찰가	최근 4주 검색을 통해 노출된 광고 중에서 최하위에 노출되었던 광고의 입찰가 중 가장 큰 값
중간 입찰가	최근 4주 검색을 통해 노출된 광고의 입찰가를 큰 순서대로 나열했을 때의 중간값
○○위 평균 입찰가	최근 4주간 해당 순위에 노출되었던 입찰가의 평균값

⑥ 최소 노출 입찰가

㉠ 과거 4주간 검색을 통해 노출된 광고 중에서 최하위에 노출되었던 광고의 입찰가 중 가장 큰 값

㉡ 예를 들어 지난 4주간 다음과 같이 2번의 검색을 통해 총 6개의 광고가 노출되었다면, 이때 최하위 입찰가는 검색1의 200원, 검색2의 100원이며, 이 값 중 가장 큰 값은 200원으로 최소 노출 입찰가는 200원

노출 순위	검색1 입찰가	검색2 입찰가
1위	1,000원	700원
2위	800원	500원
3위	200원	100원

㉢ 최소 노출 입찰가는 노출순서와 상관없이 항상 검색결과에 노출되길 희망할 때 참고할 수 있는 가장 작은 광고비용임

⑦ 중간 입찰가
  ㉠ 중간 입찰가는 과거 4주간 검색을 통해 노출된 광고의 입찰가는 큰 순서대로 나열했을 때의 중간값
  ㉡ 예를 들어 지난 4주간 다음과 같이 2번의 검색을 통해 총 7번의 광고가 노출되었다면, 입찰가는 1,000원, 800원, 700원, 500원, 200원, 150원, 100원으로 나열할 수 있으며, 중간 입찰가는 500원

노출 순위	검색1 입찰가	검색2 입찰가
1위	1,000원	700원
2위	800원	500원
3위	200원	100원
4위	150원	

  ㉢ 중간값을 참고해 입찰가를 설정하고 광고를 집행한 후 원하는 클릭수 도달 여부에 따라 입찰가를 조정함
  ㉣ 중간 입찰가는 과거 데이터로 계산된 값이므로 오늘 중간 입찰가로 입찰한다고 해도 향후 4주 동안 중간 정도 순위 노출을 보장하진 않음

⑧ 네이버의 자동입찰 설정(beta)
  ㉠ 광고그룹 단위의 기본 입찰가를 시스템이 자동적으로 조정해주는 기능
  ㉡ 설정한 하루예산 내에서 클릭 및 전환이 향상되는 방향으로 기본 입찰가 및 입찰가 변경 시점을 자동으로 결정
  ㉢ 광고 등록과 목표예산까지 설정했으나 입찰가 결정이 어려운 광고그룹이나 꾸준히 광고 성과를 모니터링하고, 성과에 따라 입찰가를 관리하기에 예산이나 중요도에서 효율적이지 않은 광고그룹에서 활용
  ㉣ 현재 두 가지 캠페인 유형에서만 자동입찰 기능이 제공되고 있음
    • 파워링크 캠페인(사이트검색광고) : 예산 내 클릭 향상 목표
    • 쇼핑검색 캠페인(쇼핑검색광고) : 예산 내 클릭 및 전환 향상 목표(단, 제품 카탈로그형 제외)

⑨ 구글의 자동입찰
  ㉠ 구글은 목표 달성을 위해 입찰가를 자동으로 설정할 수 있음
  ㉡ 구글은 캠페인 유형에 맞춘 여러 입찰 전략을 제공

© 자동입찰 전략의 유형

자동입찰의 목표	내용
클릭수 최대화 입찰	예산 내에서 클릭수를 최대한 높이도록(사이트 방문수 늘리기) 입찰가 자동 설정
타겟 노출 점유율 입찰	검색 결과 페이지의 절대 상단이나 페이지 상단 또는 페이지 어디에나 광고가 게재될 가능성이 커지도록 입찰가를 자동으로 설정
전환수 최대화 입찰	전환수를 늘리는 방향으로 예산 지출하기
타겟 CPA 입찰	설정된 타겟 전환당 비용(CPA)으로 전환수를 최대한 늘릴 수 있도록 입찰가를 자동으로 설정
광고투자수익(ROAS) 입찰	설정한 타겟 ROAS 내에서 전환 가치를 최대한 높일 수 있도록 입찰가를 자동으로 설정 ※전환 가치 극대화 입찰로 변경
전환 가치 극대화 입찰	캠페인의 전환 가치를 최대한 높일 수 있는 방향으로 예산이 지출되도록 입찰가를 자동으로 설정

② 자동입찰
- 웹사이트 트래픽 증대를 위한 클릭수 최대화 입찰
- 브랜드 광고 노출 유지/확대를 위한 타겟노출 점유율 입찰

⑩ 스마트 자동입찰
- 수익 증대를 위한 전환 가치 극대화 입찰 또는 광고투자수익(ROAS) 입찰
- 판매나 리드 증대를 위한 전환수 최대화 입찰 또는 타겟 CPA 입찰

⑪ 자동입찰 설정 시 입찰가 적용 방식
- 세컨드 프라이스(Second Price Auction) 방식 : 입찰은 가장 높은 입찰가를 쓴 사람이 되지만, 광고 가격은 두 번째로 높은 입찰가+10센트로 적용
- 퍼스트 프라이스(First Price Auction) 방식 : 구글이 최근 도입을 시도한 방식으로 입찰가가 가장 높은 사람에게 입찰되고 가격도 그 가격이 적용

⊗ 포트폴리오 입찰 전략(이전 명칭 : 유연한 입찰 전략) : 여러 캠페인, 광고그룹, 키워드를 하나로 묶어서 진행하는 목표 중심의 자동입찰 전략으로 타겟 CPA, 타겟 광고 투자수익(ROAS), 전환수 최대화, 전환 가치 극대화, 클릭수 최대화, 타겟 노출 점유율과 같은 자동입찰 전략을 포함

자동입찰 기능

네이버와 구글은 자동입찰 기능이 있으나 카카오의 광고 플랫폼에서 자동입찰 기능은 없음. 단, 카카오 광고 플랫폼에서 키워드의 순위별 예상 입찰가 조회를 통해 실시간 입찰에 도움을 받을 수 있음

자동입찰(Programmatic Bidding)에서 입찰가 적용 방식

• 세컨드 가격 입찰(Second Price Auction) 방식 : 입찰은 가장 높은 입찰가를 쓴 사람이 되지만, 실제 과금은 두 번째로 높은(차순위) 입찰가+10원으로 적용. 카카오의 입찰가 방식
• 퍼스트 가격 입찰(First Price Auction) 방식 : 구글이 최근 도입을 시도한 방식으로 입찰가가 가장 높은 사람에게 입찰되고 과금도 가장 높은 입찰가가 적용

매체별 입찰가 변경

• 네이버
 – 일괄 변경/개별 변경 및 키워드별 노출순위 예상 실적 및 성과에 따라 입찰가 변경(최소 노출 입찰가, 중간 입찰가, ○○위 평균 입찰가) 가능
 – 키워드 확장 시 노출된 유의어 입찰가는 중간 입찰가의 100%로 설정되며, 등록 키워드에 적용되는 입찰가를 초과하지 않음
• 카카오
 – 일괄 변경/개별 변경 및 키워드별 예상실적을 참고해 입찰가 변경(모바일 또는 PC의 순위별 평균 입찰가 제공) 가능
• 구글
 – 키워드별 최대 CPC 입찰가 변경 가능과 자동입찰 가능
 – 자동입찰 전략 : 클릭수 최대화 입찰, 타겟 노출 점유율 입찰
 – 스마트 자동입찰 전략 : 타겟 CPA 입찰, 전환수 최대화 입찰, 광고투자수익(ROAS) 입찰, 전환 가치 극대화 입찰
 – 포트폴리오 입찰 전략 : 여러 캠페인, 광고그룹, 키워드를 하나로 묶는 목표 중심의 자동입찰 전략

입찰가 정리

• 기본 입찰가는 광고그룹별로 설정할 수 있는 입찰가로 광고그룹에 키워드를 등록하면 기본 입찰가 적용
• 콘텐츠 매체 입찰가 설정 시 기본 입찰가나 키워드 입찰가가 설정되어 있더라도 콘텐츠 매체 전용입찰가로 입찰
• PC 입찰가 가중치(기본가중치 100%, 10~500% 사이의 값) 설정 시 기본 입찰가, 키워드 입찰가, 콘텐츠 매체 전용입찰가에 입찰가 가중치 비율이 적용되어 입찰에 참여
• 모바일 입찰가 가중치 설정 시 기본 입찰가, 키워드 입찰가, 콘텐츠 매체 전용입찰가에 입찰가 가중치 비율이 적용되어 입찰에 참여
• 키워드 확장으로 노출된 키워드는 키워드가 등록된 광고그룹의 기본 입찰가가 아닌 확장 키워드의 중간 입찰가와 중간 입찰가에 적용된 키워드 확장 입찰가 가중치가 반영된 입찰가로 설정. 단 등록 키워드에 적용되는 입찰가를 초과하지 않음

2) 키워드 발굴

① 대표 키워드와 세부 키워드

- ㉠ <u>대표 키워드</u> : 업종을 대표하는 키워드(브랜드 키워드, 핵심 키워드)로 <u>검색수가 높고 경쟁이 치열</u>(클릭당 비용이 높고 광고비 지출이 많음)
- ㉡ <u>세부 키워드</u> : 대표 키워드의 하위개념으로 구체적인 서비스명이나 제품명, 지역명, 수식어를 <u>조합 혹은 확장한 키워드</u>(비교적 저렴한 광고비)

대표 키워드	세부 키워드
• 대상 범위가 넓고 조회수가 많다.	• 대상 범위가 좁고 조회수가 적다.
• 경쟁이 치열하다.	• 경쟁이 치열하지 않다.
• 검색 상위노출이 어렵다.	• 검색 상위노출이 쉽다.

② 매체사별 연관검색어, 추천검색어 기능과 검색광고 시스템을 통한 키워드 발굴

구분	포털 제공 키워드 유형	광고시스템 도구 이름
네이버	자동완성어, 연관검색어	키워드도구
카카오	연관검색어, 제안검색어, 추천검색어(beta)	키워드플래너
구글	관련 검색어	키워드플래너

③ 키워드 발굴 방법

- ㉠ <u>대표 키워드와 다양한 수식어의 조합</u>
- ㉡ 브랜드명을 활용한 키워드 발굴
- ㉢ 제품이나 서비스의 종류 · 용도, 성분, 효과에 대한 키워드 발굴
- ㉣ 광고주 사이트 내 카테고리나 콘텐츠를 활용해 키워드 발굴
- ㉤ 지역, 시즌은 물론 오타, 외래어 표기 등에 의한 키워드 발굴도 가능
- ㉥ 검색 트렌드를 반영한 새로운 키워드 발굴

④ 키워드 발굴을 통해 초기 탐색단계의 고객에게 무분별하게 광고를 노출하기보다 <u>검색 의도가 명확한 잠재고객을 타겟으로 하여 더 효율적 광고 운영 가능</u>

⑤ <u>타겟층 분석, 판매상품 파악, 이슈 키워드 파악 등을 통해 지속적인 키워드 발굴 필요</u>

⑥ <u>이슈 파악을 통한 키워드 대응도 필요</u>

퀴즈

대표 키워드는 조회수가 많지만, 광고주 간의 경쟁이 치열하고 광고비가 많이 든다. (O / X)

정답 | O

키워드 정리 🔍

연관검색어

연관검색어는 검색의 의도를 파악해 보다 나은 검색어를 제안, 제공하는 검색어

빈 칸 채우기

카카오의 (　　　　　　)은/는 키워드 입력 시 연관 키워드를 추천해 준다. 또한 키워드별 과거 데이터 및 예상 실적 데이터를 제공하는 검색광고 시스템 내 키워드 발굴 기능을 말한다.

정답 | 키워드플래너

⑦ 키워드의 성향에 따라 키워드 그룹 생성 및 운용

구분	내용	활용
브랜드와 상품 키워드	• 브랜드와 상품 키워드 • 브랜드와 연관있는 검색어, 브랜드 내 가장 잘 팔리는 상품명 등을 포함하여 가장 많은 전환을 발생	단기 매출 성장
경쟁사 키워드	• 경쟁사에서 활용하는 키워드 • 경쟁사의 브랜드명이나 유사 상품에 대한 키워드를 활용하여 시장 내 키워드 커버리지 증대	단기 매출 성장
일반 키워드	• 산업군에서 많이 쓰이는 일반 키워드 • 일반 키워드를 활용하여 유저가 어떤 브랜드나 상품에 대한 정보를 접하고 구매할 때 나의 브랜드를 고려할 수 있도록 유도	중기 매출 성장
관심사 키워드	• 브랜드 인지 증대를 위한 관심사 키워드 • 유저의 즉각적인 전환보다는 인지 단계에서부터 브랜드를 노출시켜 직접적인 전환으로 연결	중장기 매출 성장

3) 키워드 확장

① 키워드를 직접 등록하지 않아도 이미 등록된 키워드와 유사한 의미를 가진 키워드에 광고를 노출하는 것

② 키워드 발굴에 어려움이 있는 경우 키워드 확장 기능을 사용하면 더 많은 키워드에 광고를 노출할 수 있음

③ 키워드 확장을 위해 키워드 제안 도구를 잘 활용하면 효과 있는 키워드 발굴 가능

④ 조회수는 낮지만, 경쟁이 치열하지 않은 키워드를 발굴하면 저렴한 CPC로 운영할 수 있어 효율적

⑤ 성과가 좋은 키워드를 중심으로 세부 키워드를 확장하면 효율적

⑥ 네이버/카카오

  ㉠ 광고그룹 단위에서 확장 가능

  ㉡ 광고노출을 원치 않는 키워드는 별도의 제외 키워드 등록을 통해 노출 제한 가능

⑦ 구글

  ㉠ 계정에서 동일한 검색어와 일치하는 키워드가 여러 개인 경우, 다음 조건에 따라 사용될 키워드가 결정

    • 검색어와 동일한 일치검색 키워드

- 맞춤법이 수정된 검색어와 동일한 일치검색 키워드
- 검색어와 동일한 구문검색 또는 확장검색 키워드
- 맞춤법이 수정된 검색어와 동일한 구문검색 키워드 또는 확장 검색 키워드
- 관련성과 광고순위가 가장 잘 조합된 키워드

ⓛ 키워드 검색 유형에 따라 키워드가 사용자의 검색어와 밀접하게 일치하는 정도를 결정

ⓒ 키워드 검색 유형

검색 유형		게재 키워드
일치검색	엄격한 검색	키워드와 정확하게 일치하는 검색어 또는 키워드와 의미 또는 의도가 동일한 검색어에 광고가 게재
구문검색	중간 검색	키워드의 의미가 포함되는 검색어에 광고 게재
확장검색	엄격하지 않은 검색	키워드와 관련된 검색어에 광고가 게재될 수 있으며, 해당 키워드가 포함되지 않은 검색어도 포함되어 광고 게재

ⓔ 특별히 검색 유형을 지정하지 않으면 <u>기본적으로 확장검색 유형으로 설정</u>

ⓜ 동적 검색도 가능 : 자사 웹사이트 내 콘텐츠를 기반으로 키워드 생성 및 광고노출(다양한 상품을 보유한 광고주 및 키워드 추가 확보가 필요한 광고주에게 적합한 자동화 기능)

ⓗ 특정 검색어에 대해 게재되지 않도록 제외 키워드를 추가하여 노출 제한 가능
- 광고그룹, 캠페인, 제외 키워드 목록에 제외할 키워드 추가
- 제외 키워드 목록을 사용하면 캠페인 전체에서 제외 키워드를 더욱 효율적으로 관리 가능
- 제외 키워드 유형

구분	내용
일치검색 제외 키워드	키워드와 정확하게 일치하는 검색어에 대해서 광고 게재를 제외
구문검색 제외 키워드	동일한 순서로 키워드와 정확히 일치하는 구문이 사용된 검색어에는 광고 게재를 제외
확장검색 제외 키워드	순서와 상관없이 키워드 문구에 있는 모든 단어가 사용된 검색어에서 광고 게재를 제외

키워드 정리 🔍

제외 키워드

광고그룹이나 캠페인에서 추가해 광고의 노출을 제한할 수 있는 키워드

PART 01
PART 02
PART 03
PART 04
PART 05
PART 06

4) 키워드 복사

① 네이버
- ㉠ 키워드는 광고그룹 사이에 이동할 수 없음
- ㉡ 단, 등록된 키워드를 다른 광고그룹으로 복사 가능(광고그룹별로는 다른 캠페인에 복사도 가능)
- ㉢ 연결 URL, 개별입찰가를 포함해서 복사할 것인지 선택 가능
- ㉣ 키워드 복사를 통해 품질지수는 복사되지 않고, 복사 후 광고 성과에 따라 재산정됨

② 카카오
- ㉠ 키워드 복사 가능
- ㉡ 키워드 복사 시에 광고그룹의 모든 정보(기본 입찰가, 매체유형, 디바이스, 일예산 등)가 함께 복사됨

③ 구글
- ㉠ 다른 광고그룹으로 키워드 복사 또는 이동 가능
- ㉡ 다른 계정으로 키워드 복사 또는 이동
- ㉢ 키워드 텍스트 또는 게재위치 URL 복사 가능
- ㉣ 입찰가와 연결 URL 모두 복사 가능(단, 키워드의 실적 통계는 복사되지 않음)

(4) 소재 관리

1) 소재

① 광고소재는 사용자가 검색 후 최초로 만나는 상품이나 서비스에 대한 정보로 광고주가 사용자에게 전달하는 메시지

② 광고소재는 검색 결과에 노출되는 메시지로 제목과 설명(T&D), 광고 클릭 시 이동되는 페이지인 연결 URL, 이미지나 홍보문구 등의 확장소재로 구성

③ 기본 광고소재

   ㉠ 네이버 : 제목(15자 이내), 설명(45자 이내 입력 가능), 연결 URL

   ㉡ 카카오 : 제목(15자 이내), 설명(45자 이내 입력 가능), 연결 URL

   ㉢ 구글 : 제목(15자 이내, 영문기준 30자), 설명(45자, 영문 90자), 표시 URL

한번더클릭

반응형 검색광고(구글)
여러 개의 제목과 설명을 입력해두면 구글애즈에서 자동으로 광고마다 최대 3개의 광고 제목과 2개의 설명이 선택되어 서로 다른 조합 및 순서로 표시. 반응형 검색광고 하나에 최대 15개의 광고 제목과 4개의 설명 입력 가능

한번더클릭

매체별 등록 가능한 캠페인 · 그룹 · 소재 수

매체명	캠페인	그룹	소재
네이버	200	1,000	5
카카오	1,000	1,000	20
구글	10,000	20,000	50

매체별 광고소재 등록

구분	광고그룹당 등록 가능한 소재
네이버	• 광고그룹당 최대 5개까지 등록 가능(확장소재는 유형별로 각 1개 등록 가능) • 소재노출 방식은 성과기반노출과 동일비중노출 중 선택 가능
카카오	• 기존 소재를 불러오거나 새소재 등록 • 광고그룹당 20개까지 등록 가능 • 성과우선노출이 기본 방식
구글	• 광고그룹당 텍스트 광고 50개까지 등록 가능 • 광고 로테이션(최적화, 최적화 사용안함 중 선택 가능)

④ 광고소재는 클릭률을 높여주고 품질지수에 긍정적 영향

⑤ 높은 품질의 광고소재 제공 시 광고 순위 획득에 유리

※ 구글의 광고 게재순위 결정요소 : 품질점수, 입찰가, 확장소재 및 광고 포맷의 예상 효과, 광고 순위 최소 기준, 검색 맥락 등

⑥ 효율적인 광고소재 작성

  ㉠ 사용자의 요구 및 혜택 등에 초점을 맞춘 광고 메시지를 작성

  ㉡ 구체적인 클릭 유도(CTA ; Call To Action) 문안을 사용하는 것이 좋으며, 이벤트 진행 중인 경우 마감 시한을 넣으면 더욱 효과적

  ㉢ 사용자에게 뻔한 질문을 하지 말고, 직접적인 답을 주는 것이 더욱 효과적

  ㉣ 사용자가 찾는 정보가 있음을 강조해서 보여주는 것이 좋음

  ㉤ 광고소재를 복수로 등록해 성과가 우수한 소재를 지속적으로 발굴

  ㉥ 광고소재에 최상급 표현, 불법의 소지가 있는 단어, 비속어, 선정적 표현, 입증되지 않은 수상 내역, 의미 없이 과도하게 사용하는 특수문자는 사용 불가능

⑦ 광고시스템 대시보드에서 소재의 보류 사유 확인 및 재심사 요청 가능

2) 키워드 삽입과 대체 키워드

① 키워드 삽입 기능을 통해 키워드가 삽입된 소재를 자동으로 노출

② 광고하려는 키워드를 광고소재에 삽입하면 검색 결과에서 키워드에 볼드(진하게) 처리가 되어 주목도와 클릭률 상승

③ 네이버, 카카오, 구글 검색광고 모두 광고소재에 키워드 삽입 기능을 제공

④ 대체 키워드는 키워드 삽입 시 소재 전체 글자수가 초과 또는 미달될 경우 검색 키워드를 대신해서 노출되는 키워드

⑤ 대체 키워드는 해당 광고그룹의 키워드를 대표하는 단어를 사용하는 것이 좋음

⑥ 대체 키워드 삽입 방법

구분	키워드 삽입 방법
네이버	{키워드:대체 키워드}
카카오	〈키워드:대체 키워드〉
구글	{Keyword:대체 키워드}

카카오 검색광고 등록 개수
- 캠페인 등록 개수 : 계정당 최대 1,000개
- 광고그룹 등록 개수 : 캠페인당 최대 1,000개
- 키워드 등록 개수 : 광고그룹당 최대 1,000개, 광고계정 당 최대 300,000개
- 소재 등록 개수
  - 광고그룹당 최대 20개
  - 캠페인당 최대 20,000개
  - 비즈채널당 최대 10,000개
  - 광고계정 내 소재 연결(등록) 최대 20,000,000개

3) 확장소재

① 장점

㉠ 정형화된 기존 소재 외에 추가정보를 더하여 사용자에게 풍부한 정보 전달 가능

㉡ 복수의 링크를 제공해 사용자 유입 경로 확대

㉢ 차별화된 소재로 잠재고객의 주목도 상승 및 즉각적 방문 유도 가능

② 네이버의 확장소재

㉠ PC와 모바일 네이버 통합검색 및 더보기 영역에 기본 소재(제목, 설명, 표시URL)와 함께 노출되며, 노출 영역에 따라 여러 유형의 확장소재가 동시에 노출됨

㉡ 파워링크 확장소개 노출
- 캠페인 단위에서 전화번호, 위치정보, 네이버 예약 유형의 확장소재만 등록 가능
- 광고그룹 단위에서는 전화번호, 위치정보, 네이버 예약 유형과 계산, 추가제목, 추가설명, 홍보문구, 서브링크, 가격링크, 파워링크 이미지, 이미지형 서브링크, 플레이스 정보, 홍보영상 유형 등록 가능. 특정 광고그룹에 캠페인 단위로 설정한 확장소재와 다른 확장소재를 적용하고 싶은 경우, 해당 광고그룹에만 별도의 확장소재를 등록할 수 있음
- 전화번호, 위치정보, 네이버 예약, 플레이스정보는 유형별로 1개씩 등록 가능
- 홍보문구, 서브링크, 가격링크, 파워링크 이미지, 이미지형 서브링크, 계산은 유형별로 2개씩 등록 가능

PART 01
PART 02
PART 03
PART 04
PART 05
PART 06

- 추가설명은 하나의 광고그룹 내 최대 4개, 홍보영상과 블로그 리뷰는 하나의 광고그룹 내 최대 5개, 추가제목은 하나의 광고그룹 내 최대 15개 등록 가능
- 확장소재는 PC와 모바일 노출 매체와 광고 성과에 따라 노출 유형과 형태가 다를 수 있음
- 전화번호, 네이버 예약, 계산, 블로그 리뷰, 이미지형 서브링크 확장소재는 PC 매체에서는 노출되지 않음
- 성인, 병/의원, 금융/보험 업종은 파워링크 파워링크 이미지, 이미지형 서브링크 확장소재를 사용할 수 없음
- 성인, 병/의원, 대부업, 주류, 속옷 업종에서는 홍보영상과 블로그 리뷰가 노출되지 않음

〈그림〉 파워링크 확장소재

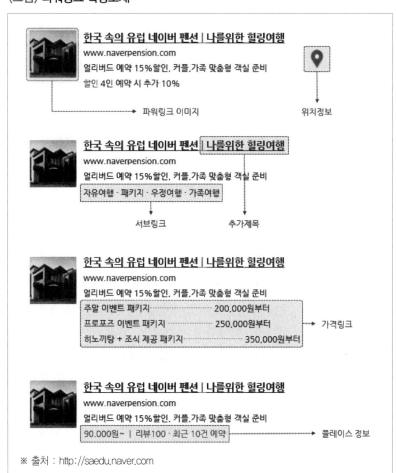

※ 출처 : http://saedu.naver.com

ⓒ 쇼핑검색광고 확장소재
- 캠페인 단위에서 등록할 수 있는 확장소재는 <u>네이버 톡톡</u>. 캠페인 단위로 등록 시 하위의 모든 광고그룹에 동일하게 반영됨 (단, 쇼핑 브랜드형에서는 네이버 톡톡 확장소재가 노출되지 않음)
- <u>광고그룹 단위에서 등록할 수 있는 확장소재는 네이버 톡톡과 추가홍보문구</u>. 광고그룹 단위로 등록 시 모든 하위의 모든 소재에 동일하게 반영됨
- <u>소재 단위에서 등록할 수 있는 확장소재는 추가홍보문구 및 쇼핑상품부가정보</u>. 소재 단위로 등록된 확장소재는 해당 소재에만 반영되며, 다른 소재에는 반영되지 않음

〈그림〉 쇼핑검색광고 확장소재 노출

※ 출처 : http://saedu.naver.com

- 추가홍보문구 : 상품명 상단에 노출
- 쇼핑상품부가정보 : 리뷰수/찜수와 함께 등록한 상품의 구매 건수가 일정 건수 이상이면 상품이미지 좌측상단에 구매 건수가 노출. 구매건수가 10건 미만인 경우에는 리뷰수(혹은 리뷰 평점), 찜수와 함께 텍스트 형태로 노출됨

ⓓ 확장소재 활용법
- <u>기본 제목이나 기본 문안에 이미 있는 문구를 확장소재에 중복해서 사용하지 않고 제외</u>
- <u>홍보문구에서는 혜택은 명확하고 구체적으로 표현</u>
- <u>확장 키워드를 서브링크로 활용 가능</u>

③ **카카오의 확장소재**
ⓐ 키워드광고의 기본소재에 이미지, 가격 등을 추가로 노출하며, 다음 모바일 앱/웹, PC 검색 결과(프리미엄링크 영역)와 카카오톡 #(샵)탭 등에 노출
ⓑ <u>확장소재 유형 : 추가제목, 부가링크(최소 3개, 최대 4개), 가격테이블, 이미지타입(썸네일, 멀티썸네일), 말머리, 계산하기, 톡채널 등</u>

유형	내용
추가제목형	제목문구 아래 설명 형태로 부가적인 마케팅 메시지를 전달
부가링크형	주요 상품 또는 핵심 페이지 경로를 부가링크 형태로 제공해 잠재고객의 즉각적인 유입을 유도
가격테이블형	사이트 진입 전 주요 상품의 가격정보를 제시해 구매 가능성이 있는 사용자의 유입 증대
썸네일이미지형	이미지 형태의 소재를 추가로 노출해 시각적 주목도를 높이고, 클릭률 향상 기대
멀티썸네일형	3개의 이미지를 노출해 상품과 서비스 정보를 시각적으로 더욱 풍부하게 전달
말머리형	할인, 이벤트 등 말머리 형태의 소재로 차별화된 브랜드 정보 제공
계산하기형	보험/대출 업종에 한해 계산하기 버튼을 제공해 주는 형태로 보험료, 한도, 이자 등을 바로 확인할 수 있는 페이지로 연결
전화번호형	전화번호 아이콘 클릭 시 설정한 연락처로 연결
톡채널형	카카오톡 채널 연결 시 사용자에게 지속적인 마케팅 메시지를 제공할 수 있는 채널 구독을 유도

ⓒ 확장소재는 기본적으로 모든 키워드에 노출이 가능하나, 멀티썸네일형은 노출 가능 키워드에 한하여 가능하고, 모바일 통합검색 결과에서 6개의 프리미엄링크 중 1개에만 멀티썸네일이 노출되며, PC의 경우는 여러 개가 노출 가능함

ⓔ 확장소재는 모든 업종에서 집행이 가능하지만 일부는 제한
  • 병의원 업종 : 가격테이블, 썸네일이미지, 멀티썸네일
  • 성인, 금융/보험 업종 : 썸네일이미지, 멀티썸네일

ⓜ 여러 확장소재가 함께 노출되는 확장소재 믹스 타입으로 주목도를 높이고 광고효과 상승 기대

④ 구글의 확장소재

ㄱ 광고 제목과 설명(T&D) 외에 추가로 게재할 수 있는 확장소재 유형을 이용하는 것이 효과적

ㄴ 확장소재 유형

유형	사용
이미지	제품 및 서비스와 관련성이 높은 이미지를 3개 이상 광고에 추가
사이트 링크	• 사용자가 한 번의 클릭으로 원하는 사이트의 페이지로 이동할 수 있게 하려는 경우에 사용 • 정확한 랜딩페이지를 사이트링크별로 구현하는 것이 핵심

유형	사용
콜아웃	• 광고 및 사이트 링크에서 언급된 정보 이외에 제품 또는 서비스에 대한 특정 추가정보(무료배송, 24시간 운영 등 사용자가 얻는 가치가 무엇인지를 나타내는 정보)를 노출하려는 경우 사용 • 콜아웃 텍스트는 추가로 최대 25자까지 넣을 수 있으며, 특정 상품이나 서비스에 대한 강점을 제시하는 것이 핵심
구조화된 스니펫 (부가정보)	• 사용자가 광고를 클릭하여 사이트에 방문하기 전에 제품 또는 서비스에 대한 배경 정보를 제공하려는 경우에 사용 • 특정 목적지, 서비스, 프로그램 등 광고문안 외의 부가정보를 명시할 때에 사용
리드 양식	사용자가 리드 양식을 작성하여 광고주에게 정보를 공유하도록 하려는 경우 사용
가격	사용자가 사이트를 방문하기 전에 가격에 대한 정보를 미리 제공하려는 경우 사용
위치	가까운 곳에 있는 사람들에게 비즈니스의 실제 위치를 알리려는 경우 사용
앱	사용자에게 사이트 방문과 앱 다운로드를 모두 유도하려는 경우 사용
판매자 평점	개별 제품에 대한 리뷰가 아닌 업체가 받은 다수의 긍정적인 온라인 사용자 리뷰를 표시하려는 경우 사용

ⓒ 광고목표에 따라 광고 확장 가능

목표	광고 확장 유형
CTR 개선 (*필수)	• 사이트 링크 광고 확장 • 콜아웃 광고 확장 • 구조화된 스니펫(부가정보) 광고 확장 • 이미지 광고 확장
매장 방문 유도	필수적 4가지 광고 확장 유형+위치 광고 확장
고객 문의 유도	필수적 4가지 광고 확장 유형+전화번호 광고 확장+리드 양식 광고 확장
판매 촉진	필수적 4가지 광고 확장 유형+가격 광고 확장
앱 다운로드 유도	필수적 4가지 광고 확장 유형+앱 광고 확장
프로모션 광고	필수적 4가지 광고 확장 유형+프로모션 광고 확장

ⓔ 구글 검색광고는 광고 확장소재가 등록되어 있을지라도 반드시 광고와 함께 표시되는 것은 아님

ⓕ 광고 확장을 통해 광고성과가 개선될 것으로 예상되거나, 광고 게재순위 및 광고순위가 충분히 높아야 광고 확장이 표시됨

키워드 정리 🔍

스니펫(Snippet)
• 작은 조각이라는 뜻으로, 구글에서는 특정 검색어에 대해 답이 되는 요약 정보 조각을 의미
• 검색광고에서 일반 검색결과보다 풍부하게 웹페이지의 정보가 노출되는 형태를 말함(부가정보 제시)

ⓑ 확장소재 사용 시 장점
- 클릭률 및 광고효과 향상
- 추가 설정으로 따로 비용이 소요되지 않음
- 품질평가점수를 올려 광고비용 절감 가능

한번더클릭

구글의 구조화된 스니펫 광고 확장과 콜아웃 광고 확장
- 구조화된 스니펫 광고 확장 : 사용자가 광고를 클릭하여 사이트에 방문하기 전에 제품 또는 서비스에 대한 배경 정보를 제공하려는 경우에 사용. 광고주가 제공하는 구조화된 정보이며 텍스트 광고에 표시
- 콜아웃 광고 확장 : 제품 또는 서비스에 대한 특정 추가정보(무료배송, 24시간 운영 등 사용자가 얻는 가치가 무엇인지를 나타내는 정보)를 노출. 콜아웃 텍스트는 12자로 제한되며, 최대 10개까지 콜아웃 표시 가능

4) URL과 랜딩페이지 전략

① 광고소재에서 URL은 표시 URL과 연결 URL이 있음

② 표시 URL은 사이트 내 모든 페이지에서 공통으로 확인되는 URL 즉, 최상위 도메인

③ 연결 URL은 광고를 클릭했을 때 도달하는 페이지(랜딩페이지)의 URL

④ 네이버와 구글은 키워드와 소재에 연결 URL을 설정할 수 있으며, 키워드에 입력한 URL이 우선 적용됨

⑤ 랜딩페이지는 사이트의 메인페이지로 연결할 수도 있고 관련 카테고리 또는 상품 상세페이지로 연결할 수도 있음. 이벤트가 있다면 이벤트 페이지로 연결하는 것도 가능

⑥ 랜딩페이지는 관련 콘텐츠가 있는 페이지로 방문하도록 지정해야 페이지에서의 이탈률을 낮출 수 있음

⑦ 랜딩페이지를 어디로 연결했느냐에 따라 구매전환율 등의 광고성과가 다를 수 있으므로 어느 페이지를 랜딩페이지로 설정할 것인가에 대한 전략적 결정이 중요

⑧ 구매율, 구매전환율이 상승하면 ROAS도 상승하므로 랜딩페이지 관리를 통한 구매전환율(구매율) 상승은 광고효과에 긍정적

⑨ 랜딩페이지 관리
  ㉠ 메인페이지보다 키워드와의 관련성이 높은 페이지로 연결하는 것이 좋음

빈칸채우기

(   )은/는 사이트에 방문한 후 페이지 이동 없이 랜딩페이지에서 방문을 종료 또는 이탈한 비율을 나타내는 용어로 랜딩페이지가 효과적인지를 판단하는 지표로 활용할 수 있다.

정답 | 반송률

ⓛ 제품의 구매 후에 만족도가 높기 때문에 후기 콘텐츠가 노출되는 위치에 만드는 것이 좋음

ⓒ 진행하는 광고의 특성에 맞춰 별도의 광고용 랜딩페이지를 제작하는 것도 좋음

ⓔ 다양한 랜딩페이지 대안이 있는 경우는 AB Test를 통한 데이터에 근거해 선택하는 것이 좋음

(5) 비즈채널 및 광고 대상 관리

1) 네이버의 비즈채널

① <u>비즈채널은 웹사이트, 전화번호, 위치정보, 네이버 예약, 네이버 톡톡 등 사업자가 마련한 고객과의 접점을 의미</u>

② <u>확장소재의 구성요소로 활용 가능</u>

③ 비즈채널 유형

ⓐ 웹사이트 : PC 사이트와 모바일 사이트를 모두 포함. PC와 모바일의 URL이 다를 경우는 별도의 비즈채널로 관리

ⓑ 쇼핑몰 : 광고의 대상이 되는 상품을 판매하는 쇼핑몰 사이트 정보. 네이버 쇼핑에 입점한 쇼핑몰과 연동 가능

ⓒ 콘텐츠 : 블로그, 포스트, 카페를 활용해 검색 이용자에게 정보 전달과 상품 서비스 홍보를 함께 할 수 있는 사용자 생성 콘텐츠 페이지

ⓓ 쇼핑 제조사 : 홍보를 하고자 하는 네이버쇼핑 카탈로그 제품의 제조사 정보. 제조사/가격 비교 상품을 조회하여 등록 가능

ⓔ 네이버 TV : 네이버 TV 채널과 연동을 통해 비즈채널 등록이 가능

ⓕ 플레이스 : 네이버 스마트플레이스에 등록된 업체 정보와 연동해 등록할 수 있는 비즈채널

ⓖ 전화번호 : 전화번호 유형(유선/무선)과 통화추적번호 유형 중 선택하여 등록 가능

ⓗ 위치정보 : 광고의 대상이 되는 상품을 판매하는 장소의 이름(사업장 이름)과 주소(모바일 검색 결과에 노출)

ⓘ 네이버 예약 : 네이버의 무료 예약 서비스(easybooking.naver.com)와 연동

ⓙ 네이버 톡톡(Naver TalkTalk) : 고객과 직접 대화할 수 있는 채팅 서비스(일부 업종에만 제공)

PART 01
PART 02
PART 03
PART 04
PART 05
PART 06

④ 광고 집행을 위해서는 캠페인 유형에 맞는 비즈채널을 반드시 등록해야 함

ㄱ 쇼핑검색광고를 집행하기 위해서는 쇼핑몰 채널 추가 필요

ㄴ 쇼핑검색광고의 제품 카탈로그형 광고를 집행하기 위해서는 쇼핑 제조사 비즈채널 등록이 필요

ㄷ 파워콘텐츠광고를 집행하기 위해서는 콘텐츠 비즈채널 등록 필요 (단, 콘텐츠 비즈채널은 블로그, 카페, 포스트만 가능)

⑤ 비즈채널 추가 및 관리는 정보채널>비즈채널 관리 메뉴에서 가능

⑥ 비즈채널은 광고주 계정당 총 1,000개까지 추가 가능(단, 전화번호 유형 중 통화추적번호는 최대 50개, 네이버 톡톡 유형은 최대 5개까지만 추가 가능)

⑦ 웹사이트 채널을 삭제하면 캠페인에 포함된 광고그룹과 그 안의 키워드 및 소재, 확장소재 전체가 삭제되며 복구 불가능

⑧ 전화번호, 위치정보 등의 비즈채널을 삭제할 경우, 해당 채널을 사용한 확장소재는 삭제되지만, 광고그룹은 삭제되지 않음

⑨ 비즈채널 관리의 필요성

ㄱ 네이버 광고를 통해 사용자의 트래픽을 보낼 수 있는 모든 채널을 비즈채널에서 관리 가능

ㄴ 웹사이트 이외에 다양한 채널로 사용자의 트래픽을 보낼 수 있음

ㄷ 비즈채널 별로 필요한 서류 관리, 커뮤니케이션 관리 등이 용이

ㄹ 비즈채널 단위로 소재와 키워드를 관리하고 노출할 수 있으며, 성과 측정 가능

한번더클릭

네이버의 비즈채널

- 비즈채널 : 고객에게 정보를 전달하고 판매하기 위한 모든 채널로 광고를 집행하기 위해서는 캠페인 유형에 맞는 비즈채널을 반드시 등록
  - 쇼핑검색광고 집행을 위해 쇼핑몰 채널을 비즈채널로 등록
  - 쇼핑검색광고(제품 카탈로그형 광고) 집행을 위해서는 쇼핑 제조사 비즈채널 등록
  - 파워콘텐츠광고를 집행하기 위해서는 콘텐츠 비즈채널 등록(블로그, 카페, 포스트만 가능)
- 비즈채널 등록 가능 개수
  - 광고계정당 최대 1,000개
  - 비즈채널 등록 시 카카오톡 채널은 최대 2개 연동 가능

2) 카카오의 비즈채널

① 비즈채널은 캠페인 단위에서 연동

② 광고자산 관리>비즈채널 관리에서 새로 비즈채널을 등록하거나 기존 비즈채널 관리 가능

③ 비즈채널 등록은 웹사이트명, URL, 검수계정(제한적 운영사이트나 성인사이트 ×), 카카오톡 채널 연동(최대 2개), 업종 선택 등을 모두 입력하고 필요한 서류를 등록해야 비즈채널 심사가 이루어짐

④ 비즈채널 심사를 마쳐야 광고 운영 가능

(6) 광고노출 전략 관리

1) 노출 전략

① 등록한 광고를 언제, 어디에 노출시킬지를 결정하는 것

② 노출위치, 노출시기 등을 선택하고 제외하는 것이 중요

2) 네이버의 노출 전략 설정

① 노출 관리는 등록한 광고를 언제, 어디에 노출할 것인지를 결정하는 것

② 캠페인 단위에서 기간과 예산 변경 가능(하루예산 설정, 광고 노출 일자 변경 등)

③ 광고그룹 단위에서 하루예산, 매체, 지역, 요일 및 시간대, 콘텐츠 매체 전용 입찰가, PC 및 모바일 가중치, 소재노출 방식 등의 관리 가능

④ 광고그룹의 하위 '타겟팅 탭 추가' 버튼을 클릭하면 타겟팅 설정이 가능

　㉠ 타겟은 내 광고 메시지를 더 효율적으로 전달하고자 하는 광고 이용자를 의미

　㉡ 타겟팅은 성별, 연령 등의 특징으로 타겟을 나누어 관리하는 것을 의미

　㉢ 네이버 검색광고는 광고 상품별로 요일/시간, 지역, 성별, 연령, 매체의 타겟팅 유형 제공

　㉣ 타겟팅을 적절히 이용하면 이용자의 광고 반응률을 높이는 데에 도움

⑤ 노출순위는 기본 입찰가, 품질지수에 의해 결정

⑥ 즐겨찾기 설정 가능

　㉠ 네이버 검색광고에서만 설정할 수 있는 사항

　㉡ 즐겨찾기는 광고그룹, 키워드, 소재의 묶음으로 구성되어 있으며, 각 단위별로 추가할 수 있음

키워드 정리 🔍

네이버 검색광고의 타겟팅

네이버 검색광고는 광고 상품별로 요일/시간, 지역, 성별, 연령, 매체의 타겟팅 유형을 제공하며, 키워드 타겟팅과 더불어 타겟팅 옵션을 적절하게 활용하면 더 많은 잠재고객에게 효율적으로 광고도달이 가능

ⓒ 광고그룹, 키워드, 소재를 여러 즐겨찾기 묶음에 중복으로 추가할 수 있으며, 하나의 즐겨찾기에는 광고그룹, 키워드, 소재를 합쳐 총 1,000개까지 추가 가능

ⓔ 즐겨찾기 묶음은 총 10개가 제공되며, 즐겨찾기 이름은 변경 가능

ⓜ 하나의 즐겨찾기 묶음에 추가한 광고그룹, 키워드, 소재의 성과지표를 한 번에 확인할 수 있음

ⓗ PC 이용이 어려운 상황에서 모바일 광고주센터에서 빠르게 작업할 때 용이

3) 카카오의 노출 전략 설정

① 카카오 검색광고 노출은 검색어 연관성과 입찰가를 기준으로 함

② 광고그룹 단위에서 광고가 노출될 매체 유형(검색 매체/콘텐츠 매체), 디바이스(모바일/PC), 키워드 확장 및 제외 키워드 등록, 기본입찰가와 일예산 설정

③ 입찰가중치와 집행 기간, 요일/시간 설정 가능(1시간 단위로 자유롭게 설정)

④ 입찰가중치는 디바이스와 키워드 확장 입찰가중치 기능을 제공하며 최소 10%부터 최대 500%까지 1% 단위로 설정 가능

⑤ 콘텐츠 매체 입찰가는 최소 70원부터 최대 100,000원까지 10원 단위로 설정 가능

⑥ 노출 영역(매체)은 검색 매체와 콘텐츠 매체로 구분되며, 그 안에서 카카오와 파트너로 개별 선택 가능

   ※ 단, 네이버와 같이 세부 매체의 추가/제외 설정 기능은 지원하지 않음

⑦ 맞춤보고서를 통해 광고 결과를 파악하고 분석할 수 있음(노출수, 클릭수 등의 기본 지표 외에 전환지표, 추가지표 등 확인 가능)

4) 구글의 노출 전략 설정

① 캠페인 단위에서 다양한 노출 전략 설정 가능

② 설정 유형

   ㉠ 네트워크 : 구글 검색 네트워크, 구글 디스플레이 네트워크(GDN)

   ㉡ 기기 : 데스크톱, 태블릿, 휴대기기

   ㉢ 언어 : 브라우저의 언어 설정으로 언어 타겟팅 가능

   ㉣ 지역 : 국가, 국내 일부 지역, 특정 위치를 중심으로 하는 반경 지역과 같은 타겟 위치

   ㉤ 입찰 : 입찰가를 직접 설정할 수도 있고, 자동으로 설정되는 입찰가 선택 가능

ⓑ 예산 : 하루 동안 캠페인에서 부담 없이 지출할 수 있는 평균 금액인 일예산 설정

ⓢ 시작일 및 종료일

ⓞ 그 외에 캠페인 URL 옵션 등의 설정 가능

③ 광고 미리보기 기능 및 진단도구를 통해 노출 여부, 미게재 사유 확인 가능

④ 구글 광고는 광고순위를 산정하며, 광고순위에 따라 광고 게재

⑤ **구글 광고의 광고순위 결정은 입찰가를 비롯해 여러 요소를 종합적으로 반영해 결정**

ⓐ 입찰가

ⓑ 광고품질 : 입찰 시점의 예상 CTR, 광고 관련성, 방문 페이지 만족도를 측정해 반영

ⓒ 입찰 경쟁력(광고순위 최소 기준)

ⓓ 사용자의 검색 문맥 : 사용자가 입력한 검색어, 검색 당시의 사용자 위치, 사용 중인 기기 유형(ⓔ 휴대기기 또는 데스크톱), 검색 시점, 검색어의 특성, 페이지에 게재되는 다른 광고 및 검색 결과, 다른 사용자 속성 등을 고려

ⓔ 광고 확장소재 및 다른 광고 형식의 예상 효과

한번더클릭

네이버 광고의 노출순위 결정
- 입찰가, 품질지수를 고려하며, 클릭당 광고비도 노출 시 책정됨

구글 광고의 노출순위(광고순위) 결정
- 입찰가, 광고품질 및 방문 페이지의 품질, 입찰 경쟁력(광고순위 최소 기준), 사용자의 검색 문맥 등에 따라 광고 순위가 결정됨
- 광고품질은 광고의 예상 클릭률, 광고의 관련성, 방문 페이지의 품질에 따라 결정
- 광고품질이 높으면 CPC를 줄일 수 있고, 광고 순위에 따라 광고 확장 및 기타 광고 형식과 함께 게재될 수 있는지 여부 결정

---

(7) 광고 품질관리

1) 품질관리

① 품질지수/품질평가점수를 통해 광고가 얼마나 효율적인지 판단 가능

② 품질지수/품질평가점수가 높은 경우 광고 입찰가가 낮더라도 높은 순위에 노출 가능

③ 한 광고그룹 안에 서로 관련성이 있고 성과가 높은 키워드를 넣으면 품질지수/품질평가점수가 높아질 수 있음

2) 네이버의 품질지수

① 다른 광고에 비해 얼마나 검색 사용자의 의도와 요구를 충족하고 있는가를 나타낸 것

② 7단계 막대 모양으로 표현하며 1~2단계는 '광고품질이 좋지 않음', 3~5단계는 '보통', 6~7단계는 '높은 품질'을 의미

③ 최초 등록 시 평균값인 4단계 품질지수가 부여되고, 24시간 내 운영 성과에 따른 실제적인 품질지수가 적용

④ 품질이 높을수록(6~7단계) 비용이 감소하고 광고순위가 높아짐

3) 카카오의 품질지수

① 키워드의 클릭률, 키워드와 소재와의 연관도, 광고의 성과 등을 종합적으로 계산하여 카카오의 광고품질을 나타낸 것

② 7단계 초록색 막대 모양으로 표현하며 1단계는 성과가 '극히 나쁨', 2~3단계는 '각별한 주의', 4~5단계는 '보통' 수준, 6~7단계는 '좋은 품질'을 의미

③ 최초 등록 시 0단계의 품질지수를 받음

④ 품질이 높을수록(6~7단계) 비용이 감소하고 광고순위가 높아짐

4) 구글의 품질평가점수

① 예상 클릭률, 광고 관련성, 방문 페이지 만족도에 따라 측정된 광고 품질의 측정치

② 품질평가점수는 키워드별로 1~10점으로 측정

③ 최초 등록 시 0점으로 시작하며 실적 데이터가 누적되면 품질평가 점수가 변함

④ 품질이 높을수록(9~10점) 비용이 감소하고 광고 순위가 높아짐

한번 더 클릭

매체사별 검색광고의 품질지수/품질평가점수
- 네이버 품질지수(1~7단계, 최초 4단계), 카카오 품질지수(1~7단계, 최초 0단계), 구글 품질평가점수(1~10점, 최초 0점)
- 광고품질이 높은 광고는 더 낮은 비용으로 높은 순위에 광고 게재 가능

2. 무효클릭 관리

(1) 무효클릭의 개념

① 검색광고 본래의 취지에 맞지 않은 무의미한 클릭
- ㉠ 광고비 소진, 품질지수의 상승 등 특정 이익 혹은 악의적 목적으로 행해지는 인위적 클릭
- ㉡ 자동 프로그램, 로봇 및 기타 부정한 목적의 소프트웨어에 의해 발생하는 클릭
- ㉢ 사용자의 더블클릭 등과 같이 무의미하거나 클릭 의도가 없었다고 판단되는 클릭

② 네이버, 카카오, 구글은 사전 및 사후 모니터링을 진행

③ 필터링 로직과 필터링 결과는 악용할 가능성이 있어 공개하지 않음

④ 무효클릭으로 의심되는 IP는 광고가 노출되지 않도록 제한하거나 신고 가능

⑤ 무효클릭으로 판단되는 클릭은 과금되지 않으며, 계정 데이터 및 보고서에서 제외됨

(2) 매체별 무효클릭 관리

1) 네이버의 무효클릭 관리
① **무효클릭이 의심될 경우** : 클릭 일시, 광고노출이 이루어진 검색 키워드, 광고를 클릭한 기기의 IP 주소, 광고 게재 중인 URL 정보를 포함한 클릭 로그를 클린센터에 제시하여 재검토 요청

② 광고가 노출되지 않기를 희망하는 IP가 있을 경우 광고노출 제한 관리에서 IP를 등록해 광고노출 제한 가능

③ 광고노출 제한 IP는 최대 600개까지 등록 가능

④ 유동 IP는 마지막 네 번째 자리에 와일드카드를 이용해 차단 가능 (단, 유동 IP 차단을 위해 IP를 블록으로 차단할 경우 일반고객까지 차단할 수도 있으므로 주의)

⑤ 사이트 방문자 IP는 호스팅업체 또는 별도의 로그분석 시스템을 통해서 확인 가능

2) 카카오의 무효클릭 관리
① 무효클릭을 '일반적으로 유저의 검색 패턴에서 벗어난 클릭'으로 정의

② 무효클릭으로 판단되는 클릭은 과금되지 않으며 계정 데이터 및 보고서에서 제외

퀴즈

네이버를 비롯한 각 광고 매체사는 무효클릭으로 의심되는 것에 대해 필터링을 하거나 관리하지 않기 때문에 광고주가 무효클릭으로 의심되는 IP를 직접 신고해야만 한다. (○ / ×)

정답 | ×

ⓘ 유저의 더블클릭 등과 같이 클릭 의도가 없었다고 판단되는 클릭

　ⓛ 자동 프로그램, 로봇 및 기타 부정한 목적의 소프트웨어에 의해 발생한 클릭 및 노출

　ⓒ 카카오 내부 IP에서 발생한 클릭

③ **무효클릭이 의심될 경우** : 클릭일(날짜), 의심 키워드, 의심 IP, 해당 정보를 포함한 클릭 로그파일을 고객센터 및 상담 챗봇을 통해 무효 클릭 발생 가능성 검토 요청(접수일로부터 최근 1개월 이내 데이터 만 확인 가능)

④ 카카오는 광고 효율 증대를 목표로 광고노출 로직 최적화, 확장검색 로직 정교화 및 무효클릭 로직 강화 작업 등을 실시 중

⑤ 광고가 노출되지 않기를 희망하는 IP나 사이트가 있을 경우 노출 제 한 설정 메뉴에서 IP 및 사이트를 등록해 노출을 제한할 수 있음

⑥ 광고노출 제한에서 IP는 최대 500개까지 등록이 가능

⑦ 마지막 네 번째 자리에 와일드카드(*)를 사용하면 유동 IP에 광고 노출 제한 가능

3) 구글의 무효클릭 관리

① '사용자가 의도하지 않은 클릭이나 악성 소프트웨어로부터 발생한 클릭 등 구글에서 불법으로 간주하는 광고클릭'을 무효클릭으로 정의

　ⓘ 광고비 및 광고 호스팅 웹사이트 소유자의 이익을 늘리기 위한 인위적 클릭

　ⓛ 자동화된 클릭 도구, 로봇 또는 기타 사기성 소프트웨어를 이용 한 클릭

　ⓒ 더블클릭의 두 번째 클릭처럼 광고주에게 무의미한 클릭

② 광고에 발생한 각 클릭을 검사하여 무효클릭 및 노출을 파악하고 계 정 데이터에서 삭제

③ 무효클릭이 확인되면 해당 클릭에 대해 비용이 청구되지 않도록 보 고서 및 결제금액에서 자동으로 해당 클릭을 자동으로 필터링

④ **자동감지 시스템에서 잡아내지 못한 무효클릭으로 의심되는 경우** : 조사요청 60일 이전에 발생된 날짜, 캠페인 이름·광고그룹 이름 및 활동의 영향을 받는 키워드, 의심 사항에 대한 이유 등을 제시하 여 구글에 무효클릭에 대한 계정 조사를 요청

⑤ 무효클릭으로 인정되면 해당 클릭에 대해 '무효활동 조정 크레딧'을 받을 수 있음

빈 칸 채우기

광고노출 제한 IP 설정은 카카 오는 최대 (①)개까지, 네이버 는 최대 (②)개까지 등록할 수 있다.

정답 | ① 500, ② 600

무효클릭으로 의심되는 과금 클릭이 있을 경우의 대처법
- 네이버 : 4가지 필수 정보를 제시하여 재검토 요청
  - 클릭 일시
  - 광고노출이 이루어진 검색 키워드
  - 광고를 클릭한 기기의 IP 주소
  - 광고 게재 중인 URL
- 카카오 : 다음 요소를 포함한 파일을 제시하여 무효클릭 발생 가능성 검토 요청
  - 클릭일(날짜)
  - 의심 키워드
  - 의심 IP
  - 해당 정보를 포함한 클릭 로그 파일
- 구글 : 다음 요소를 포함한 파일을 제시하여 무효클릭에 대한 계정 조사 요청
  - 조사요청 60일 이전에 발생된 날짜
  - 캠페인 이름, 광고그룹 이름 및 활동의 영향을 받는 키워드
  - 의심 사항에 대한 이유 등

3. 매체별 광고 정책

(1) 네이버의 광고정책

1) 개요

① 광고주의 관련 법령, 약관, 검수기준, 이용 안내 등에 부합하는 검색 광고 게재 신청에 대해 일정한 방식으로 심사를 하여 게재 여부를 결정

② 관련 법령 또는 약관, 검수기준 등을 위반하는 것이 확인될 경우 수정 요청

③ 관련 법령 또는 약관, 검수기준 등을 위반하는 사유를 해소한 이후에 심사를 재신청

2) 주요 정책

① 광고 게재 제한

㉠ 제한적으로 허용되는 제품 및 서비스의 예 : 모든 금융 관련 비즈니스는 금융위원회 또는 기타 관련 규제 기관으로부터 법적으로 요구되는 등록 서류, 라이선스, 허가증 또는 이와 유사한 승인을 받아야 함

㉡ 허용되지 않는 제품 및 서비스의 예
- 게임 머니
- 성인용 데이트 및 성인용 구직 서비스 : 성인용 구직 사이트, 성적 만남을 위한 데이트 또는 성적 테마의 데이트 사이트와 채팅 사이트 등 포함

- 군용품
- 성행위 보조기구(보조제) : 섹스 토이, 성기능 개선제 등 포함
- 등록되지 않은 휴대전화

② **검색광고 게재 제한**

㉠ 관련 법령을 위반하는 경우
- 온라인 도박 서비스 제공 확인 시 광고 게재 제한
- 이미테이션 제품 판매 확인 시 광고 게재 제한
- 웹하드 등록제에 따른 미등록 P2P 사이트로 확인 시 광고 게재 제한
- 흥신소/심부름센터 사이트 내에서 개인의 사생활 조사 등의 서비스 제공 확인 시 광고 게재 제한
- 출장 안마/마사지 서비스 제공 확인 시 광고 게재 제한(성매매 연계 개연성)
- 경마/경정/경륜 경주에 대한 예상 정보제공 확인 시 광고 게재 제한(불법 사설 경주 운영 개연성)
- 의료기관이 아닌데 문신/반영구 시술 서비스 제공이 확인되는 경우 광고 게재 제한

㉡ 광고매체의 명예 · 평판 · 신용 · 신뢰도를 훼손하거나 훼손할 우려가 있는 경우
- 자위기구 판매 광고로 확인 시 광고 게재 제한
- 유흥업소 직업정보 제공 광고로 확인 시 광고 게재 제한
- 성인 화상채팅서비스 제공 확인 시 광고 게재 제한
- 애인 대행 서비스 제공 확인 시 광고 게재 제한
- 흥신소 및 심부름센터 광고의 네이버 웹툰/블로그 광고노출 제한

㉢ 서비스 또는 광고매체의 품질을 저하시키거나 저하시킬 우려가 있는 경우
- 검색광고가 관련성이 지나치게 떨어지는 사이트에 연계되는 경우
- 검색광고로 신청된 키워드 자체가 광고주 사이트나 영업행위 등에 관련성 있게 연계될 가능성이 거의 없는 경우
- 구매한 키워드와 관련된 상품, 서비스, 정보 등에 관한 단순 소개(**예** 명칭, 이미지, 연락처 등의 나열)만 확인되는 경우

㉣ 검색광고의 효과가 현저히 떨어지는 경우
- 검색광고가 광고매체에서 노출되는 횟수가 지나치게 적은 경우

- 검색광고가 광고매체에서 노출되기는 하나 광고매체 이용자의 클릭률이 지나치게 낮은 경우

③ 이용제한

　㉠ 검색광고 게재 제한(광고에 대한 제한) : 광고 제목 및 문안 등이 법령, 약관, 광고운영정책 및 검수기준에 부합하지 않는 광고에 대한 노출 제한

- 광고 제목 및 문안 등이 법령 등에 위배되거나 제3자 권리를 침해하는 경우
- 검색어와 광고 랜딩페이지 간의 연관성이 적은 경우
- 광고 제목 및 문안상에 특수문자 기재 및 글자수 제한을 초과하는 경우

　㉡ 검색광고 게재 신청 제한(사이트에 대한 제한) : 광고를 불허하는 업종의 사이트임이 확인되거나 해당 사이트가 약관, 광고운영정책, 검수기준 및 관련 법령에 부합하지 않는 경우

- 사이트의 내용이나 운영 등이 법령 등에 위배되거나 제3자의 권리를 침해하는 경우
- 불법 사이트는 아니나 약관, 광고운영정책 및 검수기준을 반복적으로 위반하는 사이트의 경우

　㉢ 검색광고 서비스 이용정지(회원계정에 대한 제한) : 일정 기간 서비스 이용을 제한

- 무효클릭 경고를 일정 수 이상 받은 경우
- 회원의 광고 행위에서 중대한 법령 위반 사실이 확인되는 경우
- 회원이 허위정보를 기재하였거나 휴 · 폐업자로 확인되는 경우
- 사이트에 대한 광고제한 조치를 받은 회원이 반복하여(추가로) 사이트 광고제한 조치를 받은 경우

　㉣ 검색광고 이용계약 해지 및 회원 직권해지

- 회원의 사이트에서 회사의 서비스를 방해하는 어뷰징 프로그램 등을 배포하는 경우
- 무효클릭 행위를 반복적, 지속적으로 하는 경우

④ 광고문안과 권리보호

　㉠ 광고문안과 사이트의 연관성 : 제목, 설명 등에는 해당 사이트 내에서 확인되는 내용 기재 원칙

　㉡ 상표권/서비스표권의 보호

　㉢ 기타 권리의 보호

　㉣ 부정경쟁행위의 금지

(2) 카카오의 광고정책

1) 개요

① 광고주, 광고소재, 연결화면, 연결화면 자체의 유효성, 적합성, 연관성 등을 검수하고, 위배되는 내용이 있을 시 광고의 게재를 거부하거나 광고를 수정 요청

② 원칙적으로 한글과 영어로 구성된 사이트만 광고할 수 있으며, 그 외의 언어로 구성된 사이트는 광고가 제한될 수 있음

③ 인터넷/모바일 이용자의 인터넷 이용을 방해하거나 혼동을 유발할 수 있는 경우, 현행법 및 윤리 기준 준수 여부 등을 반영해 심사

2) 주요 정책

① 광고 금지 행위

㉠ 카카오에서 제공하는 방식이 아닌, 다른 방식으로 서비스에 접속하여 이용하는 행위

㉡ 노출/클릭과 같이 광고의 성과를 변경하거나 부정하게 생성시키는 경우

㉢ 회사의 이익에 반하는 광고 등을 노출하여, 회사에 피해를 발생시키는 경우

㉣ '카카오 키워드광고 심사정책', 개별 서비스 운영원칙/약관, 관계 법령을 빈번하고 상습적으로 위반하는 경우

㉤ 카카오의 정당한 광고 수정 등에 응하지 않는 경우

㉥ 고의적으로 카카오 키워드광고 심사정책, 개별 서비스 운영원칙/약관, 관계 법령을 악용하는 경우

㉦ 기타 카카오가 판단함에 있어 서비스의 이용을 방해하는 경우

② 카카오 서비스 보호

㉠ 카카오 서비스 및 디자인 모방/침해 금지

㉡ 본인 또는 제3자를 광고하기 위해 카카오의 이용약관, 개별 서비스의 운영원칙/약관 등에 위반하는 행위를 하거나 이를 유도하는 경우, 관련 법령, 카카오의 이용약관, 개별 서비스의 운영원칙/약관 등을 위반하여 카카오 서비스에 부당하게 영향을 주는 행위를 하거나 이를 유도하는 사이트는 광고 집행 불가

③ 인터넷/모바일 이용자의 사용성

㉠ 인터넷/모바일 이용자의 인터넷 이용을 방해하거나 혼동을 유발할 수 있는 경우

- 이용자의 의도와 상관없이 사용자의 환경을 변화시키는 경우
- 사이트 또는 어플이 정상적으로 종료가 되지 않은 경우
- 사이트를 종료하면 다른 인터넷 사이트로 연결하는 경우
- 사이트 접속 시 Active X 등 기타 프로그램 유포를 통하여 팝업 광고 및 사이트로 연결되는 경우
- 스파이웨어를 통한 개인정보의 수집, 사용자 디바이스에 대한 임의의 행위를 일으키는 경우
- 사이트로부터 본래의 인터넷 사이트로 되돌아가기를 차단하는 경우
- 특정 컴퓨터 또는 모바일 디바이스 환경에서(특정 프로그램을 설치해야)만 그 내용을 확인할 수 있는 경우
- 인터넷 이용자의 동의 없이 바로가기를 생성하는 경우
- 시각적 피로감을 유발할 수 있는 과도한 떨림 또는 점멸효과를 포함하는 경우
- 시스템 또는 네트워크 문제나 오류가 있는 것처럼 표현한 경우
- 과도한 트릭으로 인터넷 이용자가 혼란을 일으킬 수 있는 경우
- 클릭을 유발하기 위한 허위 문구 및 기능을 사용하는 경우(마우스포인트, 사운드/플레이 제어 버튼 등)
- 카카오 서비스의 접속 등 통상적인 서비스 이용을 방해하는 경우
- 이용자의 개인정보를 강제로 수집하는 경우

ⓛ 인터넷/모바일 이용자에게 피해를 주는 경우

- 사이트의 관리/운영자와 연락이 되지 않는 등 상당한 기간 동안 정상적으로 운영되지 않는 사이트
- 신용카드 결제나 구매 안전 서비스에 의한 결제가 가능함에도 현금 결제만 유도/권유하는 사이트
- 상당한 기간 내에 상품/서비스를 제공하지 않거나, 정당한 이유 없이 환불을 해주지 않는 사이트
- 국가기관이나 한국소비자원, 서울특별시 전자상거래센터 및 이에 준하는 기관과 언론사에서 이용자에게 피해를 유발하고 있다고 판단하거나 보도한 사이트
  - 공정거래위원회 민원 다발 쇼핑몰 공개
  - 서울시 전자상거래센터 사기 사이트 공지/보도
- 카카오 이용자로부터 피해 신고가 다수 접수된 업체 및 사이트

④ 현행법 및 윤리 기준 준수

　　㉠ 카카오 이용자가 제품이나 서비스에 대한 올바른 정보를 제공받지 못하여 합리적인 구매 행위를 하지 못할 뿐만 아니라, 구매 행위를 하지 않더라도 광고 자체의 내용을 잘못 받아들일 가능성이 있는 표현이 확인되는 경우

　　㉡ 카카오 서비스 이용자의 안전과 정서를 해치는 광고로서 현행 법령에 위배되는 내용

　　㉢ 선정/음란 광고

　　㉣ 폭력/혐오/공포/비속 광고

　　㉤ 허위/과장 광고

　　㉥ 기만적인 광고 : 소비자에게 알려야 하는 중요한 사실이나 정보를 은폐, 축소하는 등의 방법으로 표현하는 광고

　　㉦ 부당한 비교 광고 : 비교 대상 및 기준을 명시하지 아니하거나 객관적인 근거 없이 자신 또는 자신의 상품, 용역을 다른 사업자(사업자 단체, 다른 사업자 등 포함)의 상품 등과 비교하여 우량 또는 유리하다고 표현하는 광고

　　㉧ 비방 광고 : 다른 사업자, 사업자 단체 또는 다른 사업자 등의 상품/용역에 관하여 객관적인 근거가 없는 내용으로 광고하거나, 불리한 사실만을 광고하여 비방하는 것

　　㉨ 추천/보증 광고

　　㉩ 타인 권리 침해 : 개인정보 유포 등 사생활의 비밀과 자유를 침해, 지적 재산권(특허권/실용신안권/디자인권/상표권/저작권 등) 및 초상권 침해 등

　　㉪ 이용자(소비자)가 오인할 수 있는 표현

　　㉫ 보편적 사회정서 침해

　　㉬ 청소년 보호 : 청소년 유해 문구, 청소년 유해 로고 상단 표시

(3) 구글의 광고정책

1) 개요

① 신뢰할 수 있고 투명하며 사용자, 광고주, 게시자 모두에게 적합한 건전한 디지털 광고 생태계를 지원하기 위한 정책 마련 · 운영

② 광고주는 관련 법률 및 규정과 위에 설명된 구글 정책을 모두 준수해야 함

③ 광고정책에 위배되는 것으로 확인된 콘텐츠는 게재가 차단될 수 있으며, 반복적으로 혹은 심각한 수준으로 요건을 위반한 광고주의 경우 구글 광고 이용 금지

④ 자동 평가 방식과 직접 평가 방식을 복합적으로 사용해 광고 게재 모니터링 실시

2) 주요 광고정책

① 구글의 광고 정책은 금지된 콘텐츠, 금지된 행위, 제한된 콘텐츠 및 기능, 광고소재 및 기술 영역으로 구분

② **금지된 콘텐츠** : 구글 네트워크에서 광고할 수 없는 콘텐츠

　㉠ 모조품의 판매 또는 프로모션

　㉡ 위험한 제품 또는 서비스

　　예 기분전환용 약물(화학 물질 또는 천연 성분), 향정신성 물질, 약물 사용을 돕는 장치, 무기, 탄약, 폭발물 및 폭죽 등 유해한 물품의 제조법, 담배 제품 등

　㉢ 부정행위 조장

　　예 해킹 소프트웨어 또는 해킹 방법 안내, 광고나 웹사이트 트래픽을 인위적으로 늘리기 위한 서비스, 위조 문서, 학력 위조 서비스 등

　㉣ 부적절한 콘텐츠 : 충격적인 콘텐츠가 포함되어 있거나, 증오, 편협, 차별 혹은 폭력을 조장하는 광고 또는 랜딩페이지 불가

　　예 특정 개인이나 집단을 괴롭히거나 위협하는 콘텐츠, 인종차별, 혐오 단체 관련 용품, 적나라한 범죄현장 또는 사고현장 이미지, 동물 학대, 살인, 자해, 갈취 또는 협박, 멸종위기 동물의 판매 또는 거래, 욕설을 포함하는 광고 등

③ **금지된 행위**

　㉠ 광고 네트워크 악용 : 광고주가 광고 심사 절차를 속이거나 우회하려는 광고, 콘텐츠 또는 대상을 운영하는 것을 허용하지 않음

　　예 멀웨어가 포함된 콘텐츠의 홍보, 실제 사용자가 방문하게 되는 페이지를 숨기는 클로킹(Cloaking) 기법 사용, 아비트리지(Arbitrage) 또는 광고 게재가 유일한 혹은 주된 목적인 웹사이트의 홍보, 사용자를 다른 곳으로 보내기 위해 만들어진 브릿지 또는 게이트웨이 페이지의 홍보, 사용자로부터 소셜 네트워크상의 공개적 지지를 얻는 것이 유일한 혹은 주된 목적인 광고, 게이밍(Gaming) 또는 구글의 정책 검토 시스템을 회피하기 위한 설정 조작

ⓛ 데이터 수집 및 사용 : 정보를 오용하거나 불분명한 목적을 위해, 혹은 적절한 공개 또는 보안 조치 없이 수집 불가

　⒝ 취급 시 주의해야 하는 사용자 정보 : 성명, 이메일 주소, 우편 주소, 전화번호, 국적, 연금, 주민등록번호, 세금 ID, 건강보험 또는 운전면허증 번호, 생년월일, 재정 상태, 정치적 준거 집단, 성적 지향, 인종 또는 민족, 종교

　⒝ 무책임한 데이터 수집 및 사용 : 비보안 서버를 통한 신용카드 정보 수집, 사용자의 성적 지향 혹은 재정 상태를 알고 있다는 식의 홍보, 관심 기반 광고 및 리마케팅에 적용되는 구글 정책의 위반

ⓒ 허위 진술 : 관련성이 높은 제품 정보를 제외하거나 제품, 서비스 또는 비즈니스에 관한 오해의 소지가 있는 정보를 제공하여 사용자를 기만하려는 광고 또는 대상 금지

　⒝ 대금 청구 방법·금액·시기 등과 같은 결제 세부 정보의 누락 또는 불명확한 표기, 이자율·수수료·위약금과 같은 금융 서비스 관련 비용의 누락 또는 불명확한 표기, 사업자등록번호·통신판매업신고번호·연락처 정보·사업장 주소(해당하는 경우)의 미표기, 실제로 구매 또는 이용할 수 없는 상품, 서비스, 거래 제안, 체중 감량이나 금융 소득과 관련하여 비현실적이거나 오해의 소지가 있는 주장, 허위 기부금 및 물품 모집, '피싱(Phishing)' 또는 사용자의 중요한 개인정보나 금융 정보를 빼내기 위해 유명 회사를 사칭하는 행위

④ **제한된 콘텐츠 및 기능** : 제한적으로만 광고할 수 있는 콘텐츠

ⓐ 기본 광고 처리 : 로그인하지 않은 혹은 만 18세 이상임이 확인되지 않은 사용자에게 특정 유형의 광고 카테고리를 게재하는 것을 제한

ⓛ 성적인 콘텐츠 : 미성년자 타겟팅 광고 불가

　⒝ 제한된 성적인 콘텐츠 : 생식기 및 여성 가슴 노출, 번개 만남, 성인용품, 스트립 클럽, 외설적인 실시간 채팅, 선정적인 자세를 취한 모델

ⓒ 주류 : 주류 및 주류와 유사한 음료 모두 해당. 일부 유형의 주류 관련 광고는 허용, 미성년자를 타겟팅하지 않으며, 주류 광고를 명시적으로 허용하는 국가만 타겟팅 가능

　⒝ 광고가 제한되는 주류 : 맥주, 와인, 사케, 증류주 또는 독주, 샴페인, 강화 와인, 무알코올 맥주, 무알코올 와인, 무알코올 증류주

ⓔ 저작권 : 저작권 사용 승인 필요

ⓜ 도박 및 게임 : 승인국가만 타겟팅, 도박에 대한 정보를 표시하는 방문 페이지를 보유해야 하며, 미성년자 타겟팅 불가

　　예 광고가 제한되는 도박 관련 콘텐츠 : 오프라인 카지노, 사용자가 포커 · 빙고 · 룰렛 · 스포츠 게임에 내기를 걸 수 있는 사이트, 국영 또는 민간 복권, 스포츠 배당률 애그리게이터 사이트, 도박 사이트의 보너스 코드 또는 프로모션 혜택을 제공하는 사이트, 카지노 기반 게임에 관한 온라인 교육 자료, '재미로 하는 포커' 게임을 제공하는 사이트, 카지노 이외의 현금 게임 사이트

ⓗ 헬스케어 및 의약품 : 구글 인증 혹은 승인된 국가만 타겟팅 가능

ⓢ 정치 콘텐츠 : 광고가 타겟팅하는 모든 지역의 현지 캠페인 및 선거법 준수 필요

　　예 정치 콘텐츠 : 정당 또는 후보 홍보, 정치 사안 지지

ⓞ 금융 서비스 : 맞춤 재무 컨설팅을 포함한 자금 및 암호화폐의 관리 또는 투자와 관련된 상품 및 서비스 광고를 위해서는 타겟팅하는 지역의 중앙 및 지방 정부 규정 준수 요구

ⓩ 상표권

ⓒ 현지 법규 : 모든 관련 법률 및 규정 준수

ⓚ 기타 제한된 비즈니스

ⓣ 제한된 광고 형식 및 기능

ⓜ 아동용 콘텐츠 요건 : 성인용 및 선정적 콘텐츠, 연령 제한 미디어 콘텐츠, 주류/담배/기분 전환용 약물, 도박, 모바일 구독 등의 콘텐츠는 아동을 타겟팅 할 수 없음

⑤ <u>광고소재 및 기술의 영역</u>

　ㄱ 광고소재 및 전문성 관련 요건을 충족하지 못하는 광고

　　예 '여기서 제품을 구매하세요'와 같은 모호한 문구가 포함된 지나치게 광범위한 광고, 단어, 숫자, 문자, 구두점, 기호를 반복적으로 또는 교묘하게 사용하는 광고(FREE, f-r-e-e, F₹€€!!)

　ㄴ 랜딩페이지의 요건 : 랜딩페이지는 사용자에게 가치 있는 정보를 제공하고, 정상적으로 작동하고, 유용하고, 쉽게 탐색할 수 있어야 함

　　예 도착 페이지 요건을 충족하지 못하는 광고

　　　• 'google.com'을 입력했는데 'gmail.com'으로 이동하는 등 표시 URL이 방문 페이지의 URL을 정확하게 반영하지 못하는 광고

- 미완성되었거나, 도메인이 선점되었거나, 작동하지 않는 사이트나 앱
- 일반적으로 사용되는 브라우저로 볼 수 없는 사이트
- 브라우저의 '뒤로' 버튼을 사용할 수 없는 사이트

ⓒ 기술 요건 : 광고가 잘 게재될 수 있도록 특정 기술 요구사항을 충족해야 함

ⓔ 광고 형식 요건의 충족 : 광고 제목 또는 내용의 글자수 제한, 이미지 크기 요건, 파일 크기 제한, 동영상 길이 제한, 가로 · 세로 비율 등 광고 형식 요건 충족 필요

출제예상문제

01 다음은 매체별 키워드 삽입기호에 대한 설명이다. 맞게 매칭된 것은?

① 네이버 : 〈키워드:대체 키워드〉

② 카카오 : {키워드:대체 키워드}

③ 카카오 : {Keyword:대체 키워드}

④ 구글 : {Keyword:대체 키워드}

해설 | 키워드 삽입기호는 네이버 {키워드:대체 키워드}, 카카오 〈키워드:대체 키워드〉, 구글 {Keyword:대체 키워드}이다.

02 다음은 네이버 검색광고에 대한 설명이다. 옳은 것은?

① 캠페인 단위에서 하루예산, 노출 기간과 추적 기능을 설정 및 수정할 수 있다.

② '다른 캠페인으로 복사' 기능 사용 시 키워드의 품질지수도 복사 가능하다.

③ 캠페인 단위에서 PC/모바일 입찰가중치를 설정할 수 있다.

④ 균등배분 설정 시 광고가 중단되지 않고 24시간 노출될 수 있도록 순위를 자동적으로 조정해준다.

해설 | ② 키워드를 다른 캠페인으로 복사했을 때에 키워드의 품질지수는 복사되지 않는다.
③ PC/모바일 입찰가중치 설정은 광고그룹 단위에서 가능하다.
④ 균등배분 설정 시광고가 조기소진되지 않도록 노출을 자동 조절하여 충분히 노출되지 않을 수 있다.

03 다음은 카카오 검색광고에 대한 설명이다. 틀린 것은?

① 키워드 목록에서 개별 키워드의 품질지수를 확인할 수 있다.

② 광고그룹 설정에서 매체 유형, 디바이스, 키워드 확장, 기본 입찰가와 일예산을 설정 및 수정할 수 있다.

③ 광고그룹 목록에서 그룹, 키워드 소재 탭을 제공하고 있다.

④ 캠페인 설정을 통해 일예산, 노출기간, 노출 요일과 시간을 변경할 수 있다.

해설 | 카카오 캠페인 설정에서는 전환추적, 추적 URL, 일예산을 설정할 수 있다. 일예산, 노출기간, 노출 요일 및 시간은 광고그룹 설정에서 가능하다.

PART 01
PART 02
PART 03
PART 04
PART 05
PART 06

정답 01 ④ 02 ① 03 ④

04 다음 중 네이버의 광고그룹 상태에 따른 조치가 적절하지 않은 것은?

① 비즈채널 노출 제한 : 노출 제한 사유 확인 후 증빙서류를 제출하거나 가이드에 따라 수정 후 재검토를 요청한다.

② 캠페인 예산 도달 : 광고그룹에서 하루예산을 변경하거나 '제한없음'으로 변경한다.

③ 일부 노출 가능 : 모바일 비즈채널 PC 노출 제한 사유를 확인한 후 가이드에 따라 수정 후 재검토를 요청한다.

④ 캠페인 기간 외 : 캠페인의 기간을 광고 노출 기간을 '오늘부터 종료일 없이 계속 노출'로 변경하거나 종료 날짜를 재설정한다.

해설 | 캠페인 예산 도달로 인해 광고그룹이 중지된 경우, 캠페인 예산을 늘리거나 '제한없음'으로 변경해야 한다.

05 다음 중 네이버 검색광고의 자동규칙에 대한 설명으로 옳지 않은 것은?

① 전환수가 25회 미만으로 떨어질 경우 알림 메일을 받도록 설정했다.

② 키워드별로 희망하는 노출순위를 설정하여 자동입찰을 설정했다.

③ 쇼핑검색광고의 특정 소재에서 5만 원 이상 과금이 되면 입찰가를 변경하도록 설정했다.

④ 특정 키워드에서 5만 원 넘게 소진되면 자동으로 OFF 되도록 설정했다.

해설 | 네이버의 자동규칙 기능은 캠페인, 광고그룹, 키워드 등의 규칙 대상에 특정한 조건과 실행할 작업을 등록하면 조건이 만족했을 때, 작업을 자동으로 수행해 주는 기능이다. 노출수 조건되면, 클릭수 조건되면, 총비용 조건되면 등의 조건과 함께 4가지 실행 유형 즉, 이메일 받기, 입찰가 변경하기, OFF 하기, 하루예산 변경하기 중에서 선택하여 설정 가능하다. 자동입찰은 해당되지 않는다.

06 네이버 검색광고에서 광고그룹 내 다수의 소재가 존재할 경우 성과가 우수한 소재의 노출 비중을 자동적으로 조절하여 평균 성과를 향상시키는 기능은 무엇인가?

① 성과우선노출   ② 랜덤노출

③ 성과기반노출   ④ 균등노출

해설 | 네이버의 소재노출방식은 성과기반노출과 동일비중노출 중 선택할 수 있다. 이 중 성과기반노출은 광고그룹 내 2개 이상의 소재가 존재할 경우 소재의 우열을 비교하는 AB 테스트를 진행하고 성과가 우수한 소재의 노출 비율을 자동으로 조절한다. 카카오의 소재노출방식은 성과우선노출 방식을 기본으로 한다.

07 다음 중 효율적인 광고소재 작성 방법으로 옳지 않은 것은?

① 키워드가 삽입된 소재는 키워드에 볼드 처리가 되어 주목도를 높인다.

② 상세 제품명 키워드로 검색을 했더라도 메인페이지로 연결하여 다양한 상품과 콘텐츠를 보여주는 것이 효과적이다.

③ 타사와의 차별성을 강조하고 사용자의 관심을 유도할 수 있는 광고소재를 작성하는 것이 좋다.

④ 키워드 삽입 기능을 사용하면 소재 전체 글자수가 초과되는 경우 대체 키워드가 노출된다.

해설 | 광고를 클릭한 사용자는 광고에서 본 내용과 관련 있는 페이지로 연결될 것이라고 예상하는데, 그렇지 않은 페이지로 연결될 경우에는 이탈할 가능성이 커진다. 랜딩페이지는 가급적 관련 콘텐츠가 확인되는 페이지로 연결하는 것이 효과적이다.

08 다음 중 광고노출 전략 관리에 대한 설명으로 옳지 않은 것은?

① 카카오 검색광고는 검색 매체와 콘텐츠 매체 유형을 선택하여 노출할 수 있으며, 세부 지면을 선택 혹은 제외할 수 있다.

② 구글 검색광고는 광고 미리보기 및 진단 도구를 통해 위치, 언어, 기기에 따른 광고노출 여부를 확인할 수 있다.

③ 구글 검색광고는 고객이 사용하는 언어를 타겟팅할 수 있다.

④ 네이버 검색광고는 지역 설정에서 광고를 노출시킬 지역을 설정하거나 제외할 지역을 설정할 수 있다.

해설 | 카카오 검색광고는 검색 매체와 콘텐츠 매체 유형을 선택하여 노출할 수 있지만, 세부 지면을 선택하거나 제외할 수는 없다.

09 다음 구글의 자동입찰전략에 대한 설명 중 옳지 않은 것은?

① 타겟 노출 점유율 : 선택한 검색 결과 내에서 내 광고가 게재될 가능성이 높아지도록 입찰가를 자동 조정

② 전환수 최대화 : 예산 내에서 최대한 전환수를 늘리는 방향으로 입찰가 자동 설정

③ 타겟 CPA : 설정된 타겟 전환당비용 수준에서 전환수를 최대한 늘릴 수 있도록 입찰가를 자동으로 설정

④ 전환 가치 극대화 : 예산 내에서 최대한 많은 전환이 발생하도록 입찰가를 자동으로 조정

해설 | 전환 가치 극대화는 캠페인의 전환 가치를 최대한 높일 수 있는 방향으로 예산이 지출되도록 입찰가를 자동으로 설정하는 전략이다.

10 다음 중 구글의 목표와 광고 확장 유형이 맞지 않는 것은?

① 사업장에서 구매하도록 유도 : 콜아웃 광고 확장, 위치 광고 확장, 제휴사 위치 광고 확장

② 고객 문의 유도 : 전화번호 광고 확장, 메시지 광고 확장

③ 앱 다운로드 유도 : 앱 광고 확장

④ 웹사이트에서 고객 전환 유도 : 앱 광고 확장

해설 | 웹사이트에서 고객 전환 유도를 위한 광고 확장 유형은 사이트 링크 광고 확장, 콜아웃 광고 확장, 구조화된 스니펫 광고 확장, 이미지 확장, 가격 광고 확장이 있다.

11 다음 중 확장소재에 대한 설명으로 옳지 않은 것은?

① 차별화된 소재를 통해 주목도를 높이고, 즉각적인 방문을 유도할 수 있다.

② 네이버 검색광고에는 추가제목, 부가링크, 가격테이블, 썸네일, 멀티 썸네일, 말머리, 계산하기, 톡채널이 있다.

③ 구글 검색광고에서는 사이트 링크, 콜아웃, 구조화된 스니펫, 리드 양식, 가격, 위치, 앱, 판매자 평점의 광고 확장이 가능하다.

④ 네이버 검색광고에서 확장소재가 노출될 요일/시간대 및 기간을 설정할 수 있다.

해설 | 추가제목, 부가링크, 가격테이블, 썸네일, 멀티 썸네일, 말머리, 계산하기, 톡채널은 카카오의 확장소재 유형이다. 네이버의 확장소재 유형은 추가제목, 홍보문구, 서브링크, 가격링크, 계산, 파워링크 이미지, 이미지형 서브링크, 플레이스 정보, 홍보영상, 블로그 리뷰이다.

PART 01
PART 02
PART 03
PART 04
PART 05
PART 06

정답 04 ② 05 ② 06 ③ 07 ② 08 ① 09 ④ 10 ④ 11 ②

12 다음 중 검색광고의 품질관리에 대한 설명으로 옳지 않은 것은?

① 네이버의 검색광고는 최초 광고 등록 시에 4단계 품질지수를 부여한다.

② 카카오의 품질지수는 광고그룹에 부여된 것으로 7단계로 되어 있다.

③ 구글의 품질평가점수는 1~10점으로 부여된다.

④ 품질이 높은 광고는 품질이 낮은 광고에 비해 더 낮은 비용으로 높은 순위에 광고가 게재될 수 있다.

해설 | 카카오의 품질지수는 광고그룹에 대한 것이 아니라 키워드 개별의 품질지수로 7단계로 되어 있다.

13 다음 중 네이버의 검색광고의 즐겨찾기 기능에 대한 설명으로 옳지 않은 것은?

① 광고그룹, 키워드, 소재를 여러 즐겨찾기 묶음에 중복으로 추가할 수 있으며, 하나의 즐겨찾기에는 광고그룹, 키워드, 소재를 합쳐 총 1,000개까지 추가할 수 있다.

② 하나의 즐겨찾기 묶음에 추가한 광고그룹, 키워드, 소재의 성과지표를 한 번에 확인할 수 있다.

③ 즐겨찾기는 캠페인, 광고그룹, 키워드 단위의 묶음으로 구성되어 있다.

④ 핵심적으로 관리하는 광고그룹이나 키워드, 소재를 관리 목적에 따라 즐겨찾기를 설정할 수 있다.

해설 | 즐겨찾기는 광고그룹, 키워드, 소재의 묶음으로 구성되어 있으며, 각 단위별로 추가할 수 있다. 즐겨찾기 기능은 네이버에만 있는 기능이다.

14 다음 중 무효클릭을 관리하는 방법으로 옳지 않은 것은?

① 광고노출 제한 IP는 네이버는 최대 500개, 카카오는 600개까지 등록할 수 있다.

② 네이버 검색광고에서 무효클릭이 의심될 경우 클릭로그를 클린센터로 접수하여 조사를 의뢰할 수 있다.

③ 유동 IP는 마지막 네 번째 자리에 와일드카드(*)를 이용하여 차단할 수 있다.

④ 네이버 광고시스템에서는 도구＞광고노출 제한 관리에서 광고가 노출되지 않기를 희망하는 IP 주소를 등록하여 노출을 제한할 수 있다.

해설 | 광고노출 제한 IP는 네이버는 최대 600개, 카카오는 500개까지 등록할 수 있다.

15 다음은 광고소재 관리에 대한 설명이다. (　) 안에 들어갈 숫자를 순서대로 적으시오.

• 네이버 검색광고는 광고그룹당 최대 (①)개까지 등록 가능하며, 소재노출 방식은 성과기반노출과 동일비중노출 중 선택할 수 있다.
• 카카오 검색광고는 광고그룹당 최대 (②)개까지 등록 가능하며, 소재노출 방식은 성과우선노출 방식을 기본으로 한다.
• 구글 검색광고는 광고그룹당 최대 (③)개까지 등록 가능하며, 캠페인 단위에서 광고 순환게재를 선택할 수 있다.

해설 | 광고그룹당 등록 가능한 소재의 수는 네이버 5개, 카카오 20개, 구글 50개이다.

16 다음에서 설명하는 것은 무엇인가?

- 검색광고 본래의 취지에 맞지 않은 무의미한 클릭
- 특정 이익 혹은 악의적 목적으로 행해지는 인위적인 클릭
- 자동화된 도구에 의해 발생하는 클릭
- 더블클릭 등으로 발생하는 무의미한 클릭

해설 | 검색광고의 취지에 맞지 않는 무의미한 클릭, 자동화된 도구에 의해 발생하는 클릭, 특정 목적을 위한 인위적인 클릭은 무효클릭으로, 이러한 것으로 판단되는 클릭은 과금되지 않으며, 계정데이터 및 보고서에서 제외된다.

17 다음에서 설명하는 것은 무엇인가?

- 비즈채널 웹사이트 내 키워드 정보, 키워드 클릭 정보, 내가 구매한 키워드 등을 기반으로 통계 시스템에서 추출된 연관 키워드를 조회하여 파워링크 캠페인의 새로운 키워드를 발굴할 수 있다.
- 다양한 기준의 연관 키워드를 조회하고 선택한 키워드를 원하는 광고그룹에 바로 추가할 수 있다.
- 선택한 키워드의 입찰가를 변경하면서 예상 실적을 확인할 수 있는 기능이 제공된다.

해설 | 광고시스템의 도구>키워드도구 메뉴에서 이용할 수 있는 네이버의 '키워드도구'는 다양한 연관 검색어 조회가 가능하여 새로운 키워드를 발굴할 수 있으며, 선택한 키워드를 바로 원하는 광고그룹에 추가할 수 있다. 또한 입찰가 변경에 따른 예상 실적을 확인할 수 있어서 입찰가 결정 시 참고할 수 있다.

18 다음과 같이 입찰가를 설정했을 때 모바일 통합 검색 영역 노출 시에 '청바지' 키워드에 적용되는 입찰가는 얼마인가?

- 광고그룹 기본 입찰가 : 200원
- '청바지' 키워드 입찰가 : 700원
- PC 입찰가중치 : 100%
- 모바일 입찰가중치 : 200%

해설 | 700원×200%=1,400원. '청바지' 키워드 입찰가에 모바일 입찰가중치 200%가 적용된다.

19 쇼핑검색광고-쇼핑 브랜드형 광고 입찰가를 현재 500원으로 설정하여 광고를 집행하고 있다. 입찰가 변경 기능을 통해 50% 감액했다면 최종 얼마의 입찰가가 적용되는가?

해설 | 입찰가 증액/감액은 키워드 선택 후 입력칸 우측에 있는 '%' 또는 '원'을 선택하여 비율 또는 일정 금액으로 현재 입찰가의 증액, 감액이 가능하다. 500원에 50%를 감액하면 250원이나, 쇼핑브랜드형 광고의 최소입찰가 300원이 적용되어 최종 입찰가는 300원이 된다.

정답 | 12 ② 13 ③ 14 ① 15 ① 5, ② 20, ③ 50 16 무효클릭 17 키워드도구 18 1,400원 19 300원

20 다음은 네이버 검색광고 입찰가에 대한 설명이다. 빈칸 ①, ②, ③에 들어갈 금액은 각각 얼마인가?

> 네이버 검색광고의 입찰가는 최소 (①)원부터 최대 10만 원까지 설정할 수 있다. 단, 쇼핑검색광고의 쇼핑몰형과 카탈로그형은 (②)원부터 최대 10만 원까지, 쇼핑 브랜드형은 최소 (③)원부터 최대 10만 원까지 설정할 수 있다.

해설 | 네이버 검색광고의 입찰가는 광고그룹에서 최소 70원부터 최대 10만 원까지 설정할 수 있다. 단, 쇼핑검색광고 쇼핑몰형과 카탈로그형은 최소 50원부터 최대 10만 원까지, 쇼핑 브랜드형은 최소 300원부터 최대 10만 원까지 설정할 수 있다.

21 '강릉여행'이라는 키워드를 등록했고, 유사 의미 키워드로 모바일에서 '강릉여행추천' 키워드가 확장되어 광고가 노출되었다면 확장되어 노출된 '강릉여행추천' 키워드의 입찰가는 얼마인가?

> • 광고그룹 기본 입찰가 : 70원
> • '강릉여행' 키워드 입찰가 : 100원
> • '강릉여행추천' 키워드의 중간 입찰가 : 90원
> • '강릉여행추천' 키워드의 평균 입찰가 : 110원
> • PC 입찰가중치 : 100%
> • 모바일 입찰가중치 : 200%

해설 | '강릉여행추천' 키워드의 입찰가는 중간 입찰가×입찰가 가중치로 PC의 입찰가 가중치가 100%로 중간 입찰가(90원)×입찰가 가중치(100%)=90원이다. 모바일에서라면 중간 입찰가(90원)×입찰가 가중치(200%)=180원이 되어 등록된 키워드(강릉여행)의 입찰가 100원보다 커지게 되므로 등록된 키워드의 입찰가 100원으로 입찰된다.

22 '나시원피스', '쉬폰원피스'라는 키워드가 등록되어 있는 '여름원피스' 광고그룹이 있다. 다음과 같은 조건이 적용되었다면, '나시원피스'가 네이버 모바일 통합검색에 노출될 때와 모바일 환경에서 네이버 블로그 매체에 노출될 경우 적용되는 입찰가는 각각 얼마인가?

> • 광고그룹 : 여름원피스(기본 입찰가 500원, 콘텐츠 매체 전용 입찰가 100원)
> • PC 입찰가 가중치 100%
> • 모바일 입찰가 가중치 200%
> • '나시원피스'의 키워드 입찰가 설정되지 않음
> • '쉬폰원피스'의 키워드 입찰가 : 700원

해설 | '나시원피스'가 네이버 모바일 통합검색에 노출될 때는 기본 입찰가 500원×모바일 입찰가 가중치 200%=1,000원으로 입찰된다. 또한 '나시원피스'가 모바일 환경에서 네이버 블로그 매체에 노출될 경우에는 콘텐츠 매체 전용입찰가(100원)×모바일 입찰가 가중치 (200%)=200원으로 입찰된다.

23 '나시원피스', '쉬폰원피스'라는 키워드가 등록되어 있는 '여름원피스' 광고그룹이 있다. 다음과 같은 조건이 적용되었다면, '쉬폰원피스'가 네이버 PC 통합검색에 노출될 때와 PC 환경에서 노출되는 네이버 블로그 매체에 노출될 경우 적용되는 입찰가는 각각 얼마인가?

> • 광고그룹 : 여름원피스(기본 입찰가 500원, 콘텐츠 매체 전용 입찰가 100원)
> • PC 입찰가 가중치 100%
> • 모바일 입찰가 가중치 200%
> • '나시원피스'의 키워드 입찰가 설정되지 않음
> • '쉬폰원피스'의 키워드 입찰가 : 700원

해설 | '쉬폰원피스'가 네이버 PC 통합검색에 노출될 때는 키워드입찰가 700원×PC 입찰가 가중치 100%=700원으로 입찰된다. 또한 '쉬폰원피스'가 PC 환경에서 네이버 블로그 매체에 노출될 경우에는 콘텐츠 매체 전용입찰가(100원)×모바일 입찰가 가중치(100%)=100원으로 입찰된다.

24 사이트검색광고 제목 문구를 다음과 같이 작성하였을 때, '갯벌체험' 키워드 검색 시 노출되는 문구는 무엇인가? (띄어쓰기에 주의할 것)

> 갯벌체험마을 {키워드:굴따기} 조개농장 (글자수 : 14/15)

해설 | 네이버에서 대체 키워드가 {키워드:대체 키워드}로 설정되어 있다. 검색 키워드가 포함된 제목이 제목 글자수 15자를 넘게 되며, 따라서 검색 키워드 대신 설정한 대체 키워드로 노출되므로 노출되는 제목 문구는 "갯벌체험마을 굴따기 조개농장"이다.

25 다음은 무엇에 대한 설명인가?

> 여러 개의 광고 제목과 설명을 입력했을 때, 자동으로 여러 조합을 통해 잠재고객의 검색어와 최대한 일치하도록 광고의 콘텐츠를 자동으로 조정해 노출하는 구글의 광고 형태를 말한다.

해설 | 구글의 광고 형태로 여러 개의 광고 제목과 설명을 입력했을 때, 자동으로 여러 조합을 통해 잠재고객의 검색어와 최대한 일치하도록 광고의 콘텐츠를 자동으로 조정해 노출하는 것이 반응형 검색광고(Responsive Search Ad)이다. 반응형 검색광고를 진행하기 위해서는 광고 제목 최소 3개, 설명은 최소 2개를 입력해야 한다.

정답 | 20 70, 50, 300 21 100원 22 1,000원, 200원 23 700원, 100원 24 갯벌체험마을 굴따기 조개농장 25 반응형 검색광고

MEMO

PART

03

검색광고 활용 전략

CHAPTER 01 > 검색광고 효과분석의 이해

1. 사용자의 행동단계와 효과분석의 관계

(1) 사용자 행동단계와 효과 측정

① 검색 사용자의 행동 프로세스는 '노출, 클릭, 구매'의 단계로 진행
② 효과측정

일반적인 소비자 행동	인지	방문	구매
검색광고 소비자 행동	노출	클릭	구매
단계별 효과 측정	CPI	CPC	CPS

(2) 지표를 구하는 주요 공식

① CPI(Cost Per Impression)=총광고비/노출수
  ㉠ 노출당 광고비를 의미
  ㉡ 광고비당 노출의 정도를 분석하는 방법
  ㉢ 광고비당 노출의 정도가 어느 정도인지를 말하는 분석 방법으로 같은 광고비에서 노출수가 많은 것이 광고효과가 높음
② CPC(Cost Per Click)=총광고비/클릭수
  ㉠ CPC는 총광고비를 클릭수로 나누어 계산하며, 웹사이트 1회 방문에 투여된 비용
  ㉡ 광고를 통해서 한 사람의 사용자가 광고주의 사이트를 방문하는 데 투여되는 비용
  ㉢ 광고 클릭 시 일정 단가가 발생하는 구조, 클릭하지 않으면 수익구조가 발생하지 않음
  ㉣ 총광고비=(노출수×클릭률×노출당 광고비용)/클릭수
③ CPS(Cost Per Sale)=총 광고비용/구매건수
  ㉠ 광고를 통해 최종적으로 상품을 구매하는 비용을 의미하는 것
  ㉡ 구매건당 비용이 낮을수록 효율적으로 광고가 집행됨

퀴즈
검색 사용자의 행동 프로세스는 노출 → 클릭 → 구매이다. (ㅇ / ×)
정답 | ㅇ

퀴즈
단계별 효과 측정은 지표는 OPI, OPC, OPS이다. (ㅇ / ×)
정답 | ×

2. 검색광고에서 매일 효과분석을 해야 하는 이유

① 사용자들이 검색하는 키워드는 일정한 것이 아니라 <u>그날의 상황에 따라 바뀔 수 있기에 때문에</u>

② 검색광고 시스템을 통해 실시간으로 효과분석이 가능하므로 <u>실시간 분석을 통해 광고 운영 전략을 최적화하기 위해서</u>

③ 상당히 많은 키워드 및 광고 상품이 존재하기 때문에 효과분석을 통해 키워드 및 광고상품 최적화가 필요하기 때문에

3. 검색광고의 효과분석

① 광고 집행 프로세스의 마지막 단계이면서 동시에 시작의 단계

② <u>검색광고는 명확한 성과측정이 가능함</u>

③ 검색광고 효과분석 능력에 따라 장단점이나 개선안 등을 도출하는 능력치가 마케터마다 다르게 구현되고, 이러한 차이가 광고 질에 큰 영향을 미침

④ 실시간으로 운영되는 시스템으로 추후 사후관리를 통해 광고 성과를 높일 수 있음

⑤ 세분화되고 구체적인 목표설정 가능

4. 광고효과 분석 방법 기초

① CPI : 노출당 비용, 낮을수록 좋음

② CPC : 클릭당 비용, 낮을수록 좋음

③ CPS : 구매건당 비용, 구매전환당 비용, 낮을수록 좋음

④ <u>CTR</u> : 노출대비 클릭 비율, <u>높을수록 좋음</u>

⑤ <u>CVR</u> : 클릭대비 전환 비율, 구매전환율, <u>높을수록 좋음</u>

5. 광고비용 대비 효과분석

① <u>투자수익률 분석(ROI ; Return On Investment)</u>

  ㉠ ROI가 100% 이상이면 광고집행의 효과가 있다고 봐도 무방함

  ㉡ 전체 수익과 매출을 가지고 ROI를 계산하기도 하지만, 각 키워드별 ROI를 계산하여 확인할 수도 있음

② <u>광고를 통한 매출 분석(ROAS ; Return On Advertising Spend)</u>

  ㉠ 사용한 광고비를 통해서 직접적으로 발생하는 매출액의 크기를 의미

  ㉡ ROAS가 높으면 높을수록 광고효과도 높음

  ㉢ 광고비에 따른 매출액의 크기를 의미하는 수치로 광고를 통한 매출을 광고비로 나누어 계산

출제예상문제

01 검색광고 소비자 행동을 순서대로 나열한 것은?

① 노출 → 클릭 → 구매
② 구매 → 클릭 → 노출
③ 클릭 → 노출 → 구매
④ 노출 → 구매 → 클릭

해설 | 검색 사용자의 행동 프로세스는 '노출, 클릭, 구매' 의 단계로 진행한다.

02 사용자 행동 단계와 효과적인 측정으로 맞는 것은?

① 노출 CPI → 클릭 CPS → 구매 CPC
② 클릭 CPC → 노출 CPI → 구매 CPS
③ 노출 CPC → 클릭 CPI → 구매 CPS
④ 노출 CPI → 클릭 CPC → 구매 CPS

해설 | 검색 사용자의 소비자 행동은 '노출, 클릭, 구매'의 단계이며, 단계별 효과측정은 'CPI, CPC, CPS' 이다.

03 다음 중 세분화된 목표설정으로 옳은 것은 무엇 인가?

① 매출액을 늘린다.
② 사후관리에 매진한다.
③ 방문당 클릭 비용을 500원으로 설정한다.
④ 상담 신청을 늘린다.

해설 | 각 단계로 목표를 설정하기 위해서 CPC값은 500 원으로 구체적으로 설정하는 것이 알맞다.

04 다음 중 검색광고에서 매일 효과분석을 해야 하 는 이유가 아닌 것은?

① 날마다 키워드의 양과 질이 다르기 때문이다.
② 실시간으로 광고효과를 분석할 수 있기 때문 이다.
③ 광고시장의 기본적인 절차이다.
④ 다양한 광고 상품이 존재한다.

해설 | 검색광고를 매일 효과적으로 하는 이유는 사용자 들이 검색하는 키워드는 일정한 것이 아니라 그 날의 상황에 따라 바뀔 수 있기에 때문이다. 검색 광고 시스템을 통해 실시간으로 효과분석이 가능 하므로 실시간 분석을 통해 광고 운영 전략을 최 적화할 수 있다. 또한 상당히 많은 키워드 및 광고 상품이 존재하기 때문에 효과분석을 통해 키워드 및 광고상품 최적화가 필요하다.

PART 01
PART 02
PART 03
PART 04
PART 05
PART 06

정답 01 ① 02 ④ 03 ③ 04 ③

05 다음 중 네이버 광고시스템 기본 설정에서 확인 가능한 지표가 아닌 것은?

① 전환수   ② 클릭수

③ 노출수   ④ 평균클릭비용

해설 | 네이버 광고시스템 기본 설정에서 확인 가능한 지표는 광고비, 클릭수, 노출수, 평균클릭비용 등이 기본 지표다.

06 다음 중 CTR이 낮은 키워드를 개선하기 위한 광고문구 전략이 아닌 것은?

① 업종별로 고객이 더 민감하게 반응하는 요소를 고려하여 광고소재를 사용하면 효과적이다.

② 광고 순위 관리보다 광고문구에 더 집중하는 것이 가장 최우선이다.

③ 무조건 키워드 노출순위를 중시하면 클릭수는 증가할 수도 있다.

④ 다양한 확장소재를 활용하면 클릭률을 향상시킬 수 있다.

해설 | 타겟의 특성을 이해한 광고소재를 사용하면 효과적이며, 키워드뿐만 아니라 다양한 방법을 활용해야 클릭수를 올릴 수 있다.

07 다음 중 검색광고를 위한 효과분석에 대한 설명으로 옳지 않은 것은?

① 검색광고는 명확한 성과 측정이 가능하다.

② 동일한 키워드로 집행해도 일자별 노출수와 전환수, 전환매출액은 일정하다.

③ 실시간으로 운영되는 시스템으로 추후 사후 관리를 통해 광고 성과를 높일 수 있다.

④ 검색광고 효과분석 능력에 따라 장단점이나 개선안 등을 도출하는 능력치가 판매담당자마다 다르게 구현되고, 이러한 차이가 광고 질에 큰 영향을 미친다.

해설 | 같은 키워드로 집행해도 일자별 노출수와 전환수, 전환매출액은 일정하지 않다.

08 다음에서 설명하는 용어는 무엇인가?

> 클릭을 통해 사이트를 방문한 고객이 최종목표인 구매를 하는 확률이며, 그 확률이 높으면 CPS가 낮아질 수 있다.

해설 | 구매전환율은 클릭수 대비 구매의 전환이 일어난 비율을 말한다. 구매전환률이 높으면 전환당 비용인 CPS가 낮아진다.

09 사용자 행동 단계와 효과측정을 보여주는 표이다. 괄호에 들어갈 말은 무엇인가?

일반적인 소비자 행동	인지	방문	(①)
검색광고 소비자 행동	(②)	클릭	구매
단계별 효과 측정	CPI	CPC	(③)

해설 | 일반적인 소비자 행동은 인지, 방문, 구매의 단계로 이루어지며, 검색광고 소비자 행동은 노출, 클릭, 구매의 단계로 이루어진다. 검색광고 소비자 행동 단계별 효과측정 지표는 CPI, CPC, CPS이다.

10 구매전환율이 10%이고, 매출이익이 2만 원인 경우, 최대 허용 CPC는 얼마인가?

해설 | 클릭수를 100명으로 임의로 잡고, 구매건수=100 명(임의기준 클릭수)×10%=10건이며, 총매출 =20,000원(매출이익)×10건(구매건수)=200,000원이다. CPC는 최대 매출이익을 넘어서는 안 되므로 최대허용 CPC=200,000(총매출액)/100(클릭수) =2,000원이 된다.

PART 01

PART 02

PART 03

PART 04

PART 05

PART 06

실제적인 검색광고 효과분석

1. 광고조사

(1) 역할

① 문제해결 방향 및 대안의 발견
② 광고와 연관된 문제의 발견 및 명확화
③ 광고매체 선택 및 활용방안의 수립
④ 대안별 평가 및 최적안 도출
⑤ 광고효과에 대한 평가 및 개선 방안의 도출
⑥ 최적의 크리에이티브 창출

(2) 광고조사의 필요성

① 판매촉진의 과다한 비용
② 경쟁제품과의 차별성 약화
③ 경쟁 기업의 수준에 따른 가격 조정
④ 판매인력 비용의 증가
⑤ 고비용 저효율의 광고 집행
⑥ 판매고(매출액) 증가를 위한 고비용 서비스

(3) 광고조사의 어려움

① 많은 조사 시간과 비용 등이 소요
② 광고효과와 다른 요인의 효과를 분리하여 측정하기 어려움
③ 광고효과 측정이 제작 노력을 방해함
④ 광고 제작자가 캠페인의 결과에 대한 책임 회피
⑤ 측정 방법의 타당성 및 조사 결과의 신뢰성 문제

(4) 광고효과 조사의 목적

① **사전조사** : 광고 집행 실패의 사전 방지, 대안의 객관적 평가, 효과적이고 효율적인 광고 계획 수립
② **사후조사** : 광고 목표의 달성 정도 파악, 광고 수익의 계량화, 차기 캠페인을 위한 기반 마련
③ **매체조사** : 소비자의 광고 노출량 측정, 타겟별 적합 매체 선정, 과학적 매체 계획의 수립

2. 실제 검색광고 효과분석 보고서

(1) 실제 검색광고 효과 분석

① 실제 광고 집행 결과는 키워드별로 노출수, 클릭수, 클릭률, 클릭당 비용, 총비용을 기본정보로 파악 가능하며, 전체 집행액별 광고성과를 파악할 수 있음
② 고객 1명당 평균 주문금액, 평균 이익률, 월간 판매목표액 등의 매출목표는 광고주와의 협의를 통해 파악 가능함(ROAS, ROI, CPS를 목표 대비 실제 성과 비교 가능함)
③ 적정 CPC 산정을 통한 광고효과 분석
   ㉠ 적정 또는 허용되는 최대 CPC는 ROAS 100%가 되는 값을 말함. 즉, 지출가능한 최대 광고비는 매출액을 넘지 않아야 함
   ㉡ 개별적인 광고효과 분석을 통해 적정 CPC 이상인 CPC를 낸 키워드는 광고 진행을 재검토하고, CPC가 낮은 키워드는 공격적으로 키워드 확장을 검토함
   ㉢ 키워드별 효과분석을 통해 전환에 기여한 키워드, 비용만 소진하고 있는 키워드 등을 파악해 실시간으로 반영할 수 있음

(2) 각 매체별 효과분석 보고서 유형

네이버	다차원 보고서, 프리미엄 로그분석 보고서, 대용량 보고서
카카오	맞춤보고서
구글	대시보드, 보고서/구글 애널리틱스에서 성과 보고서 제공

키워드 정리 🔍

- 노출(Impression) : 광고의 노출수
- 클릭(Click) : 광고를 클릭한 수
- CTR(Click Through Rate) : 노출 대비 클릭률=클릭수/노출수, 검색광고가 노출된 횟수 대비 클릭이 발생한 비율(%)
- CPC(Cost Per Click) : 클릭당 비용=총비용/클릭수
- CVR(Conversion Rate) : 클릭 대비 고객의 행동 전환(구매, 설치 등) 비율

🏅 **퀴즈**

전환율(CVR)은 (전환수÷클릭수)×1000이다. (O / X)

정답 | O

🏅 **퀴즈**

CPC는 클릭당 비용의 비율이며 퍼센트(%)로 표시한다.
(O / X)

정답 | X

1) 네이버의 광고성과 조회 및 확인

① 대부분의 광고성과는 광고시스템의 광고관리 메뉴에서 확인 가능

② 광고 집행 성과를 보고 싶은 항목을 직접 선택해 정기적으로 성과지표를 확인할 수 있는 다차원 보고서를 통해 확인 가능(세부 매체별, 확장소재별, 키워드별 광고성과 보고서 작성 가능)

③ 전환에 대한 광고성과는 확인하기 위해서는 프리미엄 로그분석 서비스를 이용해야 함

④ 네이버 검색광고 전환지표의 확인 방법 : 보고서와 광고관리 화면에서 확인

　　㉠ 보고서에서 확인 : 보고서>다차원 보고서 메뉴에서 [+새보고서] 버튼을 클릭하고 원하는 보고서의 형식을 선택하여 확인

　　㉡ 광고관리 지표에서 확인 : 광고관리>기본 설정>새로운 사용자 설정 메뉴에서 성과지표 중 확인이 필요한 항목에 표시. 웹로그 분석 조회에서 사이트를 선택/조회하면 네이버 애널리틱스에서 검색광고 이외의 유입을 포함한 방문자, 유입 채널, 페이지뷰 등의 분석 결과도 확인 가능

한번더클릭

네이버 검색광고 보고서
- 광고성과 조회 및 확인 : 다차원 보고서, 프리미엄 로그분석
- 검색광고 전환지표의 확인 : 보고서와 광고관리 화면에서 확인

2) 카카오의 광고성과 조회 및 확인

① 대부분의 광고성과는 광고시스템의 광고관리 메뉴에서 확인 가능

② 광고 집행 성과를 맞춤보고서로 볼 수 있음

3) 구글의 광고성과 조회 및 확인

① 대부분의 광고성과는 구글애즈 대시보드에서 확인 가능

② 광고 집행 성과는 사전 정의된 보고서, 구글 애널리틱스에서 성과 보고서로 볼 수 있음

(2) 로그분석

① 웹사이트 등을 방문한 유저들의 데이터를 수집해 분석하는 도구

② 네이버, 다음 카카오, 구글 검색광고에서도 무료로 로그분석을 지원

구분	추적기능 설정	로그분석
네이버	추적기능(자동추적 URL 파라미터/추적 경유 사이트) 선택[캠페인 단위]	도구>프리미엄 로그분석
카카오	전환추적(픽셀&SDK), 추적URL 설정[캠페인 단위]	계정>전환추적(CTS) 설정
구글	전환추적 설정(도구>측정>전환을 측정하려는 URL 입력)-Google 태그 설정하기	도구 및 설정>전환, 애널리틱스

③ 로그분석의 예로 구글의 애널리틱스, 에이스카운터, 비즈스프링의 로거 등이 있음

④ 매체에서 제공하는 로그분석을 활용할 경우 별도의 엑셀 작업 없이 그룹, 캠페인, 키워드별 전환 성과를 보고서와 함께 볼 수 있음

⑤ 로그분석이 가능하기 위해서는 웹사이트 등에 전환추적 스크립트의 삽입이 필요하며, 자가 설치 및 대행 설치도 가능

(3) 네이버 보고서

1) 네이버 프리미엄 로그분석

① 네이버 검색광고에서 제공하는 자동추적(auto tracking) 기능

② 네이버 검색광고와 광고주가 등록한 웹사이트의 웹 로그분석 보고서를 제공하는 무료 서비스

  ㉠ 네이버 검색광고의 광고별 체류시간, PV, 검색광고 전환 분석보고서

  ㉡ 사이트 전체적인 유입, 방문, 페이지 분석보고서 등의 웹 로그분석 보고서

③ 프리미엄 로그분석 서비스를 이용하면 검색광고 보고서에서 전환수와 다양한 정보를 추가로 받을 수 있음

④ 프리미엄 로그분석 서비스는 5가지 전환 유형 제공 : 구매 완료, 회원가입, 장바구니, 신청ㆍ예약, 기타

⑤ 네이버 프리미엄 로그분석에서 확인 가능한 항목 : 직접전환수, 간접전환수, 전환율, 전환매출액, 간접전환매출액, 직접전환매출액, 전환당 비용, 방문당 평균 체류시간, 방문당 평균 페이지뷰, 전환수(네이버 페이), 전환매출액(네이버 페이), 광고수익률(전환매출액/총광고비용)

2) 네이버의 대용량 다운로드 보고서

① 광고 계정 단위로 특정 시점의 광고 정보 또는 특정 일의 광고성과 보고서를 다운로드할 수 있는 기능

② 다운로드 항목에서 필요한 보고서 종류를 선택하고 생성 요청하여 사용

③ 제공되는 광고성과 보고서 유형

㉠ 광고효과 보고서 : 계정 내 광고 노출된 모든 키워드 및 소재의 일 단위 광고효과 보고서

㉡ 광고효과 상세보고서 : 계정 내 광고 노출된 모든 키워드 및 소재의 일 중 시간별, 지역별 광고효과 보고서

㉢ 전환 보고서 : 계정 내 광고 클릭된 모든 키워드 및 소재의 일 단위 광고 전환 보고서(프리미엄 로그분석을 이용하는 경우에 제공)

㉣ 전환 상세보고서 : 계정 내 모든 키워드 및 소재의 일 중 시간, 지역별 광고 전환 보고서(프리미엄 로그분석을 이용하는 경우에 제공)

㉤ 확장소재 광고효과 보고서 : 계정 내 노출된 모든 확장소재의 일 단위 광고 효과 보고서

㉥ 확장소재 전환 보고서 : 계정 내 클릭된 확장소재의 일 단위 광고 전환 보고서(프리미엄 로그분석을 이용하는 경우에 제공)

㉦ 네이버페이 보고서 : 네이버페이 전환 보고서(네이버 페이와 프리미엄 로그분석을 이용하는 경우에 제공)

㉧ 키워드 확장 광고효과 보고서 : 키워드 확장(키워드 플러스)로 노출된 광고의 성과 보고서

㉨ 광고 비용 보고서 : 사이트검색광고, 브랜드검색, 클릭초이스플러스, 상품광고 등 네이버 검색광고 상품을 이용하여 지불한 광고비 정보 제공

(4) 구글 애널리틱스 보고서

① 유저분석(인구통계, 지역), 유입 채널 분석(매체 채널, 유입된 유저 수), 유저 행동 분석(웹사이트 이탈률, 웹사이트 체류시간), 전환분석(특정 버튼의 클릭수, 구매 및 거래 횟수) 등

② 전환 태그 활성화 필요

③ 전환 태그 활성화 방법

　㉠ gtag(Global Site Tag) 활용 : 가장 쉽게 전환 태그 활성화할 수 있는 방법으로 구글애즈에서 컨버전 트래킹 태그 받기 → 도메인의 모든 페이지에 Globl Site Tag 심기(〈head〉페이지의 헤드 태그 사이〈/head〉) → Event snippet은 해당 액션 페이지의 Global Site Tag 바로 다음에 이어서 붙여넣기 → 구글 태그 어시스턴트에 Conversion ID와 함께 녹색 태그가 표시되면 완료

　㉡ 구글 태그 매니저(Google Tag Manager) 활용 : 태그 관리자 컨테이너에서 새 태그 추가 → 태그 구성을 클릭하고 전환 링커 태그 유형을 선택 → 실행하기를 클릭하고 모든 페이지에서 태그가 실행되도록 실행을 선택 → 전환 링커 태그는 방문 페이지 URL에서 사용자가 내 사이트를 방문하도록 유도한 광고클릭과 관련된 정보를 자동으로 감지하고 이 정보를 도메인의 새로운 쿠키에 저장

키워드 정리 🔍

• 구글 애널리틱스 : 더욱 스마트한 마케팅 측정과 실적 개선을 위해 개발된 통합 마케팅 및 애널리틱스 플랫폼

• 구글 태그 매니저 : 웹 사이트 태그라고 통칭하는 추적 코드와 같은 쪼가리를 쉽고 빠르게 추가할 수 있는 태그 관리 시스템

빈 칸 채우기

구글 검색광고의 유저분석, 유입채널 분석, 유저 행동 분석, 전환 분석의 결과는 구글 (　　　)에서 볼 수 있다.

정답 | 애널리틱스

출제예상문제

01 다음의 검색광고 사례에서 CPC와 ROAS가 올바르게 계산된 것은?

> 광고주 A는 광고비 2,000,000원을 투자해 네이버에서 검색광고를 집행하였다. 1주 동안 30,000번의 노출과 20,000번의 클릭이 발생하였으며, 검색광고로 300번의 구매를 통해 5,000,000원의 매출이 발생하였다.

① CPC=400원, ROAS=400%
② CPC=500원, ROAS=400%
③ CPC=100원, ROAS=250%
④ CPC=500원, ROAS=500%

해설 | • CPC : 2,000,000/20,000=100원
　　　• ROAS : 5,000,000/2,000,000×100=250%

02 다음 중 네이버 검색광고에서 제공하는 프리미엄 로그분석에 대한 설명으로 틀린 것은?

① 웹사이트에 전환추적 스크립트를 삽입해야만 확인할 수 있는 보고서다.
② 간접전환수는 광고 클릭 이후 60분부터 전환추적 기간 내에 발생한 전환수로서 전환추적 기간은 45일 이내로 정해져 있다.
③ 별도의 엑셀 작업 없이 간편하게 기본 데이터와 전환 데이터의 분석이 용이하다.
④ 광고 관리 플랫폼 내에서 성과 데이터를 손쉽게 확인하며 빠르게 성과 개선 작업을 할 수 있다.

해설 | 광고 클릭 이후 30분부터 전환추적 기간 내에 발생한 전환수다. 전환추적 기간은 7~20일 사이의 기간으로 직접 설정할 수 있다.

03 다음 중 네이버 프리미엄 로그분석의 내용과 다른 것은?

① 프리미엄 로그분석은 네이버 검색광고에서 제공하는 무료로 제공하는 자동추적(auto tracking) 기능이다.
② 네이버 검색광고는 프리미엄 로그분석을 최소 비용으로 제공하고 있다.
③ 방문당 페이지뷰와 체류 기간을 알 수 있다.
④ 전환수, 전환율, 전환매출액 등은 로그분석을 통해야만 확인 가능하다.

해설 | 프리미엄 로그분석은 네이버 검색광고에서 제공하는 자동추적(auto tracking) 기능으로, 5가지 전환 유형(구매 완료, 회원가입, 장바구니, 신청·예약, 기타)에 대한 분석보고서를 제공하는 무료 서비스이다.

04 다음 중 프리미엄 로그분석 서비스에서 제공하는 전환 유형이 아닌 것은?

① 신청·예약
② 회원가입
③ 장바구니
④ 상담서비스

해설 | 현재 프리미엄 로그분석 서비스에서는 제공하고 있는 전환 유형은 구매 완료, 회원가입, 장바구니, 신청·예약, 기타 등이다.

05 다음 빈칸의 값을 구하시오.

검색 사이트	노출수	클릭수	총비용	CPC	CTR
구글	1,000,000	6,000	15,000,000	(①)	(②)
카카오	625,000	5,000	10,000,000	(③)	(④)
네이버	3,800,000	9,500	19,000,000	(⑤)	(⑥)

해설 | • CPC : 총비용/클릭수
- CTR : (클릭수/노출수)×100
- 구글 : 15,000,000/6,000=2,500원,
(6,000/1,000,000)×100=0.6%
- 카카오 : 10,000,000/5,000=2,000원,
(5,000/625,000)×100=0.8%
- 네이버 : 19,000,000/9,500=2,000원,
(9,500/3,800,000)×100=0.25%

06 다음 빈칸의 값을 구하시오.

검색 사이트	클릭수	총비용	전환수	CVR	CPA
구글	5,000	15,000,000	2,000	(①)	(②)
카카오	5,000	10,000,000	1,000	(③)	(④)
네이버	7,500	15,000,000	1,500	(⑤)	(⑥)

해설 | • CVR : (전환수/클릭수)×100
- CPA : 총광고비/전환수
- 구글 : (2,000/5,000)×100=40%,
15,000,000/2,000=7,500원
- 카카오 : (1,000/5,000)×100=20%,
10,000,000/1,000=10,000원
- 네이버 : (1,500/7,500)×100=20%,
15,000,000/1,500=10,000원

07 다음 빈칸의 값을 구하시오.

기업	광고비	매출액	이익률	ROI	ROAS
A사	1,000,000	30,000,000	20%	(①)	(②)
B사	800,000	16,000,000	15%	(③)	(④)
C사	500,000	10,000,000	10%	(⑤)	(⑥)

해설 | • ROI : [순이익(매출액×이익률)]/광고비×100
- ROAS : (매출액/광고비)×100
- A사 : ROI=[(3,000만원×0.2)/100만원]×100
=600%, ROAS=[(3,000만원)/100만원]×100
=3,000%
- B사 : ROI=[(1,600만원×0.15)/80만원]×100
=300%, ROAS=[(1,600만원)/80만원]×100
=2,000%
- C사 : ROI=[(1,000만원×0.1)/50만원]×100
=200%, ROAS=[(1,000만원)/50만원]×100
=2,000%

08 검색광고의 광고비용이 2,000만 원을 지불하고 광고를 통한 매출이 1억 원이다. 그렇다면, 광고비 외에 다른 비용은 투입되지 않았다고 한다면, ROI와 ROAS의 합은 얼마인가?

해설 | ROI와 ROAS를 구하여야 하는데 ROI의 경우 이익에 관한 다른 언급이 없기 때문에 광고비 2,000만 원만 매출 1억 원에서 제외하면 된다. 우선 ROI=(8,000만원/2,000만원)×100=400% 이며, ROAS=(1억/2,000만원)×100=500%이다.

PART 01

PART 02

PART 03

PART 04

PART 05

PART 06

정답 01 ③ 02 ② 03 ② 04 ④ 05 ① 2,500원, ② 0.6%, ③ 2,000원, ④ 0.8%, ⑤ 2,000원, ⑥ 0.25% 06 ① 40%, ② 7,500원, ③ 20%, ④ 10,000원, ⑤ 20%, ⑥ 10,000원 07 ① 600%, ② 3,000%, ③ 300%, ④ 2,000%, ⑤ 200%, ⑥ 2,000% 08 900%

09 다음은 각 매체에서 제공하는 광고성과 보고서 유형이다. 빈칸에 들어갈 보고서는?

네이버	다차원 보고서, 프리미엄 로그분석 보고서, 대용량 보고서
카카오	( )
구글	구글 애널리틱스 성과보고서

해설 | 카카오 검색광고 성과보고서는 맞춤보고서이다.

10 다음에서 설명하고 있는 것은 무엇인가?

- 네이버 검색광고에서 무료로 제공하는 서비스
- 자동추적 기능을 통해 웹사이트에 방문한 유저의 구매 전환, 매출 등의 데이터를 수집하여 분석하는 도구

해설 | 네이버 검색광고에서 무료로 제공하는 서비스로 자동추적 기능을 통해 웹사이트에 방문한 유저의 구매 전환, 매출 등의 데이터를 수집하여 분석하는 도구는 프리미엄 로그분석이다.

정답 09 맞춤보고서　10 프리미엄 로그분석

1. 키워드 사후관리

(1) 사후관리의 개요

① 키워드 사후관리 또는 랜딩페이지 관리로 구분 가능

② 키워드 사후관리를 통해 광고를 끊임없이 최적화하고, 랜딩페이지 관리를 통해 힘들게 방문한 고객들이 이탈되지 않고 전환으로 연결할 수 있도록 사후관리를 계속해야 함

(2) 키워드 사후관리

① 성과 향상을 위해 고려해야 할 지표는 CTR(클릭률), CVR(전환율)

② CTR은 광고가 노출된 횟수 대비 클릭을 받은 비율을 의미

③ CVR은 클릭을 통해서 방문한 고객이 전환 행동을 한 비율을 의미

> **빈 칸 채우기**
>
> 키워드 성과향상을 위해 항상 고려해야 할 지표는(   )와/과
> (   )이다.
>
> 정답 | CTR, CVR

(3) 키워드 사후관리 방법

① CTR, CVR이 모두 높은 경우

  ㉠ 효과가 검증된 키워드이므로 유사한 의미의 세부 키워드를 발굴

  ㉡ 최적의 광고 컨디션, 키워드와 소재, 랜딩페이지가 모두 좋을 때 가능

  ㉢ 효과가 검증된 고효율 키워드를 바탕으로 연관 키워드와 세부 키워드를 확장하는 전략

  ㉣ 시즌 키워드나 이슈 키워드를 확장하는 것도 좋은 방법

② CTR은 높고 CVR은 낮은 경우

  ㉠ 광고의 노출순위나 소재는 매력적이나 사이트에 방문하여 전환 행동이 발생하지 않는 상태

  ㉡ 랜딩페이지에서 고객이 원하는 것을 찾지 못했거나 전환 단계에서 이탈 요소가 있다는 뜻

  ㉢ 랜딩페이지 개선, 사이트의 편의성 및 전환 단계 간소화

③ CTR은 낮고 CVR은 높은 경우

    ㉠ 클릭률은 낮지만 일단 방문한 고객은 높은 확률로 전환으로 이어지는 경우

    ㉡ 일단 방문한 고객은 높은 전환율을 보이므로 많이 방문시키는 것이 중요

    ㉢ 광고소재의 매력도가 낮은지, 키워드 입찰 순위가 낮은지 점검

    ㉣ 광고소재를 좀 더 클릭하고 싶을 만한 매력적인 요소를 더해 개선, 다양한 확장소재 활용, 입찰전략 수정

    ㉤ 노출순위를 높여 방문자수를 확대

④ CTR, CVR이 모두 낮은 경우

    ㉠ 광고의 클릭률과 전환이 모두 낮은 경우 키워드와 광고소재가 모두 적합한지를 먼저 점검한 후 연관성이 낮은 키워드들부터 중단을 고려해야 함

    ㉡ 광고비용을 많이 소진하고 전환 없는 키워드는 입찰가를 낮추거나 광고 중단(OFF)

(4) 전환율 감소의 원인

① 광고 대상과 연관도 낮은 키워드 구매 : 키워드/광고소재의 구체성 결여

② 랜딩 페이지의 비효율적인 구성(사이트 구성)

(5) 클릭률 증가의 원인

① 일 예산을 높이거나 키워드의 입찰가를 높이면 광고에서 더 많은 노출되고 그 결과로 더 많은 클릭이 발생할 수 있음

② 계절적 요인, 이벤트, 행사, 언론 보도 등 특정 주제에 대하여 관심이 급증하여 트래픽이 증가할 수 있음

③ 키워드 및 광고소재 변경에 따른 광고그룹의 품질지수가 상승할 수 있으며, 그 결과로 노출 우대를 받을 수 있음

④ 타 네트워크에 광고 게재(추가 및 변경)로 클릭수가 늘어날 수 있음

2. 랜딩페이지 관리

(1) 개념

① 랜딩(landing)은 '착륙'이라는 의미로, 랜딩페이지는 <u>고객이 광고, 이메일, 또는 검색을 통해 처음 접하게 되는 페이지</u>

② 페이지 방문자에게 어떤 행동을 권하거나 유도하는 '시작하기', '구독' 또는 '지금 구입'과 같은 전략적 <u>CTA(Call To Action)를 활용해 전환율을 높이는 것이 중요</u>

한번더클릭

랜딩페이지에서 CTA(Call To Action)의 중요성
- '시작하기', '구독' 또는 '지금 구입'과 같이 사용자에게 어떤 행동을 권하거나 유도하는 행위 혹은 요소
- 버튼, 링크, 배너 등의 형태로 만들어지며, 방문자의 시선을 사로잡고 전환 페이지로 이동시키는 것이 주된 목적이기에 전환율 상승에 중요

---

(2) 광고 극대화를 위한 랜딩페이지의 구성요소

① 랜딩페이지는 <u>키워드가 포함되어야 함</u>

② <u>특별한 판매 조건이나 구매 결정을 바로 내릴 수 있는 혜택이 포함된 것이 효과적</u>

③ 특별한 타겟이나 시즈널 이슈 등 세부적인 니즈에 따라 페이지를 별도로 구성

④ 상품이나 서비스의 장점에 대한 증거를 제시하는 것이 좋음

⑤ 상품이나 서비스의 상세 설명은 있어야 함

⑥ 다양한 디바이스 환경을 고려해야 함

⑦ 상품 구매 및 서비스 예약 등과 같은 행동을 즉각적으로 할 수 있는 요소가 꼭 들어가야 함

⑧ 예상되는 고객들의 특성을 파악해 랜딩페이지를 디자인하는 것이 좋음

(3) 랜딩페이지의 성과분석 지표 : <u>반송률, 페이지뷰, 방문당 체류시간, 전환율, 구매 전환율</u>

① 반송률

㉠ 사이트에 방문한 후에 페이지 이동 없이 바로 이탈한 경우를 '반송'이라고 함

ⓛ 사이트에서 그 어떤 전환도 하지 않고 사이트를 이탈한 것을 말하기 때문에 이탈률이라고도 함

ⓒ 반송률은 방문자 수 대비 반송 수의 비율 데이터를 의미=(반송수/방문수)×100

② 페이지뷰

㉠ PV(Page View) : 사용자가 홈페이지를 열어본 횟수

ⓛ 사용자가 특정 사이트 내의 홈페이지를 클릭하여 열어본 횟수

③ 방문당 체류시간

㉠ DT(Duration Time) : 방문자가 사이트에 들어와서 체류한 시간

ⓛ 랜딩페이지 효과분석 지표로 활용

(4) 광고 극대화를 위한 랜딩페이지 전략

① 메인페이지보다 키워드와의 관련성이 높은 페이지로 연결하는 것이 좋음

② 제품의 구매 후에 만족도가 높기 때문에 후기 콘텐츠가 노출되는 위치를 만드는 것이 좋음

③ 진행하는 광고의 특성에 맞춰 별도의 광고용 랜딩페이지를 제작하는 것도 좋음

④ 웹사이트의 전반적인 컨디션이 열악하여 전체적인 리뉴얼로 개선 기간이 너무 오래 걸린다면 별도의 광고 전용 랜딩페이지를 빠르게 제작하여 활용하는 것도 방법

⑤ 모바일에서 노출되는 광고는 반드시 모바일에 최적화된 사이트로 연결되어야 효과적

⑥ 다양한 랜딩페이지 대안이 있는 경우 기획자의 감에 의한 선택보다는 AB Test를 통해 데이터에 근거한 선택을 하는 것이 좋음

(5) 랜딩페이지 최적화 작업을 위한 점검 항목

① 소비자가 무엇을 해야 할지 안내하듯 명확하게 나타냈는지

② 카피라이팅은 명확하고, 급박하게 제시하고 있는지

③ 소비자가 원하는 정보를 최상단에 위치되어 있는지

④ 사진과 글꼴, 색상은 브랜드의 서비스와 상품을 가장 잘 나타내고 있는지

⑤ 고객 DB 확보가 목표라면 '신청하기', '구독하기', '상담하기' 등의 명확한 입력란을 설정해야 함

⑥ 즉각적인 구매 행동 유발이 목표라면, 랜딩페이지에 긴급하고 급박한 메시지를 걸어둔 후 구매 페이지로 이동하는 CTA을 삽입

> **한번더클릭**
>
> 랜딩페이지의 성과분석 지표
> - 반송률
> - 페이지뷰
> - 방문당 체류시간
> - 전환율(구매전환율)

(6) CTA 최적화를 통한 전환율 극대화

① CTA(Call To Action)는 사용자가 어떤 행동을 하도록 유도하거나 요청하는 메시지로, 사용자의 행동을 부르는 버튼, 링크 혹은 배너 이미지를 말함

② 웹사이트에 전략적으로 배치하여 방문자가 리드고객 또는 구매고객이 되도록 권장

③ CTA 최적화는 CTA 버튼의 클릭률을 높이기 위해 수행하는 모든 작업으로 CTA는 고객의 전환율을 높이는 역할

④ CTA를 유도하는 방법
  ㉠ 구체적인 수치 등을 사용하거나 가치나 혜택을 명확하게 제시하면 방문자의 행동 유도에 도움
  ㉡ CTA 버튼의 디자인, 레이아웃, 색상 등을 통해 전환율 향상 가능
  ㉢ CTA 버튼을 클릭하고 이해하기 쉬운 크기로 제작
  ㉣ CTA 버튼 문구는 짧고, 읽기 쉽게 작성
  ㉤ 행동을 유도하기 위해서는 긴박감을 느끼는 문구나 긴급함이 느껴지는 표현 활용
  ㉥ 랜딩페이지당 한 개만의 CTA 버튼을 사용하는 것이 적당
  ㉦ CTA 버튼의 배치 위치는 여러 위치를 찾아 테스트한 후에 성과가 가장 좋은 곳으로 선택
  ㉧ 개인 맞춤형 CTA 메시지를 사용하는 것이 좋음

출제예상문제

01 랜딩페이지의 성과를 분석하기 위해 파악해야 하는 지표가 아닌 것은?

① 반송률　　　　② 방문당 체류시간

③ 구매 전환율　　④ 노출수

해설 | 랜딩페이지를 위해 많은 것을 고려해야 하지만 그 중 반송률, 방문당 체류시간, 구매 전환율 등은 중요한 지표 중의 하나이다.

02 광고 성과 극대화를 위한 랜딩페이지 최적화 방법이 아닌 것은?

① 소비자가 무엇을 해야 할지 안내하듯 명확하게 나타내어야 한다.

② 소비자가 원하는 정보를 최상단에 위치시켜야 한다.

③ 즉각적인 구매 행동 유발을 목표로 하는 것은 소비자에게 부담을 주기 때문에 지양하는 것이 좋다.

④ 고객 DB 확보가 목표라면 '신청하기', '구독하기', '상담하기' 등의 명확한 입력란을 설정한다.

해설 | 즉각적인 구매 행동 유발이 목표라면, 랜딩페이지를 통해 긴급하고 급박한 메시지를 걸어둔 후 구매 페이지로 이동하는 링크를 삽입한다.

03 광고 극대화를 위한 랜딩페이지 구성요소가 아닌 것은?

① 랜딩페이지는 키워드가 포함되어야 한다.

② 특별한 판매 조건이나 구매 결정을 바로 내릴 수 있는 혜택이 포함된 것이 좋다.

③ 상품이나 서비스의 장점에 대한 증거를 제시하는 것이 좋다.

④ 광고 목표가 구체적이지 못하면 문제점을 정확하게 발견하지 못한다.

해설 | ④ 광고효과 분석 방법 기초 중 단계별 효과분석 방법을 설명한 것이다.

04 다음 중 키워드 관련 효과분석의 사후관리 방법으로서 적절하지 않은 것은?

① 클릭률이 높지만, 전환율이 낮은 키워드는 키워드-광고문구-랜딩페이지 간의 관련성을 점검한다.

② 성과 향상을 위해 고려해야 할 지표는 CTR, CVR이다.

③ CTR과 CVR이 모두 높을 경우, 키워드와 광고소재가 모두 적합한지를 먼저 점검한 후 광고 중단을 고려해야 한다.

④ 평균 노출순위가 너무 낮다면 현재 데이터를 기준으로 성과를 판단하는 것에는 한계가 있다.

해설 | CTR과 CVR이 모두 낮은 경우에는 키워드와 광고소재가 모두 적합한지를 먼저 점검한 후 광고 중단을 고려해야 한다.

05 검색광고 사후관리를 통한 개선 방향이 아닌 것은?

① 키워드 유형별로 랜딩페이지를 설정한다.

② 광고소재를 통해 기대한 바를 충족시킬 수 있는 페이지로 연결해야 성과를 높일 수 있다.

③ 사이트 장바구니 및 UI 및 페이지 디자인을 개선한다.

④ 할인쿠폰 이벤트와 같은 광고소재를 보고 방문하고 연결된 페이지에서 이벤트 내용을 쉽게 찾을 수 없게 하는 것이 구매율을 높일 수 있다.

해설 | 할인쿠폰 이벤트와 같은 광고소재를 보고 방문했으나, 연결된 페이지에서 이벤트 내용을 찾을 수 없다면 구매 전환은 일어나기 매우 어려우므로 다른 방법을 모색해야 한다.

06 다음은 랜딩페이지와 구매율에 대한 설명이다. 괄호 안에 들어갈 숫자는?

객단가가 10만 원인 광고주의 목표 ROAS는 250%다. 이때 이 광고주가 지급할 수 있는 최대 CPS는 (①)이다. 그리고 랜딩페이지의 최적화로 구매율이 5%에서 10%로 상승한다면 (②)이/가 된다.

해설 | ① CPS : 10만 원÷250%×100=40,000원
② 구매율이 5%에서 10%로 2배 상승하면 CPS는 1/2배 상승하므로 40,000×1/2=20,000원

07 사이트에 방문한 후 페이지 이동 없이 바로 이탈한 비율을 나타내는 용어로써, 랜딩페이지가 효과적인지 판단하는 지표로 활용되는 것은 무엇인가?

해설 | 사이트를 방문한 후 페이지 이동 없이 바로 이탈한 비율은 반송률이다. 이는 랜딩페이지가 효과적인지를 판단하는 지표로 활용된다.

08 다음에서 설명하고 있는 것은 무엇인가?

· 이것은 광고를 통해 사용자가 사이트로 유입 후 특정 행동을 취하는데 드는 전환당 비용을 말한다.
· 이것은 낮을수록 광고효과가 좋았다고 할 수 있다.

해설 | 전환당 비용은 CPA(Cost Per Action)로 이 값이 낮을수록 좋다.

09 '착륙'이라는 의미로 고객이 광고, 이메일 또는 검색을 통해 처음 접하게 되는 페이지는 무엇인가?

해설 | 검색엔진, 광고 등을 통해 방문하게 되는 페이지는 랜딩페이지이다. 랜딩페이지는 메인페이지가 될 수도 있고, 카테고리나 제품 상세페이지, 이벤트 페이지가 될 수도 있다.

정답　01 ④　02 ③　03 ④　04 ③　05 ④　06 ① 40,000원, ② 20,000원　07 반송률(혹은 이탈률)　08 CPA(Cost Per Action)
09 랜딩페이지

10 다음 빈칸에 공통으로 들어갈 용어는 무엇인가?

( )은/는 키워드와 랜딩페이지 ( )로/
으로 크게 구분된다. 끊임없이 키워드를 최적화하고,
랜딩페이지 관리를 통해 힘들게 방문한 고객들이 이
탈되지 않고 전환으로 연결되도록 ( )을/를
철저히 해야 한다.

해설 | 키워드 사후관리를 통해 광고를 끊임없이 최적화
하고, 랜딩페이지 관리를 통해 힘들게 방문한 고
객들이 이탈되지 않고 전환으로 연결할 수 있도록
사후관리를 철저히 계속해야 한다.

정답 | 10 사후관리

PART

04

최신
기출복원유형문제

제1회

객관식 | 01~40

01 다음 중 소셜미디어의 특징으로 볼 수 없는 것은?

① 대화
② 비공개성
③ 참여
④ 연결

02 다음 중 종량제 상품에 대한 설명으로 옳지 않은 것은?

① 자유로운 게재 및 중지로 광고를 탄력적으로 운영할 수 있다.
② 꾸준히 품질지수를 관리하면 노출순위를 높이는 데 도움이 된다.
③ 실시간 광고 관리 및 수정 기능으로 효율성이 높다.
④ CPA가 높아지면 광고효과도 좋아진다.

03 다음에서 설명하는 디지털 미디어는 무엇인가?

> 제3자에 의해 창작되고 소유되어 소비자로부터 신뢰와 평판을 획득할 수 있는 모든 종류의 퍼블리시티를 의미한다.

① 온드 미디어(Owned media)
② 콘텐츠 미디어(Contents media)
③ 언드 미디어(Earned media)
④ 페이드 미디어(Paid media)

04 다음 중 전통적 산업사회에서 4P로 정의되던 기업의 마케팅 전략이 디지털 감성 시대가 되면서 발전된, 디지털 마케팅 전략의 4E의 요소가 아닌 것은?

① Evaluation
② Evangelist
③ Experience
④ Enthusiasm

05 다음 중 온라인 비즈니스 유형 중 판매 방식에 따른 유형 구분으로 해당되지 않는 것은?

① 커뮤니티형
② 가격지향형
③ 중개형
④ 정보제공형

06 다음 중 매출액 또는 판매가격의 일정 비율을 마케팅의 판촉(프로모션) 예산으로 산정하는 예산 설정 방법은 무엇인가?

① 판매가격 활용법
② 가용예산 활용법
③ 매출액 비율법
④ 판매가격 비율법

07 다음 중 온라인 비즈니스 모델의 성공 요인으로 볼 수 없는 것은?

① 판매 경험
② 차별화된 콘텐츠 및 서비스
③ 지속적인 수익 창출
④ 스피드로 기회 선점

08 다음 중 검색광고의 특징이 아닌 것은?

① 대표 키워드를 사용할수록 타겟이 명확해져서 검색광고의 효율성이 높아진다.
② 광고시스템을 통해서 매일 효과를 확인하고 탄력적으로 운영할 수 있다.
③ 광고시스템에서 광고 효과를 실시간으로 확인할 수 있다.
④ 노출순위는 최대클릭비용(입찰가) 외에 광고품질에 따라 달라지므로 품질관리가 중요하다.

09 다음 중 파워링크 광고 등록에 대한 설명으로 옳지 않은 것은 무엇인가?

① 광고 만들기 단계에서 키워드와 소재를 입력할 수 있다.
② 광고소재는 제목 15자, 설명 45자까지 입력 가능하다.
③ 설명에 키워드를 삽입하면 볼드(진하게) 처리되어 노출된다.
④ 대량관리에서 키워드 대량 등록은 가능하나, 소재 대량 등록은 할 수 없다.

10 다음 중 비즈채널에 대한 설명으로 적절하지 않은 것은?

① 웹사이트, 쇼핑몰 등 고객에게 상품 정보를 전달하고 판매하기 위한 모든 채널을 의미한다.
② 웹사이트는 광고의 대상이 되는 상품을 판매하는 쇼핑몰 사이트 정보로, 쇼핑검색광고 진행을 위해서는 비즈채널로 웹사이트를 등록할 필요가 없다.
③ 전화번호 비즈채널은 '전화번호' 유형과 '통화추적번호' 유형 중 선택하여 등록할 수 있다.
④ 광고 집행을 위해서 캠페인 유형에 맞는 비즈채널을 반드시 등록해야 한다.

PART 01
PART 02
PART 03
PART 04
PART 05
PART 06

11 다음 중 네이버 광고그룹에 대한 설명으로 틀린 것은?

① 캠페인 활동에 대한 개별 실행 방법을 설정하는 단위이다.

② 파워링크 유형의 광고그룹에서는 웹사이트, 하루예산, 매체, 노출 시간과 요일을 설정할 수 있다.

③ 광고그룹은 누구에게 무엇을 보여주고 어디로 안내할 것인가를 설정할 수 있다.

④ 파워링크 유형의 광고그룹 안에는 키워드와 소재가 존재한다.

12 다음 중 모바일 광고 유형에 대한 설명으로 틀린 것은?

① 인 앱(In-App) 광고 : 앱 다운로드 전에 배너 형태로 나타나는 광고 유형이다.

② 인터스티셜 광고(Interstitial ad) : 특정 페이지에서 다른 페이지로 이동 시 나타나는 광고로 모바일 스크린 전면에 게재되어 사용자의 주목도가 높다.

③ 네이티브 광고 : 이용하는 콘텐츠의 일부처럼 보이도록 하여 관심을 끌고 자연스럽게 이끄는 형태의 광고를 말한다.

④ 동영상 광고 : 동영상이 나오는 환경에서 다양한 콘텐츠의 시청 전(프리롤 광고), 콘텐츠 시청 중간(미드롤 광고), 콘텐츠 시청 후에 나오는 광고(포스트롤)를 말한다.

13 다음 중 네이버 검색광고 등록 프로세스에 대한 설명으로 가장 알맞은 것은?

① 사이트검색광고 광고그룹 만들기 단계에서 기본 입찰가를 설정한다.

② 사이트검색광고 광고 만들기 단계에서만 키워드 입찰가를 설정할 수 있다.

③ 쇼핑검색광고 캠페인 만들기 단계에서 자동입찰 기능을 설정할 수 있다.

④ 브랜드검색광고 캠페인 만들기 단계에서 광고 노출 기간을 설정할 수 있다.

14 다음 중 검색광고 용어에 대한 설명으로 틀린 것은?

① T&D : 광고에 노출되는 제목과 설명으로, 광고소재의 필수요소

② 순위지수 : 노출순위를 결정하는 지수

③ PV : 중복되지 않은 방문자 수치로 순 방문자 수

④ DT(Duration Time) : 방문자가 사이트에 들어와서 체류한 시간

15 다음 중 카카오의 검색광고 등록 시스템에 대한 설명으로 적절하지 않은 것은?

① 키워드 만들기 단계에서는 키워드 입찰가를 입력할 수 없다.

② 광고를 노출할 매체 유형과 디바이스(모바일/PC)를 광고그룹에서 설정한다.

③ 키워드 확장과 제외할 키워드를 광고그룹에서 추가할 수 있다.

④ 캠페인에서 비즈채널, 캠페인 이름, 전환추적, 추적 URL, 일예산을 설정한다.

16 다음 중 네이버의 광고상품 중 경매(입찰)방식 구매 상품이 아닌 것은?

① 쇼핑검색광고
② 사이트검색광고
③ 브랜드검색광고
④ 콘텐츠검색광고

17 다음 중 네이버 검색광고의 대량관리 기능에 대한 설명으로 틀린 것은?

① 시스템에 등록한 대량 작업이 필요한 광고를 다운로드받을 수 있다.
② 대량으로 키워드 입찰가를 수정할 수 있다.
③ 대량 그룹 복사 시, 그룹 하위 항목인 확장소재는 복사할 수 없다.
④ 대량관리 기능을 통해 키워드의 대량 삭제는 할 수 없다.

18 다음 중 네이버의 검색광고 상품별 키워드 입찰가 설정에 대한 설명으로 적절하지 않은 것은?

① 쇼핑검색광고 중 쇼핑 브랜드형은 광고그룹에서 기본 입찰가와 키워드별 입찰가 설정이 가능하다.
② 쇼핑검색광고 중 제품 카탈로그형은 키워드 입찰가 설정이 가능하다.
③ 쇼핑검색광고 중 쇼핑몰 상품형은 최소노출 입찰가, 순위별 평균 입찰가 등 원하는 입찰방식을 선택하여 입찰가를 설정할 수도 있다.
④ 파워링크 키워드 순위별 평균 입찰가는 최근 4주간 노출된 광고의 입찰가를 바탕으로 제공된다.

19 다음 중 네이버 광고시스템의 기본 설정에서 확인 가능한 지표가 아닌 것은?

① 클릭수   ② 노출수
③ 전환수   ④ 평균클릭비용(CPC)

20 다음 중 확장소재에 대한 설명으로 옳지 않은 것은?

① 구글 확장소재의 경우 '고객 문의 유도' 목표에는 '전화번호 광고 확장', '리드 양식(메시지) 광고 확장' 유형이 있다.
② 파워링크의 경우 캠페인, 광고그룹, 키워드 단위로 확장소재를 등록할 수 있다.
③ 파워콘텐츠 광고는 확장소재를 등록할 수 없다.
④ 파워링크 이미지 확장소재는 등록 후 검토가 진행되고, 검수가 통과되어야 노출된다.

21 다음 중 광고품질 관리에 대한 설명으로 옳지 않은 것은?

① 네이버, 카카오, 구글 검색광고 모두 광고품질을 측정한다.
② 네이버와 카카오의 품질지수는 7단계의 바 형태로 제시된다.
③ 구글의 품질평가점수는 1점부터 6점으로 측정된다.
④ 네이버 쇼핑검색광고 품질지수는 소재마다 부여되며, 여러 광고품질을 평가할 수 있는 요소들을 반영해 산정된다.

PART 01
PART 02
PART 03
PART 04
PART 05
PART 06

22 다음 중 네이버 검색광고의 광고그룹 상태에 대한 설명으로 옳은 것은?

① 중지 : 비즈채널 노출제한 – 비즈채널 검토 전 또는 검토가 진행 중인 상태
② 일부 노출 가능 : PC – 모바일 매체만 노출 가능한 상태
③ 중지 : 광고그룹 예산도달 – 캠페인 하루예산 초과
④ 중지 : 캠페인 기간 외 – 캠페인 광고노출 기간 종료

23 다음 중 구글애즈(Google ads) 시스템에 대한 설명으로 틀린 것은?

① 캠페인, 광고그룹, 키워드, 광고 수준별로 복사가 가능하다.
② 키워드 목록에서 키워드 입찰가 변경이 불가능하다.
③ 키워드 등록 시에 기본적으로 키워드 검색 유형이 확장검색으로 설정된다.
④ 키워드 복사 시 여러 그룹을 선택하여 복사할 수 있다.

24 다음 중 카카오의 키워드 광고시스템에 대한 설명으로 옳지 않은 것은?

① 개별 그룹을 선택하여 광고그룹을 복사할 수 있다.
② 캠페인 이름을 클릭하면 해당 캠페인에 속한 광고그룹 목록을 확인할 수 있다.
③ 광고그룹 이름을 클릭하면 광고그룹별로 등록된 키워드 목록을 확인할 수 있다.
④ 광고그룹 목록에서 그룹별 품질지수를 확인할 수 있다.

25 다음 중 네이버 검색광고에서 복사하기 기능에 대한 설명으로 옳지 않은 것은?

① 광고그룹 복사 : 해당 그룹 하위의 키워드, 소재 등도 함께 복사된다.
② 광고그룹 복사 : 키워드 품질지수를 포함해서 복사할 수 있다.
③ 키워드 복사 : 키워드 입찰가를 포함해서 복사할지를 선택할 수 있다.
④ 키워드 복사 : 키워드 연결 URL을 포함해서 복사할지를 선택할 수 있다.

26 다음 중 검색광고 기획 단계에 대한 설명으로 옳지 않은 것은?

① 환경분석 : 사용자분석, 경쟁사분석, 자사분석을 비롯해 현재의 시장환경을 분석하는 것을 말한다.

② 목표설정 : 목표 달성을 위한 전략으로 검색광고 상품 선정, 키워드와 소재 등의 전략을 말한다.

③ 일정계획 : 검색광고의 노출 등을 포함한 일정에 대한 계획을 말한다.

④ 예산책정 : 목표를 달성하는 데 있어 필요한 예산을 정하는 것을 말한다.

27 다음 중 검색광고 효과를 매일 분석해야 하는 이유로 옳지 않은 것은?

① 같은 키워드라도 매일 매일 키워드의 상황이 달라져 그 성과가 달라질 수 있다.

② 당일 실시간 성과 데이터 분석으로 유의미한 결과 획득은 어렵다.

③ 상당히 많은 키워드 및 광고 상품이 존재하기 때문에 효과분석을 통해 가장 효과적인 조합을 찾아야 한다.

④ 각 매체사별로 시스템을 통해 실시간 효과분석이 가능하다.

28 다음 광고 결과 데이터를 통해 얻은 광고효과로 옳게 짝지어진 것은?

방문수	클릭률(%)	광고비(원)	물품단가(원)	전환수
10,000	5%	5,000,000	35,000	700

① 노출수=250,000, CVR=7%

② CVR=7.5%, ROAS=490%

③ CVR=7%, ROAS=490%

④ 노출수=400,000, CVR=7.5%

29 다음 중 네이버 검색광고에서 제공하는 프리미엄 로그분석에 대한 설명으로 옳지 않은 것은?

① 웹사이트에 전환추적 스크립트를 삽입해야만 확인할 수 있다.

② 간접전환수는 광고 클릭 이후 60분부터 전환추적 기간 내에 발생한 전환수로서, 전환추적 기간은 30일 이내로 정해져 있다.

③ 별도의 엑셀 작업 없이 간편하게 기본 데이터와 전환 데이터를 분석할 수 있다.

④ 광고 관리시스템에서 성과 데이터를 손쉽게 확인해 빠르게 성과 개선을 할 수 있다.

PART 01
PART 02
PART 03
PART 04
PART 05
PART 06

30 다음 광고비용 대비 광고효과에 대한 설명으로 옳지 않은 것은?

① 투자대비 수익률을 ROI라고 하며, 광고를 통한 수익/광고비×100으로 계산한다.

② 광고비 100만 원을 투자하여 발생한 수익이 300만 원이라면, ROI는 300%이다.

③ 광고비 100만 원을 지출하여 발생한 매출액이 500만 원이라면, ROAS는 500%이다.

④ 일반적으로 ROI가 낮을수록 광고효과가 좋았다고 말할 수 있다.

31 다음의 검색광고의 결과에서 CPC와 ROAS는 얼마인가?

광고주 박소희 씨는 광고비 1,000,000원을 투자해 네이버에서 검색광고를 집행하였다. 1주 동안 50,000번의 노출과 4,000번의 클릭이 발생하였으며, 검색광고로 250번의 구매를 통해 2,500,000원의 매출이 발생하였다.

① CPC=200원, ROAS=200%

② CPC=200원, ROAS=250%

③ CPC=250원, ROAS=250%

④ CPC=250원, ROAS=400%

32 다음에서 설명하는 지표는?

네이버의 검색광고의 결과리포트에서 로그분석 없이 제공되는 기본 지표

① ROI

② ROAS

③ CPS

④ CTR

33 다음에서 설명하는 검색광고의 용어는?

검색광고를 통해 한 명의 소비자가 랜딩사이트를 방문하는 데에 투여된 비용

① CPC

② CVR

③ CPS

④ CTR

34 다음 중 검색광고의 용어에 대한 설명으로 적절하지 않은 것은?

① CTR은 검색광고가 노출된 횟수 대비 클릭이 발생한 비율이다.

② CPC는 총 광고비를 클릭수로 나누어 계산하며, 소비자가 클릭을 통해 웹사이트를 1회 방문하는 데에 투여된 비용이다.

③ ROAS는 광고비 대비 발생한 매출액의 비율로 광고효과를 나타낸다.

④ CVR은 검색광고를 통해 달성된 전환에 투여된 총비용을 의미한다.

35 다음 중 CTR이 낮은 키워드의 효과 개선 조치로 적절하지 않은 것은?

① 업종별 특성을 고려한 광고소재를 사용한다.

② 광고소재보다는 노출순위를 높이는 데에 더 집중해야 한다.

③ 타겟의 특성을 이해한 광고소재를 사용하면 더 효과적이다.

④ 다양한 확장소재를 활용하면 클릭률을 높일 수 있다.

36 다음 중 검색광고의 효과 분석 후 성과를 개선하기 위한 조치로 적절하지 않은 것은?

① CTR이 낮은 키워드는 광고소재 및 확장소재를 개선한다.

② ROAS가 높은 키워드는 입찰가를 낮추거나 노출수를 줄인다.

③ CVR이 높은 키워드를 중심으로 세부 키워드와 관련 키워드를 추가 구매한다.

④ CVR이 낮은 키워드는 랜딩페이지, 페이지뷰, 체류시간을 체크해 본다.

37 다음 중 랜딩페이지의 성과 분석을 위해 파악해야 하는 지표가 아닌 것은?

① 반송률
② 페이지뷰
③ 방문당 체류 시간
④ 입찰단가

38 다음 중 키워드 차원의 광고효과를 분석함으로써 가능한 사후 개선작업으로 옳지 않은 것은?

① ROAS, CPS의 목표 달성을 위해 가장 빠른 방법은 저성과 키워드를 제외하는 것이다.

② 전환율이 현저히 낮은 키워드의 경우에는 키워드와 랜딩페이지의 일관성이 적절한지를 점검한다.

③ 저성과 키워드는 제외하고, 고성과 키워드를 확장하고 신규 키워드를 발굴하는 데에 예산을 사용한다.

④ 저성과 키워드를 유지하면서 노출 점유율을 높일 수 있게 키워드 입찰가를 높인다.

39 다음 중 CTR과 CVR이 모두 높은 키워드에 대한 사후관리 방법으로 적합하지 않은 것은?

① 효과가 검증된 키워드이므로 유사한 의미의 세부 키워드를 발굴해 추가한다.

② ROAS와 ROI를 확인하여 비용 대비 성과 효율도 점검한다.

③ 가장 최적의 컨디션이므로 추가적인 조치를 할 필요가 없다.

④ 고성과 키워드이므로 시즌 키워드나 이슈 키워드를 확장하는 것도 좋은 방법이다.

40 다음 중 검색광고의 성과 향상을 위해서 랜딩페이지를 운영하는 방법으로 적절하지 않은 것은?

① 키워드의 클릭수가 감소하면 랜딩페이지를 변경하거나 개선한다.

② 전환율이 낮을 때에는 랜딩페이지를 변경하거나 개선한다.

③ 특정 타겟이나 시즈널 이슈 등 고객의 니즈에 따라 랜딩페이지를 구성하는 것이 좋다.

④ 랜딩페이지에 검색 키워드를 포함하는 것이 좋다.

41 다음은 어떤 마케팅에 관한 설명인가?

> • 기업의 사회적 책임과 마케팅을 결합시킨 용어로 사회적 이슈를 해결함과 동시에 기업의 이익을 동시에 추구하는 것이 핵심이다.
> • 소비자로 하여금 착한소비를 하게끔 유도하고 기업이 추구하는 사익과 공익을 동시에 얻는 것을 목표로 한다.

42 소비자의 구매 행동은 전통적인 과정인 AIDMA 형태에서 소비자의 능동적인 참여를 기반으로 하는 (   ) 과정으로 변화했다. 전통적인 AIDMA에서 변화된 소셜미디어 시대의 소비자들의 행동 변화 양상을 뜻하는 빈칸에 들어갈 단어는?

43 다음에서 설명하는 온라인 커머스 트렌드 사례는 어떤 전략인가?

> • 월마트의 오프라인 매장과 온라인 서비스의 유기적인 연계를 통해 오프라인 픽업 센터를 확대
> • 아마존의 세계 최초 무인점포인 Amazon Go 확대와 바코드 인식 자동 주문 서비스인 Dash 제공
> • 기업이 보유한 모든 온, 오프라인 채널을 통합하고 연결하여 판매를 증대시키고자 하는 전략

44 다음과 같은 광고 데이터를 얻었을 때에 CVR은?

노출수	클릭수	전환수	광고비
4,000	320	4	60,000

45 다음 빈칸에 들어갈 검색광고 기획의 단계는 무엇인가?

> • (   ) 단계는 광고를 통해 얻고자 하는 것이 무엇인지를 정하는 것이다.
> • (   )은/는 구체적이고, 명확해야 하며, 측정 가능한 것이어야 하며, 달성 가능한 기간이 명시되어야 한다.

46 다음은 네이버 검색광고에서 광고주 가입에 대한 설명이다. 빈칸 안에 들어갈 숫자를 모두 더하면 얼마인가?

> • 네이버 검색광고 광고주 가입은 사업자번호로 가입한 사업자의 경우는 최대 (㉠)개, 개인정보로 가입한 개인 광고주는 최대 (㉡)개의 계정을 생성할 수 있다.
> • 가입 신청자가 약관 및 정책 위반으로 직권해지된 이력이 있는 경우에는 회원가입을 직권 해지일로부터 (㉢)개월간 제한할 수 있다.

47 네이버의 파워링크 광고를 집행하기 위해서 반드시 입력해야 하는 기본소재 3가지는 무엇인가?

48 네이버 파워링크에서 다음과 같이 입찰가를 설정했을 경우, 모바일 통합검색 영역에 '핫팩' 키워드 노출에 적용되는 입찰가는 얼마인가?

- 광고그룹의 기본 입찰가 : 100원
- '핫팩' 키워드 입찰가 : 200원
- 모바일 입찰 가중치 : 250%
- PC 입찰 가중치 : 100%

49 구글 검색광고 키워드 등록 시, 다음에서 설명하는 검색에 광고가 게재될 수 있는 검색 유형은 무엇인가?

- 키워드의 의미가 포함되는 검색어에 광고 게재
- 검색의 정도 : 중간 수준

50 쇼핑검색광고-쇼핑브랜드형 광고 집행을 위해 현재 입찰가를 500원으로 설정해두고 있다. 입찰가 변경 기능을 통해 50% 감액했다면, 적용되는 입찰가는 얼마인가?

51 사이트검색광고의 광고소재를 등록하기 위해 광고 제목 문구를 다음과 같이 작성하였다. '귤따기체험' 키워드가 검색되었을 때에 광고소재에서 제목 문구는 어떻게 노출되는지 쓰시오. (띄어쓰기에 주의)

제주귤맛집 {키워드:귤체험} 햇살농장(글자수 : 14/15)

52 광고그룹에 등록한 키워드와 유사한 의미를 가진 키워드에 자동으로 광고를 노출할 수 있는 기능으로 다양한 유사 의미의 키워드로 광고 집행을 원할 경우에 사용하는 네이버 검색광고의 기능은 무엇인가?

53 네이버에서 광고를 집행하기 위해서는 광고 유형에 맞는 비즈채널을 등록해야 한다. 이때 콘텐츠검색광고를 집행하기 위해 비즈채널로 등록 가능한 것은 무엇인가?

54 다음은 한 검색광고의 결과 데이터이다. 이 데이터를 기반으로 하여 고객 1인당 구매가(객단가)는 얼마인가?

클릭수	클릭률	전환율	광고비	ROAS
2,000건	5%	5%	5,000,000원	400%

55 검색광고를 운영한 결과, 1,200,000원의 광고비를 투자하여 1,500%의 ROAS를 얻었다. 이 검색광고 운영을 통해 발생한 전환 매출은 얼마인가?

56 다음은 한 검색광고의 결과 데이터이다. 다음 빈칸에 들어갈 수는?

노출수	클릭수	CTR	CPC	총비용 (원)	구매 전환수	CVR
40,000	7,000	15%	600	3,600,000원	350	( )

57 다음은 한 검색광고의 결과 데이터이다. 아래의 표의 결과를 기반으로 CPC를 구하시오.

광고비 (원)	노출수	클릭수	구매수	수익 (원)	이익 (원)
2,000,000	1,000,000	10,000	100	15,000,000	8,000,000

58 다음 빈칸에 들어갈 용어는 무엇인가?

- 키워드의 클릭수와 CTR이 낮을 경우에는 광고소재에 대한 점검과 함께 입찰 단가를 높여 (   )을/를 조정해야 한다.
- 대체로 (   )에 따라서 클릭률 차이가 나기 때문이다.

59 다음 빈칸에 들어갈 용어는 무엇인가?

- 검색광고 캠페인의 CTR은 낮고 CVR이 높은 경우에는 클릭이 이루어지지 않는 이유를 찾아야 한다.
- CTR은 낮고 CVR이 높은 경우는 입찰 순위 점검과 함께 (   )을/를 개선하거나 교체해야 한다.

60 카카오의 확장소재 유형 중 하나로 1개의 이미지를 소재에 추가하여 시각적 주목도를 높이고, 클릭률 향상을 기대할 수 있는 확장소재 유형은 무엇인가?

01 다음에서 설명하는 것은 무엇인가?

> • 소비자가 소비 주체에서 생산 주체로 진화
> • 능동적 참여형 소비자로 생산에 관여

① 미디어렙　　　② 캠페인
③ 컨슈머　　　　④ 프로슈머

02 다음은 STP 전략 중 무엇을 설명하는 것인가?

> 기업이 원하는 대로 자사의 제품을 소비자에게 인식시켜 시장에서 자사의 제품이 독특한 위치를 차지할 수 있도록 자리잡는 것

① 타겟팅　　　　② 세분화
③ 포지셔닝　　　④ 미디어믹스

03 다음 중 디지털 마케팅에 대한 설명으로 틀린 것은?

① 디지털 시대의 소비자는 수동적이 아니라 능동적이다.
② 노출수, 클릭수, 클릭률, 전환 비용 등과 같은 데이터를 통해 마케팅 성과 분석이 쉽다.
③ 디지털 마케팅은 거래 → 관계, 소비 → 자산, 광고 → 정보 중심으로 변화했다.
④ TV광고는 디지털 마케팅 시장을 주도하고 있다.

04 다음 중 디지털 마케팅 유형 중 온라인 구전 마케팅의 유형으로 볼 수 없는 것은?

① 인플루언서 마케팅
② 포지셔닝 마케팅
③ 바이럴 마케팅
④ 버즈 마케팅

05 브랜드 메시지를 콘텐츠의 스토리 라인에 녹여 낸 브랜디드 콘텐츠 사례가 아닌 것은?

① 브랜드 웹툰
② 애드버게임(광고+게임)
③ 챗봇
④ 애드무비(광고+영화)

06 다음은 무엇을 설명하는 것인가?

> • 특정 페이지에서 다른 페이지로 이동할 때 나타나는 광고를 말한다.
> • 모바일 스크린 전면광고로 사용자의 주목도가 높고 다양한 크리에이티브가 가능하다.

① 인터스티셜 광고
② 모바일 광고
③ 인앱(In-App) 광고
④ 인-피드 광고

PART 01
PART 02
PART 03
PART 04
PART 05
PART 06

07 다음은 소비자 행동 단계와 효과 분석의 단계이다. 빈칸에 순서대로 들어갈 말로 알맞게 짝지어진 것은?

일반적 소비자 행동	인지	방문	구매
검색광고 소비자 행동	(㉠)	클릭	(㉡)
단계별 효과 측정	CPI	(㉢)	CPS

① 노출, 도달, CPC

② 노출, 구매, CPC

③ 노출, 구매, CPA

④ 구매, 도달, CPA

08 다음은 무엇에 대한 설명인가?

> 카카오 검색광고의 소재노출 방식으로 한 그룹에 2개 이상의 광고가 등록되었으면 광고 시스템에서 성과 분석을 통해 성과가 더 좋은 소재를 더 높은 비중으로 노출하는 방식

① 성과우선노출

② 브랜드검색광고

③ 바이럴 마케팅

④ 애드서버

09 검색광고 효과 분석 후 성과 개선을 위해 해야 할 행동이 아닌 것은?

① CTR이 낮은 키워드는 광고소재 및 확장소재를 개선한다.

② CTR이 낮은 키워드는 다양한 확장소재를 활용하면 클릭률을 향상시킬 수 있다.

③ CVR이 높은 키워드를 중심으로 세부 키워드와 관련 키워드를 추가 구매한다.

④ CVR이 낮은 키워드는 랜딩페이지 및 페이지뷰, 체류 시간을 체크한다.

10 다음과 같은 조건에서 빈칸에 들어갈 숫자의 모든 합은 얼마인가?

키워드	노출수	클릭수	CTR	CPC
마스크	(㉠)	11,000	22%	300원
광고비	구매건수	전환율	전환매출	ROAS
3,300,000	(㉡)	1%	16,500,000원	(㉢)%

① 500

② 50,610

③ 50,000

④ 50,110

11 다음의 설명에서 빈칸에 공통으로 들어갈 용어는 무엇인가?

> • (   )이/가 상승하면 ROAS도 상승해 랜딩페이지 관리를 통한 (   ) 상승은 광고효과에도 긍정적이다.
> • 키워드와 랜딩페이지 간의 연관성이 (   )을/를 높게 해서 랜딩페이지 관리는 중요하다.

① 최대클릭비용

② 자동입찰기능

③ 목표과업법

④ 구매율(구매전환율)

12 온라인 비즈니스의 개념이 아닌 것은?

① TV광고를 사용하여 광고하는 것이다.

② 디지털 경제의 핵심이자 차세대 기업 경쟁의 중심으로 주목받고 있다.

③ 온라인 비즈니스 모델은 기업의 인터넷 비즈니스 수익 창출의 원천이다.

④ 인터넷을 통한 양방향 정보 교류를 통해 물리적 상품 이외에도 무형의 디지털 상품을 거래의 대상으로 하는 비즈니스 영역이다.

13 다음 빈칸 안의 개념은 무엇인가?

> • 이것은 충분한 분석이나 합리적 비판 없이 쉽게 합의하려는 집단의 성향을 가리키면서 부정적인 의미로 사용되었으나, 디지털 시대에서는 개개인의 생각들이 모여 더욱 나은 해결 방안을 도출한다는 긍정적인 의미로 사용되고 있다.
> • 대표적인 사례는 '위키피디아'이다.

① 온라인 포털　　② 온라인 비즈니스
③ 집단지성　　　④ 온라인 커머스

14 온라인 포털이 제공하는 5C 서비스가 아닌 것은?

① 커뮤니케이션(Communication)
② 커뮤니티(Community)
③ 콘텐츠(Contents)
④ 커넥션(Connection)

15 다음 빈칸 안에 들어갈 단어로 적합한 것은 무엇인가?

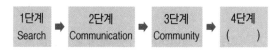

① Contents
② Commerce
③ Connection
④ Contents&Commerce

16 검색엔진의 종류가 아닌 것은?

① 디렉토리 검색　　② 챗봇 검색
③ 통합 검색　　　　④ 인덱스 검색

17 소셜미디어의 특징이 아닌 것은?

① 참여　　　　② 일방향성
③ 대화　　　　④ 커뮤니티

18 다음 중 대표적인 소셜미디어의 종류가 아닌 것은?

① 블로그 : 자신의 정보를 타인과 공유하기 위한 미디어
② 위키스 : 검색기반 정보 공유와 협업으로 지식을 창조하는 목적의 미디어로 편집과 관리에 참여 가능
③ 콘텐츠 커뮤니티 : 사용자가 자유롭게 플랫폼(커뮤니티)에 참여해서 콘텐츠를 소비하고 자신이 직접 콘텐츠를 올리는 플랫폼(커뮤니티)
④ 라이브 커머스 : 채팅으로 소비자와 소통하면서 상품을 소개하는 스트리밍 방송

19 다음 빈칸에 들어갈 적절한 개념은?

> • (　　　　)은/는 상품이나 서비스를 온라인으로 판매하는 것을 말함
> • (　　　　)은/는 소셜네트워크서비스(SNS)를 활용하여 이루어지는 전자상거래로서 소셜네트워크서비스가 결합된 형태임

① 온라인 포털
② 온라인 비즈니스
③ 온라인 커머스
④ 디지털 콘텐츠

20 다음 중 모바일 광고의 특징에 대한 설명으로 적절하지 않은 것은?

① 모바일 기기의 특성을 통해 위치기반 지역 광고나 개인 맞춤형 광고로 진화하고 있다.
② 시간과 공간의 물리적 제약 극복하여 높은 광고 메시지 도달률이 높다.
③ 즉각적 반응을 낼 수 있기 때문에 빠르게 구매로 연결 가능하다.
④ ROI 향상을 위해서는 무조건 광고노출을 극대화해야만 한다.

21 다음 중 디지털 콘텐츠 변환의 시사점이 아닌 것은?

① 기술 노하우 부족
② 디지털 콘텐츠 변환 비용
③ 경쟁력 확보
④ 인쇄미디어의 반등

22 다음 중 카카오 키워드 광고그룹에 대한 설명으로 옳지 않은 것은?

① PC 검색포털, 모바일 검색, PC 콘텐츠, 모바일 콘텐츠 영역의 노출 여부를 선택할 수 있다.
② 키워드 확장 기능을 통해 등록한 키워드와 연관도 있는 키워드를 노출할 수 있다.
③ 그룹에서 사용할 입찰가 지정은 불가능하다.
④ 그룹에서 사용할 집행 기간 및 요일·시간 설정이 가능하다.

23 다음 중 네이버 검색광고 상품이 아닌 것은?

① 파워링크
② 파워콘텐츠
③ 플레이스광고
④ 카카오톡 챗봇

24 다음 중 네이버 광고시스템 기본 설정에서 확인 가능한 지표가 아닌 것은?

① 노출수　　　　　② 클릭수
③ 평균클릭비용　　④ 전환수

25 다음 중 광고효과 산출 방법으로 틀린 것은?

① CTR=(클릭수/노출수)×100
② CPC=총 광고비/클릭수
③ CPS=총 광고비/구매건수
④ CVR=클릭수/전환수

26 다음 중 네이버/카카오 매체 리포트에서 기본적으로 파악할 수 있는 지표로 틀린 것은?

① 클릭 비용　　　　② 노출수
③ CTR　　　　　　④ ROAS

27 다음은 무엇에 대한 설명인가?

> • 상품이나 광고를 본 네티즌들이 퍼나르기 등을 통해 서로 전달하면서 자연스럽게 인터넷상에서 화제를 불러일으키는 마케팅 방식이다.
> • 소비자의 입에서 입으로 전해지는 광고라는 점에서 입소문 마케팅과 유사하지만 입소문 마케팅은 정보 제공자를 중심으로 전파되지만, 이것은 정보 수용자를 중심으로 전파된다.

① 인플루언서 마케팅
② 코즈 마케팅
③ 바이럴 마케팅
④ 디지털 마케팅

28 구매전환율이 5%이고 매출이익이 3만 원인 경우, 최대 허용 CPC는 얼마인가?

① 2,000원   ② 2,500원
③ 1,000원   ④ 1,500원

29 다음은 무엇을 설명하는 것인가?

> • (   )은/는 방문자 수 대비 반송 수의 비율 데이터를 의미한다.
> • 랜딩페이지의 효과를 분석하는 데 있어 사용되는 개념으로, 웹 사이트 접속자가 웹 사이트에 접속했으나 사이트 내에서 다른 페이지로 접속하거나 정보를 얻지 않고 그냥 나가는 비율을 의미한다.

① 반송률   ② 로그분석
③ 랜딩페이지   ④ SEO 최적화

30 다음은 제공 가치에 따른 온라인 비즈니스 유형에 따른 설명이다. A와 B에 들어갈 올바른 단어로 짝지어진 것은?

> • (A) : 온라인 비즈니스 유형 중 중고장터와 같은 소비자와 소비자 간의 거래 모델을 말한다.
> • (B) : 제품이나 서비스를 다른 비즈니스에 판매하는 유형으로 기업의 MRO 전문업체 활용이 대표적이다.

① C2C, B2B   ② C2C, D2D
③ C2C, B2G   ④ B2B, C2C

31 다음 중 검색광고 기획 과정으로 옳지 않은 것은?

① 웹사이트의 제품이나 서비스를 이용할 사용자를 정의하고, 이들의 특성을 파악하는 사용자 패턴을 분석한다.
② 경쟁사와의 비교분석을 통해 위협 요인은 줄이고, 기회 요인을 발굴해 경쟁에서 유리한 입지를 확보해야 한다.
③ 검색광고를 통해 달성하고자 하는 구체적인 목표를 수립한다.
④ 하나의 매체에만 광고를 집중적으로 운영하는 것이 광고효과가 높다.

32 ROAS가 300%, CPA가 10,000원인 사이트가 캠페인 최적화를 통해 구매율이 5배 상승했다. 이때의 ROAS와 CPA 변화로 옳은 것은 무엇인가? (단, 광고비 등 다른 요인은 변동이 없다고 가정한다.)

① ROAS : 1,500%, CPA : 2,000원
② ROAS : 600%, CPA : 5,000원
③ ROAS : 600%, CPA : 2,500원
④ ROAS : 1,200%, CPA : 5,000원

33 다음은 무엇을 설명하는 것인가?

> - (   )은/는 고객이 광고, 이메일, 또는 검색을 통해 처음 접하게 되는 페이지이다.
> - (   )은/는 방문자에게 어떤 행동을 권하거나 유도하는 '시작하기', '구독' 또는 '지금 구입'과 같은 전략적 CTA(Call to Action)를 활용해 전환율을 높이는 데에 중요한 역할을 수행한다.

① 랜딩페이지
② SEO 최적화
③ 사후관리
④ 프리미엄 로그분석

34 다음 중 CTR과 CVR이 모두 높은 경우의 키워드 사후관리 방법으로 적절하지 않은 것은?

① 효과가 검증된 키워드이므로 유사한 의미의 세부 키워드를 발굴한다.
② 최적의 광고 컨디션, 키워드와 소재, 랜딩페이지 모두 좋을 때 가능하다.
③ 광고 비용을 많이 소진하고 전환이 없는 키워드는 입찰가를 낮추거나 OFF 시킨다.
④ 효과가 검증된 고효율 키워드를 바탕으로 연관 키워드와 세부 키워드를 확장하는 전략을 사용한다.

[35~37] 다음을 한 키워드 광고의 집행 결과이다.

광고			매출	
광고비	클릭수	전환수	총매출	총이익
300,000	2,000	300	5,000,000	2,500,000

35 ROAS는 몇 %인가?

① 1,000%   ② 1,500%
③ 1,666%   ④ 2,000%

36 이때의 구매전환율(CVR)은?

① 10%   ② 15%
③ 20%   ④ 25%

37 CPC(클릭당 비용)은?

① 250원   ② 200원
③ 100원   ④ 150원

38 다음 중 광고효과 분석 과정 계산으로 옳지 않은 것은?

① CVR(구매전환율)=(전환수/클릭수)×100
② ROAS=(광고를 통한 매출/광고비)×100
③ CPC(클릭당 비용)=(총 광고비/클릭수)×100
④ ROI=(광고를 통한 수익/광고비)×100

39 다음 중 네이버 검색광고의 등록기준에 대한 설명으로 틀린 것은?

① 자신의 콘텐츠로 광고할 수 있다

② 유흥업소 사이트 및 해당 업소의 직업정보 제공사이트는 성인인증 등의 청소년 보호조치를 취할 경우 광고가 가능하다.

③ 파워콘텐츠는 소재 내 구매한 '키워드'가 포함되어있거나 '키워드'의 핵심 단어가 포함되어 있어야 광고가 가능하다.

④ 동일 키워드로 중복하여 광고할 수 없다

40 검색광고에서 매일 효과분석을 해야 하는 이유가 아닌 것은?

① 해외 직구 등 글로벌 시장에 대비하기 위함이다.

② 날마다 달라지는 키워드의 양과 질이 다르기 때문이다.

③ 실시간으로 광고 분석을 할 수 있기 때문이다.

④ 다양한 광고 상품이 존재하므로 최적의 조합을 찾는 것이 좋다.

단답식 | 41~60

41 다음 빈칸에 공통으로 들어갈 개념은 무엇인가?

- ( ) 모델은 온라인 비즈니스의 유형 중 소비자와 소비자 간의 거래 모델을 말한다.
- ( )의 대표적 플랫폼은 1995년 시작된 미국의 온라인 벼룩시장 크레이그스리스트(Craigslist)가 그 시초라고 할 수 있다. 크레이그리스트는 개인 판매자·구매자 모두 오프라인 벼룩시장에서처럼 온라인에서도 쉽게 물건을 사고팔 수 있게 연결해준다.

42 다음 빈칸에 들어갈 말은?

4P	Product	Price	Place	Promotion
4C	Customer Value	Customer Cost	Convenience	( )

43 다음 빈칸의 개념은 무엇인가?

- ( )은/는 광고비를 클릭수로 나눈 클릭당 비용을 말한다.
- 검색광고는 대체로 클릭이 발생할 때마다 비용을 지불하는 ( ) 기반의 과금 방식을 사용한다.

44 다음에 설명하는 것은 무엇인가?

- 네이버 검색광고의 광고 상품을 결제하는 데 사용되는 충전금이다.
- 이것으로 광고비용을 지불하며, 이것이 없으면 광고를 집행할 수 없다.

45 다음 빈칸에 공통으로 들어갈 알맞은 단어는 무엇인가?

- ( )은/는 두 가지 이상의 광고를 섞어 집행하는 것을 말한다.
- 매체나 상품의 특성을 활용하여 보완하거나 시너지를 낼 수 있기 때문에 ( )은/는 검색광고 기획에 매우 중요한 단계이다.
- 검색광고에서 ( )은/는 네이버, 구글, 카카오 등의 매체와 브랜드 검색, 파워링크, 쇼핑검색광고와 같은 광고상품 믹스를 포함한다.

46 다음에서 설명하는 알맞은 용어는 무엇인가?

- 구글에서 특정 검색어에 대해 게재되지 않도록 ( )을/를 추가하여 노출을 제한할 수 있다.
- 네이버 쇼핑검색광고를 진행할 때 상품이 노출되는 키워드 중 상품의 노출을 원치 않는 키워드가 있을 경우에 ( ) 관리를 통해 광고노출을 제외할 수 있다.

47 다음 빈칸에 들어갈 말은 무엇인가?

- (①)은/는 네이버의 소재노출 방식으로, 광고그룹 내 다수의 소재가 존재할 경우, 성과가 우수한 소재의 노출 비중을 자동적으로 조절하여 평균 성과를 향상시키는 기능을 한다.
- 광고그룹 내에 최소 (②)개 이상의 소재를 등록해야 운영이 가능하다.

48 다음은 네이버 검색광고 입찰가에 대한 설명이다. 빈칸에 들어갈 금액을 순서대로 작성하시오.

입찰가는 최소 ( )원부터 쇼핑검색광고는 ( )원, 최대 10만 원까지 설정할 수 있다.

49 빈칸 안에 들어갈 알맞은 단어는?

( )은/는 검색사용자가 원하는 수식어가 포함된 상품명이나 사이트에 포함된 모든 콘텐츠를 의미하는 것으로, 이것을 잘 활용하면 낮은 CPC 가격으로 광고효과를 높일 수 있다.

50 다음은 무엇에 대한 설명인가?

- 사업자가 마련한 고객과의 접점인 비즈채널의 일종이다.
- 고객과 직접 대화할 수 있는 채팅 서비스를 말한다.
- 이것은 일부 업종에만 제공된다.

51 다음 빈칸에 들어갈 숫자를 순서대로 적으시오.

- 네이버 파워링크 검색광고의 광고소재 등록 : 광고그룹당 최대 ( )개
- 카카오 검색광고의 광고소재 등록 : 광고그룹당 최대 ( )개
- 구글 검색광고의 광고소재 등록 : 광고그룹당 텍스트 광고 ( )개

52 다음 A와 B의 용어는 무엇인가?

> • A는 기본소재에 업체 및 상품을 홍보하기 위한 이미지를 함께 노출할 수 있는 확장소재 형태로, 이용자가 이미지를 클릭할 경우, 제목과 동일한 연결 URL로 이동된다.
> • B는 제공하는 상품이나 서비스의 이미지와 연결 URL을 입력할 수 있는 형태로, 이용자가 이미지를 클릭하면 각각의 설정한 연결 URL로 연결되어 원하는 정보를 바로 찾아갈 수 있도록 추가 정보를 제공할 수 있다.
> • A는 '추가제목', '홍보문구', '서브링크', '가격링크', '네이버 예약', '플레이스정보', '위치정보'와 동시 노출이 가능하며, B와는 동시 노출될 수 없다.

53 다음 표를 보고 총 광고비가 얼마인지 구하시오.

키워드	CPC	전환율
청바지	10,000원	5%

54 빈칸 안에 들어갈 알맞은 단어는?

> (   )은/는 광고 클릭 이후 30분 이내에 전환이 일어난 경우의 전환수를 말한다.

55 사용자 행동 단계와 효과측정 요소이다. 빈칸 안에 들어갈 말은 무엇인가?

일반적인 소비자 행동	인지	방문	구매
검색광고 소비자 행동	노출	( )	구매
단계별 표과 측정	CPI	CPC	CPS

56 검색량이 많고 CTR이 높고 CPC가 저렴한 키워드의 CPA가 너무 높게 나타난 경우, 해당 키워드의 성과 개선을 위해서 입찰가 외에 무엇을 변경해 보는 것이 좋은가?

57 다음 키워드 '꽃다발'의 클릭수는 3,000건이고, 구매전환율은 10%이다. 이때 구매건수는 얼마인가?

58 광고비용이 1,000만 원이고, 광고를 통한 매출이 4,000만 원인 경우, ROI는 얼마인가? (단, 광고비 외에 다른 비용은 투입되지 않았다고 가정)

59 다음은 광고성과 지표 중 무엇이 낮을 경우 점검해야 하는 사항인가?

> • 광고소재를 좀 더 클릭하고 싶을 만한 매력적인 요소를 더해 개선한다.
> • 광고 노출순위를 좀 더 높여 본다.

60 사이트에 방문한 후 페이지 이동 없이 바로 이탈한 비율을 나타내는 용어로써, 랜딩페이지가 효과적인지 판단하는 지표로 활용되는 것은?

01 다음 중 온라인 포털의 발전과정을 잘 나타낸 것은 무엇인가?

① Search → Community → Communication → Contents&Commerce

② Search → Communication → Contents& Commerce → Community

③ Search → Communication → Community → Contents&Commerce

④ Search → Community → Contents& Commerce → Community

02 다음 중 소셜미디어의 유형으로 가장 적절하지 않은 것은?

① 소셜 네트워크   ② 유튜브

③ 블로그   ④ 웹 브라우저

03 다음 중 디지털 마케팅 시장 세분화에 사용되는 기법으로 특히 인터넷 상에서의 소비자 가치와 라이프스타일을 파악하는 기법은 무엇인가?

① BAR

② I-VALS

③ 고객여정(Customer Journey)

④ CRM

04 다음 중 풀형(Pull) 디지털 마케팅에 대한 설명이 아닌 것은?

① 소비자가 이메일, 문자 메시지나 뉴스 피드를 통해 특정 기업의 판매 품목에 대해 광고 전송을 허가한 것

② 소비자가 직접 인터넷을 통해 특정 품목을 자발적으로 검색하는 것

③ 웹사이트나 인터넷 뉴스에서 판매자가 수신자의 동의 없이 광고를 내보내는 것

④ 인터넷 웹사이트나 블로그, 스트리밍 미디어 등을 통한 마케팅

05 다음 중 디지털 마케팅 패러다임의 변화 양상이 아닌 것은?

① 일방향 커뮤니케이션에서 양방향 커뮤니케이션으로 변화

② 기업주도적 커뮤니케이션에서 소비자 중심적 커뮤니케이션으로 변화

③ 푸시형의 일원화된 대량 메시지 형태의 광고에서 맞춤형, 재미와 감성을 지닌 브랜디드 콘텐츠로 변화

④ 능동적 소비자에서 수동적 소비자로 변화

06 웹페이지의 콘텐츠에 어울리게 띄워주는 광고로 검색광고나 이를 보완한 표적 광고가 맥락에 맞지 않은 면이 많아서 이를 보완하기 위해 만들어진 광고는 무엇이라고 하는가?

① 네이티브 광고   ② 컨텍스트 광고

③ 막간광고   ④ 배너광고

07 광고 1,000회 노출당 비용을 말하며 주로 배너 광고에 사용되는 용어는 무엇인가?

① CPC
② CPM
③ CPV
④ CPI

08 고객이 광고를 클릭한 이후 30분 뒤에 구매하면 적용되는 성과지표를 무엇이라 하는가?

① 간접전환
② 직접전환
③ 도달률
④ KPI

09 다음 중 검색광고에 대한 설명으로 옳지 않은 것은?

① 검색광고는 키워드광고, DA(Display AD) 라고도 한다.
② 검색광고는 네이버, 카카오, 구글 등의 검색 엔진을 통해 노출된다.
③ 검색광고는 정확한 타겟팅이 가능하다.
④ 검색광고를 진행하기 위해서는 광고의 검수 과정을 거친다.

10 다음 중 카카오의 검색광고에 대한 설명으로 옳지 않은 것은?

① 카카오 키워드 광고를 통해 다음, 네이트, 카카오톡 등 포털의 통합검색 영역에 광고를 노출할 수 있다.
② 광고대상은 웹사이트만 가능하다.
③ 카카오 PC에서는 프리미엄링크 영역에 최대 10개의 광고가 노출된다.
④ 카카오 모바일에서도 프리미엄 링크영역에 최대 10개 광고가 노출된다.

11 다음 중 네이버 (구)광고관리시스템에서 등록 · 관리할 수 있는 광고 상품은 무엇인가?

① 파워링크
② 클릭초이스상품광고
③ 플레이스광고
④ 브랜드검색광고

12 다음 중 검색광고 기획 과정 중에서 목표 달성을 위한 세부 전략으로 크게는 검색광고 상품 선정부터 작게는 키워드와 소재 등의 활용 전략을 설정하는 기획 단계는 무엇인가?

① 예산책정
② 환경분석
③ 매체전략
④ 목표설정

13 다음 중 네이버의 검색광고소재에 대한 설명으로 알맞지 않은 것은?

① 광고의 확장소재는 캠페인 또는 광고그룹 단위로 등록할 수 있다.
② 검색광고에서는 대표적으로 광고 문안(제목, 설명)이 소재에 해당하며, 사용자에게 노출되는 광고의 요소를 모두 포함한다.
③ 사용자(검색 이용자)에게 보이는 광고요소를 키워드라고 한다.
④ 광고소재는 광고그룹당 최대 5개까지 등록 가능하다.

14 다음 중 네이버의 대량관리 기능에 대한 설명으로 옳지 않은 것은?

① 키워드나 소재가 많으면 대량관리 기능을 사용할 수 있다.

② 파워링크 키워드 대량 삭제가 가능하다.

③ 대량관리 기능을 통해 키워드나 소재를 대량 등록할 수 있다.

④ 대량 그룹 복사 시, 그룹 하위 항목인 확장 소재는 선택하여 복사할 수 있다.

15 구글에서 광고 순위를 결정하는 요인이 아닌 것은?

① 광고 클릭률

② 입찰가

③ 방문 페이지 만족도

④ 운영 키워드의 수

16 다음 네이버의 검색광고 상품 중에서 키워드를 등록하지 않은 광고 상품은 무엇인가?

① 사이트검색광고

② 콘텐츠검색광고

③ 지역소상공인광고

④ 플레이스광고

17 다음 중 구글 검색광고 진행을 위한 캠페인 목표가 아닌 것은?

① 리드

② 판매

③ 웹사이트 트래픽

④ 제품 및 브랜드 구매 고려도

18 다음 중 네이버 검색광고의 등록 프로세스에 대한 설명 중 옳지 않은 것은?

① 키워드 목록에서 개별 키워드의 품질지수를 확인할 수 있다.

② 광고그룹 등록 시 키워드 개별 입찰가를 설정할 수 있다.

③ 캠페인 설정을 통해 일예산, 노출기간, 노출 요일과 시간을 변경할 수 있다.

④ 광고만들기에서는 키워드를 직접 입력할 수도 있고, 연관 키워드를 추가할 수도 있다.

19 광고주가 참가한 입찰에서 실제로 얼마나 노출이 발생했는지를 보여주는 구글의 입찰통계는 무엇인가?

① 노출 점유율

② 중복률

③ 페이지 상단 게재율

④ 높은 게재순위 비율

20 다음 중 카카오의 검색광고와 관련된 설명으로 옳지 않은 것은?

① 카카오 검색광고 등록을 위해서는 비즈채널을 선택해야 캠페인 생성이 가능하다.

② 캠페인 등록 단계에서는 캠페인 이름, 전환 추적 설정, 일예산을 설정한다.

③ 광고그룹단계에서 광고노출 요일과 시간을 설정할 수 있다.

④ 카카오의 브랜드검색광고 집행은 직접 구매 및 운영이 어렵고 대행사를 통해야 한다.

21 다음 중 네이버의 검색광고 복사하기 기능에 대한 설명으로 적절하지 않은 것은?

① 네이버는 키워드 복사 시 입찰가와 연결 URL을 포함해서 복사할지 선택할 수 있다.
② 네이버 광고그룹별로 다른 캠페인에 복사할 수 있다.
③ 네이버 키워드 복사를 통해 품질지수도 복사가 가능하다.
④ 광고그룹 복사 시 해당 그룹의 하위 키워드, 소재 등도 함께 복사된다.

22 구글의 자동입찰전략 중에서 설정된 타겟 전환당 비용으로 전환수를 최대한 늘릴 수 있도록 입찰가를 자동으로 설정하는 전략은 무엇인가?

① 타겟 CPA 입찰 전략
② 클릭수 최대화 입찰 전략
③ 전환수 최대화 입찰 전략
④ 전환가치 극대화 입찰 전략

23 다음 중 무효클릭에 대한 설명으로 옳지 않은 것은?

① 무효클릭이란 악의적 목적으로 행해지는 인위적 클릭이나 검색광고 본래의 취지에 맞지 않은 무의미한 클릭을 말한다.
② 네이버, 카카오, 구글 모두 사전 및 사후 모니터링을 통해 무효클릭을 관리하고 있다.
③ 무효클릭으로 판단되는 클릭은 과금되지 않으며, 계정 데이터 및 보고서에서 제외된다.
④ 매체사가 실시한 필터링 로직과 결과는 광고주가 요청할 시에는 공개된다.

24 다음 중 구글 검색광고에서 캠페인 단위에서 설정할 수 없는 것은?

① 광고게재 영역(검색 네트워크/디스플레이 네트워크)
② 광고예산
③ 키워드 입찰가
④ 키워드 검색 유형

25 다음 중 네이버의 검색광고에 대한 설명으로 옳지 않은 것은?

① 광고그룹 단위에서 일예산과 광고노출기간 설정이 가능하다.
② 광고그룹 단위에서 기본 입찰가를 비롯해 노출 매체, 입찰가 가중치, 키워드 확장 여부, 소재노출 방식을 설정한다.
③ 광고소재 등록은 광고그룹당 5개까지 가능하다.
④ 비즈머니가 충전되어 있어야 광고검수 및 광고 집행이 가능하다.

26 다음 중 검색광고를 통해 한 명의 소비자가 광고 클릭 후에 랜딩페이지를 방문하는 데에 투여된 비용을 뜻하는 용어는 무엇인가?

① CPA
② CPS
③ CPC
④ CTR

27 다음 중 카카오의 검색광고에 대한 설명으로 옳지 않은 것은?

① 카카오 검색광고의 유형인 브랜드검색광고는 최소 10일~최대 90일의 광고집행 기간 단위의 정액제 방식으로 광고 구매 및 집행이 가능하다.

② 카카오 광고집행을 위해서는 비즈채널(웹사이트)이 필요하며, 비즈채널은 광고 계정당 총 100개까지 추가할 수 있다.

③ 비즈채널 등록 후 캠페인 생성이 가능한데, 캠페인 단위에서 전환추적, 추적 URL, 하루 예산을 설정한다.

④ 광고그룹 단위에서 광고가 집행될 기간과 요일 및 시간 설정이 가능하다.

28 다음 중 용어 설명으로 옳지 않은 것은?

① CTR은 검색광고가 노출된 횟수 대비 클릭이 발생한 비율을 의미한다.

② CPC는 총 광고비를 클릭수로 나누어 계산하며, 웹사이트 1회 방문에 투여된 비용이다.

③ ROAS는 광고비 대비 발생한 매출액의 비율을 의미한다.

④ ROI는 검색광고에 집행된 광고비 대비 매출액의 비율을 말한다.

29 광고비 50만 원을 투자하여 250건의 사이트 방문수와 250만 원의 매출이 발생했다면, 이때 ROAS는?

① ROAS=10% ② ROAS=50%
③ ROAS=100% ④ ROAS=500%

30 다음 광고 결과 데이터를 통해 얻은 결과 정도로 바르게 짝지어진 것은?

노출수	클릭수	전환수	광고비	물품단가
50,000	1,500	300	1,000,000원	20,000

① CTR=3%, ROAS=200%
② CVR=2%, ROAS=600%
③ CTR=30%, CVR=2%
④ CTR=3%, CVR=20%

31 다음 아래의 A~D 키워드 광고의 성과 데이터 중에서 ROAS가 가장 낮은 키워드는 무엇인가?

구분	클릭수	상품가격	전환수	CPC
키워드 A	3,000	30,000	150	400
키워드 B	3,000	30,000	150	450
키워드 C	3,000	30,000	150	500
키워드 D	3,000	20,000	150	500

① 키워드 A ② 키워드 B
③ 키워드 C ④ 키워드 D

32 다음 중 네이버/카카오 매체 보고서에서 기본적으로 파악할 수 있는 지표가 아닌 것은?

① 노출수   ② CTR

③ CPC   ④ CPS

33 다음 중 검색광고의 용어 설명으로 옳지 않은 것은?

① 간접전환수는 광고 클릭 이후 30분부터 전환 추적기간 30일 이내에 발생한 전환수를 말한다.

② 직접전환수는 광고 클릭 이후 30분 내에 발생한 전환수를 말한다.

③ 반송률은 방문자 수 대비 반송수의 비율을 말하며, 이탈률이라고도 한다.

④ 랜딩페이지는 검색엔진, 광고 등을 통해 방문하게 되는 페이지로 연결페이지로도 불린다.

34 다음 중 키워드 차원의 광고성과 개선작업으로 옳지 않은 것은?

① ROAS, CPS 목표를 달성하기 위한 가장 빠른 방법은 저성과 키워드 제외이다.

② 전환율이 현저히 낮은 키워드의 경우 키워드와 랜딩 페이지의 일관성이 적절한지를 점검한다.

③ 전환 성과가 낮은 키워드는 제외하고, 성과가 높은 키워드를 확장하고 신규 키워드 발굴에 예산을 집중한다.

④ 전환 성과가 낮은 키워드도 유지하며, 노출점유율을 높일 수 있도록 입찰단가를 높인다.

35 다음 중 CTR이 낮고 CVR이 높은 키워드에 대한 사후 관리 방법으로 옳지 않은 것은?

① 광고노출순위를 높이기 위해 입찰전략을 수정한다.

② 다양한 확장소재를 활용해 클릭률을 높이기 위해 노력한다.

③ 타겟의 연령이나 성별에 따라 다른 광고소재를 사용한다.

④ 광고소재보다 랜딩페이지의 매력도 개선에 집중해야 한다.

36 다음 중 키워드 차원의 광고 효과 분석으로 가능한 개선작업으로 적절하지 않은 것은?

① CTR이 낮은 키워드는 광고소재 및 확장소재를 개선한다.

② CVR이 낮은 키워드는 랜딩페이지, 페이지뷰, 체류시간을 체크한다.

③ ROI가 높은 키워드는 입찰가를 낮추거나 시간설정을 하여 광고 노출수를 줄인다.

④ ROAS가 낮은 키워드는 입찰가를 낮추거나 시간설정을 하여 광고 노출수를 줄인다.

37 다음 중 CTR이 낮은 키워드의 효과를 개선하기 위한 방법이 아닌 것은?

① 업종 특성을 고려한 광고소재를 사용한다.

② 메인페이지보다 카테고리 페이지, 상품페이지로 랜딩페이지를 수정한다.

③ 타겟의 특성을 이해한 광고소재를 사용한다.

④ 입찰전략을 수정해 광고노출순위를 상향 조정한다.

38 다음 중 검색광고 효과분석 후 성과개선을 위해 해야 할 사후관리 방법으로 옳지 않은 것은?

① CTR, CVR이 모두 높을 때에는 이미 효과가 검증된 고효율 키워드를 기반으로 연관/세부 키워드를 확장하는 전략 사용한다.

② CTR은 낮고 CVR은 높은 경우에는 광고소재의 매력도가 낮은지, 키워드 입찰 순위가 현저히 낮아 충분한 클릭을 받지 못하고 있는지를 점검하여 클릭수를 높인다.

③ CTR은 낮고 CVR은 높은 경우에는 랜딩페이지 관리가 필요하다.

④ 광고비용을 많이 소진하고 전환이 없는 키워드는 입찰가를 낮추거나 OFF 시킨다.

39 다음 중 검색광고 성과 향상을 위한 랜딩페이지 운영 방법으로 적절하지 않은 것은?

① 랜딩페이지 관리는 고객 설득의 중요 과정이며 광고 효율을 극대화할 수 있는 장치이다.

② 예상되는 고객의 특성을 파악하여 랜딩페이지를 새롭게 구성하는 것이 좋다.

③ CTR이 낮을 때 랜딩페이지의 전자상거래 기능을 추가한다.

④ 랜딩페이지에는 검색 키워드가 포함되어야 한다.

40 다음 중 키워드 광고성과 극대화를 위한 전략이 아닌 것은?

① 키워드의 클릭수와 클릭률이 감소하면 랜딩페이지를 개선하거나 변경한다.

② 광고의 클릭률과 전환율이 모두 낮을 때에는 키워드 OFF 전략을 사용하는 것도 좋다.

③ 광고의 클릭률과 전환율이 모두 높을 때에는 이미 효과가 검증된 고효율 키워드를 바탕으로 연관키워드와 세부 키워드를 확장하는 전략을 사용한다.

④ 광고의 클릭률은 높지만 전환율이 낮다면 전환 단계에서 이탈요소가 있음으로 랜딩페이지 개선 전략을 사용한다.

41 다음 빈칸 안에 들어갈 알맞은 말은 무엇인가?

> • 온라인 비즈니스는 (①)을/를 이용하여 쌍방향 정보 소통을 통한 다양한 형태의 상품과 서비스를 제공하고 그와 관련된 모든 거래 행위와 가치를 창출할 수 있는 비즈니스 활동이다.
> • 이는 온라인상의 구매와 판매를 가리키는 (②) 개념은 물론 기업 내부 및 기업 간 거래인 협업도 포함한다.

42 다음이 설명하고 있는 것은 무엇인가?

> • 소비자나 제3자가 정보를 생산하는 매체로 소비자로부터 신뢰와 평판을 획득할 수 있는 모든 종류의 퍼블리시티를 의미
> • 대표적인 예는 고객 후기, 커뮤니티 게시판, 뉴스 기사 등

43 다음 빈칸 안에 들어갈 용어는 무엇인가?

> (   )은/는 다양한 문화적 요소와 브랜드 광고 콘텐츠의 결합으로, 브랜드 메시지가 콘텐츠의 스토리라인에 녹아 들어간 것을 말한다. 또한 소비자의 공감과 흥미를 통해 자발적 공유에 이르는 것을 성과 측정 지표 중 하나로 본다.

44 다음 사이트의 순방문자수를 나타내는 검색광고 용어는 무엇인가?

45 다음 사례에서 CPA는 얼마인가?

노출수	클릭수	전환수	CPC
1,000	50	5	100

46 다음 빈칸 안에 들어갈 용어는?

> • 네이버에서 확장소재는 캠페인 또는 광고그룹 단위로 등록할 수 있다.
> • 사이트검색광고 캠페인의 확장소재는 전화번호, 위치정보, (   ) 유형을 등록할 수 있다.

47 다음 사이트검색광고 제목문구를 다음과 같이 작성하였을 때에 '속초게스트하우스추천' 키워드 검색 시 노출되는 문구는? (띄어쓰기에 주의할 것)

> {키워드:속초펜션} 예쁜바다펜션(글자수 11/15)

48 네이버의 검색광고 상품 중 지역소상공인광고를 진행하려고 할 때 선택해야 하는 캠페인 유형은 무엇인가?

PART 01
PART 02
PART 03
PART 04
PART 05
PART 06

49 다음 설명하고 있는 확장소재의 유형은?

> 네이버의 확장소재 유형으로 사이트 내 서브 메뉴와 연결 URL을 입력할 수 있는 형태로, 이용자가 원하는 정보를 바로 찾아갈 수 있도록 추가정보를 제공해 클릭률을 높일 수 있다.

50 다음 빈칸 안에 각각 들어갈 숫자는?

> 네이버 검색광고의 진행을 위해서는 광고소재는 광고그룹당 최대 (①)개까지 등록 가능하며, 성과기반 노출 방식을 선택하기 위해서는 광고그룹 내에 소재가 최대 (②)개가 있어야 한다.

51 광고그룹에 등록한 키워드와 유사한 의미를 가진 키워드에 자동으로 광고를 노출하는 기능으로 유사 의미의 키워드로 광고 집행을 원할 경우 사용하는 각 매체사별 검색광고의 기능은 무엇인가?

매체명	기능명
네이버	(①)
카카오	(②)
구글	(③)

52 네이버 광고 유형인 플레이스광고를 진행할 경우 경쟁강도가 낮다면 최소 과금되는 비용은 얼마인가?

53 빈칸 안에 각각 들어갈 숫자는?

> • 네이버 검색광고의 광고주 계정은 사업자의 경우 최대 5개, 개인은 검색광고 ID와 네이버 ID로 가입해 최대 (①)개까지 생성할 수 있다.
> • 회원 탈퇴 시 탈퇴한 계정 정보(사업자등록번호 등)로는 원칙적으로 탈퇴일로부터 (②)일간 다시 회원으로 가입할 수 없다.

54 검색광고 시행 후 분석결과 문제점이 다음과 같이 나타났다. 사후관리를 위해 광고관리 지표 중 개선해야 할 지표는 무엇인가?

> • 광고 키워드는 '편한펜션'인데 연결되는 랜딩페이지는 '식당정보'로 연결되었다.
> • 효과 좋은 키워드의 랜딩페이지가 에러 페이지였다.
> • 성과지표인 예약 완료 페이지에 전환스크립트가 누락되었다.

55 다음은 빈칸에 공통으로 들어갈 말은?

> • CTR, CVR이 모두 낮은 경우에는 키워드와 함께 가장 먼저 검토해야 할 것은 (   )이다.
> • CTR은 낮고, CVR이 높은 경우에는 (   )의 매력도가 낮은지, 키워드 입찰 순위가 현저히 낮아 충분한 클릭을 얻지 못하고 있는지를 점검해야 한다.

56 다음의 데이터 표를 보고 빈칸에 들어갈 값은?

광고비	노출수	CTR	CVR	객단가	ROAS
( )	100,000	4%	5%	25,000	500%

57 다음 사례에서 CPC는 얼마인가?

광고비	광고를 통한 방문수	광고를 통한 구매수
5,000,000원	10,000	20

58 다음의 데이터 표를 보고 ROAS를 계산하시오.

광고비	노출수	클릭수	구매수	객단가
5,000,000	1,000,000	10,000	300	100,000

59 다음 데이터 표에서 객단가는 얼마인가?

광고비	노출수	클릭수	CTR	CVR	ROAS
5,000,000	100,000	5,000	5%	5%	500

60 다음 데이터 표를 보고 구매전환수를 구하시오.

광고비	노출수	클릭수	CTR	CVR	ROAS
4,200,000	40,000	6,000	1.5%	5%	700

01 다음은 무엇에 대한 설명인가?

> 디지털 마케팅에서 브랜드 인지를 브랜드 구매로 얼마나 잘 이어지게 하는지에 대한 평가 지표이다.

① PAR
② CTR
③ CVR
④ BAR

02 다음 설명의 내용과 가장 관련이 깊은 것은 무엇인가?

> • 소비자의 욕구 및 경쟁 환경의 변화에 따라 기존 제품이 가지고 있던 포지션을 분석하여 새롭게 조정하는 활동이다.
> • 존슨앤존슨(Johnson&Johnson)의 베이비 화장품은 처음에 유아층을 목표고객으로 삼았으나 이후 변화하는 소비자들의 욕구에 맞추어 청소년과 아기처럼 연한 피부를 가진 성인 여성을 목표로 하는 순한 화장품으로 포지션을 조정했다.

① 타겟팅
② 시장세분화
③ 시장기회 발견
④ 재포지셔닝

PART 01
PART 02
PART 03
PART 04
PART 05
PART 06

03 다음 중 디지털 광고의 차별적 특징에 대한 설명으로 옳지 않은 것은?

① 트래킹 용이
② 광고 메시지 전달의 융통성
③ 전통 매체 광고보다 높은 신뢰도
④ 정교한 타겟팅

04 다음 중 검색광고의 개념에 대한 설명으로 적절하지 않은 것은?

① T&D(Title&Description) : 검색광고에 노출되는 제목과 설명
② 시즈널 키워드 : 특별히 중요하게 논의되는 주제나 쟁점 관련 키워드
③ PV(Page View) : 사용자가 특정 사이트 내의 홈페이지를 클릭하여 열어본 수
④ KPI : 핵심성과지표, 수치로 표현 가능한 광고의 목표

05 다음 중 랜딩페이지의 성과를 분석하기 위해 파악해야 하는 지표로서 적절하지 않은 것은?

① CTR
② 반송률
③ 방문당 체류시간
④ 구매 전환율

06 다음 중 구글의 광고시스템에 대한 설명으로 옳은 것은?

① 광고그룹 단위에서 위치 및 언어 설정이 가능하다.
② 구글 검색광고는 구글애즈 보고서에서 볼 수 있으며, 이메일로 보내는 기능은 없다.
③ 구글애즈 계정을 만들기 위해서는 비즈니스 웹사이트가 반드시 필요하다.
④ 캠페인 생성 단계에서 검색 캠페인의 목표 설정, 캠페인 이름, 광고게재 영역 설정(검색 네트워크/디스플레이 네트워크), 타겟팅, 예산설정 및 키워드 입찰가 설정, 광고 확장 관리가 가능하다.

07 다음 중 카카오의 검색광고 상품 유형으로 바르게 연결된 것은?

① 키워드 광고, 브랜드검색광고
② 파워링크 광고, 브랜드검색광고
③ 프리미엄링크 광고, 브랜드 광고
④ 콘텐츠 광고, 파워링크 광고

08 구글의 자동입찰전략 유형 중 검색 결과 광고가 게재될 가능성이 높아지도록 입찰가를 자동으로 설정하는 방식은 무엇인가?

① 타겟 노출 점유율 입찰
② 클릭수 최대화 입찰
③ 전환수 최대화 입찰
④ 전환가치 극대화 입찰

09 다음 광고 예산 책정 방법 중에서 기업들이 회사에서 우선적으로 다른 부분에 예상을 배정하고 남은 예산을 광고에 투입하는 방법을 무엇이라 하는가?

① 가용예산 활용법
② 매출액 비율법
③ 광고-판매 반응함수법
④ 목표 및 과업기준법

10 다음 중 브랜디드 콘텐츠에 대한 설명으로 가장 적절하지 않은 것은?

① 다양한 문화적 요소와 브랜드 광고를 결합한 콘텐츠이다.
② 소비자의 공감과 흥미를 통해 자발적인 공유를 이끌어내는 것을 목표로 한다.
③ 제품, 회사명, 브랜드를 직접 노출하는 미래형 광고 방식이다.
④ 브랜드가 생산에 주도적으로 참여한 콘텐츠 스토리에 소비자에게 전달하고자 하는 브랜드의 핵심 메시지가 녹아 들어가 있으며, 동시에 유용한 정보와 재미를 소비자에게 제공한다.

11 다음 중 구글 검색광고에서 제공하는 스마트 자동입찰 기능이 아닌 것은?

① 타겟 CPA
② 타겟 ROAS
③ 전환수 최대화
④ 입찰 최대화

12 다음은 네이버 검색광고 입찰가에 대한 설명이다. 빈칸에 들어갈 금액으로 적합한 것은 무엇인가?

> 네이버 검색광고의 입찰가는 최소 (㉠)원부터 최대 10만 원까지 설정할 수 있다. 단 쇼핑검색광고의 쇼핑몰형과 카탈로그형은 (㉡)원부터 최대 10만 원까지, 쇼핑 브랜드형은 최소 (㉢)원부터 최대 10만 원까지 설정할 수 있다.

① ㉠ 70, ㉡ 50, ㉢ 300
② ㉠ 70, ㉡ 70, ㉢ 70
③ ㉠ 50, ㉡ 50, ㉢ 300
④ ㉠ 300, ㉡ 300, ㉢ 300

13 다음 중 네이버 검색광고에 대한 설명으로 알맞은 것은?

① 비즈머니가 충전되어야 광고 검수가 시작된다.
② 캠페인의 하루예산은 한번 클릭당 지불 가능한 금액을 말한다.
③ 예산균등배분을 체크하면 광고가 늘 노출된다.
④ 캠페인 고급옵션에서 광고노출 기간 및 요일, 시간대를 설정할 수 있다.

14 다음 중 광고그룹 상태에 대한 설명으로 옳은 것은?

① 중지 : 비즈채널 검토 중 – 광고 가이드에 부합하지 않아 노출이 제한된 상태

② 중지 : 캠페인 기간 외 – 캠페인 광고 노출 기간 종료

③ 중지 : 광고그룹 예산 도달 – 캠페인 하루예산 초과

④ 중지 : 광고그룹 OFF – 캠페인 OFF 상태

15 다음 중 네이버 광고시스템 기본 설정에서 확인 가능한 지표가 아닌 것은?

① 노출수   ② 전환수

③ 클릭수   ④ 평균클릭비용

16 다음 빈칸에 들어갈 알맞은 용어는 무엇인가?

> • 디지털 기술 덕분에 소비자들은 컨슈머에서 (   )로 진화하게 된다.
> • (   )은/는 생산에 참여하는 소비자를 의미한다.

① 집단지성   ② Z세대

③ 네이티브 세대   ④ 프로슈머

17 다음에서 설명하는 온라인 커머스 트렌드 사례는 어떤 전략인가?

> 최근 온라인 커머스 시장의 전략 트렌드는 온라인과 오프라인을 통합한 (   ) 전략이다. 월마트는 오프라인 매장과 온라인 서비스의 유기적인 연계를 통해 오프라인 픽업 센터를 확대하고 있으며, 아마존은 세계 최초 무인점포인 Amazon Go를 확대하고 바코드 인식 자동 주문 서비스인 Dash를 제공하고 있다.

① 멀티채널

② Lock-In

③ 옴니채널

④ 유료 멤버십

18 다음 중 무효클릭에 대한 설명으로 옳지 않은 것은?

① 검색광고 본래의 취지에 맞지 않은 무의미한 클릭을 의미한다.

② 네이버에서는 노출제한 설정 메뉴에서 IP와 사이트를 등록하여 광고가 노출되지 않도록 제한할 수 있다.

③ 사전/사후 모니터링이 진행되며, 필터링 로직 및 결과는 공개되지 않는다.

④ 구글은 자동감지시스템에서 잡아내지 못한 무효클릭에 대해 크레딧을 제공한다.

19 다음 중 검색광고에서 매일 효과분석을 해야 하는 이유로 적절하지 않은 것은?

① 명확한 의사결정에 도움이 되기 때문이다.
② 실제 발생하는 광고비와 성과를 비교하면서 구체적인 전략을 수립하기 위함이다.
③ 검색광고 데이터는 100% 일치된 데이터로 신뢰성 있기 때문이다.
④ 다양한 광고 상품이 있어 빠르게 최적화 결과를 유지시켜야 하기 때문이다.

20 다음 중 네이버 검색광고의 자동규칙에 대한 설명으로 옳지 않은 것은?

① 전환수가 20회 미만으로 떨어질 경우에 알림 메일을 받도록 설정했다.
② 키워드별로 희망하는 노출순위를 설정하여 자동입찰을 설정했다.
③ 쇼핑검색광고의 특정 소재에서 10만 원 이상 과금이 되면 입찰가를 변경하도록 설정했다.
④ 특정 키워드에서 5만 원 넘게 소진되면 자동으로 OFF 되도록 설정했다.

21 다음 중 구글의 목표와 광고 확장 유형이 맞지 않는 것은?

① 사업장 방문을 유도 : 콜아웃 광고 확장, 위치 광고 확장, 제휴사 위치 광고 확장
② 고객 문의 유도 : 전화번호 광고 확장, 리드 양식 광고 확장
③ 앱 다운로드 유도 : 앱 광고 확장
④ 웹사이트에서 고객 전환 유도 : 앱 광고 확장

22 다음 중 광고효과 분석 후 성과 개선을 위해 취해야 할 행동으로 적절하지 않은 것은?

① CVR이 높은 키워드를 중심으로 키워드를 확장한다.
② CTR이 낮은 키워드는 광고소재 및 확장소재를 변경한다.
③ ROAS가 높은 키워드는 입찰가를 낮추거나 시간 설정을 하여 광고 노출수를 줄인다.
④ CVR이 낮은 키워드는 랜딩페이지, 페이지 뷰, 체류시간을 체크한다.

23 다음 중 검색광고의 광고 성과와 관련된 설명으로 가장 알맞은 것은?

① CPS가 낮을수록 광고효과가 좋다.
② CPC가 높을수록 ROAS도 올라간다.
③ CVR이 낮을수록 광고효과가 좋다.
④ ROAS가 높을수록 CPC가 높다.

24 다음 중 광고목표 수립 시 고려해야 할 사항으로 가장 적절하지 않은 것은?

① 광고목표는 측정 가능한 것이어야 한다.
② 광고목표는 현실적이어야 한다.
③ 광고목표는 구체적이고 명확해야 한다.
④ 광고목표는 빨리 달성할 수 있도록 기간을 명시하지 않는다.

25 다음 중 광고성과를 높이기 위한 랜딩페이지 운영 전략으로 적절하지 않은 것은?

① 랜딩페이지에 키워드가 포함되어야 한다.

② 특정한 타겟이나 시즈널 이슈 등 고객의 니즈에 따라 페이지를 별도로 구성하는 것이 좋다.

③ 키워드의 검색량이 감소하면 랜딩페이지를 변경하거나 개선한다.

④ CVR이 낮을 때에 랜딩페이지를 변경하거나 개선한다.

26 다음 중 키워드 차원의 효과분석 후 사후관리로 적절하지 않은 것은?

① CTR이 낮은 키워드는 랜딩페이지를 개선하거나 교체한다.

② CVR이 낮은 키워드는 랜딩페이지를 개선하거나 교체한다.

③ CTR과 CVR이 모두 높을 때는 연관 키워드와 세부 키워드 확장을 검토한다.

④ 광고비용을 많이 소진하고 전환이 없는 키워드는 입찰가를 낮추거나 OFF시킨다.

27 다음 네이버의 검색광고 상품 중에서 클릭당 과금 방식으로 구매할 수 없는 상품은?

① 사이트검색광고

② 콘텐츠검색광고

③ 쇼핑검색광고

④ 지역소상공인광고

28 다음 빈칸에 공통으로 들어갈 말은 무엇인가?

> • ( )은/는 웹사이트, 쇼핑몰, 전화번호, 위치정보, 네이버 예약 등 고객에게 정보를 전달하고 판매하기 위한 모든 채널을 말한다.
> • 광고를 집행하기 위해서는 캠페인 유형에 맞는 ( )을/를 반드시 등록해야 한다.

① 비즈머니 ② 광고캐시
③ 비즈채널 ④ 비즈캐시

29 다음 중 카카오 키워드 광고 등록시스템에 대한 설명으로 적절하지 않은 것은?

① 캠페인에서 비즈채널, 캠페인 이름, 전환추적, 추적 URL, 일예산을 설정한다.

② 광고를 노출할 매체 및 디바이스를 광고그룹에서 설정한다.

③ 키워드 만들기 단계에서 키워드 입찰가를 입력할 수 없다.

④ 키워드 확장에서 제외할 키워드를 광고그룹에서 추가할 수 있다.

30 다음 중 전환매출액이 가장 큰 광고그룹은 무엇인가?

키워드	노출수 (회)	클릭수 (회)	광고비 (원)	ROAS (%)
그룹 A	62,400	900	1,000,400	130%
그룹 B	4,570	200	260,000	220%
그룹 C	7,250	70	22,000	150%
그룹 D	2,780	100	200,800	800%

① A ② B
③ C ④ D

31 다음 중 검색광고에서 매일 효과분석을 해야 하는 이유로 옳지 않은 것은?

① 같은 키워드라도 매일 검색광고 성과가 달라질 수 있기 때문이다.

② 다양한 광고 상품별 성과가 다르기 때문에 가장 효과적인 상품 조합을 찾아야 한다.

③ 당일 실시간 성과 데이터 분석으로는 유의미한 결과를 얻기 어렵기 때문이다.

④ 디바이스별, 키워드별 성과가 다를 수 있다.

32 다음 중 검색 사용자의 행동 프로세스로 가장 알맞은 것은?

① 노출 – 클릭 – 구매

② 클릭 – 구매 – 노출

③ 노출 – 장바구니 – 구매

④ 클릭 – 장바구니 – 구매

33 다음의 광고 결과 데이터를 통해 얻을 수 있는 CPC와 CVR이 바르게 짝지어진 것은?

- 물품단가 : 50,000원
- 광고비 : 10,000,000원
- 방문수 : 20,000명
- 전환수 : 400건

① CPC=200원, CVR=2%

② CPC=200원, CVR=0.2%

③ CPC=500원, CVR=2%

④ CPC=500원, CVR=0.2%

34 다음은 무엇에 대한 설명인가?

카카오 검색광고의 소재노출 방식으로 한 그룹에 2개 이상의 광고가 등록되어 있는 경우 광고시스템에서 성과분석을 통해 성과가 더 좋은 소재를 더 높은 비중으로 노출하는 방식

① 성과기반노출

② 성과우선노출

③ 로테이션노출

④ 동일비중노출

35 다음 중 네이버 검색광고에서 제공하는 프리미엄 로그분석에서 확인이 불가능한 항목은 무엇인가?

① 방문당 평균 체류시간

② 직접 전환 매출액

③ 전환 매출액

④ 연령별 전환수

36 다음 중 온라인 비즈니스 모델의 핵심 성공 요인이 아닌 것은?

① 고객 관점 및 고객 경험

② 새로운 아이디어와 기술로 시장 선점

③ 차별화된 콘텐츠와 서비스

④ 단기적인 수익 창출

37 검색광고를 운영하면서 광고비 5,000원을 투자하여 매출 1,000,000원이 발생하였으며, 순이익은 매출의 50%이다. ROAS는 얼마인가?

① 200%

② 100%

③ 20,000%

④ 10,000%

38 다음 중 CTR과 CVR이 모두 높은 키워드에 대한 사후 관리 방법으로 적합하지 않은 것은?

① 이미 효과가 검증된 키워드이므로 유사한 의미의 세부 키워드를 발굴한다.

② ROAS와 ROI를 확인하여 비용 대비 성과 효율을 함께 점검한다.

③ 시즌/이슈 키워드를 확장하는 것도 좋다.

④ 가장 최적의 컨디션이므로 추가적인 작업을 진행할 필요가 없다.

39 다음 표는 광고 운영성과를 나타낸다. 빈칸의 ㉠, ㉡에 들어갈 값은?

키워드	노출수	클릭수	CTR	광고비	CPC
청바지	5,000	50	㉠	100,000	㉡

① ㉠ 1%, ㉡ 2,000원

② ㉠ 1%, ㉡ 200원

③ ㉠ 10%, ㉡ 2,000원

④ ㉠ 10%, ㉡ 200원

40 다음 중 검색광고 효과분석에 대한 설명으로 적절하지 않은 것은?

① 검색광고는 타 광고와는 다르게 명확한 성과측정이 불가능하다.

② 검색광고 효과분석을 통해 지속적으로 개선하고 성장을 이끌어내는 것이 검색광고 마케터의 역량이다.

③ 검색광고 효과분석은 광고 집행 프로세스의 마지막 단계이면서 동시의 시작 단계이다.

④ 초기 수립한 광고목표를 기반으로 평가에서 끝나기만 하면 실질적이니 효과분석을 하는 의미가 없다.

41 다음은 마케팅 전략 4E를 나타낸 것이다. 빈칸에 들어갈 용어는 무엇인가?

4E	Experience	( )	Evangelist	Enthusiasm

42 다음은 디지털광고 산업의 구조를 도식화한 것이다. 빈칸에 들어갈 알맞은 말은 각각 무엇인가?

43 다음에서 설명하고 있는 광고 예산 설정 방법은 무엇인가?

- 현재 또는 예상되는 매출액의 일정 비율을 사용하거나 제품의 판매가격의 일정 비율을 프로모션 예산으로 산정하는 방법
- 기업들이 가장 많이 사용하는 예산 설정 방법

44 다음은 4주간 3번의 검색을 통해 노출된 광고 비용이다. 이 키워드의 최소 노출 입찰가는 얼마가 될 것인가?

구분	검색 1	검색 2	검색 3
A	1,600원	900원	800원
B	1,900원	1,000원	500원
C	1,800원	200원	400원
D	2,300원	250원	600원

45 다음에서 설명하고 있는 네이버의 광고상품은 무엇인가?

> 특정 장소를 찾는 사용자에게 내 업체를 적극적으로 홍보할 수 있는 마케팅 도구로, 플레이스 영역 내에 노출되는 네이티브 형태의 검색광고

46 다음에서 아래에서 설명하고 있는 구글의 키워드 검색 유형은 무엇인가?

> • 키워드 검색 유형에 따라 키워드가 사용자의 검색어와 밀접하게 일치하는 정도가 결정된다.
> • 키워드와 정확하게 일치하는 검색어 또는 키워드와 의미 또는 의도가 동일한 검색어에 광고가 게재되게 설정하는 검색 유형을 말한다.

47 다음은 검색광고 시스템 내 키워드를 발굴하는 메뉴이다. 각 매체에 맞는 메뉴명은 무엇인지 각각 무엇인가?

네이버	①
구글	②
카카오	③

48 다음 광고 집행 결과에서 해당 키워드의 CPC는 얼마인가?

광고			매출	
광고비	클릭수	구매전환수	총매출	총이익
3,800,000	20,000	150	35,000,000	15,000,000

49 다음 빈칸에 공통으로 들어갈 알맞은 용어는 무엇인가?

> • 구글에서 특정 검색어에 대해 게재되지 않도록 (　　　)을/를 추가하여 노출을 제한할 수 있다.
> • 네이버 쇼핑검색광고를 진행할 때 상품이 노출되는 키워드 중 상품의 노출을 원치 않는 키워드가 있을 경우에 (　　　) 관리를 통해 광고노출을 제외할 수 있다.

50 다음에서 설명하고 있는 것은 무엇인가?

> 광고 클릭 시 도달되는 랜딩페이지의 URL 말고 사이트 내 모든 페이지에서 공통으로 확인되는 URL을 말한다.

51 다음 빈칸에 들어갈 알맞은 말은 무엇인가?

- 네이버에서는 등록한 캠페인 현황을 한 번에 확인할 수 있다.
- ( )에서 캠페인 단위 광고의 성과를 제공하는데 여기에서 캠페인별로 디바이스별, 요일, 시간대, 지역, 검색 및 콘텐츠 매체를 구분하여 볼 수 있다.

52 다음과 같은 조건에서 빈칸에 들어갈 값은?

광고비	노출수	클릭수	클릭률	CPC
5,000,000원	( )	4,000	4%	50

53 광고비용이 1,000만 원이고, 광고를 통한 매출이 6,000만 원인 경우 ROI는 얼마인가? (단 광고비 외에 다른 비용은 투입되지 않았다)

54 다음에서 설명하고 있는 것은 무엇인가?

- 사이트를 방문한 후 페이지 이동 없이 바로 이탈한 비율을 나타낸다.
- 랜딩페이지가 효과적인지를 판단하는 지표로 활용된다.

55 다음에서 설명하고 있는 검색광고 용어는 무엇인가?

- 네이버 프리미엄 로그분석 서비스를 이용하면 검색광고 보고서에서 전환수와 다양한 정보를 추가로 받을 수 있다.
- 전환 데이터 중에서 광고 클릭 이후 30분 내에 마지막 클릭으로 전환이 일어난 경우의 전환수를 말한다.

56 검색광고 운영을 통해 4,375,000원의 매출이 발생하고 350%의 ROAS를 얻었다면, 이때에 소요된 광고비는 얼마인가?

57 광고 결과 데이터가 아래와 같을 때에 광고를 통해 판매된 물품의 수는 몇 개인가?

- 광고비 : 5,000,000원
- 광고를 통한 방문수 : 30,000회
- 매출액 : 12,000,000원
- CTR : 10%
- CVR : 3%

58 다음 표는 광고 운영성과를 나타내는 표이다. 빈칸에 들어갈 값은?

노출수	클릭수	CTR	CVR
①	5,000	2%	2%
광고비	CPC	CPS	
7,000,000	1,400	②	

59 검색광고의 집행 결과가 다음과 같을 때에 ROAS와 ROI는 각각 얼마인가?

광고비	노출수	클릭수
2,000,000	2,000,000	30,000
구매수	매출액	순이익
3,600	9,000,000	4,500,000

60 네이버에 콘텐츠검색광고를 집행하기 위해서는 콘텐츠 비즈채널을 등록해야 한다. 콘텐츠 비즈채널로 등록 가능한 URL 유형은 무엇인가?

CHAPTER 02 > 2023년 기출복원유형문제

제1회

객관식 | 01~40

01 다음 중 전통적 비즈니스와 비교되는 온라인 비즈니스에 대한 설명으로 적절하지 않은 것은?

① 디지털 형태의 정보가 중심 요소로 투입된다.
② 인터넷을 기반으로 하여 언제 어디서나 액세스할 수 있는 간편성을 갖는다.
③ 기업이 총체적인 마케팅 전략을 실행하기 위해 자원, 조직, 프로세스 등을 효과적으로 활용해 실질적으로 시장에 침투하는 Go-To-Market(GTM) 전략이 가능해 수평 비즈니스로의 확장이 가능하다.
④ 실물 거래나 가시적인 서비스가 무엇보다 중요하다.

02 다음 중 온라인 커머스 시장에서 활발하게 활용되고 있는 전략이 아닌 것은?

① 옴니채널 전략
② 가격 중심 전략
③ 록인 전략
④ 쇼루밍족 활용 전략

03 최근 인공지능을 활용한 검색기술이 발전해오고 있다. 다음에서 설명하는 것은 무엇인가?

- Open AI가 2022년 11월 말 공개한 대화형 전문 인공지능 챗봇이다.
- 기능 자체는 이전에 나온 챗봇과 다를 바 없지만, 결과물은 상당한 수준에 이르고 있어 사회 전반에 큰 변화를 가져올 것으로 기대되고 있다.

① 메타버스
② ChatGPT(챗GPT)
③ IoT
④ 바드(Bard)

04 오늘날의 마케팅은 과거 4P에서 4C를 거쳐 4E의 단계로 발전하게 되었다. 다음 중 디지털 마케팅의 4E에 해당하지 않은 것은?

① Evaluation
② Enthusiasm
③ Experience
④ Evangelist

05 다음 중 디지털 마케팅의 유형으로 보기 어려운 것은 무엇인가?

① 소셜미디어 마케팅
② 구전 마케팅
③ TV광고
④ 인플루언서 마케팅

06 다음 중 전통적인 매체와 비교할 때 디지털 광고가 가진 차별적 특성으로 볼 수 없는 것은?

① 광고 메시지 전달의 융통성
② 상호작용성
③ 트래킹 용이
④ 높은 매체 신뢰도

07 다음은 디지털 광고 유형 중 어떤 광고에 대한 설명인가?

> 단순 이미지를 넘어 광고 위에 마우스 커서를 올려놓거나 클릭하면 이미지가 확장되거나 동영상이 재생되는 등 멀티미디어를 활용해 광고 메시지를 풍부하게 전달하고 소비자의 주목을 이끄는 광고 형태를 말한다.

① 인터스티셜 광고
② 리치미디어 광고
③ 디스플레이 광고
④ 콘텍스트 광고

08 다음 중 검색광고의 장점에 대한 설명으로 옳지 않은 것은?

① 검색광고는 검색한 이용자에게만 광고가 노출됨으로 정확한 타겟팅이 가능하다.
② 클릭을 받았을 때만 과금되는 종량제 광고이다.
③ 검색광고는 배너광고와 같이 활용하면 효과가 떨어짐으로 단독으로 실시하는 것이 좋다.
④ 최근에는 알고리즘의 발달로 검색광고의 자동화, 맞춤화가 활발하게 이루어지고 있다.

09 다음 중 검색광고 용어에 대한 설명으로 틀린 것은?

① 시즈널 키워드 : 특정 시기나 계절에 따라 조회수와 광고효과가 급증하는 키워드를 말한다.
② 이슈 키워드 : 특별히 중요하게 논의되는 주제나 쟁점 관련 키워드를 말한다.
③ 세부 키워드 : 구체적인 서비스명이나 제품명, 지역명, 수식어를 조합한 키워드로 저렴한 입찰가로 광고를 노출시킬 수 있다는 장점이 있으나, 검색되는 수는 작다는 단점이 있다.
④ 확장소재 : 검색 결과에 노출되는 광고 메시지로 제목과 설명으로 되어 있다.

10 다음 중 검색광고의 효과에 관한 용어 설명으로 옳지 않은 것은?

① ROI : 투자 대비 수익률로 광고를 통해 발생한 순이익 대비 광고비의 비율을 말한다.
② 전환율 : 노출수 대비 전환이 일어난 비율을 말한다.
③ 클릭률 : 노출수 대비 클릭수의 비율을 말한다.
④ ROAS : 광고비를 통해 발생한 매출액의 비율을 말한다.

11 다음 중 검색광고의 효과에 대한 설명으로 옳지 않은 것은? (단, 다른 요인은 변동이 없다고 가정한다.)

① CPS가 낮을수록 광고효과가 좋다.
② 구매전환율이 2배 상승하면, ROAS는 1/2배 상승한다.
③ CVR이 높아지면 CPA는 낮아진다.
④ CTR과 CVR이 높아질수록 광고효과는 더 좋아진 것으로 볼 수 있다.

12 다음에서 설명하고 있는 광고 예산책정 방법은 무엇인가?

> • 자사의 광고 활동을 통해 얻고자 하는 것이 무엇인지에 따라 예산을 책정하는 예산 책정 방법이다.
> • 가장 논리적인 예산 설정 방식이다.

① 목표 및 과업기준법
② 광고-판매 반응 함수법
③ 가용예산 활용법
④ 매출액 기준법

13 다음 중 검색광고 기획 과정으로 옳지 않은 것은?

① 제품이나 서비스를 이용할 사용자의 특성을 파악하는 사용자 패턴 분석을 한다.
② 검색광고 상품과 키워드 소재 등의 활용 전략을 설정한다.
③ 검색광고를 통해 최종적으로 달성하고자 하는 구체적인 목표를 설정한다.
④ 여러 사이트에 광고하는 것보다 하나의 사이트에 광고를 집중하면 더 많은 타겟 고객에게 도달할 수 있다.

14 다음 중 네이버 키워드 광고에 대한 설명으로 옳지 않은 것은?

① 여러 그룹을 만들 수 있는 특성상 각 광고그룹에는 하나의 소재만 등록할 수 있다.
② 광고주는 복수의 계정을 생성할 수 있으며, 광고목적에 따라 다수의 캠페인을 운영할 수 있다.
③ 광고목적에 따라 파워링크, 쇼핑검색, 파워콘텐츠, 브랜드검색, 플레이스 유형 중에서 선택하여 진행한다.
④ 키워드 확장 기능을 통해 해당 광고그룹의 등록 키워드와 유사 키워드의 자동 광고노출이 가능하다.

15 다음 중 카카오 키워드 광고에 대한 설명으로 옳지 않은 것은?

① 카카오 픽셀&SDK는 카카오에서 제공하는 전환추적 서비스로 광고에서 발생한 회원가입과 구매 등의 전환을 확인할 수 있는 스크립트 도구이다.
② 키워드광고 관리자센터에서 광고계정, 캠페인 등 원하는 단위로 운영 현황을 확인하고 수정할 수 있는 현황판을 대시보드라고 한다.
③ 키워드광고는 검색한 키워드와 연관성 있는 광고가 다음, 카카오톡, 제휴 매체 등 다양한 지면에 검색 결과 또는 텍스트형 배너 형태로 노출되는 광고를 말한다.
④ 주요 검색의 최상단인 파워링크 영역에 동시 노출된다.

16 다음 중 카카오 키워드광고 상품에 대한 설명으로 옳지 않은 것은?

① 다음(Daum)을 포함한 주요 포털사이트의 검색 결과 최상단인 프리미엄 링크영역에 최대 10개의 광고가 그리고 와이드링크(검색수요가 많을 때)가 5개 추가 노출된다.

② 스페셜링크와 스폰서박스는 네이트 전용 상품이다.

③ 다음, 네이트 등 제휴된 다양한 모바일 웹/앱에서 검색 결과, 프리미엄 링크 영역에 최대 3개의 광고가 노출된다.

④ 카카오 픽셀&SDK을 설치하면 검색광고를 통해 유입된 이용자의 구매 등의 액션을 분석할 수 있다.

17 다음 중 구글 운영시스템에 대한 설명으로 옳지 않은 것은?

① 노출순위는 입찰가와 품질지수가 영향을 미친다.

② 애드센스 시스템에서 운영된다.

③ 캠페인-광고그룹-광고의 계정 구조로 이루어져 있다.

④ 다양한 입찰 전략 기능을 제공한다.

18 다음에서 설명하는 네이버의 검색광고 상품은 무엇인가?

> • 이용자가 브랜드 키워드 검색 시, 통합검색 결과 상단에 브랜드와 관련된 최신 콘텐츠를 텍스트, 이미지, 동영상 등을 이용하여 노출하는 상품
> • 최신 브랜드 콘텐츠로 이용자와 소통하고 브랜딩 효과 창출 가능

① 파워 브랜드광고

② 파워 콘텐츠광고

③ 브랜드검색광고

④ 파워링크광고

19 다음에서 설명하고 있는 광고 단위는 무엇인가?

> 광고계정 구조 중의 하나로 마케팅 활동에 대한 목적을 기준으로 묶어서 관리하는 광고전략 단위이다.

① 캠페인　　　　　② 광고그룹

③ 키워드　　　　　④ 소재

20 다음은 무엇에 대한 설명인가?

> 노출을 원하지 않은 특정 검색어에 대해 게재되지 않도록 광고 게재를 제외하는 기능

① 구문검색　　　　② 대체 키워드

③ 일치검색　　　　④ 제외 키워드

PART 01
PART 02
PART 03
PART 04
PART 05
PART 06

21 다음 중 키워드를 선택하고 발굴하는 방법으로 옳지 않은 것은?

① 광고주 사이트를 대표하는 단어이자 검색 목적을 포괄적으로 나타내는 대표 키워드를 사용하면 노출을 늘릴 수 있다.

② 다양한 사회적 이슈와 관련된 키워드 사용은 제품과 관련 없이 매출을 높일 수 있다.

③ 세부 키워드를 효율적으로 확장하면 낮은 가격으로 광고효과를 높일 수 있다.

④ 네이버의 키워드도구 등 키워드를 추천해 주는 기능을 활용하면 쉽게 키워드를 발굴할 수 있다.

22 다음 중 입찰관리에 대한 설명으로 가장 옳은 것은?

① 네이버 사이트검색광고 클릭당 광고비는 입찰가와 동일하게 과금된다.

② 카카오는 자동입찰 기능이 없다.

③ 구글은 입찰 시점의 경쟁 현황과 상관없이 매번 동일한 결과가 제공된다.

④ 네이버 자동입찰은 희망순위와 한도액을 설정하여 진행된다.

23 다음 중 구글 검색광고에서 제공하는 스마트 자동입찰 기능이 아닌 것은?

① 전환 가치 극대화 입찰

② 광고투자수익(ROAS) 입찰

③ 전환수 최대화 입찰

④ 입찰 최대화

24 구매전환율이 5%이고, 매출이익이 5만원일 경우 최대 허용 CPC는 얼마인가?

① 10,000원   ② 1,000원

③ 250원   ④ 2,500원

25 다음 중 키워드 확장에 대한 설명으로 옳지 않은 것은?

① 일치(유사검색어)가 아닌 키워드 확장을 통해 노출될 유의어에 대한 입찰가는 중간 입찰가의 100%로 설정되며 등록 키워드에 적용되는 입찰가를 초과하지 않는다.

② 네이버에서 해당 광고그룹의 등록 키워드와 유사한 의미를 가진 키워드가 자동으로 광고에 노출되는 기능을 키워드 확장이라고 하며, 광고그룹에서 설정한다.

③ 키워드 확장을 사용하는 경우 광고그룹 내 키워드를 OFF하더라도 유의어로 광고가 노출되어 과금이 발생할 수 있다.

④ 카카오는 키워드 확장을 캠페인 단위에서 설정할 수 있다.

[26~27] 다음의 '실내수영복'과 '강습용수영복'두 키워드에 대한 입찰가이다.

- 광고그룹 : 수영복 (기본 입찰가 1,000원, 콘텐츠 매체 전용입찰가 500원)
- PC 입찰가 가중치 100%, 모바일 입찰가 가중치 200%
- 광고 키워드 : 실내수영복(키워드 입찰가 설정되지 않음), 강습용수영복(키워드 입찰가 500원)

26 두 키워드 모두 모바일 노출 매체인 네이버 모바일 통합검색에 노출될 때의 입찰가는 얼마인가?

① 실내수영복 : 1,000원, 강습용수영복 : 1,000원
② 실내수영복 : 2,000원, 강습용수영복 : 1,000원
③ 실내수영복 : 500원, 강습용수영복 : 1,000원
④ 실내수영복 : 500원, 강습용수영복 : 500원

27 두 키워드 모두 PC 노출매체인 네이버 PC 통합검색에 노출될 때의 입찰가는 얼마인가?

① 실내수영복 : 500원, 강습용수영복 : 500원
② 실내수영복 : 500원, 강습용수영복 : 1,000원
③ 실내수영복 : 1,000원, 강습용수영복 : 500원
④ 실내수영복 : 1,000원, 강습용수영복 : 1,000원

28 다음 중 소재관리에 대한 설명으로 옳지 않은 것은?

① 구글 검색광고는 광고그룹당 최대 50개까지 등록할 수 있다.
② 네이버 사이트검색광고의 경우 광고그룹당 최대 5개까지 등록할 수 있다.
③ 카카오 키워드 광고는 광고그룹당 최대 50개까지 등록할 수 있다.
④ 네이버, 카카오, 구글 검색광고 모두 광고소재에 키워드를 삽입하는 기능을 제공한다.

29 다음 중 무효클릭에 대한 설명으로 옳지 않은 것은?

① 검색광고 본래의 취지에 맞지 않는 무의미한 클릭을 의미한다.
② 사전/사후 모니터링이 진행되며, 필터링 로직 및 결과를 공개하진 않고 있다.
③ 구글은 자동감지 시스템에서 잡아내지 못한 무효클릭에 대한 크레딧을 받을 수 있다.
④ 네이버는 광고 노출 제한 설정 메뉴에서 사이트를 등록하여 광고가 노출되지 않도록 제한할 수 있다.

30 다음 중 각 매체사의 로그분석에 대한 설명으로 옳지 않은 것은?

① 로그분석은 웹사이트를 방문한 유저의 데이터를 수집하여 분석하는 도구이다.

② 매체에서 제공하는 로그분석을 활용할 경우 별도의 엑셀 작업 없이 그룹, 캠페인, 키워드별 전환 성과를 보고서와 함께 볼 수 있다.

③ 네이버, 다음 카카오, 구글 검색광고는 모두 무료로 로그분석을 지원하고 있다.

④ 로그분석을 위해서는 검색광고 관리자 센터에 로그인하면 된다.

31 다음 중 검색광고에서 ROAS를 상승시키는 방법으로 옳지 않은 것은?

① 사용자의 의도를 파악하여 랜딩페이지를 수정한다.

② 랜딩페이지의 반송률을 낮추도록 개선한다.

③ 입찰가가 낮은 키워드를 선정한다.

④ ROAS가 100% 이상인 키워드를 광고 진행한다.

32 다음 중 광고효과 분석 후 취해야 할 조치로 적절하지 않은 것은?

① 클릭률이 평균보다 낮은 키워드는 소재를 변경한다.

② 간접전환만 주로 발생하는 키워드는 입찰 순위를 낮춘다.

③ 성과가 낮은 키워드는 페이지뷰와 체류시간 데이터도 점검한다.

④ 성과가 높은 키워드는 유사 키워드로 확장한다.

33 다음 중 검색광고에서 키워드 확장을 해야 하는 이유로 옳지 않은 것은?

① 잠재고객의 범위를 넓히기 위해서

② CPC를 줄이기 위해서

③ 사이트 방문자를 늘리기 위해서

④ 매일 새로운 키워드가 나오기 때문에

34 검색광고 마케터가 검색광고 효과분석을 매일 시행해야 하는 이유로 옳지 않은 것은?

① 상당히 많은 키워드 및 광고 상품이 존재하기 때문에 효과분석을 통해 키워드 및 광고 상품 최적화하기 위해서

② 사용자들이 검색하는 키워드는 일정한 것이 아니라 그날의 상황에 따라 바뀔 수 있기에 때문에

③ 매일 새로운 입찰가에서 시작하는 경매형 상품이므로 높은 노출순위에 입찰하기 위해서

④ 검색광고 시스템을 통해 실시간으로 효과분석이 가능하므로 실시간분석을 통해 광고 운영 전략을 최적화하기 위해서

35 다음 표는 검색광고 운영성과를 나타내는 표이다. 빈칸에 들어갈 값으로 맞게 짝지어진 것은?

키워드	노출수	클릭수	CTR	광고비	CPC
청바지	5,000	50	( )	100,000	( )

① CTR=1%, CPC=20,000원

② CTR=10%, CPC=20,000원

③ CTR=10%, CPC=2,000원

④ CTR=1%, CPC=2,000원

36 네이버, 카카오, 구글은 검색 사용자와 광고주 모두의 만족도를 높이기 위해 광고의 품질을 측정한다. 이에 대한 설명으로 옳지 않은 것은?

① 네이버의 품질지수는 10단계로 분류하여 막대 형태로 보여준다.

② 구글의 품질평가점수는 광고그룹 단위로 1~10점으로 부여된다.

③ 품질지수/품질평가점수가 높은 경우 광고 입찰가가 낮더라도 높은 순위에 노출 가능하다.

④ 카카오의 키워드는 최초 등록 시 0단계의 품질지수를 받는다.

37 다음 중 랜딩페이지에 대한 설명으로 옳지 않은 것은?

① 일반적으로 랜딩페이지는 메인페이지를 말한다.

② 키워드와 랜딩페이지의 연관도가 높아야 체류시간을 높일 수 있다.

③ 광고 효율성을 높이기 위해 주기적으로 랜딩페이지 A/B Test를 진행하는 것이 좋다.

④ 판매 혜택 등이 포함되어 있으면 구매 결정을 빨리 내릴 수 있어 전환율을 높일 수 있다.

38 다음 사례에서 CPA는 얼마인가?

노출수	클릭수	전환수	CPC
1,000	50	5	100

① 1,000원

② 100원

③ 500원

④ 5,000원

39 다음 중 네이버의 키워드 관리 기능에 대한 설명으로 옳지 않은 것은?

① 키워드나 소재가 많으면 대량관리 기능을 사용할 수 있다.

② 광고그룹 복사 시에는 기본 입찰가 등의 광고그룹의 정보, 키워드 확장, 제외 키워드 포함 등과 같은 광고그룹의 하위 항목을 포함해서 복사할 수 있다.

③ 광고소재는 복사되지 않기 때문에 별도로 소재를 등록해야 한다.

④ 파워링크 캠페인에서 확장소재를 등록할 때에는 입력 시트 형태로 쉽게 등록할 수 있는 Easy 대량관리(beta) 기능을 사용할 수 있다.

40 다음 중 광고효과 측정 후 사후관리로 적합하지 않은 것은?

① 목표치보다 ROAS가 낮은 경우에는 ROAS가 낮은 키워드를 분석해 조치를 취한다.

② 구매전환율이 낮을 때 랜딩페이지를 일괄적으로 메인페이지로 바꾸면 전환율을 높일 수 있다.

③ ROAS가 낮은 키워드들은 다른 키워드로 대체하거나 삭제한다.

④ 목표 CPC 값보다 초과하면 CPC가 높은 키워드의 입찰가와 순위를 낮춘다.

41 다음에서 설명하는 것은 무엇인가?

- 이것은 온라인 커머스의 발전에 따른 소비자의 구매 형태의 하나이다.
- 이것은 매장(쇼룸)이 구경만 하는 전시장 역할을 한다는 의미로, 상품 선택은 매장에서 하고 실제 구매는 인터넷 쇼핑몰에서 하는 쇼핑 행태를 말한다.

42 다음 괄호에 들어갈 알맞은 단어는 무엇인가?

- 최근 디지털 마케팅에서 소비자행동은 일본 광고 대행사 덴츠가 내세운 새로운 구매행동 이론이 트렌드화되고 있다.
- 이것은 소비자가 인지(Awareness)하고, 흥미 (Interest)를 느끼고, (①)한 다음 행동(Action)하고 마지막으로 (②)하는 AISAS 모델을 말한다.

43 다음에서 설명하는 것은 무엇인가?

기존 광고와 달리 이용자가 경험하는 콘텐츠 일부처럼 보이도록 하여 이용자의 관심을 자연스럽게 이끈 형태의 광고

44 다음 괄호에 들어갈 알맞은 말을 무엇인가?

- 네이버 프리미엄 로그 분석에서 제공하는 데이터 항목 중의 하나이다.
- ( )은/는 광고 클릭 이후 30분부터 전환 추적기간 내에 발생한 전환수를 말한다. 네이버의 전환추적기간은 7일~20일 사이의 기간으로 직접 설정 가능하다.

45 다음 괄호에 들어갈 알맞은 수는 각각 무엇인가?

- 네이버 검색광고는 '네이버 통합 광고주센터'에 접속하여 통합회원으로 가입한 후, 검색광고 계정 생성 절차를 거쳐 이용할 수 있다. 이미 사업자 등록 번호가 있는 경우에는 최대 (①)개 계정 생성이 가능하며, 개인회원으로 가입한 경우는 최대 (②)개 계정을 만들 수 있다.
- 네이버 검색광고는 탈퇴 혹은 약관 및 광고운영정책 위반 등으로 계정 삭제 또는 직권이 해지된 이력이 있는 경우는 계정 해지일로부터 (③)개월간 제한된다.

46 다음에서 말하는 이것은 무엇인가?

- 이것은 네이버 검색광고 상품을 결제하는 데 사용된다.
- 검색광고의 이용대금은 이것으로만 지불 가능하다.
- 이것은 환불이 가능한 것과 환불이 불가능한 것으로 구분된다.

47 구글에서 검색광고를 진행할 때 설정 가능한 검색 캠페인의 목표는 무엇인가?

48 다음과 같은 조건에서 빈칸에 각각 들어갈 값은?

광고비	CPC	노출수	클릭수	클릭률
4,000,000원	(①)	(②)	4,000	4%

49 다음 괄호에 들어갈 알맞은 말은 무엇인가?

- 네이버에서는 등록한 캠페인 현황을 한 번에 확인할 수 있다.
- ( )에서 캠페인 단위 광고의 성과를 제공하는데 여기에서 캠페인별로 디바이스별, 요일, 시간대, 지역, 검색 및 콘텐츠 매체를 구분하여 볼 수 있다.

50 다음은 네이버 검색광고 입찰가에 대한 설명으로 빈칸에 들어갈 금액은 얼마인가?

네이버 검색광고의 입찰가는 최소 70원부터 최대 10만원까지 설정할 수 있다. 단 쇼핑검색광고의 쇼핑몰형과 카탈로그형은 ( )원부터 최대 10만원까지, 쇼핑 브랜드형은 최소 300원부터 최대 10만원까지 설정할 수 있다.

51 다음은 무엇에 대한 설명인가?

- 구글의 자동입찰 방식 유형 중의 하나이다.
- 주어진 예산 내에서 최대한 많은 클릭수를 유도하여 사이트 방문 수를 늘리는 것이 최우선적 목표인 입찰 형태를 말한다.

52 다음 설명에서 (①), (②) 안에 각각 들어갈 숫자는 얼마인가?

카카오 키워드 광고노출순위는 입찰가와 품질지수를 기준으로 산출된 순위에 따라 결정된다. 입찰한 입찰가는 노출영역 중 PC 검색 네트워크, PC 콘텐츠 네트워크, 모바일 검색 네트워크에 적용되며, 최저가로 입찰 가능한 금액은 (①)원이다. 내 순위보다 차순위인 입찰액이 190원이라면 내 과금액은 (②)원에 부가세가 포함되어 계산된다.

53 다음에서 설명하고 있는 것은 무엇인가?

- 네이버의 광고소재 노출 방식으로 광고그룹 내 다수의 소재가 존재할 경우, 성과가 우수한 소재의 노출 비중을 자동적으로 조절하여 평균 성과를 향상시키는 기능이다.
- 이것은 광고그룹 내 노출 가능한 소재가 2개 이상일 경우에 기본적으로 적용된다.

54 이전의 광고효과가 CPA 1,000원, ROAS 300%에서 새로운 광고소재를 통해 구매율이 1/3배로 감소하였다면 ROAS는 얼마인가?

55 다음 광고 데이터에서 CTR은?

- 노출수 : 125,000
- 광고를 통한 클릭수 5,000건
- 광고비 5,000,000원
- 전환수 : 250건

56 '기모청바지', '양모청바지'라는 키워드가 등록되어 있는 '겨울청바지'광고그룹이 있다. 다음과 같은 조건이 적용되었다면, '양모청바지'가 네이버 PC 통합검색에 노출될 때에 입찰가는 얼마인가?

- 광고그룹 : 겨울청바지(기본 입찰가 400원, 콘텐츠 매체 전용 입찰가 200원)
- PC 입찰가 가중치 100%
- 모바일 입찰가 가중치 200%
- '기모청바지'의 키워드 입찰가 설정되지 않음
- '양모청바지'의 키워드 입찰가 : 400원

57 다음 광고 데이터에서 전환율은 얼마인가?

- 광고를 통한 클릭수 5,000건
- 클릭률 4%
- 광고비 5,000,000원, 물품단가 90,000원
- ROAS 450%

58 다음 광고 데이터에서 물품단가(객단가)는 얼마인가?

노출수	클릭수	클릭률	전환수
125,000	5,000	4%	100
전환율	광고비		ROAS
2%	10,000,000		250%

59 다음 아래의 사항을 기반으로 할 때 ROAS는?

노출수	클릭수	전환수
2,000,000회	30,000회	600건
광고비	매출액	수익률
3,000,000원	9,000,000원	50%

60 다음 중 괄호 안에 공통으로 들어갈 용어는 무엇인가?

- ( )은/는 광고를 클릭하여 광고 사이트에 방문할 때 처음 접속하게 되는 페이지이다.
- ( )을/를 어디로 연결했느냐에 따라서 전환율의 차이가 있다.

객관식 | 01~40

01 다음 중 온라인 비즈니스의 판매방식에 따른 분류 형태가 아닌 것은?

① 판매형 ② 중개형
③ D2C ④ 커뮤니티형

02 다음은 무엇에 대한 설명인가?

( )은/는 가상과 현실이 융복합되어 사회, 경제, 문화 활동의 가치 창출이 가능한 디지털세계를 말한다. 이는 증강과 시뮬레이션, 사적 영역과 외적 영역의 두 축을 중심으로 라이프로깅, 증강현실, 거울세계, 가상세계의 4가지 형태로 분류하였다.

① 메타버스
② IoT
③ 라이브 스트리밍
④ 사이버세상

03 디지털의 진화로 최근 애플, 구글, 아마존이 공통적으로 개발을 주도하고 있는 서비스 유형은 무엇인가?

① 클라우딩 컴퓨팅
② 퍼스널 컴퓨닝
③ 모바일 컴퓨팅
④ 미니 컴퓨팅

04 다음 중 디지털 미디어 구분에 대한 내용으로 옳지 않은 것은?

① 포레스트 리서치는 디지털 미디어를 페이드 미디어(Paid Media), 온드 미디어(Owned Media), 언드 미디어(Earned Media)로 나눈다.

② 소비자나 제3자가 정보를 생산하는 매체인 언드 미디어(Earned Media) 예는 대표적으로 입소문, 뉴스 기사 등이다.

③ 온드 미디어(Owned Media)는 기업이 소유하고 있으나 통제할 수 없는 채널을 말한다.

④ 페이드 미디어(Paid Media)는 조직이나 개인이 비용을 들여 온·오프라인 미디어 채널을 통해 메시지를 전달하고자 할 때 유료로 사용하는 미디어를 말한다.

05 다음 중 디지털 마케팅의 장점이 아닌 것은?

① 디지털 마케팅 전략은 전통적 마케팅에 비해 비용이 저렴한 편이다.

② 사용자가 프리미엄 서비스에 대해 비용을 지불하면 광고를 건너뛰거나 제거할 수 있다.

③ 특정 청중에게 가장 적합한 유형의 콘텐츠, 가장 효과적인 매체, 가장 참여도가 높은 시간대에 대한 인사이트를 얻을 수 있다.

④ 데이터 및 청중 참여를 즉시 추적할 수 있다.

06 다음은 디지털 광고 유형 중 어떤 광고에 대한 설명인가?

> 특정 페이지에서 다른 페이지로 이동 시 나타나는 광고로 모바일 스크린 전면에 게재되어 사용자의 주목도가 높고 다양한 크리에이티브가 가능한 광고 유형이다.

① 리치미디어 광고
② 디스플레이 광고
③ 인터스티셜 광고(Interstitial ad)
④ 콘텍스트 광고

07 다음 중 광고산업 주체에 대한 설명으로 맞지 않은 것은?

① 디지털 광고대행사 : 특정 매체의 광고를 광고주나 광고대행사에 판매하는 광고매체 판매 대행사를 말한다.

② 디지털 매체사 : 광고를 할 수 있는 매체로 플랫폼을 소유하고 있는 포탈사이트, 모바일 온라인 사이트 등을 말한다.

③ 애드 네트워크 : 여러 광고 인벤토리를 네트워크 형태로 묶어 이를 광고주에게 판매하고 송출하는 서비스를 제공하는 회사를 말한다.

④ SSP(Supply Side Platform) : 애드 네트워크의 결합체와 같이 광고 인벤토리를 효과적으로 판매하기 위한 광고 매체사를 위한 인벤토리 판매 플랫폼이다.

08 다음 중 검색광고의 특징에 대한 설명으로 옳지 않은 것은?

① 검색광고는 정보를 찾기 위해 검색하는 사람들에게 검색어 관련 상품/서비스를 정보를 노출하는 광고이므로 구매 의도가 있는 고객을 유입해 높은 광고 성과를 기대할 수 있다.

② 노출순위는 입찰가 외에 광고품질에 따라 달라지므로 광고의 품질관리가 중요하다.

③ 매체사의 실시간 광고시스템을 통해 탄력적 운영과 관리가 가능하다.

④ 검색광고는 키워드를 검색한 사람들에게 광고가 노출되기에 초기 브랜딩 광고로 더 적합하다.

09 다음 중 검색광고 용어에 대한 설명으로 틀린 것은?

① 광고소재 : 검색결과에 노출되는 광고 메시지로 제목, 설명문구(T&D), 연결URL의 기본소재와 전화번호, 위치정보, 홍보문구 등을 추가한 확장소재로 이루어진다.

② 품질지수 : 광고소재가 키워드와 얼마나 연관성이 있는지를 숫자로 나타낸 것으로 광고의 품질을 나타내는 지수이다.

③ 대표 키워드 : 구체적인 서비스명이나 제품명, 지역명, 수식어를 조합한 키워드로 저렴한 입찰가로 광고를 노출시킬 수 있다는 장점이 있으나, 검색되는 수는 작다는 단점이 있다.

④ 랜딩페이지 : 검색엔진, 광고 등을 통해 방문하게 되는 페이지를 말한다.

10 다음 중 검색광고 노출효과 산출식으로 옳은 것은 무엇인가?

① $CPS = \dfrac{총전환비용}{전환수}$

② $CPC = \dfrac{총광고비}{클릭수}$

③ $CPA = \dfrac{총전환비용}{전환수}$

④ 구매전환율 $= \dfrac{전환수}{노출수} \times 100$

11 검색광고를 통해 한 명의 소비자가 광고를 클릭 후 랜딩페이지를 방문하는 데에 투여된 비용을 무엇이라고 하는가?

① CPA   ② CPC

③ CPS   ④ CTR

12 다음 중 검색광고 기획에서 광고 예산책정 방법에 대한 설명으로 옳은 것은?

① 가용예산 활용법은 남은 예산으로 광고에 투입하는 방법으로 온라인 광고에 집중하는 기업에게 가장 적합한 방법이다.

② 경쟁사 기준법은 경합이 예상되는 키워드를 중심으로 가격을 조사하고 순위를 조절하여 예산을 편성하는 방법이다.

③ 매출액 비율법은 가장 논리적인 방법으로 광고목표를 우선 설정한 후 광고비를 추청하는 방법이다.

④ 광고-판매 반응 함수법은 계량화된 방법을 사용하기 때문에 노하우가 적은 신규 광고주에게 적합하다.

13 다음 중 광고목표를 설정하는 방법으로 옳지 않은 것은?

① 목표가 명확해야 방안도 구체화할 수 있으므로 광고목표를 명확하게 설정한다.

② 구체적인 광고목표로 CPC, CVR, ROAS 등을 설정할 수 있다.

③ 광고목표는 될 수 있는 한 높게 설정하는 것이 좋다.

④ 매출액 증대를 목표로 하거나 업종에 따라 회원가입, 상담 신청, 이벤트나 프로모션 활성화를 위한 유입 증대 등을 목표로 설정할 수 있다.

14 다음 중 네이버 검색광고에 대한 설명으로 옳지 않은 것은?

① 키워드나 소재가 많으면 대량관리 기능을 사용할 수 있다.

② 키워드 광고는 캠페인, 광고그룹, 키워드와 소재의 구조로 되어 있다.

③ 광고시스템에서 광고주는 광고 운영을 원활히 하기 위해 단일 계정만을 사용해야 한다.

④ 광고관리 및 운영을 보다 효율적으로 진행하기 위해 제3자에게 본인 계정의 광고 정보를 조회하거나 관리할 수 있도록 '권한설정'을 부여할 수 있다.

15 다음 카카오 키워드 광고에 대한 설명으로 옳지 않은 것은?

① 그룹 단위에서 추적 URL, 일예산 설정이 가능하다.

② 개별 그룹별로 광고노출 영역 설정이 가능하다.

③ 그룹 단위에서 키워드 확장, PC와 모바일 입찰가중치를 설정할 수 있다.

④ 하나의 광고그룹에서 검색매체 입찰가, 콘텐츠 매체 입찰가를 다르게 설정할 수 있다.

16 다음 중 카카오 키워드 광고의 노출 영역 및 형태에 대한 설명으로 옳지 않은 것은?

① PC, 모바일 모두 제목, URL, 설명문구로 구성되어 광고 노출

② PC 검색 네트워크 : 다음(Daum)을 포함한 주요 포털사이트의 프리미엄 링크영역에 최대 10개의 광고 노출

③ 모바일 검색 네트워크 : 다음, 네이트 등 제휴된 다양한 모바일 웹/앱 검색결과 프리미엄 링크 영역에 최대 10개의 광고 노출

④ PC 콘텐츠 네트워크 : 다음 메인 및 내부 지면, 카페, 뉴스와 카카오 내부 지면 및 언론사, 커뮤니티 등의 카카오와 제휴를 맺고 있는 외부 지면에 사용자가 검색한 키워드 및 카카오 서비스에서 소비한 콘텐츠를 바탕으로 광고 노출

17 다음 중 구글 운영시스템에 대한 설명으로 옳은 것은?

① 구글 광고는 애드센스 시스템에서 운영된다.
② 캠페인에서 게재영역, 위치, 언어, 잠재고객 세그먼트를 설정할 수 있다.
③ 잠재고객 타겟팅은 선택할 수 없다.
④ 광고그룹 단위에서 확장검색, 구문검색, 일치검색 등의 검색유형을 선택한다.

18 다음에서 설명하는 네이버의 쇼핑검색광고의 유형은 무엇인가?

> • 쇼핑몰이 직접 판매 중인 상품을 홍보하는 이미지형 광고이다.
> • 네이버 통합검색 (PC/모바일) 결과 '네이버쇼핑' 영역 상단에 2개가 기본으로 노출된다.

① 플레이스광고
② 쇼핑검색광고 쇼핑몰 상품형
③ 쇼핑검색광고 제품 카탈로그형
④ 쇼핑검색광고 쇼핑 브랜드형

19 다음 네이버 광고 검색광고 등록 프로세스 중 광고 만들기에 대한 설명으로 틀린 것은?

① 키워드를 직접 입력할 수도 있고 연관키워드를 추가할 수 있다.
② 추가 실적 예상하기 기준은 입찰가의 월예상 클릭수, 월 예상 비용 등을 기준으로 산출된다.
③ 광고 만들기에서 키워드를 추가하면 등록 프로세스가 완료된다.
④ 표시 그룹에서 설정한 URL은 사이트를 대표하는 최상위 도메인을 기재하며, 기재 후에는 수정할 수 없다.

20 다음 중 네이버의 쇼핑검색광고 맞춤형 블록 광고에 대한 설명으로 옳지 않은 것은?

① 쇼핑검색광고 맞춤형 블록 광고는 사용자 쇼핑 이력에 따른 개인화 상품 추천 블록으로 로그인 이용자에 한정하여 사용자별 쇼핑 이력(클릭/구매/찜/장바구니)을 바탕으로 입력한 키워드와 연관된 관심 있던 상품 및 함께 볼만한 상품이 노출되는 광고를 말한다.
② 쇼핑검색광고 맞춤형 블록 광고는 쇼핑 컬렉션 하단인 'For You' 반응형 영역에 노출된다.
③ 맞춤형 블록 내 노출되는 광고수 2개이다.
④ 입력 키워드와 함께 볼만한 주제/태그 하위 상품 추천 블록으로 '함께 찾는 ○○○ 상품'과 같은 형식으로 노출되는 광고는 탐색형 블록 광고라고 한다.

21 다음 중 광고소재 노출에 대한 설명으로 옳지 않은 것은?

① 카카오에서 광고소재 노출 방식은 다양하게 선택할 수 있다.
② 네이버에서는 반응이 좋은 소재가 우선적으로 노출되는 성과기반노출과 등록된 소재가 번갈아 노출되는 동일비중노출 중 선택할 수 있다.
③ 구글은 소재 로테이션을 선택할 수 있는데, 로테이션 설정은 '최적화', '최적화하지 않음' 중에서 선택할 수 있다.
④ 구글은 소재 로테이션에서 '최적화' 설정 시에는 성과가 우수한 소재가 우선 노출된다.

22 다음 중 구글 검색광고에 대한 설명으로 옳지 않은 것은?

① 실적 목표에 맞게 입찰가를 자동으로 설정하는 자동입찰 기능이 있다.

② 키워드와 소재에 최종 연결 URL을 설정할 수 있으며, 둘 다 설정했을 때는 소재에 입력한 URL이 우선 적용된다.

③ 키워드 복사 시 입찰가, 최종 연결 URL을 포함해 복사할 수 있다.

④ 키워드플래너를 통해 키워드의 예상 실적을 볼 수 있다.

23 다음 중 검색광고 등록 프로세스에 대한 설명으로 옳지 않은 것은?

① 카카오의 노출 기간은 맞춤 설정이 가능하다.

② 카카오 소재노출방식은 별도의 선택 옵션 없이 기본적으로 성과우선노출 방식으로 노출된다.

③ 키워드의 검색유형 도달 범위는 일치검색>구문검색>확장검색 순으로 좁아진다.

④ 네이버 검색광고는 광고비가 비즈머니로 충전되어 있지 않으면 광고검토가 진행되지 않는다.

24 다음 중 네이버의 광고노출 전략에 대한 설명으로 가장 적절한 것은?

① 지역은 시/군/구 단위가 최소노출 설정 단위이다.

② 모바일 입찰가중치를 200%로 설정했다면 PC 대비 모바일 광고 노출수를 2배 높이겠다는 뜻이다.

③ 요일/시간대 설정에서 1시간 단위로 ON/OFF 할 수 있다.

④ 매체 설정을 통해 광고노출을 원하는 개별 블로그를 선택할 수 있다.

25 다음 중 네이버, 카카오, 구글의 검색광고에 대한 설명으로 옳지 않은 것은?

① 네이버, 카카오, 구글 모두 키워드 단위의 품질지수를 반영하고 있다.

② 네이버는 광고그룹에서 매체, 지역, 시간 전략을 설정할 수 있다.

③ 구글 검색광고는 캠페인에서 하루예산을 설정할 수 있다.

④ 카카오에서 검색광고를 등록하면 네이트 등의 제휴사이트에 노출된다.

26 다음 중 검색광고 관리 전략에서 검색광고의 키워드 확장 방법이 아닌 것은?

① 키워드와 키워드 간의 조합으로 확장하기도 한다.
② 실제 광고주가 판매하고 있는 다양한 상품 등의 키워드를 확장한다.
③ 경쟁사의 브랜드 키워드를 먼저 확장하는 것이 중요하다.
④ 계절, 이슈 등을 반영하여 주기적으로 확장하는 것이 바람직하다.

27 네이버와 카카오의 검색광고 키워드를 추가할 경우 최저 CPC는 각각 얼마인가?

① 네이버 80월, 카카오 70원
② 네이버 70원, 카카오 50원
③ 네이버 70원, 카카오 70원
④ 네이버 50원, 카카오 70원

28 다음 중 카카오의 전략 설정과 그 설정 단계가 바르게 짝지어진 것은?

① 키워드 확장 - 그룹
② 일예산 - 캠페인
③ 노출 요일, 노출 시간 - 소재
④ 자동입찰 - 캠페인

29 다음에서 설명하는 것은 무엇인가?

• 사용자가 검색창에 입력한 키워드가 설명문구에 자동으로 삽입되어 노출되는 기능이다.
• 검색 키워드에 볼드 처리가 되어 주목도가 높다.

① 키워드 삽입
② 키워드 확장
③ 키워드 대체
④ 키워드 제외

30 다음은 무엇에 대한 설명인가?

• 구글에서는 고객에게 관련성 있는 메시지를 표시하도록 자동으로 조정되는 광고를 만들 수 있다.
• 자동으로 여러 조합을 통해 잠재고객의 검색어와 최대한 일치하도록 광고의 콘텐츠를 조정해 캠페인 실적을 향상시켜 준다.

① 파워링크 광고
② 자동입찰광고
③ 리치미디어 광고
④ 반응형 검색광고

31 다음 광고성과 중 CPA와 CPS에 관한 설명으로 옳지 않은 것은?

① 구매전환율이 낮으면 CPA는 높아질 수 있다.
② CPS보다 CPA의 값이 항상 더 크다.
③ 광고비가 동일한 경우 CPC가 낮아질수록 CPA와 CPS는 효과적이다.
④ 광고예산을 많이 투입할수록 CPS와 CPA는 모두 증가한다.

32 아래와 같은 조건에서 ROI와 ROAS를 바르게 나타낸 것은?

> - 광고비 : 5,000,000원
> - 광고를 통한 방문수 : 10,000명
> - 전환율 : 5%
> - 물품단가 : 10,000원
> - 물품이익 : 5,000원

① ROI : 100%, ROAS : 100%

② ROI : 50%, ROAS : 100%

③ ROI : 100%, ROAS : 150%

④ ROI : 100%, ROAS : 50%

33 구매전환율이 10%, 매출이익이 50,000원이라면 최대 허용 CPC는 얼마인가?

① 25,000원   ② 2,500원

③ 5,000원   ④ 50,000원

34 다음 중 검색광고 효과분석에 대한 설명으로 옳지 않은 것은?

① 효과분석은 변하는 상황에 맞도록 광고를 최적화시키는 것이다.

② 효과분석은 개선의 과정이며 그 출발점이라 볼 수 있다.

③ 효과분석은 일반적으로 사후관리를 통해서 개선할 수 있다.

④ 검색광고 효과분석은 특별한 상황이 발생했을 때에만 실시하는 것이 좋다.

35 다음 중 광고소재 작성 방법에 대한 설명으로 적절하지 않은 것은?

① 광고소재는 제목, 설명, 표시URL로 구성되어 있다.

② 고객을 사이트로 유입시키기 위해서는 다소 과장되고 자극적인 광고문안이 필요하다.

③ 표시 URL은 사이트의 대표주소이며, 연결 URL은 광고 클릭 시 이동하는 세부주소를 말한다.

④ 광고 설명과 광고 클릭 시 이동된 세부주소와의 연관성이 높으면 대체로 높은 전환율을 기대할 수 있다.

36 네이버, 카카오, 구글은 검색 사용자와 광고주 모두의 만족도를 높이기 위해 광고의 품질을 측정한다. 이에 대한 설명으로 옳지 않은 것은?

① 품질지수/품질평가점수가 높은 경우 광고 입찰가가 낮더라도 높은 순위에 노출 가능하다.

② 네이버는 최초 등록 시 평균값인 0단계 품질지수가 부여되고, 24시간 내 운영성과에 따른 실제적인 품질지수가 적용된다.

③ 구글 품질평가점수는 키워드별로 1~10점으로 측정되며 최초 등록 시 0점으로 시작하며 실적 데이터가 누적되면 품질평가점수가 바뀐다.

④ 카카오의 키워드는 최초 등록 시 0단계의 품질지수를 받는다.

37 다음 중 광고 극대화를 위한 랜딩페이지 구성요소가 아닌 것은?

① 랜딩페이지에는 키워드가 반드시 포함되어야 한다.

② 판매 혜택 등이 포함되어 있으면 구매 결정을 빨리 내릴 수 있어 전환율을 높일 수 있다.

③ 텍스트 설명만으로 상세페이지를 만들기보다는 적절한 이미지와 함께 사용하는 것이 더 효과적이다.

④ 텍스트가 있는 랜딩페이지는 검색엔진 알고리즘이 발견하기 어려움으로 가능하면 이미지로 제작한다.

38 다음 중 광고 효과분석을 끝내고 이후 관리 활동에 대한 설명으로 옳지 않은 것은?

① 세부 키워드를 계속 발굴하면 관리에 시간이 많이 소요되므로 대표 키워드 및 브랜드 키워드로만 운영한다.

② 사후관리는 키워드 관리와 랜딩페이지 관리 2가지로 구분한다.

③ 키워드와 랜딩페이지 간의 연관성을 확인하면서 구매율을 높이기 위해 랜딩페이지를 점검한다.

④ 비효율 키워드는 무조건 삭제하기보다 키워드와 랜딩페이지와의 연관성을 한 번 더 확인한다.

39 다음 중 반송률의 의미에 대한 설명으로 옳은 것은?

① 반송률은 랜딩페이지의 효과분석을 위한 좋은 지표가 된다.

② 일반적으로 반송률이 높으면 랜딩페이지가 효율적이라는 것을 말한다.

③ 반송률이 높다는 것은 클릭률이 높을 것으로 볼 수 있다.

④ 반송은 처음 유입하는 페이지와 마지막 이탈하는 페이지가 서로 다른 것을 의미한다.

40 다음 중 검색광고 효과분석 후 사후관리로 적절하지 않은 것은?

① CTR과 CVR이 모두 높을 때는 이미 효과가 검증된 고효율 키워드를 바탕으로 연관키워드와 세부 키워드를 확장하는 전략을 사용한다.

② 일정 기간 성과가 없고 광고비만 비싼 키워드는 순위를 낮추거나 OFF시킨다.

③ 효율성이 높은 키워드는 새로운 매체 추가 등 광고집행을 확대한다.

④ CTR이 낮고 CVR은 높은 경우에는 랜딩페이지 관리가 필요하다.

41 다음 괄호 안에 들어갈 단어는 무엇인지 순서대로 작성하시오.

4P	①	②	③	④
4C	Customer Value	Customer Cost	Convenience	Communication

42 다음 아래의 내용이 설명하는 용어는 무엇인가?

- 신기술 및 고급 기술들을 배너광고에 적용시켜 배너광고를 보다 풍부(rich)하게 만든 멀티미디어 광고를 말한다.
- 비디오, 오디오, 사진, 애니메이션 등을 혼합한 고급 멀티미디어 형식의 광고라는 점에서 기존의 배너광고와는 차이가 있다.

43 다음 광고비 10,000,000원을 지출하고 광고를 통한 구매건수 1,000개, 광고를 통한 방문자수 10,000명을 얻었다면, CPS는 얼마인가?

44 다음 괄호에 들어갈 말은 각각 무엇인가?

- 네이버 쇼핑검색광고의 캠페인 단위에서 등록할 수 있는 확장소재는 네이버 톡톡, 캠페인 단위로 등록 시 하위의 모든 광고그룹에 동일하게 반영된다.
- (①) 단위에서 등록할 수 있는 확장소재는 네이버 톡톡과 추가홍보문구이다. (①) 단위로 등록 시 모든 하위의 모든 소재에 동일하게 반영된다.
- (②) 단위에서 등록할 수 있는 확장소재는 추가홍보문구 및 쇼핑상품부가정보이다. (②) 단위로 등록된 확장소재는 해당 소재에만 반영되며, 다른 (②)에는 반영되지 않는다.

45 다음 괄호에 들어갈 알맞은 용어는 무엇인가?

- ( )은/는 관리해야 할 키워드나 소재가 많은 경우에 사용하면 좋은 기능이다.
- 네이버, 카카오에서는 ( )을/를 통해 광고 다운로드, 대량 등록/수정, 대량 광고그룹 복사를 할 수 있다.

46 구글의 검색유형 방식으로 키워드가 관련된 검색어에 광고가 게재되며, 해당 키워드가 포함되지 않은 검색어에도 광고가 게재되는 검색방식은 무엇이라 하는가?

47 다음 아래의 괄호 안에 공통으로 들어갈 용어는?

쇼핑검색광고의 확장소재는 소재 단위에서 톡톡, 추가홍보문구, ( )을/를 등록할 수 있다. 톡톡은 캠페인 및 광고그룹 단위로 각각 1개, 추가홍보문구는 광고그룹 및 소재 단위로 각각 2개, ( )은/는 소재 단위로 1개 등록 가능하다.

PART 01
PART 02
PART 03
PART 04
PART 05
PART 06

48 다음은 무엇에 대한 설명인가?

> • 네이버 검색광고에서 핵심적으로 관리하는 광고그룹이나 키워드, 소재, 확장소재를 목적에 따라 묶음으로 설정해 관리할 수 있는 기능이다.
> • 서로 다른 캠페인이나 광고그룹에 속해 있지만 하나의 묶음에 추가하면 한 눈에 성과지표를 확인할 수 있다.

49 다음 아래의 내용이 설명하는 것은 무엇인가?

> • 키워드별 검색량, 이용자의 반응 등을 종합적으로 고려하여 쇼핑 브랜드형의 모바일/PC 광고 노출 영역의 상단 영역에 노출될 수 있도록 책정된 입찰 금액을 말한다.
> • 내 브랜드 키워드, 일반 키워드 유형으로 등록한 키워드 중 이 입찰가보다 높게 설정된 경우에는 상단에 노출될 수 있으며, 이 입찰가보다 적은 금액으로 입찰된 키워드는 키워드 유형 구분 없이 하단에 노출된다.

50 다음 각각의 괄호 안에 들어갈 알맞은 수는?

> • 네이버의 품질지수는 (①)단계 막대 모양으로 표현하며 최초 등록 시 평균값인 4단계 품질지수가 부여된다.
> • 카카오의 품질지수는 광고그룹에 부여된 것으로 (②)단계로 되어 있다.
> • 구글의 품질평가점수는 1점부터 (③)점으로 부여된다.

51 과거 4주간 '조끼'키워드로 2번의 검색을 통해 광고노출이 아래와 같이 발생했다. 다음의 보고서에서 중간 입찰가는 얼마인가?

노출된 광고 순위	노출된 광고의 입찰가	
	검색1	검색2
1위	3,000원	2,100원
2위	1,800원	1,900원
3위	1,000원	800원
4위	900원	500원
5위	700원	–

52 다음은 검색광고의 기획 과정에 대한 설명이다. 괄호에 각각 들어갈 말은 무엇인가?

> • 검색광고의 기획은 환경분석 → (①) → 매체전략 → (②) → 예산책정의 단계로 이루어진다.
> • 무엇보다 중요하게 먼저 설정해야 할 부분은 (①) (으)로, SMART 공식에 따라 설정해야 한다.

53 다음 광고 성과지표 중 괄호에 들어갈 용어는 무엇인가?

> • 클릭수 대비 전환이 일어난 비율을 말한다.
> • 클릭률이 높지만 ( )이 낮을 때는 광고 노출 순위나 소재는 충분히 매력적이지만 실제 사이트에 방문하여 전환 행동이 발생하지 않은 상태이다.

54 전환 데이터 중에서 직접전환과 간접전환의 구분은 광고 클릭 이후 몇 분을 기준으로 이루어지는가?

55 다음에서 설명하고 있는 검색광고 용어는 무엇을 말하는가?

> 투자 대비 수익률(이익률)에 대한 영어 약자로 검색광고에서는 광고를 통해 발생한 수익을 광고비로 나눈 값을 말한다.

56 다음 사례에서 CPC는 얼마인가?

광고비	광고를 통한 방문수	광고를 통한 구매
5,000,000원	10,000	20

57 광고비용이 1,000만원이고, 광고를 통한 매출이 6,000만원인 경우 ROI는 얼마인가? (단, 광고비 외에 다른 비용은 투입되지 않았다.)

58 다음 데이터 표를 보고 빈칸에 들어갈 값은?

광고비	노출수	CTR
1,000,000원	100,000	4%
CVR	객단가	ROAS
( )	25,000	500%

59 다음에서 설명하는 것은 무엇인가?

> 최근 4주간 검색을 통해 노출된 광고의 입찰가를 큰 순서대로 나열했을 때의 중간에 위치한 값

60 다음 검색광고 운영에서 CPS는 얼마인가?

> • CPC는 6,250원
> • 구매전환율 5%
> • 광고비 62,500,000원

PART 01 PART 02 PART 03 PART 04 PART 05 PART 06

01 다음은 거래 대상에 따라 분류된 온라인 비즈니스 유형에 대한 설명이다. 이것은 무엇에 대한 설명인가?

> • 이것은 기업에서 고객으로 나가는 일방적 관계가 아니라 고객에서 기업으로 연결되는 역방향, 그리고 양자를 통합한 쌍방향적으로 이루어지는 온라인 비즈니스 유형을 말한다.
> • 알리바바의 창업자 마윈 회장은 B2B, B2C에 이어 이것의 시대가 올 것으로 예측하기도 했는데, 최근에는 소셜미디어 인플루언서와 연결해 창의적 마케팅에 활용되고 있다.

① D2C   ② C2C
③ C2B   ④ G2C

02 다음 중 소셜미디어의 유형으로 가장 적합하지 않은 것은?

① 유튜브   ② 웹브라우저
③ 팟캐스트   ④ 블로그

03 다음은 무엇에 대한 설명인가?

> 앨빈 토플러가 처음 언급한 개념으로 디지털 시대에 생산에 직접 참여하는 소비자 즉 생산자(Producer)와 소비자(Consumer) 합성어인 생비자를 말한다.

① 디지털 네이티브
② Z세대
③ 프로슈머(Prosumer)
④ 집단지성

04 다음 중 일본 광고회사 덴츠(Dentsu)가 제창한 것으로 소셜미디어와 같은 디지털 미디어의 확대로 소비자들의 구매 행동 과정을 올바르게 나열한 것은?

① Attention/Awareness → Interest → Search → Action → Share
② Action → Interest → Search → Attention /Awareness → Share
③ Attention/Awareness → Indication → Share → Action → Search
④ Action → Indication → Search → Action → Share

05 다음 중 전통적인 매체와 비교할 때 디지털 광고가 가진 차별적 특성으로 가장 적절한 것은?

① 시선을 사로잡는 광고 제작물
② 광고 메시지 전달의 융통성
③ 넓은 광고 도달률
④ 전통 매체 광고보다 높은 신뢰도

06 다음에서 설명하는 네이버의 새로운 서비스 유형은 무엇인가?

> • 이것은 대화를 통해 답변을 찾아주는 네이버의 AI 검색 서비스이다.
> • 언어 모델에 추론(reasoning), 검색 계획(planning), 도구 사용(tool usage), 검색 기반 생성(retrieval-augmented generation) 기술을 네이버 검색과 결합한 AI 생성형 검색 서비스이다.

① 네이버 톡톡   ② 네이버 Cue:
③ ChatGPT   ④ 바드(Bard)

07 다음 중 모바일 광고의 특징에 대한 설명으로 가장 적절하지 않은 것은?

① 즉각적인 반응으로 빠른 구매 연결이 가능하다.

② 모바일 기기의 특성상 위치 기반 지역광고나 개인 맞춤형 광고로 진화하고 있다.

③ 시간과 공간의 물리적 제약이 적다.

④ 적은 비용으로도 광고 도달률이 높아서 브랜드 인지도 향상에 유용하다.

08 다음 중 검색광고에 대한 설명으로 옳지 않은 것은?

① 검색광고는 검색한 이용자에게만 광고가 노출됨으로 정확한 타겟팅이 가능하다.

② 검색광고는 키워드를 검색한 사람들에게만 광고가 노출되기에 초기 브랜딩 광고로는 적합하지 않다.

③ 검색광고는 광고대행사만을 통해서 운영할 수 있다.

④ 검색광고는 매체사의 실시간 광고 시스템을 통해 탄력적 운영과 관리가 가능하다.

09 다음 중 검색광고 용어를 옳게 설명한 것은?

① 확장소재 : 검색 결과에 노출되는 광고 메시지로 제목과 설명으로 되어 있다.

② PV : 방문자가 사이트에 들어와서 체류한 시간을 말한다.

③ 전환(Conversion) : 광고를 통해 사이트로 유입 후 특정 행동을 취하는 것을 말한다.

④ 대표 키워드 : 구체적인 서비스명이나 제품명, 지역명, 수식어를 조합한 키워드로 저렴한 입찰가로 광고를 노출시킬 수 있다는 장점이 있으나, 검색되는 수는 작다는 단점이 있다.

10 다음 중 검색광고 노출효과 산출식으로 옳은 것은 무엇인가?

① $CPC = \dfrac{전환수}{클릭수}$

② $CPS = \dfrac{총전환비용}{전환수}$

③ $구매전환율(CVR) = \dfrac{전환수}{클릭수} \times 100$

④ $CPA = \dfrac{총전환비용}{전환수}$

11 다음 중 검색광고의 효과에 대한 설명으로 옳지 않은 것은?

① CTR과 CVR이 높아질수록 광고효과는 더 좋아진 것으로 볼 수 있다.

② 구매전환율이 2배 상승하면, CPS는 절반으로 감소한다.

③ CVR이 올라가면 CPA도 올라간다.

④ CPS가 낮을수록 광고효과가 좋다.

12 다음 중 검색광고 기획에서 광고 예산책정 방법에 대한 설명으로 옳지 않은 것은?

① 광고–판매 반응 함수법은 과거 데이터를 통해 광고지출 및 이익을 극대화할 수 있는 광고예산을 편성하는 방법이기에 이전 데이터가 없는 신규 광고주는 사용하기 어렵다.

② 목표 및 과업기준법은 광고목표를 우선 설정한 후 광고비를 추청하는 예산책정 방법으로 가장 논리적인 방법이다.

③ 가용예산 활용법은 남은 예산으로 광고에 투입하는 방법으로 경쟁이 치열해서 광고비 지출이 많은 사업 분야나 온라인 광고에 집중하는 기업에게는 적합하지 않은 방법이다.

④ 매출액 기준법은 충당 가능한 수준의 광고예산을 책정하는 방법이다.

13 다음 중 검색광고 기획 과정으로 옳지 않은 것은?

① 제품이나 서비스를 이용할 사용자의 특성을 파악하는 사용자 패턴 분석을 한다.

② 검색광고 상품과 키워드 소재 등의 활용 전략을 설정한다.

③ 일반적으로 광고를 진행하기 위해 마케터가 가장 먼저 해야 할 일은 예산을 설정하는 일이다.

④ 경쟁사와의 비교분석을 통해 기회 요인을 발굴해 유리한 입지를 확보해야 한다.

14 다음 중 네이버 검색광고에 대한 설명으로 옳지 않은 것은?

① 키워드 등록 시 더 많은 연관키워드가 필요할 때는 '키워드플래너'를 활용하면 된다.

② 광고그룹별 입찰가와 별도로 키워드별 입찰가를 지정할 수 있다.

③ 광고 노출지역과 노출 제외 지역을 설정할 수 있다.

④ 키워드 확장 기능을 통해 해당 광고그룹의 등록 키워드와 유사 키워드의 자동 광고노출이 가능하다.

15 다음 중 카카오 키워드 광고에서 해당 전략 설정이 가능한 위치로 옳지 않은 것은?

① 확장검색 : 캠페인 단위에서 설정

② 일예산 : 캠페인/그룹 단위에서 설정

③ 노출영역 : 그룹 단위에서 설정

④ 노출기간, 노출요일 : 캠페인 단위에서 설정

16 다음 중 카카오 키워드 광고의 모바일 검색 영역에 대한 설명으로 옳지 않은 것은?

① 모바일 검색 결과에서 프리미엄 '링크 더보기'를 클릭하면 키워드별 상위 6위에 진입하지 못한 광고가 더 노출된다.

② 모바일 기기 접속 시 정상 노출된다면 별도의 모바일 전용 사이트를 구축할 필요는 없다.

③ 모바일 검색 영역에서의 노출순위는 PC와 동일하게 입찰가와 광고 품질지수를 고려해 최종 노출된다.

④ 모바일 검색 영역에서의 클릭 과금 방식은 PC 영역에서의 클릭 과금과 다르게 적용된다.

17 다음 중 구글 검색광고의 캠페인 설정에 대한 설명으로 옳지 않은 것은?

① 확장검색, 구문검색, 일치검색 등의 검색유형을 선택할 수 있다.

② 캠페인 목표를 선택하고, 캠페인 유형 중 검색을 선택한다.

③ 설정 더보기에서 시작일 및 종료일 설정이 가능하며 캠페인 URL 옵션과 동적 검색광고 설정이 가능하다.

④ 타겟팅 잠재고객에서 광고가 도달하려는 사용자를 선택할 수 있다.

18 다음에서 설명하는 네이버의 쇼핑검색광고의 유형은 무엇인가?

> 네이버 브랜드 패키지에 가입한 브랜드사의 컨텐츠와 상품을 네이버 쇼핑 검색결과 페이지에 효과적으로 노출하여 브랜드와 제품 라인업을 홍보할 수 있는 브랜드 전용 검색광고 상품으로 네이버쇼핑 브랜드 패키지에 가입된 브랜드사만이 집행 가능하다.

① 플레이스광고

② 쇼핑검색광고 쇼핑몰 상품형

③ 쇼핑검색광고 제품 카탈로그형

④ 쇼핑검색광고 쇼핑 브랜드형

19 다음 중 매체별 광고시스템에 대한 설명으로 옳지 않은 것은?

① 광고 계정 구조는 매체별로 차이가 있으나 일반적으로 캠페인 – 광고그룹 – 키워드와 소재로 구성되어 있다.

② 캠페인은 사용자가 검색 후 최초로 만나는 상품이나 서비스에 대한 정보로 검색결과에 보이는 메시지로 상품이나 서비스에 대한 정보를 말한다.

③ 그룹은 광고할 사이트를 연결하고 키워드를 등록하여 광고를 운영, 관리하는 광고운영의 단위이다.

④ 키워드는 정보탐색을 위해 사용하는 검색어로 광고가 노출되는 기본 단위이다.

20 다음 중 파워링크 스마트블록에 대한 설명으로 옳지 않은 것은?

① 파워링크를 기반으로 선호할만한 파워링크를 노출하는 반응형 광고로서 함께 찾은 파워링크(Beta), 지금 볼만한 파워링크(Beta) 영역을 모두 포함한 광고매체를 파워링크 스마트블록이라고 한다.

② 지금 볼만한 파워링크(Beta)는 검색어를 바탕으로 검색 의도와 관련 있는 파워링크를 검색 결과 사이에 노출하는 반응형 광고이다.

③ 사이트 검색광고(파워링크 유형)를 운영하는 광고주는 모두 이용할 수 있으나, 병/의원, 금융/보험, 법무/법률 업종은 노출되지 않는다.

④ 검색어를 토대로 검색 의도가 유사한 파워링크가 노출되므로 파워링크 영역에서 노출되지 않은 키워드가 지금 볼만한 파워링크(Beta) 영역에 노출될 수 있다.

21 다음 네이버의 검색광고 상품 중에서 클릭당 과금 방식으로 구매할 수 없는 상품은?

① 지역소상공인광고

② 콘텐츠검색광고

③ 쇼핑검색광고

④ 사이트검색광고

22 다음 괄호에 공통으로 들어갈 말은 무엇인가?

> • ( )은/는 웹사이트, 쇼핑몰, 전화번호, 위치정보, 네이버 예약 등 고객에게 정보를 전달하고 판매하기 위한 모든 채널을 말한다.
> • 광고를 집행하기 위해서는 캠페인 유형에 맞는 ( )을/를 반드시 등록해야 한다.

① 비즈머니

② 광고캐시

③ 비즈채널

④ 비즈캐시

23 다음 중 자동입찰 기능에 대한 설명으로 옳지 않은 것은?

① 자동입찰기능은 자동으로 CPC 입찰을 관리하는 기능이다.

② 구글의 자동입찰은 타겟 노출 점유율(노출 목표 입찰), 클릭수 최대화(클릭 목표 입찰)가 가능할 뿐만 아니라 전환수 최대화, 전환 가치 최대화, 타겟 CPA, 타겟 ROAS를 목표로 한 스마트 자동입찰 설정이 가능하다.

③ 카카오는 자동입찰 기능은 없지만, 예상 입찰가를 설정할 수 있다.

④ 네이버 자동입찰은 희망순위와 한도액을 설정하여 진행된다.

24 다음 중 네이버 검색광고의 자동규칙에 대한 설명으로 옳지 않은 것은?

① 자동규칙 기능은 캠페인, 광고그룹, 키워드 등의 규칙 대상에 특정한 조건과 실행할 작업을 등록하면 조건이 만족했을 때, 이메일 받기, 입찰가 변경하기, OFF하기, 하루 예산 변경하기 등의 작업을 수행해 주는 기능이다.

② 특정 키워드에서 10만 원 넘게 소진되면 알림 메일을 받도록 설정했다.

③ 키워드별로 희망하는 노출순위를 설정하여 자동입찰을 설정했다.

④ 전환수가 25회 미만으로 떨어질 경우 알림 메일을 받도록 설정했다.

25 다음 중 네이버의 확장소재 유형이 아닌 것은 무엇인가?

① 파워링크 이미지

② 톡채널형

③ 부가링크

④ 블로그 리뷰

26 다음 검색광고소재 작성에 대한 설명에서 ㉠~㉢에 들어갈 숫자는?

> 네이버 파워링크의 광고소재 작성 시 제목은 (㉠)자 이내, 설명은 (㉡)자 이내로 작성해야 하고, 카카오 프리미엄 링크의 광고소재는 제목과 설명을 합쳐 (㉢)자 이내로 작성해야 한다.

① ㉠ 15, ㉡ 45, ㉢ 60

② ㉠ 10, ㉡ 30, ㉢ 40

③ ㉠ 5, ㉡ 20, ㉢ 25

④ ㉠ 15, ㉡ 35, ㉢ 50

27 다음과 같은 조건에서 ㉠~㉢에 들어갈 숫자를 바르게 나타낸 것은 무엇인가?

키워드	노출수	클릭수	CTR	CPC
마스크	㉠	11,000	22%	300원
광고비	구매건수	전환율	전환매출	ROAS
3,300,000	㉡	1%	16,500,000원	㉢

① ㉠ 50,000회, ㉡ 11건, ㉢ 100%

② ㉠ 50,000회, ㉡ 110건, ㉢ 500%

③ ㉠ 5,000회, ㉡ 11건, ㉢ 500%

④ ㉠ 5,000회, ㉡ 1,100건, ㉢ 500%

[28~29] 다음 검색광고 운영 결과이다. 다음 문제를 읽고 답하라.

키워드	노출수	클릭수	CTR	CPC
실내운동복	200,000	10,000	( )	500원
광고비	구매건수	전환율	전환매출	ROAS
5,000,000	400	4%	20,000,000원	400%

28 다음 빈칸에 들어갈 CTR은?

① 0.2%   ② 0.5%

③ 2%   ④ 5%

29 광고 수익률이 높은 "실내운동복"키워드의 CPC를 공격적으로 높이려고 할 때, ROAS를 200% 유지하는 조건으로 클릭을 유도하려면 최대 CPC는 얼마인가?

① 4,000원   ② 1,000원

③ 500원   ④ 400원

30 '나시원피스', '쉬폰원피스'라는 키워드가 등록되어 있는 '여름원피스' 광고그룹이 있다. 다음과 같은 조건이 적용되었다면, '쉬폰원피스'가 네이버 PC 통합검색에 노출될 때와 PC 환경에서 노출되는 네이버 블로그 매체에 노출될 경우 적용되는 입찰가는 각각 얼마인가?

- 광고그룹 : 여름원피스(기본 입찰가 700원, 콘텐츠 매체 전용 입찰가 300원)
- PC 입찰가 가중치 100%
- 모바일 입찰가 가중치 200%
- '나시원피스'의 키워드 입찰가 설정되지 않음
- '쉬폰원피스'의 키워드 입찰가 : 800원

① 700원, 300원

② 800원, 300원

③ 800원, 600원

④ 700원, 600원

31 다음은 검색광고에서 사용자 행동단계와 효과분석 관계를 나타낸 것이다. ㉠~㉢에 들어갈 용어가 순서대로 나열된 것은 무엇인가?

일반적인 소비자 행동	인지	방문	구매
검색광고 소비자 행동	노출	클릭	구매
단계별 효과측정	(㉠)	(㉡)	(㉢)

① ㉠ CPS, ㉡ CPI, ㉢ CPC

② ㉠ CPC, ㉡ CPC, ㉢ CPC

③ ㉠ CPC, ㉡ CPI, ㉢ CPS

④ ㉠ CPI, ㉡ CPC, ㉢ CPS

32 다음 A~D 중 ROAS가 가장 낮은 키워드는?

구분	클릭 수	상품가격	전환 수	CPC
A	3,000	30,000	150	400
B	3,000	30,000	150	450
C	3,000	30,000	150	500
D	3,000	20,000	150	500

① A
② B
③ C
④ D

33 쇼핑검색광고–쇼핑 브랜드형 광고 입찰가를 현재 500원으로 설정하여 광고를 집행하고 있다. 입찰가 변경 기능을 통해 50% 감액했다면 최종 얼마의 입찰가가 적용되는가?

① 50원
② 250원
③ 300원
④ 350원

34 다음 중 전환매출액이 가장 큰 광고그룹은?

키워드	노출수(회)	클릭수(회)	광고비(원)	ROAS(%)
그룹 A	62,400	900	1,000,400	130%
그룹 B	4,570	200	260,000	220%
그룹 C	7,250	70	22,000	150%
그룹 D	2,780	100	200,800	800%

① 그룹 D
② 그룹 C
③ 그룹 B
④ 그룹 A

35 다음 중 검색광고 효과를 높이기 위한 사후관리로 적당하지 않은 것은?

① 캠페인의 목표가 ROAS를 높이는 것이라면 대표 키워드를 상위로 입찰해야 한다.
② 효율이 높은 키워드의 경우 입찰 순위를 높여 더 많은 클릭을 유도한다.
③ 세부 키워드를 꾸준히 확장해서 비용대비 효율을 높인다.
④ ROAS가 평균보다 낮은 키워드는 문제점을 찾아본다.

36 네이버, 카카오, 구글은 검색 사용자와 광고주 모두의 만족도를 높이기 위해 광고의 품질을 측정한다. 이에 대한 설명으로 옳지 않은 것은?

① 네이버의 광고 품질지수는 7단계로 막대 형태로 보여주며, 최초 등록 시 0단계 품질지수가 부여된다.
② 구글의 품질평가점수는 광고그룹 단위로 1~10점으로 부여된다.
③ 대표 키워드일수록 품질평가지수가 높아진다.
④ 품질평가지수가 높아지면 CPC를 절감할 수 있다.

37 다음 중 랜딩페이지에 대한 설명으로 틀린 것은?

① 랜딩(landing)은 '착륙'이라는 의미로, 랜딩 페이지는 고객이 광고 또는 검색을 통해 처음 접하게 되는 페이지를 말한다.

② 다양한 랜딩페이지 대안이 있는 경우에는 오랜 경력을 가진 기획자의 감에 의해 선택하면 된다.

③ 진행하는 광고의 특성에 맞춰 별도의 광고용 랜딩페이지를 제작하는 것도 좋다.

④ 웹사이트의 전반적인 컨디션이 열악하여 전체적인 리뉴얼로 개선기간이 너무 오래 걸린다면 별도의 광고 전용 랜딩페이지를 빠르게 제작하여 활용하는 것도 방법이다.

38 다음 중 반응형 검색광고에 대한 설명으로 옳지 않은 것은?

① 미리 작성된 광고 제목과 설명을 바탕으로 광고를 생성하여 노출되는 광고를 말한다.

② 광고그룹당 최대 3개의 반응형 광고를 작성할 수 있다.

③ 반응형 광고 1개당 최소 3개~최대 15개의 광고제목과 최소 2개~최대 4개의 설명문구를 입력할 수 있다.

④ 잠재고객의 검색어와 최대한 일치하도록 자동으로 여러 조합을 통해 노출되지만 광고 효과와는 상관이 없다.

39 다음 중 랜딩페이지 반송수와 반송률에 대한 설명으로 맞지 않은 것은?

① 반송률은 $\dfrac{\text{방문수}}{\text{반송수}} \times 100$으로 나타낸다.

② 반송수가 높은 것은 랜딩페이지와 방문자의 관심이 매칭되지 않았기 때문이다.

③ 사이트를 방문한 후 페이지 뷰 1을 발생시키고 종료된 세션의 수를 말한다.

④ 반송률을 낮추기 위해서는 연관 상품 노출과 같은 또 다른 특정 액션을 유도하는 페이지를 구성하는 것이 좋다.

40 다음 중 검색광고의 효과분석 후 사후관리로 적절하지 않은 것은?

① CTR과 CVR이 모두 높은 키워드는 연관키워드와 세부 키워드 확장을 검토한다.

② 광고비용을 많이 소진하고 전환이 없는 키워드는 입찰가를 낮추거나 OFF시킨다.

③ CVR이 낮은 키워드는 랜딩페이지를 개선하거나 교체한다.

④ CTR이 낮은 키워드는 랜딩페이지를 개선하거나 교체한다.

PART 01

PART 02

PART 03

PART 04

PART 05

PART 06

41 다음은 전통적 마케팅과 디지털 마케팅의 차이를 나타낸 것이다. 빈칸에 적합한 말은 무엇인가?

전통적	디지털
거래 중심	관계 중심
소비 중심	자산 중심
광고 중심	( ) 중심
짧은 유통 기간	긴 유통기간

42 다음은 디지털 마케팅 시대의 소비자 변화에 대한 설명이다. 괄호 안에 공통적으로 들어갈 용어는 무엇인가?

- (   )은/는 특정한 기업의 제품 및 서비스를 식별하는 데 사용되는 명칭, 기호, 디자인 등을 총칭하는 말이다.
- 디지털 소비자는 인지 후에 감성이 생기는 것이 아니라 감성이 생긴 후 (   )에 대한 정보를 탐색하는 경향이 있다.
- 광고의 역할은 제품에 대한 기능, 편익 전달을 넘어 (   )에 대한 느낌을 긍정적으로 변화시키는 것이다.

43 다음은 무엇에 대한 설명인가?

- TV, PC, 스마트폰, 태플릿 등 여러 기기의 스크린을 통해 하나의 콘텐츠를 끊임없이 이용할 수 있게 해주는 서비스
- 다수의 단말기에서 동일한 콘텐츠를 자유롭게 이용할 수 있는 서비스

44 다음은 무엇에 대한 설명인가?

- 입찰가와 품질지수에 의해 결정되는 노출순위 결정하는 지수를 말한다.
- CTR이 낮을 때에는 이를 좀 더 높여 집행하는 것이 좋다.

45 다음에 괄호에 들어갈 알맞은 단어는 무엇인가?

- (   )은/는 웹사이트, 쇼핑몰, 전화번호, 위치정보, 네이버 예약 등 고객에게 정보를 전달하고 판매하기 위한 모든 채널을 말한다.
- 광고를 집행하기 위해서는 캠페인 유형에 맞는 (   )을/를 반드시 등록해야 한다.

46 다음 괄호에 각각 들어갈 숫자는 무엇인가?

- 카카오의 키워드 광고는 주요 검색의 최상단 프리미엄 링크 영역에 동시 노출되는데, PC에서는 프리미엄 링크영역에 최대 (①)개의 광고 노출되며, 그 아래 스페셜링크와 와이드링크 영역에 최대 5개 광고가 추가로 노출된다.
- 모바일 검색 결과에서는 프리미엄 링크 영역에 최대 (②)개의 광고가 노출된다.

47 다음은 카카오 검색광고의 입찰가에 대한 설명이다. 괄호 안에 들어갈 숫자의 합은 얼마인가?

카카오 키워드 광고의 과금방식은 차순위 입찰가+(①)원으로 내 순위보다 차순위 입찰액이 180원이라면 내 과금액은 (②)원에 부가세가 포함되어 계산된다.

48 다음 괄호에 각각 들어갈 숫자는 무엇인가?

- 카카오의 키워드 광고의 품질지수는 키워드의 클릭률, 키워드와 소재와의 연관도, 광고의 성과 등을 종합적으로 계산한 광고품질을 나타낸 것이다. 이는 품질지수를 총 (①) 단계의 막대 형태로 나타낸다.
- 카카오에서 키워드의 품질지수는 최초 등록 시 (②) 단계의 품질지수가 주어진다.

49 다음 괄호 안에 들어갈 알맞은 용어는 무엇인가?

- ( )은/는 성별, 연령대 등의 인구 통계학적 특성과 달리 '관심사' 혹은 '구매의도'로 이용자를 분류한 단위를 말한다.
- 네이버에서 파워링크 캠페인에서 제공하는 베타 서비스인 ( ) 타겟팅 기능을 이용하면 비즈니스에 더 많은 관심을 보이는 이용자들은 평소 어떤 관심사와 구매의도를 가졌는지, 이용자별로 어떻게 나누어 관리할 수 있을지 파악하고 운영 전략을 세울 수 있다.
- 기존의 성별, 연령, 지역 등의 타겟팅과 마찬가지로 광고그룹 레벨에서 광고그룹당 카테고리 20개까지 선택하여 등록 가능하다.

50 다음은 무엇에 대한 설명인가?

- 모바일 통합검색에서 제품/서비스와 연관된 일반 명사 키워드를 검색했을 경우 검색결과 상단에 신규 또는 리뉴얼 출시한 제품/서비스와 관련된 이미지/동영상 등의 콘텐츠를 노출하는 네이버의 새로운 검색광고 상품이다.
- 출시한 지 180일 이내의 제품/서비스 대상으로 하며, 주 단위로 입찰구매 및 집행이 가능하다.

51 다음 중 구글의 검색유형으로 키워드가 관련된 검색어에 광고가 게재되며 해당 키워드가 포함되지 않은 검색어에도 광고가 게재되는 방식은 무엇인가?

52 다음은 구글의 광고소재 등록에 대한 설명이다. 괄호에 들어갈 알맞은 말은 무엇인가?

- 구글에서는 광고그룹당 최대 ( )개의 광고소재를 등록할 수 있다.
- 구글은 소재 노출 방식을 광고 로테이션(순환게재)이라고 부르며, 캠페인 단위에서 광고 순환게재 여부를 '최적화'와 '최적화 사용 안 함' 중에서 선택 가능하다.

53 새로운 랜딩페이지를 제작하고 그 효과를 측정하기 위해 반송률을 확인했다. 방문자가 200명이고 반송수는 160명이었다면 반송률은?

54 다음은 네이버 키워드에 대한 설명이다. 각 괄호에 들어갈 숫자는?

- 네이버 키워드 광고는 전환을 직접전환과 간접전환으로 구분해 측정할 수 있다.
- 직접전환은 광고클릭 이후 (①)분 이내에 발생한 전환이다.
- 간접전환은 광고클릭 이후 (①)분 이후에 발생한 전환으로 추적기간은 최소 7일에서 (②)일 사이의 기간으로 직접 설정할 수 있다.

55 다음 광고 성과지표 중 괄호에 들어갈 용어는 무엇인가?

- 클릭수 대비 전환이 일어난 비율을 말한다.
- 클릭률이 높지만 (　　　)이/가 낮을 때는 광고 노출순위나 소재는 충분히 매력적이지만 실제 사이트에 방문하여 전환 행동이 발생하지 않은 상태이다.

56 '에코백' 키워드의 입찰가가 200원, 해당 광고그룹의 기본 입찰가가 100원이라 할 때, '에코백' 키워드의 입찰가는 얼마로 적용되는가?

57 다음 아래와 같은 조건에서 ROAS를 구하면?

- 광고비 : 5,000,000원
- 광고를 통한 방문수 : 25,000명
- 전환율 : 10%
- 물품단가 : 10,000원
- 물품이익 : 4,000원

58 다음 괄호에 들어갈 알맞은 숫자는?

- 네이버에서 광고노출을 제한하기 위한 제한 IP 등록은 광고시스템에서 최대 (　　)개까지 등록할 수 있다.
- 카카오에서는 제한 IP나 사이트는 최대 500개까지 등록할 수 있다.

59 다음 괄호 안에 들어갈 말은 무엇인가?

- 카카오 픽셀&SDK는 카카오에서 제공하는 전환추적 서비스(CTS)이다.
- 카카오 픽셀&SDK는 최적의 잠재고객을 파악하고, 광고에서 발생한 회원가입과 구매 등의 전환을 확인할 수 있는 (　　　) 도구이다.

60 다음 한 키워드의 광고 운영성과를 나타내는 표에서 괄호 안에 들어갈 값은?

- 노출수 : 4,000
- 클릭수 : 100
- 광고비 : 100,000원
- CPC : 1,000원
- CTR : (　　　　　)

객관식 | 01~40

01 다음은 온라인 비즈니스에 대한 설명이다. 괄호 안에 공통으로 들어갈 단어는 무엇인가?

> • 온라인 비즈니스는 실물이나 가시적인 서비스보다는 (　　　)이/가 먼저 움직인다.
> • 인터넷을 통한 양방향 (　　　) 교류로 물리적 상품 이외에 무형의 디지털 상품을 거래의 대상으로 한다.

① 특허　　　　　　② 기업
③ 검색　　　　　　④ 정보

02 다음 중 온라인 포털의 발전 과정으로 옳은 것은?

① Search → Communication → Community → Contents&Commerce
② Contents&Commerce → Community → Communication → Search
③ Search → Community → Communication → Contents&Commerce
④ Communication → Community → Contents&Commerce → Search

03 다음에서 설명하는 것은 무엇인가?

> • 디지털 기술 활용 고객 경험 극대화, 고객과의 지속적인 관계 유지
> • 인터넷 마케팅, 콘텐츠 마케팅, 소셜미디어 마케팅을 포괄하는 용어

① 디지털 마케팅　　② 타겟마케팅
③ 다이렉트 마케팅　　④ SMM 마케팅

04 오늘날의 마케팅은 과거 4P에서 4C를 거쳐 4E의 단계로 발전하게 되었다. 다음 중 디지털 마케팅의 4E에 해당하지 않은 것은?

① Evaluation　　　② Enthusiasm
③ Experience　　　④ Evangelist

05 다음 중 파워 블로거나 유튜버와 같이 고객의 입장에서 정보를 전파하면서 등장한 미디어를 일컫는 용어는 무엇인가?

① Multi Media　　　② Earned Media
③ Paid Media　　　④ Owned Media

06 다음에서 설명하는 네이버의 새로운 서비스 유형은 무엇인가?

> • 이것은 인공지능(AI)+검색(Search)의 합성어로 네이버에서 제공하는 새로운 검색서비스를 말한다.
> • 사용자가 장소, 쇼핑, 관심사 등을 검색하면 여러 주제의 스마트블록을 통해 연관키워드의 검색결과를 노출해주는 서비스이다.

① 네이버 톡톡　　　② Chat GPT
③ 에어서치　　　　④ 빙

PART 01
PART 02
PART 03
PART 04
PART 05
PART 06

07 다음 중 모바일 광고의 특징에 대한 설명으로 옳지 않은 것은?

① 시간과 공간의 물리적 제약이 적다.

② 즉각적인 반응으로 빠른 구매 연결이 가능하다.

③ 모바일 기기의 특성상 위치 기반 지역광고나 개인 맞춤형 광고로 진화하고 있다.

④ 적은 비용으로도 광고 도달률이 높아서 브랜드 인지도 향상에 유용하다.

08 다음 중 검색광고에 대한 설명으로 옳은 것은?

① 대형 포털사이트에서는 광고주 간의 치열한 경쟁으로 입찰가가 과도하게 높아질 수도 있다.

② 검색광고는 광고대행사만을 통해서 운영할 수 있다.

③ 검색광고는 키워드를 검색한 사람들에게 광고가 노출되기에 초기 브랜딩 광고로 더 적합하다.

④ 검색광고는 배너광고와 같이 활용하면 효과가 떨어짐으로 단독으로 실시하는 것이 좋다.

09 다음 중 검색광고 용어에 대한 설명으로 옳지 않은 것은 무엇인가?

① PV : 방문자가 사이트에 들어와서 체류한 시간을 말한다.

② 반송수(Bounces) : 광고를 통해 랜딩페이지에 도달한 이용자가 더 이상 다른 페이지 이동 없이 랜딩페이지에서 방문을 종료 또는 바로 이탈한 수를 말한다.

③ 전환(Conversion) : 광고를 통해 사이트로 유입 후 특정 행동을 취하는 것을 말한다.

④ 이벤트 : 사용자가 웹페이지에서 어떤 행동을 얼마나 했는지를 의미하는 용어이다.

10 다음 중 검색광고 노출효과 산출식으로 옳지 않은 것은?

① $CPS = \dfrac{총전환비용}{전환수}$

② 구매전환율$(CVR) = \dfrac{전환수}{클릭수} \times 100$

③ $CPC = \dfrac{총광고비}{클릭수}$

④ $CPA = \dfrac{총광고비}{전환수}$

11 다음 중 검색광고의 광고성과와 관련된 설명으로 가장 알맞은 것은?

① CVR이 낮을수록 광고효과가 좋다.

② CPC가 높을수록 ROAS도 올라간다.

③ CPS가 낮을수록 광고효과가 좋다.

④ ROAS가 높을수록 CPC가 높다.

12 다음 중 검색광고 기획에서 광고 예산책정 방법에 대한 설명으로 옳지 않은 것은?

① 경쟁자 기준법은 가장 논리적인 예산 설정 방식으로 광고목표를 설정한 후 광고비를 추정하는 방식이다.

② 매출액 비율법은 현재 또는 예상되는 매출액의 일정 비율을 사용하거나 제품의 판매 가격의 일정 비율을 광고비로 산정하는 방법이다.

③ 가용예산 활용법은 충당 가능한 수준의 광고예산을 책정하는 방법이다.

④ 광고-판매 반응 함수법은 과거의 데이터를 통해 판매 반응함수가 존재할 경우 이익을 극대화할 수 있는 광고예산을 편성하는 방법이다.

13 다음에서 설명하는 검색광고의 기획단계는 무엇인가?

> • 일반적으로 광고를 진행하기 위해 마케터가 가장 먼저 해야할 일이다.
> • 구체적이고(Specific), 측정 가능하며(Measurable), 달성 가능하고(Achievable), 실현 가능하고(Realistic), 달성 가능한 기간을(Time bound) 명시하는 것이 좋다.

① 매체전략　　　　② 예산책정
③ 일정계획　　　　④ 목표설정

14 다음 중 네이버 검색광고에 대한 설명으로 옳지 않은 것은?

① 네이버 검색광고는 캠페인, 광고그룹, 키워드 및 소재로 구성되어 있다.

② 동일 사업자등록번호로 3개의 광고주 계정 생성이 가능하다.

③ 키워드 확장 기능을 통해 해당 광고그룹의 등록 키워드와 유사 키워드의 자동 광고노출이 가능하다.

④ 키워드나 소재가 많으면 대량관리 기능을 사용할 수 있다.

15 다음 중 카카오 키워드 광고에서 해당 전략 설정이 가능한 위치로 옳지 않은 것은?

① 일예산 : 캠페인/그룹 단위에서 설정

② 전환추적 : 그룹 단위에서 설정

③ 키워드 확장 : 그룹 단위에서 설정

④ 검색매체 입찰가, 콘텐츠 매체 입찰가 : 그룹 단위에서 설정

16 다음 중 카카오 키워드 광고에 대한 설명으로 옳은 것은?

① 주요 검색의 최상단인 파워링크 영역에 동시 노출된다.

② 모바일 검색 영역에서의 노출순위는 PC와 동일하게 입찰가와 광고 품질지수를 고려해 최종 노출된다.

③ 다음, 네이트 등 제휴된 다양한 모바일 웹/앱에서 검색 결과, 프리미엄 링크 영역에 최대 10개의 광고가 노출된다.

④ 모바일 검색 영역에서의 클릭 과금 방식은 PC 영역에서의 클릭 과금과 다르게 적용된다.

17 다음 중 구글 운영시스템에 대한 설명으로 옳지 않은 것은?

① 캠페인 단위에서 확장검색, 구문검색, 일치 검색 등의 검색유형을 선택한다.

② 구글 검색광고는 구글애즈를 통해 등록 및 운영 가능하다.

③ 판매, 리드, 웹사이트 트래픽의 달성하고자 하는 주요 목표에 따라 캠페인을 생성한다.

④ 캠페인에서 게재영역, 위치, 언어, 잠재고객 세그먼트를 설정할 수 있다.

18 다음에서 설명하는 네이버의 검색광고 상품은 무엇인가?

> • 모바일 통합검색에서 제품/서비스와 연관된 일반 명사 키워드를 검색했을 경우 검색결과 상단에 신규 또는 리뉴얼 출시한 제품/서비스와 관련된 이미지/동영상 등의 콘텐츠를 노출하는 네이버의 검색광고 상품
> • 출시한 지 180일 이내의 제품/서비스 대상으로 집행 가능한 광고 상품으로, 신상품에 대한 인지도를 효과적으로 증대 가능

① 사이트검색광고

② 신제품검색광고

③ 브랜드검색광고

④ 쇼핑검색광고

19 다음 중 네이버의 검색광고 시스템 구조에 대한 설명으로 옳지 않은 것은?

① 캠페인을 생성할 때 마케팅 목표를 명확히 설정해야 그에 따른 결과를 측정하고 새로운 목표를 재설정할 수 있다.

② 마케팅 목표에 따라 캠페인에서 파워링크 유형, 쇼핑검색유형, 파워콘텐츠 유형, 브랜드/신제품 유형, 플레이스 유형 중에서 선택할 수 있다.

③ 광고그룹은 광고 입찰, 성과 확인 등 실질적으로 광고를 운영하는 캠페인의 하위 개념이다.

④ 동일한 키워드를 다른 캠페인이나 광고그룹에 중복해서 등록하는 것은 불가능하다.

20 다음 중 파워링크 스마트블록에 대한 설명으로 옳지 않은 것은?

① 파워링크를 기반으로 선호할만한 파워링크를 노출하는 반응형 광고로서 함께 찾은 파워링크(Beta), 지금 볼만한 파워링크(Beta) 영역을 모두 포함한 광고매체를 파워링크 스마트블록이라고 한다.

② 함께 찾은 파워링크(Beta) 운영을 위해서는 기존 사이트검색광고(파워링크 유형) 집행을 위해 등록했던 광고와 별도로 광고를 새롭게 등록해야 한다.

③ 함께 찾은 파워링크(Beta)는 사이트검색광고(파워링크 유형)를 운영하는 전문서비스, 교육/취업, 건강/미용(병/의원 업종 제외), 부동산 업종이 이용 가능하다.

④ PC, 모바일 네이버 통합검색 파워링크 영역 하단에 최대 5개의 광고로 노출된다.

21 다음 중 네이버의 타겟팅에 대한 설명으로 옳지 않은 것은?

① 네이버에서는 잠재고객 타겟팅(세그먼트 타겟팅)(Beta) 기능을 사용할 수 있다.

② 잠재고객은 성별, 연령대 등의 인구 통계학적 특성과 달리 '관심사' 혹은 '구매의도'로 이용자를 분류한 단위이다.

③ 잠재고객 타겟팅 기능을 사용하는 것은 복잡해 일반 광고주는 사용하기 어렵다.

④ 기존의 성별, 연령, 지역 등의 타겟팅과 마찬가지로 광고그룹 단위에서 광고그룹당 카테고리 20개까지 선택하여 등록 가능하다.

22 다음 중 네이버 검색광고의 입찰가에 대한 설명으로 옳지 않은 것은?

① 확장 키워드의 경우는 PC 입찰가 가중치, 모바일 입찰가 가중치를 적용하지 않는다.

② 키워드 확장으로 인한 광고노출 시에는 해당 그룹의 기본 입찰가로 입찰된다.

③ 키워드 개별 입찰가가 입력되어 있지 않은 경우, 그룹의 기본 입찰가가 적용된다.

④ 그룹의 기본 입찰가보다 키워드 개별 입찰가가 우선 적용된다.

23 네이버 중 검색광고 제한 사항에 해당하지 않는 것은?

① 사이트가 접속되지 않거나 완성되지 않은 경우는 원천적으로 광고할 수 없다.

② 파워콘텐츠는 소재 내에 키워드 핵심 단어가 포함되어야 광고할 수 있다.

③ 유흥업소 사이트는 보안 인증 시스템과 성인인증 등의 청소년 보호 조치를 취할 경우 광고가 가능하다.

④ 사이트의 내용이나 운영 등이 법령 등에 위배되거나 제3자의 권리를 침해하는 경우는 광고가 제한된다.

24 다음 중 구글에서 CTR을 개선하기 위해 필요한 광고 확장 유형에 해당하지 않는 것은?

① 앱 광고 확장

② 콜아웃 광고 확장

③ 부가정보 광고 확장

④ 이미지 광고 확장

25 다음 중 카카오의 확장소재에 대한 설명으로 옳지 않은 것은?

① 카카오의 확장소재 유형으로는 추가제목, 부가링크, 가격테이블, 썸네일이미지, 멀티썸네일이미지, 말머리, 계산하기, 톡채널 등이 있다.

② 확장소재는 기본적으로 모든 키워드에 노출이 가능하며, 멀티썸네일형도 마찬가지이다.

③ 병의원 업종의 경우는 가격테이블형이나 썸네일이미지, 멀티썸네일형은 노출이 제한된다.

④ 여러 확장소재가 함께 노출되어 광고 주목도를 높이고 광고효과를 높일 수 있다.

26 다음 중 네이버의 확장소재에 대한 설명으로 옳지 않은 것은?

① 캠페인 단위에서 전화번호, 위치정보, 네이버 예약 유형의 확장소재만 등록 가능하다.

② 광고그룹 단위에서 전화번호, 위치정보, 네이버예약 유형과 계산, 추가제목, 추가설명, 홍보문구, 서브링크, 가격링크, 파워링크 이미지, 이미지형 서브링크, 플레이스 정보, 홍보영상 유형의 확장소개를 등록할 수 있다.

③ 확장소재는 PC와 모바일 노출 매체와 광고 성과에 따라 노출 유형과 형태가 다를 수 있다.

④ 전화번호, 위치정보, 네이버 예약, 플레이스 정보는 유형별로 5개씩 등록 가능하다.

27 다음 중 카카오의 노출 전략에 대한 설명으로 옳지 않은 것은?

① 콘텐츠 매체 입찰가는 최소 70원부터 최대 100,000원까지 10원 단위로 설정 가능하다.

② 디바이스와 키워드 확장 입찰가중치 기능을 제공하며 최소 10%부터 최대 500%까지 1% 단위로 설정 가능하다.

③ 카카오는 노출 영역을 선택할 수 있고, 세부 매체를 제외할 수도 있다.

④ 카카오 검색광고 노출은 검색어 연관성과 입찰가를 기준으로 한다.

28 다음 중 카카오 광고에서 그룹 전략에 대한 설명으로 옳지 않은 것은?

① 일예산은 최소 1,000원부터 최대 1천만 원까지 10원 단위로 설정 가능하다.

② 광고가 노출될 매체 유형으로 PC 검색 네트워크, PC 콘텐츠 네트워크, 모바일 검색 네트워크, 모바일 콘텐츠 네트워크로 설정할 수 있다.

③ 집행 기간과 요일, 그리고 시간을 30분 단위로 설정할 수 있다.

④ 키워드 확장을 통해 연관된 키워드에 자동으로 광고노출 할 수 있는데, 이는 광고효과를 극대화할 수 있다.

29 다음 중 키워드 품질지수에 대한 설명으로 옳지 않은 것은?

① 신규 키워드의 품질지수 초기값은 1이다.

② 키워드를 삭제하면 해당 성과는 그룹 품질지수를 산정하는 데에서 제외된다.

③ 콘텐츠 네트워크 영역에 노출되는 광고의 성과는 품질지수에 영향을 미치지 않는다.

④ 키워드를 그룹 복사할 때 키워드별 입찰가와 랜딩 URL까지 모두 복사된다.

30 다음 중 구글 광고시스템에 대한 설명으로 옳지 않은 것은?

① 네이버 키워드도구를 활용하여 조회수, 노출수, 클릭률 등의 데이터를 확인할 수 있다.

② 도구 및 설정 탭에서 키워드도구를 통해 키워드에 대한 예상 실적을 확인할 수 있다.

③ 캠페인 단위에서 네트워크, 언어, 지역, 예산 및 입찰, 광고 확장을 관리할 수 있다.

④ 상세한 운영보고서는 상단의 보고서에서 확인할 수 있다.

31 다음 중 네이버의 광고노출 제한 IP 관리 기능에 대한 설명으로 옳지 않은 것은?

① 최대 100개까지 IP 주소 등록이 가능하다.

② IP 주소 마지막 네 번째 자리에 와일드카드(*)를 사용하면 IP 블록을 차단할 수 있다.

③ 유동 IP 차단을 위해 IP를 블록으로 차단할 경우 일반고객까지 차단할 수 있다.

④ 특정 IP에 대해 광고를 노출하고 싶지 않을 때 사용한다.

32 다음 중 광고노출 전략에 대한 설명으로 옳지 않은 것은?

① 구글은 그룹에서 네트워크와 위치, 언어, 예산 설정을 통해 노출전략을 설정할 수 있다.

② 카카오는 노출요일과 노출시간을 1시간 단위로 설정할 수 있다.

③ 구글은 고객이 사용하는 언어를 타겟팅 할 수 있다.

④ 카카오는 노출영역을 선택할 수 있으나 세부 매체를 제외하는 기능은 없다.

33 다음 중 품질평가지수에 대한 설명으로 옳지 않은 것은?

① 신규 등록한 키워드의 네이버 품질지수 기본 점수는 0점이다.

② 품질지수 최대점수는 네이버 7점, 카카오도 7점이다.

③ 품질평가지수에 영향을 미치는 요인으로는 CTR, T&D, 랜딩페이지 연관성 등이다.

④ 네이버는 광고게재 후 24시간 이후에 정확한 품질지수가 적용된다.

34 다음에서 설명하는 내용 중 옳지 않은 것은?

① 구글의 경우 캠페인, 키워드, 소재, 광고그룹 수준으로 복사하기가 가능하다.

② 카카오의 경우 키워드 복사를 해도 품질지수는 복사할 수 없다.

③ 가중치에 따라 계산된 입찰가의 원 단위값이 있는 경우 반올림한 입찰가로 입찰된다.

④ 네이버의 경우 캠페인명을 클릭하면 해당 캠페인 하위에 등록한 그룹 목록을 조회할 수 있다.

35 네이버에서 검색광고를 진행할 때에 아래와 같은 조건이라면 A사와 D사의 과금액은 각각 얼마인가? (단, 4개 광고만 노출되고 다른 광고는 없다고 가정한다.)

광고주	입찰가	순위
A사	500원	1순위
B사	400원	2순위
C사	300원	3순위
D사	200원	4순위

① A사 : 410원, D사 : 70원

② A사 : 500원, D사 : 200원

③ A사 : 400원, D사 : 200원

④ A사 : 500원, D사 : 500원

36 네이버, 카카오, 구글은 검색 사용자와 광고주 모두의 만족도를 높이기 위해 광고의 품질을 측정한다. 이에 대한 설명으로 옳지 않은 것은?

① 네이버와 카카오 모두 신규 키워드 그룹인 경우 품질지수의 초기값은 1에서 시작해 품질지수가 높아질수록 점수가 높아진다.

② 품질지수가 높아지면 더욱 효율적인 광고집행이 가능하다.

③ 품질지수를 평가하는 기준을 여러 개의 항목이 있는데 클릭률도 그 기준 중의 하나이다.

④ 광고의 노출영역 중 제휴 네트워크 영역에서 발생하는 광고성과는 품질지수에 영향을 미치지 않는다.

37 다음 중 랜딩페이지에 대한 설명으로 옳지 않은 것은?

① 랜딩페이지로는 메인페이지를 활용하는 것이 가장 바람직하다.

② 다양한 랜딩페이지 대안이 있는 경우 기획자의 감에 의한 선택보다는 AB Test를 통해 데이터에 근거한 선택을 하는 것이 좋다.

③ 웹사이트의 전반적인 컨디션이 열악하여 전체적인 리뉴얼로 개선기간이 너무 오래 걸린다면 별도의 광고 전용 랜딩페이지를 빠르게 제작하여 활용하는 것도 방법이다.

④ 진행하는 광고의 특성에 맞춰 별도의 광고용 랜딩페이지를 제작하는 것도 좋다.

38 다음 데이터를 바탕으로 상점 A와 상점 B의 CPS를 각각 구하면?

상점 A		상점 B	
광고비	5,000,000원	CPC	1,000원
매출액	20,000,000원	클릭수	1,000건
객단가	20,000원	전환율	20%

① 1,000원, 1,000원

② 5,000원, 5,000원

③ 5,000원, 1,000원

④ 1,000원, 5,000원

39 CPC와 객단가가 동일하다고 가정할 경우, 전환율이 3배 상승한다면 ROAS는 몇 배 상승하는가?

① 1/2배 　　　 ② 1배

③ 1/3배 　　　 ④ 3배

40 다음 중 검색광고의 효과분석 후 사후관리로 적절하지 않은 것은?

① 랜딩페이지 관리를 통해 구매율과 체류 시간 상승을 유도한다.

② ROAS를 높이는 것이 목표라면 키워드 상위 전략을 가장 우선시해야 한다.

③ 경쟁사를 조사해 상품 경쟁력을 비교하고 랜딩 페이지를 개선한다.

④ 일정 기간 성과가 없고 광고비만 비싼 키워드는 순위를 낮추거나 OFF시킨다.

단답형 | 41~60

41 다음에서 설명하고 있는 용어는 무엇인가?

- 인터넷이나 PC통신을 이용해 상품을 사고 파는 행위를 말한다.
- 전자상거래로 이루어지는 경제활동을 디지털경제(digital economy)라 하는데, 실물경제와 디지털경제가 경제활동의 양대 축을 이루고 있다.

42 다음이 설명하고 있는 광고 유형은 무엇인가?

- 이용하는 콘텐츠 일부처럼 보이도록 하여 관심을 끌고 자연스럽게 이끄는 형태의 광고이다.
- 콘텐츠와 유사한 형식으로 노출하여 광고의 거부감을 낮출 수 있다.

43 다음에서 설명하고 있는 용어는 무엇인가?

- 마케팅 목표 달성을 위해 마케팅 활동에서 사용되는 여러 가지 방법을 전체적으로 조정하고 구성하는 일, 즉 마케팅의 수단을 적절하게 결합 내지 조화해서 사용하는 것을 말한다.
- 매체나 상품의 특성을 활용하여 보완하거나 시너지를 낼 수 있기에 검색광고 기획에서 매우 중요하다.

PART 01　PART 02　PART 03　PART 04　PART 05　PART 06

44 다음에서 설명하고 있는 디지털 광고의 주체는 무엇인가?

- 광고를 게재하는 주체로 스폰서라고도 불린다.
- 검색광고 집행을 위해 광고대행사에 의뢰하여 광고를 집행하거나 매체사의 광고시스템을 통해 직접 운영하는 주체이다.

45 다음에서 설명하고 있는 것은 무엇인가?

- 키워드 검색 시 네이버 통합검색 및 네이버 내외부의 다양한 영역에 홈페이지와 홍보문구가 텍스트와 사이트 링크를 노출되는 기본형 검색광고 형태를 말한다.
- 네이버의 대표적인 검색광고 상품이다.

46 다음 괄호에 공통으로 들어갈 용어는 무엇인가?

- 제품/서비스에 대해 인지하고 있으며, 제품이나 서비스에 어느 정도 관심이 있어 기꺼이 일정 수준의 정보를 주는 고객을 (   ) 고객이라 한다.
- 구글에서는 확장소재로 (   ) 양식을 사용하면 사용자가 내 광고에서 양식을 통해 정보를 바로 제출하도록 함으로써 (   )을/를 생성해 낼 수 있다.

47 구매 전환율이 10%, 매출이익이 50,000원인 경우, 최대허용 CPC는 얼마인가?

48 다음 괄호에 각각 들어갈 숫자는 무엇인가?

- 네이버 검색광고의 품질지수는 키워드의 클릭률, 키워드와 소재와의 연관도, 광고의 성과 등을 종합적으로 계산한 광고품질을 나타낸다. 품질지수는 총 (①)단계의 막대 형태로 나타낸다.
- 네이버 키워드의 품질지수는 최초 등록 시 (②)단계의 품질지수가 주어진다.

49 카카오 검색광고의 키워드 입찰가에 대한 설명이다. 괄호 안에 각각 들어갈 숫자는?

카카오 키워드 광고의 과금방식은 차순위 입찰가+(①)원으로 내 순위보다 차순위 입찰액이 80원이라면 내 과금액은 (②)원에 부가세가 포함되어 계산된다.

50 다음 빈칸에 들어갈 용어는 무엇인가?

키워드의 클릭수와 CTR이 낮을 경우에는 광고소재에 대한 점검과 함께 클릭률을 높이기 위해서 입찰단가를 높여 (   )을/를 조정해야 한다.

51 다음은 무엇에 대한 설명인가?

- 클릭된 광고에 대한 정보를 광고주에게 제공하는 기능이다.
- 광고주는 추적 기능을 이용하여 개별 광고 클릭에 대한 정보를 얻을 수 있으며, 마케팅 효율 또는 광고 효율을 높이는 데 활용할 수 있다.
- 이를 위해서는 필요한 파라미터를 연결URL에 직접 추가하거나 자동추적 URL 파라미터 추가 등의 조치가 필요하다.

52 다음 괄호에 공통으로 들어갈 용어는 무엇인가?

- 구글에서 특정 검색어에 대해 게재되지 않도록 (   )을/를 추가하여 노출을 제한할 수 있다.
- 네이버 쇼핑검색광고를 진행할 때 상품이 노출되는 키워드 중 상품의 노출을 원치 않는 키워드가 있을 경우에 (   ) 관리를 통해 광고노출을 제외할 수 있다.

53 다음은 무엇에 대한 설명인가?

- 구글에서는 고객에게 관련성 있는 메시지를 표시하도록 자동으로 조정되는 광고를 만들 수 있다.
- 자동으로 여러 조합을 통해 잠재고객의 검색어와 최대한 일치하도록 광고의 콘텐츠를 조정해 캠페인 실적을 향상시켜 준다.

54 다음과 같은 광고성과를 얻었다면 상품의 객단가는 얼마인가?

- 광고비 10,000,000원
- 클릭수 : 20,000건
- 구매전환율 : 0.5%
- 수익률 : 50%
- ROAS : 500%

55 다음 표는 광고 운영성과를 나타낸다. 빈칸에 공통으로 들어갈 값은?

광고비	노출수	클릭수
10,000,000	5,000,000	50,000
구매수	CTR	CVR
500	( )	( )

56 네이버 검색광고에서 키워드 기본 입찰가가 200원이고 PC 입찰가 가중치가 125%인 경우 입찰가는 얼마인가?

57 다음 광고 결과가 아래와 같을 때 ROI는 얼마인가?

광고비	노출수	클릭수
2,000,000	2,000,000	30,000
구매수	매출액	순이익
3,600	12,000,000	8,000,000

58 다음은 네이버의 검색광고 상품 중 무엇에 대한 설명인가?

- 네이버 쇼핑의 검색 결과 화면에 상품 이미지와 정보를 노출하는 판매 유도형 검색광고를 말한다.
- 이 광고 중 스타일추천은 '패션의류/패션잡화 카테고리'의 연관 키워드를 검색했을 때, '모바일 통합검색 및 더보기'에서 노출되는 영역으로 검색어와 연관된 상품 중 유사 스타일별로 상품을 모아 추천되며, 광고를 조회하는 유저의 개인이력에 따라, 유저의 선호상품 또는 동일 성별/연령대 인기상품과의 유사도를 기반으로 상품 스타일이 구분되어 노출된다.

59 다음과 같은 광고 결과에서 빈칸에 들어갈 CVR 은?

광고비	노출수	클릭수
10,000,000	2,000,000	30,000
구매수	CTR	CVR
480	1.5%	( )

60 다음 CPM에 대한 설명에서 괄호 안에 들어갈 숫자는?

CPM은 광고가 (   )번 노출되었을 때의 비용으로 주로 배너광고에서 사용된다.

PART 05

최신 기출복원유형문제
정답 및 해설

제1회

01	02	03	04	05	06	07	08	09	10
②	④	③	①	②	③	①	①	④	②
11	**12**	**13**	**14**	**15**	**16**	**17**	**18**	**19**	**20**
②	①	①	③	②	③	③	②	③	②
21	**22**	**23**	**24**	**25**	**26**	**27**	**28**	**29**	**30**
③	④	②	④	②	②	②	③	②	④
31	**32**	**33**	**34**	**35**	**36**	**37**	**38**	**39**	**40**
③	④	①	④	②	②	④	④	③	①

41	코즈 마케팅(Cause Marketing)
42	AISAS
43	옴니채널(옴니채널 전략)
44	1.25%
45	광고목표(목표 설정, 광고목표 설정)
46	13
47	제목(제목 문구), 설명(설명 문구), 연결 URL
48	500원
49	구문검색
50	300원
51	제주귤맛집 귤체험 햇살농장
52	키워드 확장(키워드 확장 beta)
53	블로그, 포스트, 카페
54	200,000원(20만 원)
55	18,000,000원(1,800만 원)
56	5%
57	200원
58	노출순위(노출 점유율)
59	광고소재(광고소재 매력도)
60	썸네일이미지형

01 정답 ②

소셜미디어는 참여(Participation), 공개(Openness), 대화(Conversation), 커뮤니티(Community), 연결(Connectedness)을 특징으로 한다.

02 정답 ④

종량제 상품은 광고를 클릭했을 때에만 과금되는 방식으로 정액제 광고에 비해 합리적이고 저렴하다. 자유로운 게재 및 중지로 광고를 탄력적으로 운영할 수 있으며, 실시간 광고 수정 기능으로 효율성이 높다. 노출순위가 입찰가 및 품질지수 순으로 산정되므로 지속적인 품질관리가 중요하다. 클릭률이 높아지면 광고효과는 상승하지만, 광고비가 증가될 수도 있다. 그러나 CPA(전환당 비용)가 높아진다고 해서 광고효과가 높아지는 것은 아니다.

03 정답 ③

디지털 미디어 유형은 페이드 미디어(Paid media, 혹은 유료 미디어), 온드 미디어(Owned media, 혹은 보유/소유 미디어), 언드 미디어(Earned media, 혹은 획득 미디어)로 구분된다. 이 중 제3자에 의해 창작되고 소유되어 소비자로부터 신뢰와 평판을 획득할 수 있는 모든 종류의 퍼블리시티를 의미하는 디지털 미디어 유형은 언드 미디어(Earned media)이며, 고객 후기, 커뮤니티 게시물, 개인 크리에이터들의 자발적 리뷰 등이 이에 포함된다.

04 정답 ①

디지털 마케팅 4E 전략은 신경제학자인 도널드 칼네(Donald Calne)가 주장한 것으로 감성이 인간의 행동 변화를 가져오기 때문에 고객에게 독창적이고 높은 감성적 부가가치를 제공해야 한다는 것이다. 4E는 Evangelist(브랜드 전도사/호감과 충성도를 가진 고객), Enthusiasm(열정), Experience(체험/경험), Engagement(브랜드 참여)로 구성되어 있다.

05 정답 ②

판매 방식에 따른 온라인 비즈니스 유형은 판매형(카테고리 킬러형 vs 몰형), 중개형(경매형 vs 매칭형), 커뮤니티형(정보검색형 vs 정보생산형), 정보제공형(전문 커뮤니티형 vs 포탈형) 등으로 구분된다. 가격지향형 모델은 제공 가치에 따른 구분 유형(가격 지향형, 맞춤형서비스 지향형, 편의/신속성 지향형)이다.

06 정답 ③

매출액 또는 판매가격의 일정 비율을 마케팅의 판촉(프로모션) 예산으로 산정하는 예산 설정 방법은 매출액 비율법이다.

07 정답 ①

온라인 비즈니스 모델의 5대 성공 요인은 차별화된 콘텐츠 및 서비스, 지속적인 수익 창출, 특허, 새로운 아이디어와 기술로 시장 선점, 고객관점 및 고객경험이다. 판매경험이 아니라 고객경험이 성공 요인이다.

08 정답 ①

사용하는 키워드에서 업종을 대표하는 키워드인 대표 키워드를 사용하면 검색수는 많지만, 클릭당 비용이 높고 광고비 지출이 많아진다. 반면 구체적인 서비스명이나 제품명, 지역명, 수식어를 조합 혹은 확장한 키워드인 세부 키워드를 사용하면 타겟이 명확하기 때문에 비교적 저렴한 광고비로 효율성을 높일 수 있다.
② 검색광고는 광고시스템을 통해 광고효과를 매일 확인하고 탄력적으로 운영할 수 있다.
④ 노출순위는 최대클릭비용(입찰가) 및 광고품질에 따라 달라지므로 품질관리가 중요하다.

09 정답 ④

파워링크 광고 등록 시 광고 만들기 단계에서 키워드와 소재를 입력할 수 있으며, 제목 15자, 설명 45자까지 입력 가능하다. 설명에 키워드를 삽입하면 볼드(진하게) 처리되어 노출되며, 키워드나 소재 모두 대량관리 기능을 사용할 수 있다.

10 정답 ②

비즈채널은 웹사이트, 쇼핑몰, 전화번호, 위치정보, 네이버 예약 등 고객에게 정보를 전달하고 판매하기 위한 모든 채널로, 광고 집행을 위해서 캠페인 유형에 맞는 비즈채널을 반드시 등록해야 한다. 예를 들어, 쇼핑몰 상품형 쇼핑검색광고를 위해서는 쇼핑몰 채널을, 제품 카탈로그형 쇼핑검색광고를 위해서는 제조사의 비즈채널을 등록해야 한다. 웹사이트가 반드시 쇼핑몰 사이트일 수는 없다. 전화번호 비즈채널은 전화번호 유형과 통화추적 번호 유형 중 선택하여 등록할 수 있으며, 일부 비즈채널은 등록 후 확장소재 탭에서 노출 여부를 선택할 수 있다.

11 정답 ②

광고그룹은 캠페인 활동에 대한 개별 실행 방법을 설정하는 단위로 누구에게 무엇을 보여주고 어디로 안내할 것인가를 설정하는 단위이다. 네이버의 광고그룹에서는 기본 입찰가, 하루예산, 입찰가중치, 소재노출 방식을 설정할 수 있으며, 캠페인 단위에서 예산균등배분 여부, 광고 노출 기간, 추적 기능 설정을 할 수 있다. 노출 매체와 노출 시간, 요일 설정은 카카오 광고그룹 설정에서 가능하다.

12 정답 ①

인 앱(In-App) 광고는 앱 다운로드 후 사용 시 배너 형태로 등장하는 광고 유형을 말한다.
② 인터스티셜 광고(Interstitial Ad) : 특정 페이지에서 다른 페이지로 이동시 나타나는 광고이다.
③ 네이티브 광고(Native Ad) : 이용자가 경험하는 콘텐츠 일부처럼 보이도록 하여 이용자의 관심을 자연스럽게 이끄는 형태의 광고로 인피드 광고, 기사맞춤형 광고, 프로모티드 리스팅 등이 있다.
④ 동영상 광고 : 동영상이 나오는 환경에서 다양한 콘텐츠가 구동되기 전, 구동 중, 구동 후에 나오는 광고를 말하며, 온라인 동영상 광고는 인스트림 동영상 광고, 배너 기반의 동영상 광고, 텍스트 기반의 동영상 광고로 구분된다.

13 정답 ①

사이트검색광고 광고그룹 만들기에서 기본 입찰가, 하루예산, 입찰가중치, 소재노출 방식을 설정할 수 있다.

② 키워드 입찰가는 광고그룹의 키워드별로 '입찰가를 직접 입력'하거나 '입찰가 변경 기능'을 활용해 예산과 광고 목적에 따라 입찰가를 관리할 수 있다.

③ 쇼핑검색광고는 광고그룹 단계에서 쇼핑몰 상품형, 제품 카탈로그형, 쇼핑브랜드형 중에 그룹 유형을 설정하고 기본 입찰가를 직접 설정하거나 자동입찰을 설정할 수 있다.

④ 브랜드검색광고는 정액제 상품이므로 광고를 등록한 후 계약을 체결해야 광고를 노출할 수 있다.

14 정답 ③

PV(Page View)는 사용자가 특정 사이트 내의 홈페이지를 클릭하여 페이지를 본 수를 말한다. 중복되지 않은 순방문자 수를 나타내는 용어는 UV(Unique View/Visitors)이다.

15 정답 ①

카카오의 광고 등록 프로세스에서는 캠페인에서 비즈채널과 캠페인 이름을 고급옵션에서 전환추적(픽셀&SDK 선택), 추적 URL, 일예산을 설정한다. 광고그룹 단위에서는 그룹 이름, 광고가 노출될 매체 유형과 디바이스 설정, 그리고 고급옵션에서 입찰가중치와 집행 기간과 요일/시간 등을 설정한다. 키워드 확장과 제외할 키워드를 광고그룹에서 추가할 수 있으며, 키워드 만들기 단계에서는 광고그룹에서 설정한 기본 입찰가 이외에 키워드 입찰가를 개별 설정할 수 있다.

16 정답 ③

네이버 검색광고 중 경매(입찰) 방식이 아닌 정액제 상품 유형으로는 브랜드검색광고, 신제품검색광고, 지역소상공인광고가 있다. 브랜드검색광고는 CPM 방식의 정액제 광고 상품이며, 지역소상공인광고는 유효노출당 과금된다.

17 정답 ③

키워드나 소재가 많으면 대량관리 기능을 사용할 수 있다. 대량관리 기능에서는 광고 다운로드, 대량 등록/수정, 대량 광고그룹 복사, Easy 대량관리(확장소재 등록에 적용되는 기능) 등이 가능하다. 대량 광고그룹 복사는 기본 입찰가와 같은 광고그룹의 정보, 키워드 확장과 제외 키워드 포함 등과 같은 광고그룹의 하위 항목을 포함해서 복사 가능하며, 키워드나 소재, 확장소재를 선택해 복사할 수도 있다. 단 Easy 대량관리(beta) 기능은 파워링크 캠페인의 확장소재 등록에 적용되는 기능이다.

18 정답 ②

쇼핑검색광고의 입찰가는 광고그룹 단위의 기본 입찰가와 개별 상품 단위의 상품 입찰가로 설정할 수 있다. 세부 유형별로 쇼핑검색광고-쇼핑 브랜드형의 입찰가는 광고그룹에서 기본 입찰가와 키워드별 입찰가 설정이 가능하다. 쇼핑검색광고-제품 카탈로그형은 광고그룹 단위의 기본 입찰가와 개별 카탈로그 단위의 소재 입찰가로 설정할 수 있다. 쇼핑검색광고-쇼핑몰 상품형은 기본 입찰가와 상품입찰가를 직접 설정할 수도 있고, 최소노출 입찰가, 순위별 평균 입찰가 등 원하는 입찰 방식을 선택하여 입찰가를 설정할 수도 있다. 최소노출 입찰가, 순위별 평균 입찰가, 중간 입찰가는 최근 4주간 노출된 광고의 입찰가를 바탕으로 한다.

19 정답 ③

네이버 광고시스템의 기본 설정에서 확인 가능한 지표는 노출수, 클릭수, 클릭률, 평균클릭비용(CPC), 총광고비용이다. 전환수는 프리미엄 로그분석을 통해서만 확인할 수 있는 지표이다.

20 정답 ②

구글은 광고목표에 따라 광고 확장이 가능한데, CTR 개선을 위해서는 '사이트 링크 광고 확장', '콜아웃', '구조화된 스니펫(부가정보)', '이미지 확장소재'를 사용할 수 있으며, 이외에 고객 문의 유도 목표에는 '전화번호 광고 확장', '리드 양식(메시지) 광고 확장' 유형을, 매장 방문 유도를 위해서는 '위치 광고 확장'을, 판매촉진을 위해서는 '가격 광고 확장' 유형을 사용할 수 있다. 네이버의 파워링크의 경우는 캠페인, 광고그룹 단위에서 확장소재를 등록할 수 있지만, 키워드 단위로는 등록할 수는 없다. 확장소재 등록 후 검토가 진행되고 통과되어야 노출이 가능하다. 네이버 광고유형 중 파워콘텐츠 광고는 확장소재를 등록할 수 없으며, 노출 형태와 위치는 업종, 광고노출 영역, 광고 성과 등에 따라 달라질 수 있다.

21 정답 ③

네이버, 카카오, 구글 모두 광고품질을 측정하고 있는데, 네이버와 카카오의 품질지수는 7단계로, 구글의 품질평가점수는 1~10점으로 측정된다. 네이버 쇼핑검색광고 품질지수는 소재마다 부여되며, 광고효과(클릭률), 상품과 광고소재의 연관도, 상품의 이용자 반응 등 광고 품질을 평가할 수 있는 요소들을 반영해 산정된다.

22 정답 ④

캠페인 기간 외 중지라는 것은 캠페인 광고 노출 기간이 종료된 것을 말하며, 노출 가능 상태가 되기 위해서는 캠페인 종료 날짜를 재설정하면 된다.
① 비즈채널 노출제한으로 인한 중지는 광고가이드에 부합하지 않아 노출이 제한된 상태이며, 비즈채널 검토 중−비즈채널 검토 전 또는 검토가 진행 중인 상태를 말한다.
② 일부 노출 가능 PC로 표시될 경우에는 모바일이 아니라 PC 매체만 노출 가능한 상태를 나타낸다.
③ 광고그룹 예산도달에 의한 중지는 설정한 광고그룹의 하루 예산 초과로 중지된 상태를 말한다.

23 정답 ②

구글애즈 시스템에서는 다른 계정이나 광고그룹으로 키워드 복사 또는 이동이 가능하며, 복사 시에는 입찰가나 연결 URL까지 모두 복사할 수 있다. 키워드 목록에서 키워드 입찰가 변경이 가능하고 키워드 등록 시에는 기본적으로 확장검색 유형으로 설정된다.

24 정답 ④

카카오의 키워드 광고시스템에서는 캠페인별로 해당 캠페인에 속한 광고그룹 목록을 확인할 수 있고, 광고그룹별로는 등록된 키워드 목록을 확인할 수 있다. 광고그룹과 키워드 복사가 가능하며, 키워드 복사 시에는 광고그룹의 모든 정보(기본 입찰가, 매체유형, 디바이스, 일 예산 등)가 함께 복사된다. 품질지수는 광고그룹 단위가 아니라 키워드별로 확인이 가능하다.

25 정답 ②

네이버 검색광고에서는 등록된 키워드를 다른 광고그룹으로 복사할 수 있다. 복사 시 연결 URL, 개별입찰가 등을 포함해서 복사할 것인지 선택할 수 있다. 광고그룹이나 키워드 복사에서 키워드 품질지수는 복사되지 않고, 복사 후 광고 성과에 따라 재산정된다.

26 정답 ②

검색광고의 기획 단계는 환경분석, 목표설정, 매체전략, 일정계획, 예산책정의 단계로 이루어진다. 검색광고를 통해 얻고자 하는 궁극적이고 구체적인 목표 수립은 목표설정의 단계이며, 목표 달성을 위한 전략으로 크게는 검색광고 상품 선정부터 작게는 키워드와 소재 등의 활용 전략을 설정하는 것은 매체전략 설정의 단계이다.

27 정답 ②

검색광고에서 매일 효과분석을 해야 하는 이유는 다음과 같다. 첫째, 사용자들이 검색하는 키워드는 일정한 것이 아니라 그날의 상황에 따라 바뀔 수 있기에 매일 효과분석을 통해 키워드 변화를 감지하고, 빠르게 대응해야 광고비 소진을 막고 더 많은 전환 기회를 확보할 수 있다. 둘째, 검색광고 시스템을 통해 실시간으로 효과분석이 가능하므로 실시간 분석을 통해 광고 운영 전략을 최적화해야 한다. 셋째, 상당히 많은 키워드 및 광고 상품이 존재하기 때문에 효과분석을 통해 키워드 및 광고상품을 최적화해야 한다.

28 정답 ③

노출수는 200,000(방문수=클릭수 10,000/클릭률 0.05), CVR은 (전환수 700/클릭수 10,000)×100=7%, ROAS는 [(물품 단가 35,000원×전환수 700)/광고비 5,000,000원]×100= 490%이다.

29 정답 ②

네이버에서 제공하는 프리미엄 로그분석은 전환추적 스크립트를 삽입해야 확인할 수 있는 보고서로, 광고 관리 플랫폼에서 성과 데이터를 손쉽게 확인하여 빠르게 성과 개선 작업을 할 수 있으며, 별도의 엑셀 작업 없이 간편하게 기본 데이터와 전환 데이터를 분석할 수 있다. 프리미엄 로그분석 보고서에서는 전환수, 직접전환수, 간접전환수, 전환율, 전환매출액 등을 확인할 수 있는데, 전환 데이터 중에서 광고 클릭 이후 30분 이내 마지막 클릭으로 발생한 전환수는 직접전환수이며, 광고 클릭 이후 30분부터 전환추적 기간(7일~20일) 이내에 발생한 전환수는 간접전환수이다.

30

정답 ④

ROI는 광고비 대비 수익률이며, ROAS는 광고비 대비 (전환)매출액의 비율이다. ROI와 ROAS는 높을수록 광고효과가 높다고 할 수 있다.

31

정답 ③

$CPC = \dfrac{광고비}{클릭수}$ 이므로 광고비 1,000,000원/클릭수 4,000번 $=250$원이며, $ROAS = \dfrac{(전환)매출액}{광고비} \times 100$으로 (전환매출액 2,500,000원/광고비 1,000,000원)$\times 100 = 250\%$이다.

32

정답 ④

로그분석 없이 기본 지표로 활용되는 것은 CTR(클릭률)이다. 반면, 전환수, 직접전환수, 간접전환수, 전환율, 전환매출액, 간접전환매출액, 직접전환매출액, 전환당 비용(CPS), 방문당 평균 체류시간, 방문당 평균 페이지뷰, 전환매출액, 광고수익률 (ROAS)은 네이버 로그분석에서 확인 가능한 항목이다.

33

정답 ①

총광고비를 클릭수로 나누어 얻은 클릭당 비용인 CPC(Cost Per Click)는 소비자가 클릭을 통해 랜딩페이지 방문에 투여된 비용이다.

34

정답 ④

CVR(ConVersion Rate)은 검색광고를 통해 달성된 클릭수 대비 전환 발생 비율이다.

35

정답 ②

CTR이 낮은 키워드의 경우, 키워드 및 광고소재를 점검하는 것이 필요하며 단순히 노출순위 관리에 집중하는 것은 바람직하지 않다. 광고소재와 확장소재의 적절한 사용은 클릭률을 높일 수 있다.

36

정답 ②

ROAS가 높은 키워드는 광고 성과가 좋은 키워드이므로 이를 확장하는 전략이 좋다. CTR이 낮은 키워드는 광고소재 및 확장소재를 개선하는 것이 바람직하며, CVR이 낮은 키워드는 랜딩페이지 및 페이지뷰, 체류시간을 체크해 봐야 한다. 반면 CVR이 높은 키워드는 성과가 검증된 것이므로 이를 기반으로 세부 키워드나 관련 키워드를 확장하는 것이 좋다.

37

정답 ④

랜딩페이지의 성과 분석을 위해 파악해야 하는 지표는 반송률, 페이지뷰, 방문당 체류 시간, 전환율이다. 사이트에 방문 후 페이지 이동 없이 랜딩페이지에서 방문을 종료 또는 이탈한 비율인 반송률과 방문자가 사이트에 들어와서 체류한 시간은 랜딩페이지가 잘 되어 있는지를 확인할 수 있는 지표이며, 랜딩페이지를 어디로 연결했느냐에 따라 (구매)전환율 등의 광고성과가 다를 수 있으므로 어느 페이지를 랜딩페이지로 설정할 것인가에 대한 전략적 결정이 필요하다.

38

정답 ④

키워드 차원의 효과분석 결과를 반영해 저성과 키워드는 제외하고, 고성과 키워드를 확장하는 것이 바람직하다. 전환율이 낮은 키워드는 키워드와 랜딩페이지의 일관성이 적절한지 점검해야 한다. 저성과 키워드의 노출수를 늘리려는 노력은 적합하지 않다.

39

정답 ③

CTR과 CVR이 모두 높은 키워드는 최적의 광고 컨디션으로 키워드 및 광고소재, 랜딩페이지가 모두 매력적일 때 가능하다. 이 경우 이미 효과가 검증된 고성과 키워드를 추가적인 조치 없이 그대로 두기보다, 고성과 키워드를 기반으로 연관 키워드 혹은 세부 키워드를 확장하는 전략을 사용하거나 시즌·이슈 키워드를 확장하는 것도 좋다.

40

정답 ①

랜딩페이지는 전환율, 페이지뷰, 체류 시간, 반송률을 검토하여 변경하거나 개선한다. 랜딩페이지에는 검색 키워드를 포함하며, 메인페이지보다 키워드와의 관련성이 높은 페이지로 연결하는 것이 좋다. 또한 진행하는 광고의 특성에 맞춰 별도의 광고용 랜딩페이지를 제작하는 것도 좋다. 클릭수가 감소했을 때에는 랜딩페이지를 변경하기보다는 키워드나 광고소재의 적합도를 검토하는 것이 바람직하다.

41

기업의 사회적 책임과 마케팅을 결합해 공유 가치를 창출하는 방법(CSV ; Creating Share Value)으로 기업이 환경, 보건, 빈곤 등과 같은 사회적 이슈, 즉 코즈(cause)를 이익 추구를 위해 활용하는 마케팅 전략을 말한다. 소비자로 하여금 착한 소비를 유도하고 기업이 추구하는 사익과 공익을 동시에 얻는 것을 목표로 한다.

42

정답 AISAS

일본 광고대행사 덴츠가 제시한 새로운 소비자 행동모델인 AISAS는 기존의 소비자 행동 모델인 AIDMA 모델과 다르게 소비자가 광고에 노출 후 주목(Attention)하고 관심(Interest)이 생기면 검색(Search)을 통해 정보를 수집하고 행동(Action)을 취하게 되는데, 행동을 취한 후 혼자 만족하고 기억하는 것이 아니라 다른 사람들과 공유(Share)하는 단계를 거친다는 것이다.

43

정답 옴니채널(옴니채널 전략)

모든 것을 의미하는 라틴어의 옴니(Omni)와 상품의 유통경로를 의미하는 채널(Channel)이 합성된 옴니채널은 고객을 중심으로 기업이 보유한 모든 온 · 오프라인 채널을 통합하고 연결하여 일관된 커뮤니케이션을 제공해 고객경험을 강화하고 판매를 증대시키는 채널 전략이다. 즉 기업이 보유한 인터넷, 모바일, 오프라인 매장을 통합하고 연결하여 동일한 제품, 가격, 혜택, 배송을 받을 수 있도록 제공해 다른 매상으로의 이탈을 최소화하고 판매를 증대시키고자 하는 전략을 말한다.

44

정답 1.25%

전환율(CVR)=$\frac{\text{전환수}}{\text{클릭수}} \times 100$이므로 (전환수 4/클릭수 320)× 100=1.25%이다.

45

정답 광고목표(목표 설정, 광고목표 설정)

검색광고를 통해 최종적으로 달성하고자 하는 구체적인 광고목표 설정을 말하며, 목표 설정은 구체적이고(Specific), 측정 가능해야 하며(Measurable), 달성 가능해야 하고(Achievable), 실현 가능해야 하고(Realistic), 달성 가능한 기간을(Time bound) 명시해야 한다.

46

정답 13

네이버 검색광고 광고주 가입은 사업자번호로 가입한 사업자의 경우 최대 5개의 계정을 생성할 수 있으며, 본인인증 후 개인정보로 가입한 개인 광고주는 최대 2개의 계정 생성이 가능하다. 단, 가입 신청자가 약관 및 정책 위반으로 직권해지된 이력이 있는 경우 직권 해지일로부터 6개월간 회원가입이 제한된다. 즉, ㉠ 5, ㉡ 2, ㉢ 6이므로 모두 합하면 13이다.

47

정답 제목(제목 문구), 설명(설명 문구), 연결 URL

파워링크 영역은 통합검색 키워드 검색 시에 기본소재와 확장소재(이미지, 추가 제목, 서브링크, 가격링크 등)를 활용하여 노출할 수 있다. 기본소재는 제목(제목 문구), 설명(설명 문구), 연결 URL로 구성되어 있다.

48

정답 500원

광고그룹 입찰가보다 키워드 입찰가가 우선 적용되므로 '핫팩'의 키워드 입찰가 200원이 우선 적용된다. 여기에 모바일에 노출되므로 모바일 입찰 가중치 250%가 적용되어 '핫팩' 키워드에 적용되는 입찰가는 500원이다.

49

정답 구문검색

키워드의 의미가 포함되는 검색어에 광고가 게재되는 것은 구문검색이다. 키워드와 관련된 검색어에 광고가 게재될 수 있고, 해당 키워드가 포함되지 않은 검색어도 포함되어 광고가 게재되는 검색 유형은 확장검색으로 이 유형을 선택하면 도달률을 높일 수 있다. 반면에 키워드가 정확하게 일치하는 검색어 또는 동일한 의미를 가진 검색어에 광고가 게재되는 것은 일치검색 유형이다.

50

정답 300원

500원의 50% 감액하면 250원이지만, 쇼핑브랜드형 광고의 최소입찰가 300원이 적용되기 때문에 최종 입찰가는 300원으로 적용된다.

51

정답 제주귤맛집 귤체험 햇살농장

네이버에서 대체 키워드가 {키워드:대체 키워드}로 설정되어 있다. 검색 키워드가 포함된 제목이 제목 글자수 15자를 넘게 되므로 검색 키워드 대신 설정한 대체 키워드로 노출된다. 따라서 노출되는 제목 문구는 "제주귤맛집 귤체험 햇살농장"이다.

PART 01
PART 02
PART 03
PART 04
PART 05
PART 06

52

정답 키워드 확장(키워드 확장 beta)

키워드 확장은 광고그룹에 등록한 키워드와 유사한 의미를 가진 키워드에 자동으로 광고를 노출할 수 있는 기능으로, 다양한 유사 의미의 키워드로 광고를 원할 때 편하게 사용할 수 있다.

53

정답 블로그, 포스트, 카페

콘텐츠검색광고(파워콘텐츠)를 집행하기 위해서는 콘텐츠 비즈채널 등록이 필요하며, 이때 콘텐츠 비즈채널은 블로그, 카페, 포스트만 가능하다.

54

정답 200,000원(20만 원)

객단가＝전환매출액÷전환수(구매건수)로 우선 구매건수(전환수)를 구할 필요가 있다. 구매건수(전환수)＝클릭수×구매전환율로 2,000건×0.05＝100이다. 또한 ROAS 400%＝(전환매출액/광고비 5,000,000원)×100%이므로 전환매출액은 20,000,000원이다. 따라서 객단가는 전환매출액 20,000,000원÷전환수 100＝200,000원이다.

55

정답 18,000,000원(1,800만 원)

ROAS＝(전환매출액/1,200,000원)×100＝1,500%이므로, 전환매출액은 1,200,000×15＝18,000,000원이다.

56

정답 5%

구매전환율(CVR)＝$\dfrac{전환수}{클릭수}$×100이므로 (350회/7,000회)×100＝5%이다.

57

정답 200원

CPC＝$\dfrac{광고비}{클릭수}$ 이므로 2,000,000원/10,000회＝200원이다.

58

정답 노출순위(노출 점유율)

검색광고 성과 분석 결과 캠페인의 CTR과 클릭 횟수가 적은 경우는 광고소재에 대한 점검과 함께 키워드 입찰 순위가 현저히 낮아 충분한 클릭률을 받지 못하고 있는 것은 아닌지를 점검해야 한다. 이를 위해서는 입찰 단가를 높여 노출순위를 조정한다.

59

정답 광고소재(광고소재 매력도)

검색광고 성과 분석 결과 캠페인의 CTR이 낮고 CVR이 높은 키워드의 경우, 광고소재의 매력도가 낮은지, 또는 키워드 입찰순위가 현저히 낮아 충분한 클릭률을 받지 못하고 있는 것은 아닌지 등을 점검해야 한다.

60

정답 썸네일이미지형

카카오의 확장소재 유형으로는 추가제목형, 부가링크형, 가격테이블형, 썸네일이미지형, 멀티썸네일이미지형, 말머리형, 계산하기형, 톡채널형이 있다. 이 중 1개의 이미지를 소재에 추가하는 유형은 썸네일이미지형이며, 3개의 이미지를 소재에 추가하는 유형은 멀티썸네일형이라 한다.

01	02	03	04	05	06	07	08	09	10
④	③	④	②	③	①	②	①	③	②
11	12	13	14	15	16	17	18	19	20
④	①	③	①	④	②	②	④	③	④
21	22	23	24	25	26	27	28	29	30
④	③	④	④	④	④	③	④	①	①
31	32	33	34	35	36	37	38	39	40
④	①	①	③	③	②	④	③	②	①

41	C2C
42	Communication
43	CPC(Cost Per Click)
44	비즈머니
45	매체 믹스(미디어믹스, media mix)
46	제외 키워드(제외 키워드 추가, 제외 키워드 설정)
47	성과기반노출, 2
48	70, 50
49	세부 키워드
50	네이버 톡톡(톡톡)
51	5, 20, 50
52	A : 파워링크 이미지, B : 이미지형 서브링크
53	1,000,000원(100만 원, 백만 원)
54	직접전환수
55	클릭(Click)
56	랜딩페이지(Landing Page)
57	300(300건)
58	300%
59	CTR(Click through rate, 클릭률)
60	반송률(이탈률)

01
정답 ④

소비자가 소비 주체에서 생산 주체로 진화하고 능동적 참여형 소비자로 생산에 관여하는 소비자를 프로슈머(prosumer)라고 한다. 1980년 앨빈 토플러가 「제3물결」에서 최초로 사용했다.

02
정답 ③

마케팅의 STP 전략 중에서 기업이 원하는 대로 자사의 제품을 소비자에게 인식시켜 시장에서 자사의 제품이 독특한 위치를 차지하도록 하는 것을 포지셔닝이라 한다.

03
정답 ④

TV광고는 전통적 광고매체이기 때문에 디지털 마케팅 시장을 주도하고 있지 않다.

04
정답 ②

온라인 구전 마케팅의 유형으로는 바이럴 마케팅, 버즈 마케팅, 커뮤니티 마케팅, 인플루언서 마케팅, 인플루언서 마케팅 등이 있다. 포지셔닝은 마케팅 STP 전략의 하나이다.

05
정답 ③

챗봇은 인공지능 기반으로 사람과 실시간 대화를 나누는 소프트웨어를 말한다.

06
정답 ①

인터스티셜 광고는 다른 페이지로 이동하기 전에 보이는 그래픽으로서 시각적으로 흥미로운 인터넷 광고이다.

07
정답 ②

일반적 소비자 행동은 인지-방문-구매의 단계로 이루어지며, 검색 사용자의 소비자 행동은 노출-클릭-구매의 단계로 이루어진다. 검색 사용자의 소비자 행동 단계별 효과 측정은 CPI, CPC, CPS로 이루어진다.

08
정답 ①

광고그룹 내 다수의 소재가 존재할 경우, 성과가 우수한 소재의 노출 비중을 자동적으로 조절하여 평균 성과를 향상시킨다.

09
정답 ③

CVR뿐만 아니라 CTR과 CVR이 모두 높은 키워드를 중심으로 키워드를 확장해야 한다. CTR이 낮은 키워드는 광고소재 및 확장소재를 개선함으로써 클릭률을 높일 수 있다. CVR이 낮은 경우에는 랜딩페이지 및 페이지뷰, 체류 시간을 체크해보는 것이 좋다.

PART 01
PART 02
PART 03
PART 04
PART 05
PART 06

10 정답 ②

㉠ (클릭수 11,000/노출수)×100=22%, 노출수=50,000
㉡ 구매건수=전환율 0.01×클릭수 11,000=110
㉢ ROAS=(전환매출 1,650만 원/총광고비 330만 원)×100= 500%
각 결과를 합하면 50,610(50,000+110+500=50,610)이다.

11 정답 ④

최대클릭비용은 광고주가 목표를 달성할 수 있는 범위 내에서 광고 1회 클릭에 최대한으로 지급할 수 있는 비용이며, 목표과 업법은 광고 예산 결정 방법 중 하나를 말한다. 자동입찰기능은 자동으로 CPC 입찰을 관리하는 기능이다. 구매전환율이 상승하면 ROAS도 상승한다.

12 정답 ①

인터넷을 기반으로 한 비즈니스 생태계가 온라인 비즈니스의 범주에 포함된다. 반면 TV, 라디오, 인쇄미디어는 전통적 매체이다.

13 정답 ③

집단지성은 서로 협업을 통하여 얻은 집단적 능력, 혹은 집단적 능력의 결과를 의미한다. 디지털 시대에서는 개개인의 생각들이 모여 더욱 나은 해결 방안을 도출한다는 의미로 사용되고 있다. 여러 사람이 편집 가능한 웹사이트 시스템인 위키(Wiki)가 대표적이다.

14 정답 ①

온라인 포털이 제공하는 5C 서비스는 커넥션(Connection, 연결), 콘텐츠(Contents), 커뮤니티(Community), 커머스(Commerce), 커스터마이제이션(Customization, 맞춤화)이다.

15 정답 ④

온라인 포털의 발전 과정은 Search-Communication-Community-Contents&Commerce이다.

16 정답 ②

검색엔진의 유형은 디렉토리 검색, 인덱스 검색, 통합 검색으로 구분된다. 챗봇은 인공지능 기반으로 사람과 실시간 대화를 나누는 소프트웨어, 즉 메신저에서 일상 언어로 대화할 수 있는 채팅 로봇 프로그램을 말한다.

17 정답 ②

소셜미디어의 특징으로 참여(Participation), 공개(Openness), 대화(Conversation), 커뮤니티(Community), 연결(Connectedness)의 5가지를 들 수 있다.

18 정답 ④

소셜미디어의 종류로는 블로그(Blogs), 소셜네트워크서비스(SNS), 콘텐츠 커뮤니티, 위키스(Wikis), 팟캐스트 등이 있다. 반면, 라이브 커머스는 '실시간'으로 이루어지는 커머스로, 이는 대표적인 소셜미디어의 유형으로 보기는 어렵다. SNS를 활용하는 전자 상거래의 일종인 소셜커머스를 소셜미디어의 유형으로 볼 수 있다.

19 정답 ③

상품이나 서비스를 온라인으로 판매하는 것은 온라인 커머스라 한다. 온라인 커머스가 처음 대중에게 알려진 것은 2005년 11월 야후(YAHOO)의 장바구니(Pick List) 공유 서비스인 쇼퍼스피어(Shoposphere)이다.

20 정답 ④

모바일 광고의 특징으로 시간과 공간의 물리적 제약 극복, 높은 광고 메시지 도달률, 위치기반 지역 광고 또는 개인 맞춤형 광고로의 진화, 즉각 반응성으로 빠른 구매 연결 등이 있다. 그러나 광고노출을 극대화해야만 ROI를 높일 수 있는 것은 아니며, 광고소재나 랜딩페이지 등 여러 광고 요소를 통해서도 ROI를 높일 수 있다.

21 정답 ④

기술 노하우, 콘텐츠 변환 비용의 문제, 경쟁력 확보 등은 디지털 콘텐츠 변환을 위해서 고려해야 할 사항이다. 그러나 인쇄미디어는 대표적인 사양 산업 중의 하나로 디지털 콘텐츠 변환의 시사점으로 보기는 어렵다.

22
정답 ③

카카오 광고그룹에서는 노출매체 유형, 키워드 확장 및 제외 키워드 등록, 입찰가, 입찰가중치, 집행 기간과 요일·시간을 설정한다. 입찰가 입력, 광고그룹에서 사용할 광고 예산을 지정하는 것 또한 가능하다.

23
정답 ④

카카오톡 챗봇은 카카오 검색광고 상품에 해당한다.

24
정답 ④

네이버 광고시스템의 기본설정에서는 ON/OFF, 상태, 캠페인 이름, 캠페인 유형, 노출수, 클릭수, 클릭률, 평균클릭비용, 총비용 등을 확인할 수 있으며 새로운 사용자 설정을 통해 모든 캠페인 단위에서 노출할 수 있는 지표 선택이 가능하다.

25
정답 ④

CVR은 (클릭수/전환수)×100으로 산출한다. 즉, 비율(Ratio/Rate)을 산출하는 것이기 때문에 100를 곱해주는 것이 올바르다.

26
정답 ④

매체 리포트에서 기본적으로 파악할 수 있는 지표는 노출수, 클릭수, 클릭률(CTR), 평균 클릭 비용, 총비용이다. ROAS(광고수익률)는 프리미엄 로그분석을 통해서 얻을 수 있다.

27
정답 ③

바이러스(Virus)와 마케팅(Marketing)의 합성어인 바이럴 마케팅은 바이러스처럼 빠르게 전파된다는 의미이다. 입소문 마케팅에 뿌리를 두고 있지만 소비자들을 장려해서 그들이 마케팅 메시지를 다른 소비자들에게 퍼뜨리게 하는 방식이다.

28
정답 ④

클릭수를 100명으로 임의로 잡고, 구매건수=100명(임의기준 클릭수)×5%=5건이며, 총매출=30,000원(매출이익)×5건(구매건수)=150,000원이다. 최대허용 CPC=150,000(총매출액)/100(클릭수)=1,500원이다.

29
정답 ①

반송률은 자주 출제되는 기출문제 중의 하나로 '이탈률'이라고도 한다. 방문자 수 대비 반송 수의 비율 데이터로 랜딩페이지 효과분석에 사용되는 개념이다.

30
정답 ①

중고장터와 같은 소비자와 소비자 간의 거래 모델은 C2C, 제품이나 서비스를 다른 비즈니스에 판매하는 거래 모델은 B2B라 한다.

31
정답 ④

검색광고의 기획은 사용자분석, 경쟁사분석, 자사분석을 비롯해 시장분석을 실시하는 환경분석, 목표설정, 매체전략, 일정계획, 예산책정의 과정으로 이루어진다. 이 중 매체전략은 광고매체, 광고상품 선정전략을 말한다. 대체로 하나의 매체에만 집중하기 보다 두 가지 이상의 매체와 광고상품을 섞어서 광고를 집행하는 것이 효율적으로 광고목표를 달성할 수 있으며, 동일 비용으로 광고효과를 높일 수 있다.

32
정답 ①

광고비 등 다른 요인의 변동이 없다고 가정했기 때문에, 구매율이 5배 상승하면 ROAS 역시 5배 상승한다. 즉, 300%×5배=1,500%이다. 반면 CPA는 1/4로 감소하므로 기존 CPA 10,000원×1/5=2,000원이다.

33
정답 ①

고객이 광고, 이메일, 또는 검색을 통해 처음 접하게 되는 페이지는 랜딩페이지(landing page)이다. 랜딩페이지는 전략적 CTA(Call to Action)를 활용해 전환율을 높이는 것이 중요하다.

34
정답 ③

키워드 입찰가를 낮추거나 광고 OFF를 시키는 사후관리는 CTR과 CVR이 모두 낮은 경우의 조치이다.

35
정답 ③

ROAS=(총매출액 5,000,000/광고비 300,000)≒16.66이고, 백분율로 나타내면 비율×100=1,666%이다.

36

정답 ②

CVR(구매전환율)=(전환수 300÷클릭수 2,000)×100=15%

37

정답 ④

CPC(클릭당 비용)=총광고비 300,000÷클릭수 2,000=150원

38

정답 ③

CPC(클릭당 비용)은 총 광고비/클릭수로 계산한다.

39

정답 ②

유흥업소 사이트 및 해당 업소의 직업정보 제공사이트는 성인 광고 기준이 적용되고, 성인광고는 청소년의 접근이 제한된다.

40

정답 ①

검색광고에서 매일 효과분석을 하는 이유는 첫째, 사용자들이 검색하는 키워드는 일정한 것이 아니라 그날의 상황에 따라 바뀔 수 있다. 둘째, 검색광고 시스템을 통해 실시간으로 효과분석이 가능하므로 실시간 분석을 통해 광고 운영 전략을 최적화하기 위해서이다. 셋째, 상당히 많은 키워드 및 광고 상품이 존재하기 때문에 효과분석을 통해 키워드 및 광고 상품의 최적화가 필요하기 때문이다.

41

정답 C2C

C2C(Consumer-To-Consumer)는 소비자와 소비자 간의 소비자와 소비자 간의 거래 모델로 어떤 중개 기관을 거치지 않고 소비자들이 인터넷을 통해 직거래하는 방식을 말한다. 미국의 크레이그스리스트(Craigslist), 우리나라의 당근마켓 등이 대표적인 C2C 플랫폼이다.

42

정답 Communication

마케팅믹스 전략의 4P는 제품(Product), 가격(Price), 유통경로(Place), 판매촉진(Promotion)이고, 4C는 Customer Value(고객가치), Customer Cost(비용), Convenience(편리성), Communication(의사소통)이다.

43

정답 CPC(Cost Per Click)

CPC는 클릭당 비용으로, 검색광고는 대체로 CPC 기반의 종량제 과금 방식을 사용한다.

44

정답 비즈머니

비즈머니는 네이버 검색광고 진행을 위한 충전금으로, 비즈머니 충전이 완료되어 잔액이 있어야 광고의 등록 또는 수정 요청에 대한 검토가 진행된다. 경우에 따라 충전한 비즈머니 금액이 모두 소진된 이후에도 추가적인 과금(마이너스 잔액)이 발생할 수 있다.

45

정답 매체 믹스(미디어믹스, media mix)

두 가지 이상의 매체를 섞어 광고를 집행하는 것은 매체 믹스이다. 매체 믹스를 사용하면 효율적으로 광고 목표를 달성하고, 동일 비용으로 광고 효과를 높일 수 있다.

46

정답 제외 키워드(제외 키워드 추가, 제외 키워드 설정)

특정 검색어에 대해 게재되지 않도록 제외 키워드를 지정할 수 있다. 이때 제외 키워드로 등록하면 유사 검색어 또는 다른 확장에 적용되지 않는다. 예를 들어, 확장검색 시의 제외 키워드로 '꽃다발'을 제외한다면, 사용자가 '빨간 꽃다발'을 검색할 때 광고가 게재되지 않는다.

47

정답 ① 성과기반노출, ② 2

네이버의 광고소재노출 방식은 성과기반노출, 동일비중노출 중에서 선택 가능하다. 소재노출 방식을 성과기반노출로 선택하려면 2개 이상의 광고소재를 등록해 두어야 한다. 성과기반노출을 선택하면 시스템은 일정 기간 소재 2개의 노출/클릭수와 클릭률을 계산한다. 이를 수백 번 이상 시뮬레이션하여 이상적인 소재노출 비중을 도출하여 적용된다.

48

정답 70, 50

네이버의 사이트검색광고(파워링크), 쇼핑검색광고, 콘텐츠검색광고(파워콘텐츠)는 경매 방식으로 구매를 위해 입찰가를 설정해야 한다. 입찰가는 최소 70원부터(쇼핑검색광고의 경우 50원) 최대 10만 원까지 설정 가능하다.

49

정답 세부 키워드

세부 키워드란 구체적인 서비스명이나 제품명, 지역명, 수식어를 조합한 키워드를 말한다. 대표 키워드에 비해 비교적 광고비가 저렴하지만, 타겟의 니즈를 잘 분석해서 활용하면 높은 성과를 낼 수 있다.

50

정답 네이버 톡톡(톡톡)

네이버 톡톡은 고객과 직접 대화할 수 있는 채팅 서비스로 비즈채널의 일종이다. 캠페인 단위에서 확장소재로 등록 가능하며, 그 외에 네이버 예약, 위치정보 등을 등록할 수 있다.

51

정답 5, 20, 50

광고소재는 네이버는 최대 5개까지, 카카오는 최대 20개, 구글은 텍스트 광고 최대 50개까지 등록 가능하다.

52

정답 A : 파워링크 이미지, B : 이미지형 서브링크

기본소재에 업체 및 상품을 홍보하기 위한 이미지를 함께 노출할 수 있는 확장소재는 파워링크 이미지이며, 제공하는 상품이나 서비스의 이미지와 연결 URL을 입력할 수 있는 형태의 확장소재는 이미지형 서브링크이다.

53

정답 1,000,000원(100만 원, 백만 원)

총광고비=100(임의로 정한 클릭수)×10,000원=1,000,000원이다. 전환율은 광고비와 상관이 없다.

54

정답 직접전환수

광고 클릭 이후 30분 이내에 마지막 클릭으로 전환이 일어난 경우의 전환수는 직접전환수이다.

55

정답 클릭(Click)

검색사용자의 행동 프로세스는 노출-클릭-구매의 단계로 진행된다.

56

정답 랜딩페이지(Landing Page)

CPA를 낮추기 위해서는 전환율을 높여야 한다. 전환율을 높이기 위해 검토해야 할 것은 랜딩페이지이다.

57

정답 300(300건)

구매건수=3,000건(클릭수)×0.1=300

58

정답 300%

ROI=광고를 통한 순수익÷광고비×100
 =(4,000만 원-1,000만 원)÷광고비×100
 =3,000만 원÷1,000만 원×100=300%

59

정답 CTR(Click Through Rate, 클릭률)

검색광고에서 CTR은 낮지만 일단 방문한 고객은 높은 확률로 전환으로 이어지는 경우, 우선 광고소재의 매력도가 낮은지, 키워드 입찰 순위가 현저히 낮아 충분한 클릭을 받지 못하고 있는지 등을 점검해야 한다.

60

정답 반송률(이탈률)

사이트를 방문한 후 페이지 이동 없이 바로 이탈한 비율은 반송률이다. 이는 랜딩페이지가 효과적인지를 판단하는 지표로 활용된다.

01	02	03	04	05	06	07	08	09	10
③	④	②	③	④	②	②	①	①	④
11	12	13	14	15	16	17	18	19	20
②	③	③	②	④	③	④	③	①	④
21	22	23	24	25	26	27	28	29	30
③	①	④	④	①	③	②	④	④	④
31	32	33	34	35	36	37	38	39	40
④	④	①	④	④	③	②	③	③	①

41	인터넷(온라인), e-커머스
42	언드 미디어(Earned Media)/획득 미디어
43	브랜디드 콘텐츠
44	UV(Unique View/Visitors)
45	1,000원
46	네이버 예약
47	속초펜션 예쁜바다펜션
48	플레이스 유형(혹은 플레이스)
49	서브링크
50	5, 2
51	키워드 확장, 키워드 확장, 확장검색(유형)
52	50원
53	2, 30
54	전환율(CVR)
55	광고소재
56	1,000,000원
57	500원
58	600%
59	100,000원
60	300(300회, 300번)

01
정답 ③

온라인 포털의 발전 과정은 Search → Communication → Community → Contents&Commerce이다.

02
정답 ④

소셜미디어는 사람들이 의견, 생각, 경험 등을 서로 공유하기 위해 사용하는 온라인 툴/플랫폼이며, 대표적으로 블로그, 소셜 네트워크(SNS), 콘텐츠 커뮤니티, 위키스, 팟캐스트(비디오 블로그(Vlog), 유튜브 등이 있다. 웹 브라우저는 웹서버에서 이동하며 쌍방향으로 통신하고 HTML 문서나 파일을 출력하는 그래픽 사용자 인터페이스 기반의 응용 소프트웨어이다. 주요 웹 블라우저로는 구글 크롬, 인터넷 익스플로러/마이크로소프트 엣지, 사파리 등이 있다.

03
정답 ②

연령, 성별 등과 같은 인구통계학적 변수와 소비자 가치관, 개성, 라이프스타일과 같은 심리학적 변수를 통해 비슷한 선호와 취향을 가진 소비자를 나누고 이 중 특정 집단에 마케팅 자원과 노력을 집중하는 것을 시장세분화라 한다. 특히 인터넷상에서 소비자 가치와 라이프스타일을 파악하는 것을 I-VALS(Internet Value&Life-Style)라 한다.
① BAR(Brand Advocate Ratio)는 브랜드 인지를 브랜드 옹호로 이어지게 한 성과에 대한 평가지표이다.
③ 고객여정, 고객의사결정, 고객경험은 디지털마케팅에서 포지셔닝 결정에 활용되는 요인이다.
④ CRM(Customer Relationship Management)은 고객관계관리를 말한다.

04
정답 ③

풀형(Pull) 디지털 마케팅은 소비자가 이메일, 문자 메시지나 뉴스 피드를 통해 특정 기업의 판매 품목에 대해 광고 전송을 허가한 것과 소비자가 직접 인터넷을 통해 특정 품목을 자발적으로 검색하는 것으로 이루어진다. 인터넷 웹사이트나 블로그, 스트리밍 미디어 등이 풀형 마케팅의 예이다. 반면, 웹사이트나 인터넷 뉴스에서 판매자가 수신자의 동의 없이 광고를 내보내는 것은 푸시형(Push) 디지털 마케팅의 특징이다.

05
정답 ④

디지털 마케팅 패러다임은 일방향, 기업주도적, 노출위주 효율성 중심의 커뮤니케이션에서 양방향, 소비자 중심, 상호작용, 참여, 체험 중심의 커뮤니케이션으로 변화했다. 광고방식은 푸시형의 일원화된 대량 메시지 형태의 광고에서 맞춤형, 재미와 감성을 지닌 브랜디드 콘텐츠로 변화했다. 마케팅의 소비자는 수동적 소비자에서 능동적 소비자로 변화했다.

06 　정답 ②

웹페이지의 콘텐츠에 어울리게 띄워주는 광고로 검색광고나 이를 보완한 표적 광고가 맥락에 맞지 않은 면이 많아서 이를 보완하기 위해 만들어진 광고는 컨텍스트(Context) 광고, 혹은 맥락광고라고 한다.
① 네이티브 광고 : 콘텐츠의 일부처럼 보이기 하여 이용자의 관심을 자연스럽게 이끄는 형태의 광고를 말한다.
③ 막간광고 : 인터넷 페이지가 이동하는 막간에 뛰우는 광고를 의미한다.
④ 배너광고 : 웹사이트에 띠 모양으로 만들어 부착하는 광고로 디스플레이 광고라고도 한다.

07 　정답 ②

광고 1,000회 노출당 비용은 CPM(Cost Per Mile)이다.
① CPC(Cost Per Click) : 클릭당 비용을 말한다.
③ CPV(Cost Per View) : 광고 시청당 비용으로 주로 동영상 서비스 플랫폼에서 사용한다.
④ CPI(Cost Per Install) : 다운로드가 발생한 건마다 광고비용을 지불하는 방식을 말한다.

08 　정답 ①

광고 클릭 후 30분 이후부터 전환 추적기간(7일~20일) 내에 발생한 전환을 간접전환이라 한다.
② 직접전환 : 고객이 광고를 클릭한 이후 30분 이내에 마지막 클릭으로 발생한 전환을 말한다.
③ 도달률(reach) : 특정 광고 메시지에 최소한 한 번 또는 그 이상 노출된 이용자의 수나 비율을 말한다.
④ KPI(Key Performance Indicators) : 수치로 표현 가능한 광고의 목표, 핵심성과지표를 말한다.

09 　정답 ①

검색광고는 키워드광고, SA(Search Ad), 유료 검색(Paid Search)으로도 불린다. DA(Display AD)는 배너광고를 말한다. 검색광고는 네이버, 카카오, 구글 등의 검색엔진을 통해 노출되며 정확한 타겟팅이 가능하다. 검색광고 역시 광고 진행을 위해서는 검수과정을 거쳐야 한다.

10 　정답 ④

카카오 검색광고를 통해 다음, 네이트, 카카오톡 등 포털의 통합검색 영역에 광고를 노출할 수 있는데, 카카오 PC에서는 프리미엄링크 영역에 최대 10개의 광고가, 카카오 모바일에서는 프리미엄 링크영역에 최대 6개의 광고가 노출된다. 카카오 검색광고를 진행하기 위해서는 웹사이트를 등록해야만 한다.

11 　정답 ②

①, ③, ④의 광고상품은 네이버의 광고시스템을 통해 등록 및 운영한다. 네이버의 (구)광고관리시스템을 통해서 운영되던 것은 클릭초이스플러스와 클릭초이스상품광고로 2022년 11월 서비스가 종료되었다.

12 　정답 ③

검색광고의 기획은 환경분석, 목표설정, 매체전략, 일정계획, 예산책정의 과정으로 이루어진다. 이중 목표 달성을 위한 전략으로 검색광고 상품 선정부터 키워드와 소재 등의 활용 전략을 설정하는 것은 매체전략이라 한다.

13 　정답 ③

소재는 사용자에게 보이는 광고 요소로 검색광고에서는 대표적으로 광고 문안(제목, 설명)이 소재에 해당하며, 사용자에게 노출되는 광고의 요소를 모두 포함한다. 사용자(검색 이용자)에게 보이는 광고요소를 광고소재라고 하며, 광고소재는 광고 그룹당 최대 5개까지 등록 가능하다. 확장소재는 캠페인 또는 광고그룹 단위로 등록할 수 있다.

14 　정답 ②

대량관리 기능에서는 광고 다운로드, 대량 등록/수정, 대량 광고그룹 복사, Easy 대량관리(확장소재 등록)가 가능하다. 대량 그룹 복사 시 그룹 하위 목록인 확장소재를 선택해 복사할 수 있다. 하지만 대량관리 기능을 통해서 키워드 대량 삭제는 가능하지 않다.

15 　정답 ④

광고 순위 결정은 입찰가, 광고품질 및 방문 페이지의 품질, 광고 순위, 입찰 경쟁력, 사용자의 검색 문맥 등 여러 요소에 따라 종합적으로 반영된다. 특히 광고품질은 광고의 예상 클릭률, 검색과 광고의 관련성, 방문 페이지의 품질에 따라 결정된다. 운영 키워드의 수는 해당되지 않는다.

16 정답 ③

네이버의 검색광고 진행을 위해서는 키워드를 등록해야 하는데, 지역소상공인광고는 네이버 콘텐츠 서비스를 이용하는 지역 사용자에게 노출하는 배너광고이므로 키워드를 등록하지 않는다.

17 정답 ④

구글에서 검색 캠페인은 판매, 리드 또는 웹사이트 트래픽 중에 목표를 선택하여 캠페인 설정을 진행한다. 목표 설정 없이 캠페인 만들기로 가능하다.

18 정답 ③

네이버의 캠페인 설정에서는 캠페인 이름, 하루예산을 설정하며, 광고그룹에서 기본 입찰가, 하루예산, 광고노출 매체를 설정한다. 일예산, 노출기간, 노출요일 및 시간을 설정은 카카오 광고그룹에서 설정한다.

19 정답 ①

최저 입찰가가 정해져 있지 않은 구글에서는 입찰통계를 통해 자신의 실적을 동일한 입찰에 참여한 다른 광고주의 실적과 비교 가능하다. 입찰통계 중 노출 점유율은 발생 가능한 예상 노출수 대비 실제로 발생한 노출수의 비율이다.
② 중복률은 광고주의 광고가 노출될 때 또 다른 광고주의 광고에는 얼마나 자주 노출이 발생했는지를 보여주는 빈도이다.
③ 페이지 상단 게재율은 광고주의 광고(또는 다른 광고주의 광고)가 검색 결과 위 페이지 상단에 게재되는 빈도와 비율을 말한다.
④ 높은 게재순위 비율은 광고 페이지에서 다른 광고주의 광고가 내 광고보다 더 높은 순위로 게재되는 빈도를 말한다.

20 정답 ④

카카오 검색광고 집행을 위해서는 비즈채널(웹사이트)를 등록해야 하며, 캠페인 등록 단계에서 이름, 전환추적, 추적URL, 일예산을 설정하며, 광고그룹 단계에서 광고노출 매체, 확장 및 제외 키워드 등록, 기본 입찰가 및 입찰 가중치 설정, 집행기간과 요일/시간을 설정한다. 광고그룹 내에서 입찰가와 랜딩 URL을 다르게 설정할 수 있다. 카카오의 키워드광고 뿐만 아니라 브랜드검색광고 집행 역시 누구나 직접 운영 가능하다.

21 정답 ③

네이버에서 키워드는 광고그룹 사이에 이동은 어렵지만, 등록된 키워드를 다른 광고그룹이나 광고그룹을 다른 캠페인에 복사 가능하다. 복사 시에는 연결 URL, 개별입찰가를 포함해서 복사할 것인지를 선택할 수 있다. 하지만 광고의 품질지수는 복사되지 않고, 복사 후 광고성과에 따라 재산정된다.

22 정답 ①

구글에서는 목표 달성을 위해 입찰가를 자동으로 설정할 수 있으며, 캠페인 유형에 맞춰 여러 입찰 전략을 제공한다. 목표를 타겟 전환당 비용으로 전환수를 최대화하도록 입찰가를 설정하는 방식은 타겟 CPA 입찰 전략이라고 한다. 이 외에 전환수 최대화, 클릭수 최대화, 설정한 타겟 광고투자수입(ROAS) 내에 전환가치 극대화 입찰 전략 등이 있다. 여러 캠페인, 광고그룹, 키워드를 하나로 묶어서 진행하는 목표 중심의 포트폴리오 입찰 전략 설정도 가능하다.

23 정답 ④

무효클릭에 대해 네이버, 카카오, 구글 모두 사전 및 사후 모니터링을 실시하고 있으나, 필터링 로직과 필터링 결과는 악용할 가능성이 있어 공개하지 않는다.

24 정답 ④

구글 검색광고에서는 캠페인 단위에서는 검색 캠페인의 목표 설정, 캠페인 이름, 광고게재 영역 설정(검색 네트워크/디스플레이 네트워크), 타겟팅, 예산 설정 및 키워드 입찰가 설정, 광고 확장 관리를 설정하며, 광고그룹 단위에서는 키워드 검색 유형 설정, 제외 키워드를 추가한다. 키워드 검색 유형 설정은 캠페인 단위가 아니라 광고그룹 단위에서 설정하는 것이다.

25 정답 ①

캠페인 단위에서 하루예산(일예산), 광고 노출기간과 추적 기능을 설정하며, 광고그룹 단위에서 연결 URL, 기본 입찰가, 하루예산과 광고노출 매체, PC 및 모바일 입찰가, 키워드 확장(beta), 소재노출 방식을 설정한다. 광고소재는 광고그룹당 5개까지 가능하며, 비즈머니가 충전되어야 광고검수 및 광고 집행이 가능하다.

26
정답 ③

CPC는 소비자가 클릭을 통해 랜딩페이지 방문에 투여된 비용을 말하는 것으로, 광고비를 클릭수로 나눈 클릭당 비용을 말한다.

27
정답 ②

카카오 브랜드검색광고는 브랜드 키워드 또는 브랜드와 연관성이 높은 키워드 검색 시 다음 통합검색에 노출되는 정보성 콘텐츠 상품으로 정액제 방식으로 구매 및 집행 가능하다. 카카오 광고집행을 위해서 비즈채널이 필요하며, 비즈채널은 광고 계정당 총 1,000개까지 추가할 수 있다. 카카오 검색광고는 캠페인 생성 단계에서 전환추적(픽셀&SDK 연동 여부), 추적 URL(설정/미설정), 일예산을, 광고그룹 단계에서 기본 입찰가, 일예산, 입찰가중치와 광고 집행 기간과 요일/시간(1시간 단위로)을 설정한다.

28
정답 ④

ROI는 투자 대비 이익률을 말하며, 광고비 대비 매출액의 비율을 나타내는 것은 ROAS이다.

29
정답 ④

$ROAS = \dfrac{(전환)매출액}{광고비} \times 100$으로 (250만 원/50만 원)×100 =500%이다.

30
정답 ④

클릭률(CTR)$= \dfrac{클릭수}{노출수} \times 100 = (1,500/50,000) \times 100 = 3\%$,

전환율(CVR)$= \dfrac{전환수}{클릭수} \times 100 = (300/1,500) \times 100 = 20\%$,

$ROAS = \dfrac{전환매출액(구매건수 \times 객단가)}{광고비(클릭수 \times CPC)} \times 100 = \{(20,000 \times 300)/1,000,000원\} \times 100 = 600\%$이다.

31
정답 ④

- $ROAS = \dfrac{전환매출액(구매건수 \times 객단가)}{광고비(클릭수 \times CPC)} \times 100$
- $A = [(30,000 \times 150)/(3,000 \times 400)] \times 100 = 375\%$
- $B = [(30,000 \times 150)/(3,000 \times 450)] \times 100 = 333.3\%$
- $C = [(30,000 \times 150)/(3,000 \times 500)] \times 100 = 300\%$
- $D = [(20,000 \times 150)/(3,000 \times 500)] \times 100 = 200\%$

광고비가 많이 들고 전환매출액이 적을수록 ROAS는 낮음으로 키워드 D이다.

32
정답 ④

기본적으로 파악할 수 있는 지표는 노출수, 클릭수, 클릭당비용, 클릭률, 총비용 등이다. CPS(전환당비용)는 전환수 지표가 나와야 가능한 것이므로 로그분석 보고서를 통해서만 파악할 수 있다.

33
정답 ①

간접전환수는 광고 클릭 이후 30분부터 전환 추적기간(7~20일) 내에 발생한 전환수를 말하며, 직접전환수는 광고 클릭 이후 30분 내에 발생한 전환수이다. 반송률은 방문당 체류시간, 전환율과 함께 랜딩페이지의 성과 분석 지표로 파악해야 한다. 랜딩페이지는 연결페이지라고도 한다.

34
정답 ④

키워드 차원의 효과분석 결과를 반영해 저성과 키워드는 제외하고, 고성과 키워드를 확장하는 것이 바람직하다. 전환율이 낮은 키워드는 키워드와 랜딩페이지의 일관성이 적절한지 점검해야 한다. 저성과 키워드를 제외하면 ROAS, CPS 목표 달성에 효과적이다.

35
정답 ④

랜딩페이지 매력도 개선은 CTR이 아니라 CVR이 낮을 때에 집중해야 한다. CTR이 낮을 때에는 광고소재의 개선과 키워드 입찰 순위 조정에 집중한다.

36 정답 ③

CTR이 낮은 키워드는 광고소재 및 확장소재를 개선하는 것이 바람직하며, CVR이 낮은 키워드는 랜딩페이지 및 페이지뷰, 체류시간을 체크해 봐야 한다. 반면 CVR과 CTR이 높은 키워드는 성과가 검증된 것이므로, 이를 기반으로 세부 키워드나 관련 키워드를 확장하는 것이 좋다. ROI와 ROAS가 높은 키워드는 광고 성과가 좋은 키워드이므로 이를 확장하는 전략을 사용하는 것이 좋다. 반면 ROI와 ROAS가 낮은 키워드는 입찰가를 낮추거나 시간설정을 하여 광고 노출수를 줄인다.

37 정답 ②

클릭률(CTR)을 높이기 위해서는 광고소재와 광고노출순위를 조정하여야 한다. 랜딩페이지 수정은 전환율(CVR) 개선을 위한 방법이다.

38 정답 ③

CTR은 높고 CVR은 낮은 경우에는 랜딩페이지 개선 전략을, CTR이 낮고 CVR은 높은 경우는 소재 개선과 입찰 전략을 수정해 노출순위 조정한다. CTR과 CVR이 모두 높은 경우에는 고효율 키워드를 기반으로 연관/세부 키워드 확장 전략을 사용하며, CTR, CVR이 모두 낮은 경우에는 광고 OFF 전략을 고려하는 것이 좋다. CTR이 낮고 CVR이 높은 경우에는 랜딩페이지 관리가 아니라, 광고소재 개선과 노출순위를 조정해야 한다.

39 정답 ③

CTR이 아니라 CVR이 낮을 때 랜딩페이지에서 전환 단계에서 이탈 요소가 있었다는 것이므로 랜딩페이지를 개선하는 것이 우선이다. 키워드 유형별로 랜딩페이지를 설정하거나 광고소재별로 랜딩페이지를 설정하는 것도 좋다. 또한 사이트의 편의성 및 전환단계를 간소화하는 것도 좋다. 랜딩페이지의 구성요소로는 다음과 같다.
- 키워드가 포함되어 있어야 한다.
- 특별한 판매조건이나 구매 결정을 바로 내릴 수 있는 혜택이 포함되어 있는 것이 효과적이다.
- 특정한 타겟이나 시즈널 이슈 등 세부적인 니즈에 따라 페이지를 별도로 구성한다.
- 상품이나 서비스의 장점에 대한 증거를 제시하는 것이 좋다.
- 상품이나 서비스의 상세 설명은 있어야 한다.
- 다양한 디바이스 환경을 고려해야 한다.
- 상품구매 및 서비스 예약 등과 같은 행동을 즉각적으로 할 수 있게 하는 요소가 꼭 들어가야 한다.
- 예상되는 고객들의 특성을 파악해 랜딩페이지를 디자인하는 것이 좋다.

40 정답 ①

클릭수와 클릭률이 감소하면 랜딩페이지가 아니라, 광고소재를 개선하거나 광고노출순위를 점검하는 것이 좋다. 클릭률과 전환율이 모두 낮을 때에는 키워드와 광고소재를 점검한 후 광고비 비중은 높지만, 전환이 발생하지 않는 키워드 광고 OFF 전략을 고려한다. 클릭률과 전환율이 모두 높을 때에는 고효율 키워드를 바탕으로 키워드 확장 전략을, 클릭률은 높지만 전환율이 낮다면 랜딩페이지 개선 전략을 사용한다. 클릭률은 낮지만 전환율은 높을 때에는 광고소재 개선과 입찰 전략을 수정해 노출순위를 조정한다.

> **TIP** 광고성과 개선을 위한 관리 전략
> - CTR, CVR이 모두 높은 경우 : 고효율 키워드를 기반으로 연관/세부 키워드 확장 전략 사용
> - CTR은 높고 CVR은 낮은 경우 : 랜딩페이지 개선 전략 사용
> - CTR은 낮고 CVR은 높은 경우 : 광고소재 개선과 입찰 전략을 수정해 노출순위 조정
> - CTR, CVR이 모두 낮은 경우 : 광고 OFF 전략 고려

41 정답 ① 인터넷(온라인), ② e-커머스

온라인 비즈니스(e-비즈니스)는 인터넷(온라인)을 이용하여 쌍방향 정보 소통을 통한 다양한 형태의 상품과 서비스를 제공하고 그와 관련된 모든 거래 행위와 가치를 창출할 수 있는 비즈니스 활동이다. 온라인 비즈니스는 구매와 판매를 가리키는 e-커머스 개념은 물론 기업 내부 및 기업 간 거래인 협업도 포함한다.

42 정답 언드 미디어(Earned Media)/획득 미디어

디지털 미디어는 페이드 미디어(Paid Media, 지불/유료 미디어), 온드 미디어(Owned Media, 보유 미디어), 언드 미디어(Earned Media, 획득 미디어)의 3가지 유형으로 구분되는데, 이 중 언드 미디어(=획득 미디어)는 소비자나 제3자에 의해 창작되고 소유되어 소비자로부터 신뢰와 평판을 획득할 수 있는 모든 종류의 퍼블리시티를 말한다.

43 정답 브랜디드 콘텐츠

브랜디드 콘텐츠는 브랜드 메시지가 콘텐츠의 스토리라인에 녹아 들어간 것을 말한다. 다양한 문화적 요소와 브랜드 광고 콘텐츠의 결합 형태로 콘텐츠 안에 자연스럽게 브랜드 메시지를 녹이는 것을 목표로 한다. 또한 소비자의 공감과 흥미를 통해 자발적 공유에 이르는 것을 성과 측정 지표 중 하나로 본다.

44

정답 UV(Unique View/Visitors)

사이트를 방문한 중복되지 않은 방문자 수, 즉 순방문자수는 UV라고 한다. 반면 PV(Page View)는 사용자가 특정 사이트 내의 홈페이지를 클릭하여 열어본 수를 말한다.

45

정답 1,000원

$CPA = \dfrac{광고비}{전환수}$ 이며, 광고비=클릭수 50회×CPC 100원= 5,000원이다. 이에 CPA=광고비 5,000원/전환수 5건=1,000원이다.

46

정답 네이버 예약

네이버에서 확장소재는 캠페인 또는 광고그룹 단위로 등록할 수 있다. 캠페인 단위에서는 '전화번호, 위치정보, 네이버 예약' 유형만 등록할 수 있으며, 캠페인에서 등록한 확장소재는 해당 캠페인 하위의 모든 광고그룹에 적용된다. 광고그룹 단위에서는 '전화번호, 위치정보, 네이버 예약' 유형을 비롯해 추가문구, 홍보문구, 서브링크, 가격링크, 파워링크 이미지, 이미지형 서브링크, 플레이스 정보, 홍보 영상 유형을 등록할 수 있다. 특정 광고그룹에 캠페인 단위로 설정한 확장소재와 다른 확장소재를 적용하고 싶은 경우, 해당 광고그룹에만 별도의 확장소재를 등록할 수 있다.

47

정답 속초펜션 예쁜바다펜션

네이버의 대체키워드 삽입은 {키워드:대체 키워드}로 '속초게스트하우스추천'이라는 키워드로 검색시 대체되어 노출되는 문구는 "속초펜션 예쁜바다펜션"이다.

48

정답 플레이스 유형(혹은 플레이스)

네이버 검색광고를 진행하기 위해서는 광고목적에 따라 5가지의 캠페인 유형, 즉 파워링크 유형, 쇼핑검색 유형, 파워콘텐츠 유형, 브랜드검색 유형, 플레이스 유형 중에 하나를 선택하여 캠페인을 등록해야 한다. 네이버의 검색광고 중 플레이스광고와 지역소상공인광고를 진행하기 위해서는 플레이스 유형의 캠페인을 등록해야 한다. 캠페인 등록 후에 유형 변경은 불가능하다.

49

정답 서브링크

네이버의 확장소재는 캠페인 단위에서 전화번호, 위치정보, 네이버 예약 유형의 확장소재를 등록할 수 있으며, 광고그룹 단위에서는 추가문구, 홍보문구, 서비링크, 가격링크, 파워링크 이미지, 이미지형 서브링크, 플레이스 정보, 홍보 영상, 블로그 리뷰의 확장소재 유형을 등록할 수 있다. 이 중 링크이름과 사이트 내의 세부페이지와의 연결 URL을 설정해 이용자가 원하는 정보를 바로 찾아갈 수 있게 해주는 확장소재 유형은 서브링크이다. 하나의 광고소재에 서브링크는 최대 4개까지 입력 가능하다.

50

정답 ① 5, ② 2

네이버 광고소재는 최대 5개, 카카오는 20개, 구글은 50개 등록이 가능하다. 단 성과기반노출(네이버)이나 성과우선노출(카카오)를 선택하기 위해서는 모두 광고그룹 내에 최대 광고소재가 2개 이상 있어야만 운영된다. 구글의 반응형 검색광고는 여러 개의 광고 제목과 설명을 입력했을 때, 자동으로 여러 조합을 통해 잠재고객의 검색어와 최대한 일치하도록 광고의 콘텐츠를 자동으로 조정해 노출하는 구글의 광고 형태이다. 최대 15개의 제목과 4개의 문구를 입력할 수 있으며, 광고마다 자동으로 제목과 설명을 선택해 다른 조합과 순서로 표시된다. 반응형 검색광고 진행을 위해서는 제목은 최소 3개, 설명은 최소 2개를 입력해야 한다.

 TIP

- 네이버(성과기반노출)/카카오(성과우선노출)을 위해서는 광고그룹 내에 최대 광고소재가 2개 이상 있어야 함
- 구글 반응형 검색광고 : 제목 최소 3개, 설명 최소 2개 입력해야 운영

51

정답 ① 키워드 확장, ② 키워드 확장, ③ 확장검색(유형)

네이버에서 해당 광고그룹의 등록 키워드와 유사한 의미를 가진 키워드가 자동으로 광고에 노출되는 기능을 키워드 확장이라고 하며, 광고그룹에서 설정한다. 카카오 역시 광고그룹에서 키워드 확장 여부를 설정할 수 있다. 키워드 확장으로 노출된 키워드는 키워드가 등록된 광고그룹의 기본 입찰가가 아닌 확장 키워드의 중간 입찰가와 중간 입찰가에 적용된 키워드 확장 입찰가 가중치가 반영된 입찰가로 설정된다. 단 등록 키워드에 적용되는 입찰가를 초과하지 않는다. 구글은 검색어와 일치하는 키워드가 여러 개인 경우, 조건에 따라 사용될 키워드를 결정할 수 있는데, 이를 키워드 확장검색이라 하며, 확장검색 유형은 일치검색, 구문검색, 확장검색으로 구분된다.

52

정답 50원

키워드의 경쟁 강도가 낮다면 최소 과금 비용은 기본 입찰가이다. 플레이스광고의 기본 입찰가는 50원이다. 일반적으로 네이버 검색광고의 입찰가는 최소 70원부터 최대 10만 원까지 설정할 수 있다. 단 쇼핑검색광고의 쇼핑몰형과 카탈로그형은 50원부터 최대 10만 원까지, 쇼핑 브랜드형은 최소 300원부터 최대 10만 원까지 설정할 수 있다.

 TIP **네이버 검색광고 상품별 기본 입찰가**

- 사이트검색, 콘텐츠검색 : 최소 70원부터 최대 10만 원까지
- 쇼핑검색광고–쇼핑 브랜드형 : 기본 입찰가는 최소 300원부터 최대 10만 원까지
- 쇼핑검색광고–쇼핑몰형, 카탈로그형 : 최소 50원부터 최대 10만 원까지
- 플레이스광고 : 최소 50원부터 최대 5,000원까지
- 지역소상공인광고 : 유효 노출당 0.5원(3만 회까지 가능, 일일 15,000원)

53

정답 ① 2, ② 30

네이버 광고주 계정은 사업자 광고주는 최대 5개, 개인 광고주는 최대 2개까지 광고계정 생성이 가능하다. 회원 탈퇴 시 탈퇴한 계정 정보로는 원칙적으로 탈퇴일로부터 30일간 다시 회원으로 가입할 수 없다. 또한 약관 및 광고 운영정책 위반 이력이 있는 경우는 직권 해지일로부터 6개월간 회원 가입이 제한된다.

54

정답 전환율(CVR)

실제 연결된 랜딩페이지가 문제가 있어서 전환으로 제대로 이루어지지 않았고, 전환 스크립스가 누락되어 성과지표를 알 수 없으므로 랜딩페이지의 성과인 CVR(전환율)을 개선해야 한다.

55

정답 광고소재

CTR, CVR이 모두 낮은 경우에는 키워드 및 광고소재가 모두 적합한지를 사전에 점검한 후에 광고 중단을 고려해야 한다. CTR이 낮으나 CVR이 높은 경우에는 광고소재의 매력도와 키워드 입찰순위를 검토해야 한다.

56

정답 1,000,000원

광고비를 구하기 위해서는 클릭수를 먼저 구해야 한다. 클릭수=노출수 100,000회×클릭률(CTR) 0.04=4,000건이다. 구한 클릭수를 가지고 전환수를 구하면 전환수=클릭수 4,000건×구매전환율(CVR) 0.05=200건이다. 이에 총매출액은 객단가 25,000원×구매건수 200건=5,000,000원이다. ROAS가 500%이므로 광고비는 1,000,000원이다[(매출액 5,000,000원/광고비)×100=500%].

57

정답 500원

$$CPC = \frac{광고비}{클릭수} = 5,000,000원/10,000 = 500원$$

58

정답 600%

ROAS=[매출액 30,000,000원(구매수 300건×객단가 100,000원)/광고비 5,000,000원]×100=600%이다.

59

정답 100,000원

ROAS=500%이므로 매출액은 250,000,000원이다. 이 중 전환수는 250건(클릭수 5,000×전환율(CVR) 0.05)로 객단가는 100,000원(=매출액 250,000,000원/전환수 250)이다.

60

정답 300(300회, 300번)

구매전환수=클릭수 6,000회×구매전환율(CVR) 0.05로 구매전환수는 300회이다.

01	02	03	04	05	06	07	08	09	10
①	④	③	②	①	④	①	①	①	③
11	12	13	14	15	16	17	18	19	20
④	①	①	②	①	④	③	②	③	②
21	22	23	24	25	26	27	28	29	30
④	③	①	④	③	①	④	③	③	④
31	32	33	34	35	36	37	38	39	40
③	①	③	②	④	④	③	④	①	①
41	Engagement(참여)
42	광고대행사, 매체사
43	매출액비율법
44	1,600원
45	플레이스광고
46	일치검색
47	키워드도구, 키워드플래너, 키워드플래너
48	190원
49	제외 키워드
50	표시 URL(대표 URL)
51	상세데이터
52	100,000(100,000회)
53	500%
54	반송률 혹은 이탈률
55	직접전환수
56	1,250,000원
57	900(900회)
58	250,000회, 70,000원
59	450%, 225%
60	블로그, 카페, 포스트

01
정답 ①

브랜드 인지를 브랜드 구매로 이어지게 하는 것에 대한 평가 지표는 PAR(Purchase Action Ratio)이다.

02
정답 ④

소비자의 욕구 및 경쟁 환경의 변화에 따라 기존 제품이 가지고 있던 포지션을 분석하여 새롭게 조정하는 활동을 재포지셔닝이라 한다.

03
정답 ③

디지털 광고의 특징으로는 트래킹의 용이성, 정교한 타겟팅, 전달의 융통성, 상호작용성을 들 수 있다. 전통 매체 광고보다 디지털 광고의 신뢰도가 높다고는 할 수 없다.

04
정답 ②

시즈널 키워드는 특정 시기나 계절에 따라 조회수와 광고 효과가 급증하는 키워드이며, 특별히 중요하게 논의되는 주제나 쟁점 관련 키워드는 이슈 키워드이다.

05
정답 ①

랜딩페이지의 성과 분석을 위해 파악해야 하는 지표는 반송률, 페이지 뷰, 방문당 체류시간, 구매 전환율(CVR)이다.

06
정답 ④

구글은 캠페인 생성 단계에서 목표설정, 캠페인 이름, 광고 게재 영역, 타겟팅, 예산 설정 및 키워드 입찰가 설정, 광고 확장 관리가 가능하다. 구글 검색광고는 구글애즈에서 보고서를 볼 수 있으며, 이메일로 보내는 기능이 있다. 구글애즈 계정을 만들려면 이메일 주소와 운영하는 비즈니스의 웹사이트가 필요하지만, 웹사이트가 없어도 스마트 캠페인을 사용해 구글에서 광고를 집행할 수 있다.

07
정답 ①

카카오 검색광고 상품 유형으로는 검색한 키워드와 연관성 있는 광고가 다양한 지면의 검색결과에 노출되는 키워드 광고와 브랜드 키워드 혹은 브랜드와 연관성 높은 키워드 검색 시 통합검색에 노출되는 정보성 콘텐츠 상품인 브랜드검색광고가 있다.

08
정답 ①

검색 결과 광고가 게재될 가능성이 높아지도록 입찰가를 자동으로 설정하는 것은 타겟 노출 점유율 입찰 방식이다.

09
정답 ①

기업들이 우선적으로 다른 부분에 예상을 배정하고 충당 가능한 수준의 광고 예산을 책정하는 방법은 가용예산 활용법이다.

PART 01
PART 02
PART 03
PART 04
PART 05
PART 06

10   정답 ③

브랜디드 콘텐츠는 다양한 문화적 요소와 브랜드 광고를 결합한 콘텐츠이다. 제품, 회사명, 브랜드를 직접 노출하지 않지만 문화 콘텐츠 속에 브랜드의 핵심 메시지를 녹여내 강력한 효과를 내고 소비자의 공감과 흥미를 통해 자발적인 공유를 이끌어내는 것을 목표로 한다.

11   정답 ④

구글의 자동입찰은 타겟 노출 점유율(노출 목표 입찰), 클릭 수 최대화(클릭 목표 입찰)가 가능할 뿐만 아니라, 스마트 입찰을 통해 전환수 최대화, 전환가치 최대화, 타겟 CPA, 타겟 ROAS를 목표로 자동입찰 설정이 가능하다.

12   정답 ①

네이버 검색광고의 입찰가는 광고그룹에서 최소 70원부터 최대 10만 원까지 설정할 수 있다. 단, 쇼핑검색광고 쇼핑몰형과 카탈로그형은 최소 50원부터 최대 10만 원까지, 쇼핑 브랜드형은 최소 300원부터 최대 10만 원까지 설정할 수 있다.

13   정답 ①

네이버에서는 비즈머니가 충전되어야 광고 검수가 시작된다. 캠페인의 하루예산은 하루 동안 캠페인에서 지불할 의사가 있는 최대 비용을 말하며 예산 균등 배분을 체크하면 하루예산에 맞추어 시스템이 광고 노출을 조정한다. 캠페인 단위의 고급옵션을 통해 노출기간과 추적기능을 설정할 수 있지만, 요일과 시간대를 설정할 수는 없다. 노출 요일과 시간대 설정은 카카오의 광고그룹 단위에서 가능하다.

14   정답 ②

캠페인 기간 외 중지라는 것은 캠페인 광고 노출 기간이 종료된 것을 말하며, 노출가능 상태가 되기 위해서는 캠페인 종료날짜를 재설정하면 된다. 비즈채널 검토 중인 경우는 비즈채널 검토 전 혹은 검토가 진행 중인 상태를 말한다.
③, ④ 광고그룹의 상태를 말하는 것으로 광고그룹의 하루예산과 광고그룹의 OFF 상태를 조정해야 한다.

15   정답 ②

네이버 광고시스템 기본 설정에서 확인 가능한 지표는 노출수, 클릭수, 평균클릭비용, 총광고비이다. 전환수는 프리미엄 로그분석 보고서를 통해서 확인 가능하다.

16   정답 ④

소비자가 소비주체에서 생산주체로 진화하고 능동적 참여형 소비자로 생산에 관여하는 소비자를 프로슈머(Prosumer)라 한다.

17   정답 ③

모든 것을 의미하는 라틴어의 옴니(Omni)와 상품의 유통경로를 의미하는 채널(Channel)이 합성된 옴니채널은 고객을 중심으로 기업이 보유한 모든 온, 오프라인 채널을 통합하고 연결하여 일관된 커뮤니케이션을 제공해 고객경험을 강화하고 판매를 증대시키는 채널 전략이다. 즉 기업이 보유한 인터넷, 모바일, 오프라인 매장을 통합하고 연결하여 동일한 제품, 가격, 혜택, 배송을 받을 수 있도록 제공해 다른 매장으로의 이탈을 최소화하고 판매를 증대시키고자 하는 전략이다.

18   정답 ②

네이버의 경우 도구 → 광고노출제한 관리에서 광고가 노출되지 않기를 희망하는 IP 주소를 등록해 광고노출을 제한할 수 있다.

19   정답 ③

네이버 검색광고는 실시간 입찰방식으로 광고가 노출되므로 많은 시간을 투자해 세심하게 운영할 필요가 있다. 사용자들이 검색하는 키워드는 일정한 것이 아니라 그날의 상황에 따라 바뀌게 되기 때문에 키워드 선택 시에 고려해야 한다. 또한 노출수, 클릭수, 총비용 등의 지표 및 전환지표 추이를 파악해 목표 및 예산에 맞는 탄력적인 운영이 가능하며 일부 예산 도달로 인해 중단된 그룹 또는 캠페인도 빠르게 대응할 수 있다. 검색광고 데이터는 상황에 따라 변화하기 때문에 매번 100% 일치된 데이터를 얻을 수는 없다.

20

정답 ②

네이버의 자동규칙 기능은 캠페인, 광고그룹, 키워드 등의 규칙 대상에 특정한 조건과 실행할 작업을 등록하면 조건이 만족했을 때, 작업을 자동으로 수행해 주는 기능이다. 노출수 조건이 되면, 클릭수 조건이 되면, 총비용 조건이 되면 등의 조건과 함께 4가지 실행 유형 즉, 이메일 받기, 입찰가 변경하기, OFF 하기, 하루예산 변경하기 중에서 선택하여 설정 가능하다. 자동입찰은 해당되지 않는다.

21

정답 ④

구글에서 클릭률 개선을 위해서 기본적으로 사용해야 하는 광고 확장 유형은 사이트 링크 광고 확장, 콜아웃 광고 확장, 구조화된 스니펫(부가정보), 이미지 확장을 사용하는 것이 좋으며, 좀 더 구체적인 목표 달성을 위해서 추가로 확장소재를 사용하는 것이 좋다. 이 중 웹사이트에서 고객 전환 유도를 위한 광고 확장 유형은 사이트 링크 광고 확장, 콜아웃 광고 확장, 구조화된 스니펫 광고 확장, 이미지 확장, 가격 광고 확장이 있다. 앱 광고 확장은 앱 다운로드 유도를 위해 사용할 수 있다.

22

정답 ③

ROAS를 높이려면 광고 실적에 따라 입찰가 조정을 높이거나 낮추어야 한다.

23

정답 ①

CPS가 낮다는 것은 적은 광고비로 판매전환을 이끌어냈다는 것이므로 CPS가 낮을수록 광고효과가 좋다고 할 수 있다. CVR, CTR이 높을수록 광고효과가 좋다.

24

정답 ④

광고목표는 목표가 달성되는 기간을 명확하게 서술해야 한다.

25

정답 ③

키워드 검색량이 아니라 클릭률이 감소하면 키워드, 광고소재, 키워드 입찰순위를 검토하는 것이 좋다.

26

정답 ①

CTR이 낮은 키워드는 키워드 입찰순위 점검 또는 광고소재 매력도를 확인한다. 랜딩페이지 개선 조치는 전환율을 높이기 위한 방법이다.

27

정답 ④

네이버 검색광고 중 CPC 구매방식이 아닌 정액제 상품 유형으로는 브랜드검색광고, 신제품검색광고, 지역소상공인광고가 있다.

28

정답 ③

비즈채널은 고객에게 정보를 전달하고 판매하기 위한 모든 채널을 말하며, 네이버 광고를 집행하기 위해서는 캠페인 유형에 맞는 비즈채널을 등록해야 한다.

29

정답 ③

카카오 키워드 광고 등록시스템에서 키워드 만들기 단계에서 각각의 키워드 입찰가를 입력할 수 있다.

30

정답 ④

광고그룹별 전환매출액은 ROAS를 기준으로 알 수 있는데, 그룹 A의 전환매출액은 1,300,520원(1,000,400×1.3), 그룹 B의 전환매출액은 572,000원(260,000×2.2), 그룹 C의 전환매출액은 33,000원(22,000×1.5), 그룹 D의 전환매출액은 1,606,400원(200,800×8)으로 그룹 D의 전환매출액이 가장 크다.

31

정답 ③

매일 매일 키워드의 양과 질 등이 다르기 때문에 효과분석을 자주 하는 것이 좋다. 또한 키워드 광고에서 많은 키워드 및 다양한 광고 상품이 존재하므로 효과분석을 통해 키워드 및 광고 상품을 최적화해야 한다. 그리고 당일 실시간 성과 데이터 분석으로도 유의미한 결과를 얻을 수 있기에 매일 효과분석을 하는 것이 좋다.

PART 01
PART 02
PART 03
PART 04
PART 05
PART 06

32 정답 ①

검색광고의 행동 프로세스는 노출-클릭-구매의 순으로 이루어진다.

33 정답 ③

CPC=광고비 1,000,000원/방문수(클릭수) 20,000명=500원이며, 전환율(CVR)=$\frac{전환수}{클릭수}$×100=(전환수 400/클릭수 20,000)×100=2%이다.

34 정답 ②

광고그룹 내 다수의 소재가 존재할 경우 성과가 우수한 소재의 노출 비중을 자동적으로 조절할 수 있는데, 네이버는 성과기반노출과 동일비중노출 중에서 성과기반노출을 선택하면 된다.

35 정답 ④

프리미엄 로그분석 서비스는 네이버 검색광고의 광고별 체류시간, PV, 검색광고의 전환 분석과 광고주가 등록한 사이트의 전체적인 유입, 방문, 페이지 분석 보고서 등의 웹 로그분석 보고서를 제공한다. 네이버 프리미엄 로그분석에서 확인 가능한 항목은 전환수, 직접전환수, 간접전환수, 전환율, 전환매출액, 간접전환매출액, 직접전환매출액, 전환당 비용, 방문당 평균 체류시간, 방문당 평균 페이지뷰, 전환수(네이버 페이), 전환매출액(네이버 페이), 광고수익률(전환매출액/총광고비용) 등이 있다. 연령별 전환수는 제공하지 않는다.

36 정답 ④

온라인 비즈니스 모델의 5대 성공요인은 차별화된 콘텐츠 및 서비스, 지속적인 수익 창출, 특허, 새로운 아이디어와 기술로 시장 선점, 고객 관점 및 고객 경험이다.

37 정답 ③

ROAS=(매출액 1,000,000원/광고비 5,000원)×100%로 20,000%이다.

38 정답 ④

CTR과 CVR이 모두 높은 경우는 키워드, 소재, 랜딩페이지가 모두 매력적인 최적의 광고 컨디션이다. 이 경우에는 이미 효과가 검증된 고효율 키워드를 기반으로 연관, 세부 키워드를 확장하는 전략을 사용하거나 시즌/이슈 키워드를 확장하는 것이 좋다.

39 정답 ①

CTR은 (클릭수 50/노출수 5000)×100으로 1%이며, CPC는 (광고비 100,000원/클릭수 50)으로 2,000원이다.

40 정답 ①

검색광고는 명확한 성과측정이 가능하다. 검색광고의 효과분석을 통해 지속적으로 개선을 이끌어내는 것이 중요하며, 실시간으로 운영되는 시스템을 통한 사후관리로 광고성과를 개선해야 한다.

41 정답 Engagement(참여)

디지털 감성시대 마케팅 4E는 Evangelist(브랜드 전도사/호감과 충성도를 가진 고객), Enthusiasm(열정), Experience(체험/경험), Engagement(브랜드 참여)로 구성되어 있다.

42 정답 ① 광고대행사, ② 매체사

광고주와 협의를 통해 광고를 기획 및 제작하는 역핼을 수행하는 것은 광고대행사이며, 광고상품을 미디어렙과 광고대행사에 제공하는 역할은 매체사가 한다.

43 정답 매출액비율법

기업들이 가장 사용하는 광고예산 설정 방법으로 현재 또는 예상되는 매출액의 일정 비율을 사용하거나 아니면 제품의 판매 가격의 일정비율을 광고 예산으로 산정하는 방식을 말한다.

44

정답 1,600원

최소 노출 입찰가는 최근 4주간의 검색을 통해 노출된 광고 중에서 최하위에 노출되었던 광고의 입찰가 중 가장 큰 값을 말한다. 1번 검색에서 1위 2,300원, 2위 1900원, 3위 1800원, 4위 1600원으로 노출되고, 검색 2에서 1위 1,000원, 2위 900원, 3위 250원, 4위 200원으로 노출되며, 검색 3에서 1위 800원, 2위 600원, 3위 500원, 4위 400원으로 노출되었다. 4순위에 가장 노출된 금액 중 가장 큰 값은 1,600원이므로 최소 노출 입찰가는 1,600원이다.

45

정답 플레이스광고

네이버 검색광고 유형으로는 사이트검색광고, 쇼핑검색광고, 콘텐츠검색광고, 브랜드검색광고, 신제품검색광고, 플레이스광고, 지역소상공인광고가 있다. 이 중 특정 장소를 찾는 사용자에게 내 업체를 적극적으로 홍보할 수 있으며, 플레이스 영역 내에 노출되는 네이티브 형태의 검색광고는 플레이스광고이다.

46

정답 일치검색

구글의 검색유형으로는 일치검색, 구문검색, 확장검색이 있는데, 이 중 키워드와 정확하게 일치하는 검색어 또는 키워드와 의미 또는 의도가 동일한 검색어에 광고가 게재되게 설정하는 것은 일치검색이다.

47

정답 ① 키워드도구, ② 키워드플래너, ③ 키워드플래너

각 매체는 광고시스템 내에 키워드를 발굴할 수 있는 도구 메뉴를 가지고 있다. 네이버는 광고시스템 내에서 연관 키워드를 조회하고 키워드 발굴 및 추가를 할 수 있다. 키워드 발굴 도구로서 네이버는 키워드도구, 카카오와 구글은 키워드플래너를 제공하고 있다.

48

정답 190원

CPC는 클릭당 비용을 말하는 것으로 총광고비/클릭수로 얻을 수 있다. 즉 광고비 3,800,000원/클릭수 20,000＝190원이다.

49

정답 제외 키워드

특정 검색어에 대해 게재되지 않도록 추가해 제외 키워드를 등록해 노출을 제한할 수 있다.

50

정답 표시 URL(대표 URL)

랜딩 페이지의 URL을 제외하고 사이트 내 모든 페이지에서 공통으로 확인되는 URL은 표시 URL 혹은 대표 URL이라고 한다.

51

정답 상세데이터

네이버의 상세데이터에서는 모든 캠페인 단위 광고 성과를 볼 수 있다.

52

정답 100,000(100,000회)

클릭률이 4%이므로 노출수는 클릭수 4,000/클릭률 0.04＝100,000회이다.

53

정답 500%

ROI＝[순이익(매출 6,000만 원−광고비1,000만 원)/광고비 1,000만 원]×100＝500%이다.

54

정답 반송률 혹은 이탈률

사이트를 방문한 후 이탈한 비율은 반송률이라고 하며, 반송률은 랜딩페이지 효과 판단 지표로 활용 가능하다.

55

정답 직접전환수

광고 클릭 이후 30분 이내 마지막 클릭으로 발생한 전환수는 직접전환수, 광고 클릭 이후 30분부터 전환 추적기간(7일~20일) 이내에 발생한 전환수는 간접전환수이다.

56

정답 1,250,000원

ROAS＝(매출 4,375,000/광고비)×100＝350%이므로 광고비는 1,250,000원이다.

57

정답 900(900회)

광고를 통해 판매된 물품의 수, 즉 전환수를 구하는 문제이다. 전환수는 전환율 0.03×클릭수 30,000＝900건이다.

58

① 250,000회, ② 70,000원

운영성과에서 CTR=2%이므로, 노출수=클릭수÷CTR=5,000 ÷0.02=250,000회이다. 전환수=클릭수 5,000×CVR 0.02 =100이다. CPS는 광고비 7,000,000원/전환수 100=70,000 원이다.

59

450%, 225%

ROAS는 (매출액 900만 원/200만 원)×100=450%, ROI는 투자대비수익으로 (순이익 450만 원/광고비 200만 원)×100 =225%이다.

60

블로그, 카페, 포스트

콘텐츠검색광고를 집행하기 위해서 등록 가능한 콘텐츠 비즈 채널 유형은 블로그, 카페, 포스트이다.

제1회

01	02	03	04	05	06	07	08	09	10
④	②	②	①	③	④	②	③	④	②
11	12	13	14	15	16	17	18	19	20
②	①	④	①	④	③	②	③	①	④
21	22	23	24	25	26	27	28	29	30
②	②	④	④	④	②	③	③	④	④
31	32	33	34	35	36	37	38	39	40
③	②	④	③	④	①	①	①	③	②

41	쇼루밍(showrooming)
42	검색, 공유
43	네이티브 광고
44	간접전환(간접전환수)
45	5, 2, 6
46	비즈머니
47	판매, 리드, 웹사이트 트래픽
48	1,000, 100,000
49	상세데이터
50	50
51	클릭수 최대화
52	70, 200
53	성과기반노출
54	100%
55	4%
56	400원
57	5%
58	250,000원(25만원)
59	300%
60	랜딩 페이지(Landing Page)

01 　　　　　　　　　　　　정답 ④

디지털 형태의 정보 중심의 요소가 주로 투입되는 온라인 비즈니스는 간편성, 개방성, 확장성의 특징을 갖는다. 실무 거래나 가시적 서비스가 중요한 것은 전통적 비즈니스이다.

02 　　　　　　　　　　　　정답 ②

온라인 커머스 시장에서는 옴니채널 전략, 록인 전략(가두리 전략), 쇼루밍족 활용 전략 등이 활발하게 사용되고 있다. 가격 중심 전략은 전통적 마케팅 전략이다.

03 　　　　　　　　　　　　정답 ②

ChatGPT는 대표적인 생성형 인공지능서비스로 2022년 11월 30일 Open AI가 공개한 이후로 상당한 관심을 받고 있다. 바드(Bard)는 구글이 2023년 2월 챗GPT 대항마로 개발한 대화형 AI 서비스이다.

04 　　　　　　　　　　　　정답 ①

도널드 칼네(Donald Calne)가 주창한 것으로 디지털 중심의 감성시대에 마케팅 4E는 Evangelist(브랜드 전도사/호감과 충성도를 가진 고객), Enthusiasm(열정), Experience(체험/경험), Engagement(브랜드 참여)로 구성되어 있다.

05 　　　　　　　　　　　　정답 ③

디지털 마케팅의 유형으로 검색엔진 마케팅, 소셜미디어 마케팅, 구전, 바이럴, 버즈, 인플루언서 마케팅 등이 있다. TV광고는 전통적인 마케팅 수단 중의 하나이다.

PART 01
PART 02
PART 03
PART 04
PART 05
PART 06

06
정답 ④

디지털 광고는 트래킹이 용이하고, 정확한 타겟팅, 전달의 융통성, 그리고 상호작용성을 갖는다는 점에서 전통적 매체와 차별성을 갖는다. 전통 매체 광고보다 신뢰도가 높진 않다.

07
정답 ②

이미지 확장, 동영상 재생 등 멀티미디어를 활용해 광고 메시지를 풍부하게 전달하고 소비자의 주목을 이끄는 광고 형태를 리치미디어 광고라 한다.

08
정답 ③

검색광고와 배너광고는 각각의 장점이 있고, 검색광고는 배너광고와 함께 사용한다고 해서 효과가 떨어지지는 않는다.

09
정답 ④

확장소재는 일반 광고소재 외에 전화번호, 위치정보, 홍보문구 등을 추가한 광고 메시지로 노출을 여부를 선택할 수 있다.

10
정답 ②

전환율은 클릭수 대비 전환이 일어난 비율을 말한다.

11
정답 ②

구매전환율이 2배 상승하면, ROAS는 2배 상승한다.

12
정답 ①

광고목표를 우선 설정한 후 광고비를 추청하는 방식은 목표 및 과업기준법으로 가장 논리적인 방법이다.

13
정답 ④

소비자들은 자신이 주로 사용하는 서비스나 자주 가는 사이트만 방문하는 경향이 있으므로 많은 광고가 도달되도록 하기 위해서는 다양한 사이트에 광고를 집행하는 것이 더 효과적이다.

14
정답 ①

네이버는 각 광고그룹에 최대 5개의 소재 등록이 가능하다.

15
정답 ④

카카오 검색광고는 주요 검색의 최상단인 프리미엄 링크 영역에 동시 노출된다.

16
정답 ③

다음, 네이트 등 제휴된 다양한 모바일 웹/앱에서 모바일 검색결과, 프리미엄 링크 영역에 최대 6개의 광고가 노출된다.

17
정답 ②

구글 광고 운영은 구글애즈(Google Ads)에서 운영된다.

18
정답 ③

이용자가 브랜드 키워드 검색 시, 통합검색 결과 상단에 브랜드와 관련된 최신 콘텐츠를 텍스트, 이미지, 동영상 등을 이용하여 노출하는 네이버의 검색광고 상품은 브랜드검색광고이다.

19
정답 ①

광고계정의 구조는 캠페인, 광고그룹, 키워드와 소재로 이루어져 있으며, 이 중에 마케팅 활동에 대한 목적을 기준으로 묶어서 관리하는 광고전략 단위는 캠페인이다.

20
정답 ④

노출을 원하지 않은 특정 검색어에 대해 게재되지 않도록 광고 게재를 제외하는 것을 제외 키워드라 한다.

21
정답 ②

다양한 사회적 이슈와 관련된 키워드 사용은 클릭수 증대에 도움이 될 수는 있지만, 제품과 관련 없다면 매출로 이어진다고는 볼 수 없다.

22
정답 ②

카카오 광고시스템에서는 자동입찰 기능이 제외되었으나 순위별 예상 입찰가나 키워드플래너를 통해 각 키워드별 예상실적을 참고할 수 있다.
① 네이버 사이트검색광고 클릭당 광고비는 차순위 입찰가 +10원에 부가가치세가 포함된 금액이 과금된다.
③ 구글은 입찰 시점의 경쟁 현황에 따라 자동입찰방식을 사용하며, 타겟 CPA, 타겟 ROAS, 전환수 최대화 등의 자동입찰이 적용된다. 구글은 기본입찰가는 정해져 있지 않다.
④ 네이버 자동입찰은 희망순위와 평균 입찰가를 설정하여 진행된다.

23
정답 ④

구글에서 제공하는 스마트 자동입찰로는 수익 증대를 위한 전환 가치 극대화 입찰 또는 광고투자수익(ROAS) 입찰, 판매나 리드 증대를 위한 전환수 최대화 입찰 또는 타겟 CPA 입찰 유형이 있다. 입찰 최대화 전략은 제공하지 않는다.

24
정답 ④

최대허용 CPC는 ROAS가 100%가 되는 값을 말한다. 클릭수를 임의의 100으로 잡고 구매건수=임의 클릭수 100×0.05(전환율)=5건이며, 총매출은 매출이익 50,000원×5건(구매건수)=250,000원이다. 최대허용 CPC=총매출액 250,000원/클릭수 100=2,500원이다.

25
정답 ④

카카오 역시 광고그룹에서 키워드 확장 여부를 설정할 수 있다.

26
정답 ②

실내수영복 : 기본 입찰가 1,000원×모바일입찰가 가중치 200%=2,000원
강습용수영복 : 키워드입찰가 500원×모바일입찰가 가중치 200%=1,000원

27
정답 ③

실내수영복 : 기본 입찰가 1,000원×PC 입찰가 가중치 100%=1,000원
강습용수영복 : 키워드입찰가 500원×PC 입찰가 가중치 100%=500원

28
정답 ③

광고그룹당 소재는 네이버가 최대 5개, 카카오가 최대 20개, 구글이 최대 50개까지 가능하다.

29
정답 ④

네이버는 광고노출 제한 IP를 최대 600개까지 등록 가능하며 카카오는 광고노출 제한을 위해 IP와 사이트를 500개까지 등록할 수 있다.

30
정답 ④

검색광고 관리자 센터에 로그인만 하면 되는 것이 아니라 웹사이트에 전환 추적 스크립트 삽입도 필요하다.

31
정답 ③

입찰가가 낮은 키워드를 선정하면 검색수가 적어서 클릭수가 적고 매출이 발생할 가능성도 적어지므로 ROAS를 상승시키는 방법이라고 보기 어렵다. 랜딩페이지 수정 및 개선을 통해서는 전환율을 높이거나 ROAS가 높은 키워드를 활용하여 광고 효율을 높일 수 있다.

32
정답 ②

간접전환 역시 광고효과에서 중요한 요인이므로 키워드 입찰 순위를 낮출 필요가 없다.

33
정답 ④

새로운 키워드가 매일 쏟아져 나오기 때문에 키워드 확장을 하는 것은 아니다.

34
정답 ③

검색광고가 매일 새로운 입찰가로 시작하지는 않는다.

35
정답 ④

CTR=(클릭수 50/노출수 5,000)×100=1%
CPC=광고비 100,000/클릭수 50=2,000원

PART 01

PART 02

PART 03

PART 04

PART 05

PART 06

36
정답 ①

네이버의 품질지수는 7단계로 분류하여 막대 형태로 보여준다.

37
정답 ①

랜딩페이지는 고객이 광고 또는 검색을 통해 처음 접하게 되는 페이지를 말한다. 메인페이지가 반드시 랜딩페이지가 될 필요는 없고 키워드와의 관련성이 높은 페이지를 랜딩페이지로 하는 것이 좋다.

38
정답 ①

CPA＝광고비/전환수로 먼저 광고비를 구하면 CPC＝100원, 총광고비＝CPC 100원×클릭수 50회＝5,000원이다. 이에 CPA는 광고비 5,000원/5건＝1,000원이다.

39
정답 ③

광고그룹 복사 기능을 사용하면 소재 역시 복사된다.

40
정답 ②

랜딩페이지를 일괄적으로 메인페이지로 한다고 전환율이 높아지진 않는다. 상세페이지나 키워드와 관련성이 높은 페이지로 연결하는 것이 전환율을 더 높일 수 있다.

41
정답 쇼루밍

매장(쇼룸)이 구경만 하는 전시장 역할을 한다는 의미로, 상품 선택은 매장에서 하고 실제 구매는 인터넷 쇼핑몰에서 하는 쇼핑 행태이다. 쇼루밍과 반대로 온라인 매장에서 제품을 검색 후 오프라인 매장에서 구매하는 행태를 리버스 쇼루밍(역쇼루밍)이라고 한다.

42
정답 ① 검색, ② 공유

디지털 시대의 새로운 구매행동 양상을 설명하는 AISAS는 소비자가 인지(Attention/Awareness)하고, 흥미(Interest)를 느끼고, 검색(Search)한 다음 행동(Action)하고 마지막으로 공유(Share)하는 과정으로 이루어진다는 것이다.

43
정답 네이티브 광고

네이티브 광고는 이용하는 콘텐츠 일부처럼 보이도록 하여 관심을 끌고 자연스럽게 이끄는 형태의 광고로, 유료 프로모션, PPL 등을 포함한다.

44
정답 간접전환(간접전환수)

네이버 프리미엄 로그 분석 서비스를 이용하면 검색광고 보고서에서 전환수와 다양한 정보를 추가로 받을 수 있다. 전환 데이터 중에서 광고클릭 이후 30분부터 전환 추적기간(7일~20일) 이내에 발생한 전환수는 간접전환수이며, 반면 광고 클릭 이후 30분 이내 마지막 클릭으로 발생한 전환수는 직접전환수이다.

45
정답 ① 5, ② 2, ③ 6

네이버 검색광고 광고주 계정은 사업자 등록번호가 있을 경우는 5개, 개인 회원은 최대 2개의 계정을 만들 수 있다. 회원 계정을 탈퇴 혹은 약관이나 운영정책 위반 등으로 계정이 직권해지된 경우 해지일로부터 6개월간 계정 생성이 제한된다.

46
정답 비즈머니

비즈머니는 네이버 검색광고 상품을 결제하는 데 사용되는 선불식 충전금이다. 네이버 검색광고는 비즈머니로 광고비를 지불해야 한다. 비즈머니는 환불이 가능한 유상 비즈머니와 환불이 불가능한 무상 비즈머니로 구분된다.

47
정답 판매, 리드, 웹사이트 트래픽

구글에서 검색 캠페인을 진행할 때에는 제일 먼저 판매, 리드, 웹사이트 트래픽 중에서 하나를 캠페인 목표로 선택해야 한다.

48
정답 ① 1,000(원), ② 100,000(회)

먼저 CPC＝광고비/클릭수＝4,000,000원/4,000＝1,000원. 다음 클릭률이 4%이므로 노출수는 클릭수 4,000/클릭률 0.04＝100,000회이다.

49
정답 상세데이터

네이버에서는 '상세데이터'에서 모든 캠페인 단위 광고 성과를 볼 수 있다.

50

정답 50

네이버 검색광고의 입찰가는 광고그룹에서 최소 70원부터 최대 10만 원까지 설정할 수 있다. 단, 쇼핑검색광고 쇼핑몰형과 카탈로그형은 최소 50원부터 최대 10만원까지, 쇼핑 브랜드형은 최소 300원부터 최대 10만원까지 설정 가능하다.

51

정답 클릭수 최대화

구글의 자동입찰 전략 유형으로는 클릭수 최대화 입찰(클릭 목표 입찰), 타겟 노출 점유율입찰(노출목표 입찰) 방식이 있으며, 스마트 자동입찰방식으로 전환수 최대화 입찰, 타겟 CPA 입찰, 광고투자수익 입찰, 전환가치 극대화 입찰 방식이 있다. 최대한 많은 클릭수 유도를 목표로 하는 자동입찰 전략은 클릭수 최대화 입찰 방식이다.

52

정답 ① 70, ② 200

카카오 키워드 광고노출순위는 입찰가와 품질지수를 기준으로 산출된 순위에 따라 결정된다. 최저 입찰가는 70원이며, 내 순위보다 차순위인 입찰액이 190원이면 내 과금액은 190원+10원, 즉 200원이다.

53

정답 성과기반노출

네이버의 광고소재 노출은 성과기반노출과 동일비중노출 중에서 선택할 수 있는데, 성과기반노출이란 광고그룹 내 다수의 소재가 존재할 경우, 성과가 우수한 소재의 노출 비중을 자동적으로 조절하여 평균 성과를 향상시키는 기능을 말한다.

54

정답 100%

구매 전환율이 N배 상승하면 ROAS는 N배 상승하고 CPS는 1/N배 상승한다. 문제에서 구매전환율이 1/3배로 상승했으니, ROAS는 1/3배, CPS는 3배 상승한다. 그러므로 CPA는 3배 상승한 3,000원이 되고, ROAS는 300%의 1/3배인 100%가 된다.

55

정답 4%

CTR=(클릭수 5,000건/노출수 125,000회)×100=4%이다.

56

정답 400원

'양모청바지'가 네이버 PC 통합검색에 노출될 때는 기본 입찰가 400원×PC 입찰가 가중치 100%로 입찰가는 400원이다.

57

정답 5%

클릭률 4%=(클릭수 5,000/노출수)×100으로 노출수는 500,000/4=125,000회이며, 전환율=(전환수/클릭수)×100이므로 우선 전환수를 구해야 한다. ROAS 450%=[(90,000×전환수)/광고비 5,000,000원]×100이므로 전환수는 250. 이에 전환율을 구하면 (250/5,000)×100=5%이다.

58

정답 250,000원(25만원)

ROAS 250%=(전환수 100×객단가/광고비 10,000,000원)×100이므로 객단가=(ROAS×광고비)/전환수×100=250,000원이다.

59

정답 300%

ROAS=(매출액/광고비)×100이므로 (900/300)×100=300%이다.

60

정답 랜딩 페이지(Landing Page)

랜딩 페이지는 광고를 클릭하면 처음 접속하게 되는 웹사이트나 다운로드 앱의 링크를 말한다. 랜딩 페이지를 어디로 연결했느냐에 따라 전환율이 다를 수 있다.

PART 01

PART 02

PART 03

PART 04

PART 05

PART 06

01	02	03	04	05	06	07	08	09	10
③	①	①	③	②	③	①	④	③	②
11	12	13	14	15	16	17	18	19	20
②	②	③	③	①	③	④	②	③	③
21	22	23	24	25	26	27	28	29	30
①	②	③	③	③	③	③	①	①	④
31	32	33	34	35	36	37	38	39	40
②	②	③	④	②	②	④	①	①	④

41	Product(제품), Price(가격), Place(유통/장소), Promotion(촉진)
42	리치미디어 광고
43	10,000원
44	광고그룹, 소재
45	대량관리
46	확장검색
47	쇼핑상품 부가정보
48	즐겨찾기
49	상단 노출 입찰가(상단 노출 가능 입찰가)
50	7, 7, 10
51	1,000원
52	목표설정, 일정계획
53	CVR(전환율)
54	30분
55	ROI
56	500원
57	500%
58	5%
59	중간 입찰가
60	125,000원

01

정답 ③

온라인 비즈니스는 판매방식에 따라서 판매형, 중개형, 커뮤니티형, 정보제공형으로 구분할 수 있다. D2C(Direct To Customer)는 거래 대상에 따른 분류 유형이다.

02

정답 ①

초월을 의미하는 메타(Meta)와 우주를 의미하는 유니버스(Universe)의 합성어인 메타버스는 가상과 현실이 융복합되어 사회, 경제, 문화 활동의 가치 창출이 가능한 디지털세계를 말한다.

03

정답 ①

클라우딩 컴퓨팅란 컴퓨팅 리소스를 인터넷을 통해 사용하는 것을 말한다. 최근 클라우드 서비스에 대한 수요가 증가하고 있는데, 애플의 아이클라우드, 구글의 구글드라이브, 마이크로소프트의 원드라이브, 아마존의 AWS 등이 대표적이다.

04

정답 ③

온드 미디어(Owned Media)는 기업이 자체적으로 가지고 있는 커뮤니케이션 미디어로 기업이 콘텐츠를 자체적으로 통제할 수 있다.

05

정답 ②

사용자가 프리미엄 서비스에 대해 비용을 지불하면 광고를 건너뛰거나 제거할 수 있다는 점은 디지털 마케팅의 단점이다.

06

정답 ③

인터스티셜 광고는 특정 페이지에서 다른 페이지로 이동 시 나타나는 광고로 모바일 스크린 전면에 게재되어 사용자의 주목도가 높고 다양한 크리에이티브가 가능한 광고 형태를 말한다.

07

정답 ①

특정 매체의 광고를 광고주나 광고대행사에 판매하는 광고매체 판매 대행사는 미디어렙이라 한다.

08

정답 ④

검색광고는 키워드를 검색한 사람들에게만 광고가 노출되기에 초기 브랜딩 광고로는 적합하지 않다.

09 정답 ③

구체적인 서비스명이나 제품명, 지역명, 수식어를 조합한 키워드로 저렴한 입찰가로 광고를 노출시킬 수 있다는 장점이 있으나, 검색되는 수는 작다는 단점이 있는 것은 세부 키워드이다.

10 정답 ②

① $CPS=\dfrac{총광고비}{구매건수}$

③ $CPA=\dfrac{총광고비}{전환수}$

④ 구매전환율$(CVR)=\dfrac{전환수}{클릭수}\times100$

11 정답 ②

CPC는 검색광고를 통해 한 명의 소비자가 광고를 클릭 후 랜딩페이지를 방문하는 데에 투여된 비용으로 광고비를 클릭수로 나눈 클릭당 비용을 말한다.

12 정답 ②

① 가용예산 활용법은 남은 예산으로 광고에 투입하는 방법으로 경쟁이 치열해서 광고비 지출이 많은 사업 분야나 온라인 광고에 집중하는 기업에게는 적합하지 않은 방법이다.
③ 광고목표를 우선 설정한 후 광고비를 추정하는 방법은 목표 및 과업기준법으로 가장 논리적인 방법이다.
④ 광고−판매 반응 함수법은 과거 데이터를 통해 광고지출 및 이익을 극대화할 수 있는 광고예산을 편성하는 방법이기에 이전 데이터가 없는 신규 광고주는 사용하기 어렵다.

13 정답 ③

광고목표는 높게만 설정하기보다는 SMART 목표설정법에 따라 구체적이고(Specific), 측정 가능하며(Measurable), 달성 가능하고(Achievable), 실현 가능하고(Realistic), 달성 가능한 기간을(Time bound) 명시하는 것이 좋다.

14 정답 ③

광고주는 복수의 계정을 생성할 수 있다. 사업자등록증이 있는 경우는 최대 5개, 개인은 2개의 계정을 만들 수 있다.

15 정답 ①

그룹 단위가 아니라 캠페인 단위에서 추적 URL, 일예산 설정이 가능하다.

16 정답 ③

다음, 네이트 등 제휴된 다양한 모바일 웹/앱에서 프리미엄링크 영역에 최대 6개의 광고가 노출된다.

17 정답 ④

① 구글 광고 운영은 구글애즈(Google Ads)에서 운영된다.
② 캠페인에서 게재영역, 위치, 언어, 잠재고객 세그먼트를 설정할 수 있다.
③ 타겟팅 잠재고객에서 광고가 도달하려는 사용자를 선택할 수 있다.

18 정답 ②

쇼핑몰이 직접 판매 중인 상품을 홍보하는 이미지형 광고는 쇼핑검색광고 쇼핑몰 상품형이다.

19 정답 ③

광고 만들기에서 키워드를 추가하면 소재 만들기로 넘어가게 된다.

20 정답 ③

맞춤형 블록 내 광고 개수 및 위치는 사용자별 이력(클릭/구매/찜/장바구니)에 따라 다르다.

21 정답 ①

카카오는 별도의 선택 옵션 없이 기본적으로 성과우선노출 방식으로 노출된다.

22 정답 ②

키워드와 소재에 모두 연결 URL을 설정했을 때는 키워드에 입력한 URL이 우선 적용된다.

23 정답 ③

키워드의 검색유형 도달 범위는 일치검색<구문검색<확장검색 순으로 넓어진다.

24 정답 ③

① 지역은 읍/면/동까지 선택할 수 있다.
② 모바일 입찰가중치를 200%로 설정했다면 PC 대비 모바일 기본 입찰가를 2배 높이겠다는 뜻이다.
④ 개별 블로그 단위가 아니라 개별 사이트 단위로 선택할 수 있다.

25 정답 ③

구글 검색광고는 광고그룹에서 하루예산을 설정할 수 있다.

26 정답 ③

키워드 확장은 광고그룹에 등록한 키워드와 유사한 의미가 있는 키워드에 자동으로 광고가 노출되는 것을 말한다. 경쟁사의 브랜드 키워드를 확장하는 것은 비용 대비 효율성이 높지 않은 전략이다.

27 정답 ③

네이버와 카카오의 검색광고 키워드를 추가할 경우 최저 CPC는 모두 70원이다.

28 정답 ①

카카오 키워드 확장은 광고그룹에서 가능하다.

29 정답 ①

사용자가 검색창에 입력한 키워드가 설명문구에 자동으로 삽입되어 노출되는 기능은 키워드 삽입이다. 네이버는 {키워드 : 대체키워드}, 카카오는 〈키워드 : 대체키워드〉, 구글은 [Keyword : 대체 키워드]로 표시한다.

30 정답 ④

반응형 검색광고는 고객에게 관련성 있는 메시지를 표시하도록 자동으로 조정되는 광고를 말한다. 최대 15개의 광고제목과 4개의 설명문구를 입력할 수 있으며, 광고마다 자동으로 제목과 설명이 선택되어 여러 조합 방식으로 자동 표시된다.

31 정답 ②

S(Sale)과 A(Action)은 같으므로 CPS와 CPA의 값은 같다.

32 정답 ②

방문수가 10,000이고, 전환율이 5%이므로 전환수=10,000×0.05=500건, 총매출액은 500×10,000원=5,000,000원, 매출이익은 500×5,000원=2,500,000원이다. 그러므로 ROI=(매출이익 250만원/광고비 500만원)×100=50%, ROAS=(매출액 500만원/광고비 500만원)×100=100%이다.

33 정답 ③

최대허용 CPC는 ROAS가 100%가 되는 값을 말한다. 클릭수를 임의의 100으로 잡고 구매건수=임의 클릭수 100×0.1(전환율)=10건이며, 총매출은 매출이익 50,000원×10건(구매건수)=500,000원이다. 최대허용 CPC=총매출액 500,000원/클릭수 100=5,000원이다. 최대허용 CPC를 초과하는 키워드는 제외하는 것이 바람직하다.

34 정답 ④

매일매일 광고효과를 분석하고 키워드 변화에 빠르게 대응해야 불필요한 광고비 소진을 막고 더 많은 전환 기회를 가져올 수 있다.

35 정답 ②

고객을 사이트로 유입시키며 전환을 유도하기 위한 효율적인 광고문안 작성이 필요하다.

36 정답 ②

네이버는 최초 등록 시 평균값인 4단계 품질지수가 부여되고, 24시간 내 운영성과에 따른 실제적인 품질지수가 적용된다.

37
정답 ④

랜딩페이지는 광고를 통해 유입되므로 검색엔진 알고리즘과는 상관없다.

38
정답 ①

광고 효율성을 높이기 위해서는 세부 키워드를 계속 발굴하고 관리하는 데에 많은 노력을 기울여야만 한다.

39
정답 ①

반송률이란 사이트에서 그 어떤 전환도 하지 않고 사이트를 이탈한 것을 말하며, 이는 랜딩페이지의 효과를 분석하는데 좋은 지표가 된다. 즉 반송률이 높을 경우 방문자의 사이트 체류 시간이 적고, 광고가 정확한 타겟에게 노출되고 있지 않다고 볼 수 있기 때문이다.

40
정답 ④

랜딩페이지 관리가 필요할 때는 CVR이 낮을 때이다.

41
정답 ① Product(제품), ② Price(가격), ③ Place(유통/장소), ④ Promotion(촉진)

기업의 전통적인 마케팅 4P 전략으로는 Product(제품), Price(가격), Place(유통/장소), Promotion(촉진)이 있다. 이후 정보사회 고객 관점에서 제시된 4C 전략은 제품을 대신해 고객의 가치/혜택, 가격보다는 고객이 부담하는 비용을, 유통이 아니라 고객의 편리성을 그리고 프로모션을 대신해서 고객과의 커뮤니케이션을 중시한다.

42
정답 리치미디어 광고

신기술 및 고급 기술들을 배너광고에 적용시켜 배너광고를 보다 풍부(rich)하게 만든 멀티미디어 광고를 리치미디어 광고라고 한다.

43
정답 10,000원

CPS=광고비 10,000,000원/광고를 통한 구매건수 1,000개=10,000원이다.

44
정답 ① 광고그룹, ② 소재

쇼핑검색광고에서 활용할 수 있는 확장소재는 네이버 톡톡, 추가홍보문구, 쇼핑상품부가정보로, 각 단위에 따라 다르게 확장소재 등록이 가능하다.

45
정답 대량관리

관리해야 할 키워드나 소재가 많은 경우에 사용하기 좋은 기능은 대량관리 기능으로, 광고 다운로드, 대량 등록/수정, 복사 등이 가능하다.

46
정답 확장검색

확장검색은 광고그룹에 등록한 키워드와 유사한 의미를 가진 키워드에 자동으로 광고를 노출할 수 있는 기능으로, 다양한 유사 의미의 키워드로 광고를 원할 때 편하게 사용할 수 있다. 확장검색 유형을 선택하면 도달을 확대할 수 있다.

47
정답 쇼핑상품 부가정보

쇼핑검색광고의 확장소재는 톡톡, 추가홍보문구, 쇼핑상품부가정보를 등록할 수 있다. 쇼핑상품 부가정보로는 구매건수, 리뷰수(리뷰 평점), 찜수가 상품 이미지와 함께 노출된다.

48
정답 즐겨찾기

핵심적으로 관리하는 광고그룹이나 키워드, 소재, 확장소재를 목적에 따라 묶음으로 설정해 관리할 수 있는 네이버의 기능은 즐겨찾기이다.

49
정답 상단 노출 입찰가(상단 노출 가능 입찰가)

상단 노출 입찰가는 키워드별 검색량, 이용자의 반응 등을 종합적으로 고려하여 쇼핑 브랜드형의 모바일/PC 광고 노출 영역의 상단 영역에 노출될 수 있도록 책정된 입찰가를 말한다. 내 브랜드 키워드, 일반 키워드 유형으로 등록한 키워드 중 상단 노출 가능 입찰가보다 높게 설정된 경우에 상단에 노출될 수 있으며, 상단 노출 가능 입찰가보다 적은 금액으로 입찰된 키워드는 키워드 유형 구분 없이 하단에 노출된다.

50

정답 ① 7, ② 7, ③ 10

각 광고매체별 품질지수에 대한 설명으로 네이버와 카카오는 각각 7단계로 되어 있으며, 구글은 1점부터 10점으로 부여된다.

51

정답 1,000원

과거 4주간 조끼 키워드로 2번의 검색을 통해 총 9개의 입찰가가 발생했는데, 이를 순위대로 나열하면 3,000원(1위), 2,100원(2위), 1,900원(3위), 1,800원(4위), 1,000원(5위), 900원(6위), 800원(7위), 700원(8위), 500원(9위)의 순으로 중간 입찰가는 5순위인 1,000원이 된다.

52

정답 ① 목표설정, ② 일정계획

검색광고의 기획은 환경분석 → 목표설정 → 매체전략 → 일정계획 → 예산책정의 단계로 이루어진다.

53

정답 CVR(전환율)

CVR(전환율)이란 클릭수 대비 전환 비율을 말하며, CVR은 CTR과 함께 성과분석을 통해 향후 후속조치 방향을 설정할 수 있다.

54

정답 30분

광고를 통한 효과로 광고클릭 이후 30분 이내 마지막 클릭으로 발생한 전환수를 직접전환, 광고 클릭 이후 30분부터 전환 추적기간(7일~20일) 이내에 발생한 전환을 간접전환이라 한다.

55

정답 ROI

투자 대비 수익률은 ROI(Return On Investment)로 광고를 통해 발생한 순수익을 광고비로 나눈 값(순이익/광고비×100)이다.

56

정답 500원

CPC=광고비/클릭수(=광고를 통한 방문수)=5,000,000원/10,000=500원

57

정답 500%

ROI=[순이익(매출 6,000만원－광고비 1,000만원)/광고비 1,000만원]×100=500%이다.

58

정답 5%

전환율(CVR)=전환수/클릭수. 우선 클릭수를 구하면 CTR=4%=(클릭수/노출수)×100이므로 클릭수는 4,000건이다. 다음 ROAS가 500%이고, 전환수×객단가=매출액이므로 전환수는 매출액/객단가=200건이다. 이에 전환율은 (200건/4,000건)×100=5%이다.

59

정답 중간 입찰가

네이버의 입찰가는 최소노출 입찰가, 중간 입찰가. ○○위 평균 입찰가 중에서 설정 가능한데, 중간 입찰가란 최근 4주간 검색을 통해 노출된 광고의 입찰가를 큰 순서대로 나열했을 때의 중간에 위치한 값을 말한다.

60

정답 125,000원

먼저 CPC 6,250=광고비 62,500,000원/클릭수, 클릭수는 10,000, 구매전환율이 5%이므로 전환수=클릭수 10,000×구매전환율 0.05=500이다. 이에 CPS=광고비 62,500,000원/500=125,000원이다.

01	02	03	04	05	06	07	08	09	10
③	②	③	①	②	②	④	③	③	③
11	12	13	14	15	16	17	18	19	20
③	④	③	①	①	④	①	④	②	③
21	22	23	24	25	26	27	28	29	30
①	③	④	③	②	①	②	④	②	②
31	32	33	34	35	36	37	38	39	40
④	④	③	①	①	③	②	④	①	④
41	정보
42	브랜드
43	N-screen(N-스크린)
44	순위지수
45	비즈채널
46	10, 6
47	200(원)
48	7, 0
49	잠재고객
50	신제품검색광고
51	확장검색
52	50개
53	80%
54	30, 20
55	CVR
56	200원
57	500%
58	600개
59	스크립트
60	2.5%

01

정답 ③

C2B(Customer to Business)는 기업에서 고객으로 나가는 일방적 관계가 아니라 고객에서 기업으로 연결되는 역방향, 그리고 양자를 통합한 쌍방향적으로 이루어지는 온라인 비즈니스 유형을 말한다. 최근 소비자가 제품의 생산 등에 다양한 아이디어를 개진하고 이를 기업이 채택하여 비즈니스에 반영하기도 한다.

02

정답 ②

소셜미디어는 개인의 경험을 통한 정보와 의견 등을 타인과의 관계 형성을 통해 확장시킬 수 있는 개방화된 온라인 플랫폼을 말한다. 대표적으로 블로그, SNS, 콘텐츠 커뮤니티, 위키, 팟캐스트, 유튜브 등이 있다. 웹브라우저는 인터넷 탐색을 위한 소프트웨어 프로그램이다.

03

정답 ③

소비자가 소비주체에서 생산주체로 진화하고 능동적 참여형 소비자로 생산에 관여하는 소비자를 프로슈머(Prosumer)라 한다.

04

정답 ①

덴츠(Dentsu)가 개발한 AISAS 모델은 인지(Attention/Awareness), 흥미를 느끼고(Interest), 검색(Search) 다음에 행동(Action)하고, 이를 공유(Share)하는 단계로 설명된다.

05

정답 ②

디지털 광고는 트래킹이 용이하고, 정확한 타겟팅, 전달의 융통성, 그리고 상호작용성을 갖는다는 점에서 전통적 매체와 차별성을 갖는다.

06

정답 ②

네이버는 대화를 통해 답변을 찾아주는 AI 검색 서비스로 네이버 Cue:를 서비스(베타)하고 있다.

07

정답 ④

동일한 비용으로 광고 도달률이 높은 것은 TV광고이다. 모바일 광고는 개별적으로 타겟을 설정해야 하므로 도달률을 높이기 위해서는 광고비도 이에 비례해 늘려야 한다.

08

정답 ③

검색광고는 광고대행사를 통하거나 매체사의 광고시스템을 통해 직접 운영이 가능하다.

09 정답 ③

① 확장소재 : 일반 광고소재 외에 전화번호, 위치정보, 홍보문구 등을 추가한 광고 메시지로 노출을 여부를 선택할 수 있다.

② PV(Page View) : 사용자가 홈페이지를 열어본 횟수를 말한다.

④ 세부키워드 : 구체적인 서비스명이나 제품명, 지역명, 수식어를 조합한 키워드로 저렴한 입찰가로 광고를 노출시킬 수 있다는 장점이 있으나, 검색되는 수는 작다는 단점이 있다.

10 정답 ③

① $CPC = \dfrac{\text{총광고비}}{\text{클릭수}}$

② $CPS = \dfrac{\text{총광고비}}{\text{구매건수}}$

④ $CPA = \dfrac{\text{총광고비}}{\text{전환수}}$

11 정답 ③

CVR이 올라가면 CPA는 낮아진다.

12 정답 ④

매출액 기준법은 현재 또는 예상되는 매출액의 일정 비율을 사용하거나 제품의 판매가격의 일정 비율을 광고비로 산정하는 방법이다. 충당 가능한 수준의 광고예산을 책정하는 방법은 가용예산 활용법이다.

13 정답 ③

광고를 진행하기 위해 마케터가 가장 먼저 해야 할 일은 검색광고를 통해 최종적으로 달성하고자 하는 광고목표를 설정하는 것이다.

14 정답 ①

네이버에서 키워드 등록이나 연관키워드 검색에서 활용할 수 있는 도구는 '키워드도구'이다. '키워드플래너'는 카카오와 구글의 도구이다.

15 정답 ①

키워드 확장은 그룹 단위에서 설정한다.

16 정답 ④

모바일 검색 영역에서의 클릭 과금 방식은 PC 영역에서의 클릭 과금과 동일하게 적용된다.

17 정답 ①

확장검색, 구문검색, 일치검색 등의 검색유형 선택은 광고그룹에서 선택한다.

18 정답 ④

네이버 브랜드 패키지에 가입한 브랜드사의 컨텐츠와 상품을 네이버 쇼핑 검색결과 페이지에 효과적으로 노출하여 브랜드와 제품 라인업을 홍보할 수 있는 브랜드사 전용 검색광고 상품은 쇼핑검색광고 쇼핑 브랜드형이다.

19 정답 ②

캠페인은 광고목적에 따라 광고를 관리하기 위한 광고 전략의 단위를 말한다. 캠페인은 사용자가 검색 후 최초로 만나는 상품이나 서비스에 대한 정보로 검색결과에 보이는 메시지로 상품이나 서비스에 대한 정보는 소재에 대한 설명이다.

20 정답 ③

지금 볼만한 파워링크(Beta)는 사이트검색광고(파워링크 유형)를 운영하는 광고주가 이용할 수 있으나, 병/의원, 금융/보험, 법무/법률 업종은 노출되지 않는다.

21 정답 ①

네이버 검색광고 중 CPC 구매방식이 아닌 광고유형은 브랜드검색광고와 지역소상공인광고가 있다.

22 정답 ③

비즈채널은 고객에게 정보를 전달하고 판매하기 위한 모든 채널을 말하며, 네이버 광고를 집행하기 위해서는 캠페인 유형에 맞는 비즈채널을 등록해야 한다.

23 정답 ④

네이버 자동입찰은 희망순위와 평균입찰가를 설정하여 진행된다.

24 정답 ③

네이버의 자동규칙 기능은 규칙 대상에 특정한 조건과 실행할 작업을 등록하면 조건이 만족했을 때, 작업을 자동으로 수행해주는 기능이다. 노출수 조건되면, 클릭수 조건되면, 총비용 조건되면 등의 조건과 함께 4가지 실행 유형 즉, 이메일 받기, 입찰가 변경하기, OFF하기, 하루예산 변경하기 중에서 선택하여 설정 가능하다. 자동입찰은 자동규칙 기능에 해당되지 않는다.

25 정답 ②

톡채널형은 카카오의 확장소재 유형이다.

26 정답 ①

네이버 파워링크, 카카오의 프리미엄 링크의 광고소재 작성시 제목은 15자 이내, 설명은 45자 이내로 작성해야 한다.

27 정답 ②

㉠ CTR=22%=$\dfrac{\text{클릭수 } 11,000}{\text{노출수}}$×100으로 노출수=50,000회.

㉡ 구매건수=전환율 0.01×클릭수 11,000=110.

㉢ ROAS=$\dfrac{\text{매출액 } 1,650\text{만원}}{\text{광고비 } 330\text{만원}}$×100=500%이다.

28 정답 ④

CTR=$\dfrac{\text{클릭수}}{\text{노출수}}$×1000이므로 5%이다.

29 정답 ②

$\dfrac{20,000,000\text{원}}{\text{총광고비}=\text{클릭수}\times\text{CPC}}$×100=200%이므로

20,000,000÷2÷10,000=1,000원

30 정답 ②

'쉬폰원피스'가 네이버 PC 통합검색에 노출될 때는 키워드 입찰가 800원×PC 입찰가 가중치 100%=800원으로 입찰된다. 또한 '쉬폰원피스'가 PC 환경에서 네이버 블로그 매체에 노출될 경우에는 콘텐츠 매체 전용입찰가(300원)×모바일 입찰가 가중치(100%)=300원으로 입찰된다.

31 정답 ④

검색 사용자의 행동 프로세스는 노출 → 클릭 → 구매의 단계로 진행되는데, 각 CPI, CPC(CTR도 가능), CPS(CPA, CVR도 가능)로 효과를 측정한다.

32 정답 ④

ROAS=$\dfrac{\text{총매출액}}{\text{광고비}}$×100으로 총매출액=상품가격×전환수로 A, B, C는 4,500,000원, D는 3,000,000원이다. 광고비는 CPC×클릭수이므로 A의 광고비는 1,200,000원, B는 1,350,000원, C와 D는 1,500,000원이다. 그러므로 A의 ROAS는 375%, B는 333.3%, C=300%, D=200%이다.

33 정답 ③

500원의 50% 감액하면 250원이지만, 쇼핑브랜드형 광고의 최소입찰가 300원이 적용되어 300원이 된다.

34 정답 ①

광고그룹별 전환매출액은 ROAS를 기준으로 알 수 있다. 그룹 A의 전환매출액은 1,300,520원(1,000,400원×1.3), 그룹 B의 전환매출액은 572,000원(260,000×2.2), 그룹 C의 전환매출액은 33,000원(22,000×1.5), 그룹 D의 전환매출액은 1,606,400원(200,800×8)으로 그룹 D의 전환매출액이 가장 크다.

35 정답 ①

ROAS를 높이는 것이 목표라면, 키워드를 일반적으로 상위에 입찰해야 한다. 하지만 경합이 높은 대표 키워드처럼 비용이 높은 키워드는 낮은 순위를 유지하여야 ROAS를 높일 수 있다.

PART 01
PART 02
PART 03
PART 04
PART 05
PART 06

36
정답 ③

품질지수는 여러 가지 요소를 종합적으로 산정되어 적용되지만, 대표 키워드 여부는 품질지수와는 상관없다.

37
정답 ②

다양한 랜딩페이지 대안이 있는 경우 기획자의 감에 의한 선택보다는 A/B Test를 통해 데이터에 근거한 선택을 하는 것이 좋다.

38
정답 ④

잠재고객의 검색어와 최대한 일치하도록 자동으로 여러 조합을 통해 노출되므로 광고효과 향상을 기대할 수 있다.

39
정답 ①

반송률은 $\frac{반송수}{방문수} \times 100$으로 나타낸다.

40
정답 ④

CTR이 낮은 키워드는 키워드 입찰순위 점검 또는 광고소재 매력도를 확인한다.

41
정답 정보

전통적 마케팅이 광고 중심이라면 디지털 마케팅은 정보 중심이라 할 수 있다.

42
정답 브랜드

브랜드는 특정한 기업의 제품 및 서비스를 식별하는 데 사용되는 명칭, 기호, 디자인 등을 총칭하는 말이다. 광고의 주된 역할은 브랜드에 대한 인지, 긍정적 호감 형성 등의 브랜딩 역할이다.

43
정답 N-Screen(N-스크린)

N-Screen은 TV나 PC, 태블릿PC, 스마트폰 등 다양한 기기에서 하나의 콘텐츠를 끊김 없이 이용할 수 있게 해주는 서비스이다. 즉 N개의 화면을 통해 콘텐츠를 이용할 수 있는 서비스를 말한다.

44
정답 순위지수

순위지수는 노출순위를 결정하는 지수로 CTR이 낮을 때에는 입찰가를 높여 순위지수를 높이고 광고소재 개선을 통해 클릭률을 높이려는 노력이 필요하다.

45
정답 비즈채널

비즈채널은 광고주가 마련한 고객과의 접점을 위한 모든 채널로 광고를 집행하기 위해서는 캠페인 유형에 맞는 비즈채널을 반드시 등록해야 한다.

46
정답 ① 10, ② 6

카카오의 키워드 광고는 PC에서는 프리미엄 링크 영역에 10개의 광고가. 모바일 검색결과에는 프리미엄 링크 영역에 최대 6개 광고가 노출된다.

47
정답 200(원)

카카오 키워드 광고의 과금방식은 차순위 입찰가+10원으로, 차순위 입찰가가 180원일 때 내 과금액은 180원+10원=190원이다. 이에 ①10+②190=200이다.

48
정답 ① 7, ② 0

카카오와 네이버는 검색 사용자와 광고주의 만족을 위해 광고 품질을 평가하고 그 수치를 7단계의 막대 형태로 나타낸다. 네이버는 최초 4단계, 카카오는 최초 0단계가 주어진다.

49
정답 잠재고객

네이버에서 새롭게 제공하는 기능으로 관심사, 구매의도로 이용자를 분류하여 제공하는 잠재고객 타겟팅 기능(beta)은 기능상 의미를 보다 명확하게 하기 위해 이용자 세그먼트 타겟팅으로 명칭이 변경되었다.

50
정답 신제품검색광고

신제품검색광고는 네이버의 새로운 검색광고 상품이다. 출시한 지 180일 이내의 제품/서비스 대상으로 하며 주 단위로 구매 및 집행할 수 있다.

※ 실제 문제는 클릭초이스상품광고에 대한 문제가 출제되었으나, (구)광고관리시스템에서 집행되던 클릭초이스플러스, 클릭초이스상품광고는 2022년 11월 서비스가 종료되었기에 신규 광고 상품에 대한 문항으로 대체

51   정답 확장검색

확장검색은 광고그룹에 등록한 키워드와 유사한 의미를 가진 키워드에 자동으로 광고를 노출할 수 있는 기능으로 다양한 유사 의미의 키워드로 광고를 원할 때 편하게 사용할 수 있다. 확장검색 유형을 선택하면 도달을 확대할 수 있다.

52   정답 50개

구글에서 광고소재는 최대 50개까지 등록 가능하며, 네이버는 광고그룹당 최대 5개, 카카오는 최대 20개까지 등록 가능하다.

53   정답 80%

반송률은 (반송수 160명/방문자수 200명)×100으로 80%이다.

54   정답 ① 30, ② 20

직접전환은 광고클릭 이후 30분 이내에 발생한 전환이며, 간접전환은 광고클릭 이후 30분 이후에 발생한 것으로 추적기간은 최소 7일에서 20일 사이의 기간으로 설정 가능하다.

55   정답 CVR(전환율)

CVR(전환율)은 클릭수 대비 전환 비율을 말하며, CVR은 CTR과 함께 성과분석을 통해 향후 후속조치 방향을 설정할 수 있다.

56   정답 200원

키워드 입찰가와 광고그룹 입찰가가 다를 경우 키워드 입찰가가 우선 적용됨으로 에코백 키워드의 입찰가는 200원이 된다.

57   정답 500%

총매출액을 구하기 위해 우선 전환수를 구하면, 전환수=광고를 통한 방문수 25,000명×전환율 0.1=2,500건이다. 그러므로 매출액은 2,500건×물품단가 10,000원=25,000,000원, ROAS=(2,500만원/500만원)×100=500%이다.

58   정답 600개

광고노출 제한 IP 등록은 네이버는 최대 600개, 카카오는 최대 500개까지 가능하다.

59   정답 스크립트

전환추적을 위해 픽셀&SDK를 심어두어야 하는데, 이러한 것을 전환추적 도구라고 하며, 픽셀. 스크립트, 태그 등으로도 불린다.

60   정답 2.5%

CTR=(클릭수 100/노출수 4,000)×100=2.5%이다.

01	02	03	04	05	06	07	08	09	10
④	①	①	①	②	③	④	①	①	①
11	12	13	14	15	16	17	18	19	20
③	①	④	②	②	②	①	②	④	②
21	22	23	24	25	26	27	28	29	30
③	②	③	①	②	④	③	③	①	②
31	32	33	34	35	36	37	38	39	40
①	①	①	③	①	①	①	②	④	②
41	전자상거래(e-커머스, 온라인 커머스)
42	네이티브 광고(native advertising)
43	미디어믹스(매체 믹스)
44	광고주
45	파워링크(파워링크 유형)
46	리드(lead)
47	5,000원
48	7, 4
49	10, 90
50	노출 점유율(노출순위)
51	추적기능(전환트래킹, 전환추척)
52	제외 키워드
53	반응형 검색광고
54	500,000원
55	1%
56	250원
57	400%
58	쇼핑검색광고
59	1.6%
60	1,000회

01
정답 ④

인터넷을 통한 양방향 정보 교류로 물리적 상품 이외에 무형의 디지털 상품을 거래의 대상으로 하는 비즈니스 영역으로, 실물 거래나 가시적인 서비스보다 정보가 중요하다.

02
정답 ①

온라인 포털은 Search → Communication → Community → Contents&Commerce의 4단계로 발전되었다.

03
정답 ①

인터넷 및 기타 형태의 디지털 커뮤니케이션을 사용하여 고객의 니즈(Needs)와 욕구(Wants)를 충족시키기 위해 고객 맞춤형 제품과 서비스를 개발한다. 적절한 시간, 가격, 장소를 통해서 고객과 상호작용하여 소통하고 프로모션하는 일정의 과정을 디지털 마케팅이라고 하며, 이는 인터넷 마케팅, 콘텐츠 마케팅, 소셜미디어 마케팅을 포괄하는 용어로 사용된다.

04
정답 ①

도널드 칼네(Donald Calne)가 주창한 것으로 디지털 중심의 감성시대에 마케팅 4E는 Evangelist(브랜드 전도사/호감과 충성도를 가진 고객), Enthusiasm(열정), Experience(체험/경험), Engagement(브랜드 참여)로 구성되어 있다.

05
정답 ②

언드 미디어(Earned media, 획득 미디어)는 제3자에 의해 창작되고 소유되어 소비자로부터 신뢰와 평판을 획득할 수 있는 모든 종류의 퍼블리시티를 의미한다. 고객 후기, 커뮤니티 게시물, 개인 크리에이터의 자발적 리뷰 등이 이에 해당한다.

06
정답 ③

네이버의 검색서비스인 에어서치는 인공지능(AI)+검색(Search)의 합성어로 인공지능을 통해 네이버 검색엔진에 노출되는 검색 알고리즘을 말한다. 사용자가 장소, 쇼핑, 관심사 등을 검색하면 여러 주제의 스마트블록을 통해 연관키워드의 검색결과를 노출해주는 서비스이다.

07
정답 ④

동일한 비용으로 광고 도달률이 높은 것은 TV광고이다. 모바일 광고는 개별적으로 타겟을 설정해야 하므로 도달률을 높이기 위해서는 광고비도 이에 비례해 늘려야 한다.

08
정답 ①

② 검색광고는 광고대행사를 통하거나 매체사의 광고시스템을 통해 직접 운영이 가능하다.
③ 검색광고는 키워드를 검색한 사람들에게만 광고가 노출되기에 초기 브랜딩 광고로는 적합하지 않다.
④ 검색광고와 배너광고는 각각의 장점이 있고 검색광고는 배너광고와 함께 사용한다고 해서 효과가 떨어지지는 않는다.

09　정답 ①

방문자가 사이트에 들어와서 체류한 시간은 DT(Duration Time)
라 한다. PV(Page View)는 사용자가 홈페이지를 열어본 횟수,
즉 사용자가 특정 사이트 내의 홈페이지를 클릭한 수를 말한다.

10　정답 ①

$$CPS = \frac{총광고비}{구매건수}$$

11　정답 ③

CPS가 낮다는 것은 적은 광고비로 판매전환을 이끌어냈다는
것이므로 CPS가 낮을수록 광고효과가 좋다고 할 수 있다. 또
한 CVR, CTR이 높을수록 광고효과가 좋다.

12　정답 ①

가장 논리적인 예산 설정 방식으로 자사의 광고 활동을 통해
얻고자 하는 것이 무엇인지, 즉 광고목표에 따라 예산을 책정
하는 방법은 목표 및 과업기준법이다.

13　정답 ④

검색광고의 기획은 환경분석 → 목표설정 → 매체전략 → 일정
계획 → 예산책정의 단계로 이루어진다. 무엇보다 중요하게 먼
저 설정해야 할 부분이며 SMART 공식에 따라 목표설정을 해
야 한다.

14　정답 ②

사업자등록증이 있는 경우는 최대 5개의 광고주 계정 생성이
가능하다.

15　정답 ②

전환추적은 캠페인 단위에서 설정 가능하다.

16　정답 ②

① 카카오 검색광고는 파워링크 영역(네이버)이 아니라 프리미
　엄 링크 영역에 노출된다.
③ 다음, 네이트 등 제휴된 다양한 모바일 웹/앱에서 프리미엄
　링크 영역에 최대 6개의 광고가 노출된다.
④ 모바일 검색 영역에서의 클릭 과금 방식은 PC 영역에서의
　클릭 과금과 동일하게 적용된다.

17　정답 ①

캠페인에서 게재영역, 위치, 언어, 잠재고객 세그먼트를 설정할
수 있다. 확장검색, 구문검색, 일치검색 등의 검색유형 선택은
광고그룹에서 선택한다.

18　정답 ②

모바일 통합검색에서 제품/서비스와 연관된 일반 명사 키워드
를 검색했을 경우 검색결과 상단에 신규 또는 리뉴얼 출시한
제품/서비스와 관련된 이미지/동영상 등의 콘텐츠를 노출하는
검색광고 상품은 신제품검색광고로 네이버의 신규 검색광고
상품이다.

19　정답 ④

동일한 키워드를 다른 캠페인이나 광고그룹에 중복해서 등록
할 수 있다.

20　정답 ②

함께 찾은 파워링크(Beta) 운영에서는 기존에 사이트검색광고
(파워링크 유형) 집행을 위해 등록한 광고를 활용한다.

21　정답 ③

네이버에서는 이용자 세그먼트 타겟팅/잠재고객 타겟팅(Beta)
기능을 사용할 수 있다. 기존 잠재고객 타겟팅에서 기능상 의
미를 더 명확하게 나타내도록 이용자 세그먼트 타겟팅으로 명
칭이 변경되었다. 잠재고객 타겟팅 기능을 이용하면 비즈니스
에 더 많은 관심을 보이는 이용자들은 평소 어떤 관심사와 구
매의도를 가졌는지, 이용자별로 어떻게 나누어 관리할 수 있을
지 파악 가능하며, 이에 따른 운영 전략 수립이 가능하다. 잠재
고객 타겟팅 기능은 광고시스템 내에서 쉽게 사용 가능하다.

22

정답 ②

키워드 확장으로 인한 광고노출 시에는 중간 입찰가로 자동입찰되며, 키워드 확장으로 추가 노출되는 키워드 입찰가는 등록된 키워드 입찰가(기본 입찰가)보다 높게 설정되지 않는다.

23

정답 ③

원칙적으로 유흥업소 사이트 및 해당 사이트의 직업정보 제공 사이트는 광고 등록이 거절된다.

24

정답 ①

구글에서 앱 광고 확장은 앱 다운로드 유도를 광고목적으로 할 때 사용한다. CTR을 개선하기 위해 필요한 광고 확장 유형으로는 사이트 링크 광고 확장, 콜아웃 광고 확장, 구조화된 스니펫(부가정보) 광고 확장, 이미지 광고 확장이 있다.

25

정답 ②

확장소재는 기본적으로 모든 키워드에 노출이 가능하나, 멀티썸네일형은 키워드에 따라 노출이 제한적이다.

26

정답 ④

전화번호, 위치정보, 네이버 예약, 플레이스정보는 유형별로 1개씩 등록 가능하다.

27

정답 ③

카카오는 노출 영역을 선택할 수 있으나, 세부 매체를 제외하는 기능은 없다.

28

정답 ③

집행 기간과 요일, 그리고 시간을 1시간 단위로 설정할 수 있다.

29

정답 ①

신규 키워드의 품질지수 초기값은 0이다.

30

정답 ②

구글 광고시스템에서 키워드에 대한 예상 실적을 확인할 수 있는 도구는 키워드플래너이다.

31

정답 ①

네이버의 광고노출 제한 IP는 최대 600개까지 등록이 가능하다.

32

정답 ①

구글은 그룹이 아니라 캠페인에서 네트워크와 위치, 언어 등의 설정을 통해 노출전략을 설정할 수 있다.

33

정답 ①

신규 등록한 키워드의 네이버 품질지수 기본점수는 4점이다.

34

정답 ③

가중치에 따라 계산된 입찰가의 원 단위값이 있는 경우 올림한 입찰가로 입찰된다. 만약 키워드 기본 입찰가가 100원인 경우 PC 입찰가 가중치가 112%인 경우 100원×1.12=112원은 올림해 120원으로 입찰된다.

35

정답 ①

A사는 차등순위+10원=410원으로 과금되며, D사는 기본 입찰가 70원으로 과금된다.

36

정답 ①

최초 등록 시 네이버는 4에서 시작하고, 카카오는 0에서 시작한다.

37

정답 ①

메인페이지를 랜딩페이지로 하는 것이 늘 효과적인 것은 아니다. 메인페이지보다 키워드와의 관련성이 높은 페이지로 연결하는 것이 더 좋다.

38
정답 ②

$CPS = \dfrac{총광고비}{구매건수}$

상점 A : 구매건수 $= \dfrac{매출액\ 2,000만원}{객단가\ 2만원} = 1,000$건,

$CPS = \dfrac{광고비\ 5,000,000원}{구매건수\ 1,000건} = 5,000$원

상점 B : 구매건수 $= 1,000 \times 20\% = 200$,

총광고비 $= CPC \times 클릭수 = 1,000,000원$,

$CPS = \dfrac{광고비\ 1,000,000원}{구매건수\ 200건} = 5,000$원

39
정답 ④

CPC와 객단가가 동일하다고 가정할 경우 전환율이 N배 상승하면 ROAS는 N배 상승한다.

40
정답 ②

ROAS를 높이는 것이 목표라면 키워드를 일반적으로 상위에 입찰해야 하지만 대표 키워드처럼 지나치게 비용이 큰 키워드는 낮은 순위를 유지해야 ROAS를 높일 수 있다.

41
정답 전자상거래(e-커머스, 온라인 커머스)

상품이나 서비스를 온라인으로 판매하는 것을 말한다. 전자상거래(electronic commerce) 약자로 e-커머스라고도 하며, 온라인 커머스로도 불린다.

42
정답 네이티브 광고(native advertising)

네이티브 광고는 이용하는 콘텐츠 일부처럼 보이도록 하여 관심을 끌고 자연스럽게 이끄는 형태의 광고를 말하며, 유료 프로모션, PPL 등이 포함된다.

43
정답 미디어 믹스(매체 믹스)

미디어 믹스는 두 가지 이상의 마케팅 수단이나 광고를 섞어 집행하는 것으로, 매체나 상품의 특성을 활용하여 보완하거나 시너지를 낼 수 있기에 검색광고 기획에서 매우 중요하다.

44
정답 광고주

광고를 게재하는 주체를 광고주라고 하며, 검색광고 진행을 위해서 광고대행사에 의뢰하여 광고를 집행하거나 매체사의 광고시스템을 통해 직접 운영도 가능하다.

45
정답 파워링크(파워링크 유형)

네이버의 대표적인 검색광고 상품인 파워링크는 선정된 노출 순서에 따라 파워링크 영역에 노출된다.

46
정답 리드(lead)

구글에서는 광고목표로 캠페인 설정 단위에서 리드 생성을 목표로 설정할 수 있으며, 확장소재로 리드 양식을 사용하면 사용자가 내 광고에서 양식을 통해 정보를 바로 제출하도록 함으로써 리드를 생성해 낼 수 있다.

47
정답 5,000원

적정 또는 허용되는 최대 CPC는 ROAS가 100%가 되는 값이다. 그러므로 광고비는 매출액을 넘지 않게 사용해야 한다. 최대허용 CPC = 전환율 $0.1 \times$ 매출이익 50,000원 = 5,000이다.

48
정답 ① 7, ② 4

카카오와 네이버는 검색 사용자와 광고주의 만족을 위해 광고 품질을 평가하고 그 수치를 7단계의 막대 형태로 나타낸다. 네이버는 최초 4단계, 카카오는 최초 0단계가 주어진다.

49
정답 10, 90

카카오 키워드 광고의 과금방식은 차순위 입찰가+10원으로, 차순위 입찰가가 80원일 때 내 과금액은 80원+10원=90원이다.

50
정답 노출 점유율(노출순위)

검색광고 성과 분석 결과 캠페인의 CTR과 클릭 횟수가 적은 경우는 광고소재에 대한 점검과 함께 키워드 입찰 순위가 현저히 낮아 충분한 클릭률을 받지 못하고 있는 것은 아닌지를 점검해야 한다. 이를 위해서는 입찰 단가를 높여 노출 점유율 혹은 노출순위를 조정한다.

51

정답 추적기능(전환트래킹, 전환추적)

추적기능은 클릭된 광고에 대한 정보를 광고주에게 제공하는 기능으로 광고주는 추적 기능을 이용하여 개별 광고 클릭에 대한 정보를 얻을 수 있으며, 마케팅 효율 또는 광고 효율을 높이는 데 활용할 수 있다.

52

정답 제외 키워드

제외 키워드에 등록된 키워드는 광고가 노출되지 않으며, 제외 키워드는 언제든지 설정 및 삭제 가능하다.

53

정답 반응형 검색광고

고객에게 관련성 있는 메시지를 표시하도록 자동으로 조정되는 광고를 말한다. 반응형 검색광고는 최대 15개의 광고제목과 4개의 설명문구를 입력할 수 있으며, 광고마다 자동으로 제목과 설명이 선택되어 여러 방식으로 조합되어 자동 표시된다.

54

정답 500,000원

ROAS=[객단가×전환수(=20,000×0.005)/10,000,000)]×100=500%이므로 객단가는 500,000원이다.

55

정답 1%

위의 표에서 CTR=(클릭수 50,000/노출수 5,000,000)×100=1%, CVR=(구매수 500/클릭수 50,000)×100=1%로 빈칸에 공통으로 들어갈 숫자는 1%이다.

56

정답 250원

키워드 기본 입찰가인 200원에 PC 입찰가 가중치 125%가 반영되면 200×(1.25)=250원으로 입찰된다.

57

정답 400%

ROI=(순이익 800만원/광고비 200만원)×100=400%이다.

58

정답 쇼핑검색광고

네이버 쇼핑의 검색 결과 화면에 상품 이미지와 정보를 노출하는 판매 유도형 검색광고는 쇼핑검색광고이다. 쇼핑검색광고에서 검색어와 연관된 상품 중 유사 스타일별로 상품을 모아 추천되며, 광고를 조회하는 유저의 개인이력에 따라, 유저의 선호상품 또는 동일 성별/연령대 인기상품과의 유사도를 기반으로 상품 스타일이 구분되어 노출되는 것은 쇼핑검색광고 스타일추천이다.

59

정답 1.6%

CVR=(전환수 480/클릭수 30,000)×100=1.6%이다.

60

정답 1,000회

CPM은 광고 1,000회 노출당 비용을 말한다.

PART

06

부록

※ 약관 및 정책은 개정될 수 있으므로 시험 전 업체별 홈페이지를 꼭 확인하시길
   바랍니다.

제1조(목적)

이 약관(이하 "약관"이라고 합니다)은 네이버 주식회사(이하 "회사"라고 합니다)가 제공하는 검색광고 관련 제반 서비스의 이용과 관련하여 "회원"과 "회사" 간에 필요한 사항을 규정함을 목적으로 합니다.

제2조(정의)

"약관"에서 사용하는 용어의 정의는 아래와 같습니다.

① "검색광고"라 함은 키워드와 연계하는 등 "회사"가 정한 방식에 따라 회원이 신청한 광고를 광고매체 이용자에게 보여주는 방식의 인터넷 광고를 의미합니다.

② "검색광고 서비스"(이하 "서비스"라고 합니다)라 함은 "회사"가 제공하는 "검색광고" 및 "검색광고"에 부수되는 제반 서비스를 의미합니다.

③ "프리미엄 로그 분석 서비스"라 함은 "검색광고"에 부수되는 제반 서비스 중 회원이 등록한 웹사이트의 웹로그를 분석한 데이터를 제공하는 서비스를 의미합니다.

④ "광고매체"라 함은 "회사"에 의해 "검색광고"가 게재되는 매체를 의미합니다.

⑤ "검색광고회원"(이하 "회원"이라고 합니다)이라 함은 "서비스"를 이용하기 위해 "약관"에 따라 "회사"와 이용계약을 체결하고 "회사"가 제공하는 "서비스"를 이용하는 이용고객을 의미하며, 아래 각 호와 같이 구분되며, 광고주회원과 기타회원을 통칭하는 경우 "회원"으로 칭합니다.

    1. 광고주회원 : "검색광고"를 통해 자신의 웹사이트, 상품, 서비스 또는 정보 등을 홍보하기 위해 "서비스"를 이용하는 이용고객

    2. 기타회원 : "광고주"의 "서비스" 이용을 대행 또는 지원하기 위해 "서비스"를 이용하는 이용고객

⑥ "네이버 검색광고센터"라 함은 "회원"이 "검색광고"의 신청, 게재, 관리, 취소 등을 위해 "회사"가 제공하는 "서비스" 중 검색광고 관리 서비스를 제공하는 웹사이트를 의미합니다.

⑦ "검색광고회원계정"(이하 "회원계정"이라 합니다)이라 함은 "회원"이 "검색광고"의 신청, 게재, 관리, 취소 등을 하기 위해 "네이버 검색광고센터"를 이용할 수 있도록, "회원"이 등록을 신청하면 "회사"가 "회원"에게 부여하는 식별정보를 의미하며, 아래 각 호와 같이 구분됩니다. 광고주회원계정과 기타회원계정을 통칭하는 경우 "회원계정"으로 칭합니다.

    1. 광고주회원계정 : "광고주회원"에게 부여하는 식별정보

    2. 기타회원계정 : "기타회원"에게 부여하는 식별정보

⑧ "권한설정"이라 함은 "회원"이 지정한 다른 "회원"에게 해당 "회원"의 "회원계정"에의 접근 및 관리 권한의 일부 또는 전부를 위탁하는 것을 의미합니다.

⑨ "광고소재"라 함은 "회원"이 게재 신청하여 "광고매체"에 게재되는 제목, 설명문구, 부가정보, 이미지 등 광고 내용을 의미합니다.

⑩ "비즈머니"라 함은 "검색광고"를 이용하기 위해 사용할 수 있는 충전금으로 "검색광고"의 이용대금은 "비즈머니"를 통해서만 지불 가능합니다. "비즈머니"는 환불이 가능한 유상비즈머니와 환불이 불가능한 무상비즈머니로 구분됩니다.

⑪ "비즈쿠폰"이라 함은 "검색광고"를 이용할 수 있도록 회사가 발행하는 이용쿠폰을 의미합니다. "비즈쿠폰"은 유상비즈머니로 전환이 가능한 유상비즈쿠폰과 무상비즈머니로 전환이 가능한 무상비즈쿠폰으로 구분됩니다.

⑫ "광고매체 이용자"라 함은 "광고매체"를 이용하는 이용자를 의미하며, "광고매체" 운영 주체의 회원 또는 비회원 모두를 포함합니다.

제3조(약관의 게시와 개정)

① "회사"는 "약관"의 내용을 "회원"이 쉽게 알 수 있도록 "네이버 검색광고센터" 초기화면 또는 연결화면을 통하여 게시합니다.

② "회사"는 필요한 경우 관련 법령을 위배하지 않는 범위 내에서 "약관"을 개정할 수 있습니다.

③ "회사"는 "약관"을 개정할 경우 개정내용과 적용일자를 명시하여 "네이버 검색광고센터"에서 적용일자 7일 전부터 적용일자 전일까지 공지합니다. 다만, "회원"에게 불리하게 개정되는 경우 적용일자 30일 전부터 공지합니다.

④ "회사"가 전항에 따라 공지하면서 "회원"에게 적용일자 전일까지 의사표시를 하지 않으면 의사표시가 표명된 것으로 본다는 뜻을 명확하게 공지하거나 제13조에 따른 방법으로 통지하였음에도 "회원"이 명시적으로 거부의 의사표시를 하지 않은 경우 "회원"이 개정 약관에 동의한 것으로 봅니다.

⑤ "회원"은 개정 약관에 동의하지 않는 경우 적용일자 전일까지 "회사"에 거부의사를 표시하고 "회원" 탈퇴를 할 수 있습니다.

제4조(회원 가입)

① "회원" 가입은 "서비스"를 이용하고자 하는 자(이하 "가입신청자"라고 합니다)가 "약관"의 내용에 동의를 한 다음 "회사"가 정한 절차에 따라 가입신청을 하면, "회사"가 이러한 신청에 대하여 승낙함으로써 체결됩니다.

② "프리미엄 로그 분석 서비스"의 이용은 "회원"이 별도의 "프리미엄 로그 분석 서비스" 신청을 하고 "회사"가 이러한 신청에 대하여 승낙을 함으로써 제공됩니다.

③ "회사"는 "가입신청자"의 신청에 대하여 아래 각 호의 사유가 있는 경우에는 승낙을 하지 않을 수 있으며, 가입 이후에도 아래 각 호의 사유가 확인될 경우에는 "광고주" 직권 해지 조치를 할 수 있습니다.

  1. "가입신청자"가 "약관"에 의하여 이전에 "회원" 자격을 상실한 적이 있는 경우

  2. "가입신청사"가 "약관" 위반 등의 사유로 "서비스" 이용제한 중에 "회원" 탈퇴 후 재가입신청을 하는 경우

3. 실명이 아닌 명의 또는 타인의 명의를 기재한 경우

4. 허위 또는 잘못된 정보를 기재 또는 제공하거나 "회사"가 제시하는 사항을 기재하지 않은 경우

5. "가입신청자"의 귀책사유로 인하여 승낙이 불가능하거나 기타 "약관"에서 규정한 제반 사항을 위반하여 신청하는 경우

④ 제1항에 따른 신청에 대하여 "회사"는 전문기관을 통한 실명확인 및 본인인증을 "가입신청자"에게 요청할 수 있습니다.

⑤ "회원" 가입의 성립 시기는 "회사"가 가입 완료를 신청절차상에서 표시하거나, 제13조의 방식에 따른 통지가 "가입신청자"에게 도달한 시점으로 합니다.

제5조(회원계정 관리 의무 등)

① "회원계정"의 아이디와 비밀번호에 대한 관리책임은 "회원"에게 있으며, "회원"은 이를 제3자가 이용하도록 하여서는 안 됩니다.

② "회원"은 아이디 또는 비밀번호가 도용되거나 "권한설정"을 통해 권한을 위탁한 다른 "회원" 이외의 제3자가 자신의 "회원계정"을 이용하고 있음을 안 경우, 이를 즉시 "회사"에 통지하고 "회사"의 안내에 따라야 합니다.

③ "회원"은 가입 신청 시 기재한 사항이 변경되었을 경우 "네이버 검색광고센터"에 접속하여 직접 수정하거나 고객센터를 통하여 "회사"에 변경 사항을 통지하여야 합니다.

④ 사업자등록번호를 기재하여 가입한 "회원"은 휴업 또는 폐업 상태가 되었을 경우 "회사"가 정하는 절차에 따라 "회사"에 정보 수정을 요청하여야 합니다.

⑤ "회원"이 제2항, 제3항, 제4항을 준수하지 않아 발생한 불이익에 대하여 "회사"는 책임을 지지 않습니다.

제6조(권한설정)

① "회원"은 "권한설정"을 통해 다른 "회원"에게 자신의 "회원계정"에의 접근 및 관리 권한의 일부 또는 전부를 위임할 수 있습니다. "권한설정"과 관련된 세부 사항은 광고운영정책에서 정합니다.

② 권한을 위탁한 "회원"의 "회원계정"에서의 권한을 위탁받은 "회원"의 행위는 모두 권한을 위탁한 "회원"의 행위로 인정됩니다.

제7조(개인정보의 보호)

"회사"는 "정보통신망 이용촉진 및 정보보호 등에 관한 법률", "개인정보보호법" 등 관련 법령이 정하는 바에 따라 "회원"의 개인정보를 보호하기 위해 노력합니다. 개인정보의 보호 및 사용에 대해서는 관련 법령 및 "회사"의 개인정보처리방침이 적용됩니다. 다만, "회사"의 공식 사이트 이외의 링크된 사이트에서는 "회사"의 개인정보처리방침이 적용되지 않습니다.

(개인정보보호정책 : http://mktg.naver.com/privacy/privacy.html)

제8조(검색광고 이용계약 체결)

① "검색광고" 이용계약은 "회원"이 "회사"가 정한 절차에 따라 "검색광고" 게재를 신청하고 "회사"가 이를 승낙함으로써 체결되며, "회사"는 구체적인 신청 및 승낙 절차에 대해 "네이버 검색광고센터"를 통해 안내할 수 있습니다.

② "회원"은 반드시 "회사"가 요구하는 양식과 절차를 통해 "검색광고" 게재를 신청해야 합니다. "회사"는 "회원"의 신청에 대해 심사기준, 승낙 여부나 방식 등을 결정할 권한을 가지며, 관련 법령 및 "회사"의 기준에 따라 "회원"에게 신청한 내용의 변경을 요청할 수 있습니다.

③ "회원"의 변경 요청 거절, "회사"의 미승낙 등의 사유로 "검색광고" 이용계약이 체결되지 않은 경우, "회원"은 "회사"에 해당 "검색광고"의 신청을 이유로 지급한 "비즈머니"의 환급 또는 환불을 요청할 수 있습니다.

④ "회원"은 이용계약 체결 후 <u>서비스</u>를 이용하는 중에 "검색광고"의 대상이 된 웹사이트, 상품, 서비스 또는 그 제공자에 변경 사항이 발생한 경우 지체 없이 "회사"에 이를 통지하여 재심사를 받아야 하며, 재심사로 인해 발생하는 불이익은 "회원"이 부담합니다.

⑤ "회원"은 자신이 게재 신청하는 "검색광고"의 "광고소재" 및 "검색광고"의 대상이 된 웹사이트, 상품, 서비스 또는 그 제공자가 관련 법령을 위반하거나 제3자의 권리를 침해하지 않도록 하여야 합니다.

⑥ "회사"가 본 조에 따라 "검색광고" 게재 신청을 승낙한 것이 해당 "검색광고"의 "광고소재" 또는 해당 "검색광고"의 대상이 된 웹사이트, 상품, 서비스 또는 그 제공자가 위법하지 않거나 "회사"의 "약관"이나 광고운영정책, 이용안내 등에 적합함을 최종적으로 보증하거나 보장하는 것은 아니며 승낙 이후에도 "광고소재" 또는 웹사이트, 상품, 서비스 등이 관련 법령 또는 "약관"이나 광고운영정책, 이용안내 등에 위반하는 것이 확인될 경우 "회사"는 제20조에 따라 "검색광고" 이용계약을 해지할 수 있습니다.

⑦ "회사"가 본 조에 따라 <u>"검색광고" 게재 신청을 승낙한 것이 "회원"의 "검색광고"의 게재를 보증하거나 보장하는 것은 아니며, 게재 신청 승낙 이후에도 제10조 제4항 각 호에서 정한 사유에 해당하는 등 "검색광고"</u> 게재가 적절치 않은 경우 등에는 해당 "검색광고"가 게재되지 않을 수 있습니다.

제9조(서비스의 내용)

① "검색광고"는 아래 각 호와 같이 구분됩니다.

  1. <u>검색형 검색광고</u> : "광고매체 이용자"가 "광고매체"에서 질의를 발생시킨 경우, "회원"이 신청하고 "회사"가 승낙한 광고를 "회사"가 정한 방식에 따라 "광고매체"에 게재하는 것을 말합니다.

  2. <u>콘텐츠형 검색광고</u> : "광고매체 이용자"가 "광고매체"를 이용할 경우, "회원"이 신청하고 "회사"가 승낙한 광고를 "회사"가 정한 방식에 따라 "광고매체"에 게재하는 것을 말합니다.

② "회사"는 "검색광고"의 신청 절차 및 게재 영역, 기타 "서비스" 내용 등을 "네이버 검색광고센터"를 통해 안내할 수 있으며 "회원"은 "검색광고" 이용계약 체결 전에 이를 신중히 확인하여야 합니다.

PART 01
PART 02
PART 03
PART 04
PART 05
PART 06

제10조(검색광고의 게재)

① "회사"는 "검색광고"가 게재되는 "광고매체"의 범위 및 "광고매체"에서의 "검색광고" 게재영역, 게재 순서, 게재 정보, 게재 영역의 UI 등(이하 "게재 영역 등"이라고 합니다)에 대한 결정 권한을 가지며, 변경 또는 추가할 수 있습니다.

② "광고매체"의 범위에 변경이 있는 경우 "회사"는 그 변경 전에 "네이버 검색광고센터" 내 게시판에 공지합니다. "회원"은 변경 내용에 동의하지 않을 경우 언제든지 자신의 "회원계정"에서 변경된 내용으로 게재되는 "검색광고"의 노출을 중단할 수 있습니다.

③ "회사"는 수시로 "서비스"의 품질 향상 및 "검색광고"의 효과 증대 등을 위해 일부 트래픽을 대상으로 하는 테스트를 별도의 공지 없이 진행할 수 있습니다.

④ "회사"는 "검색광고"가 아래 각 호에 해당하는 경우 <u>"검색광고"의 게재를 제한하거나 게재되는 "검색광고"의 수</u>를 제한할 수 있습니다. "검색광고"의 게재 및 게재 가능 광고의 수 제한에 대한 구체적인 기준 등에 대해서는 광고운영정책에서 정합니다.

    1. <u>"회사"에 법률적 또는 재산적 위험을 발생시키거나 발생시킬 우려가 있는 경우</u>

    2. <u>"회사" 및 "광고매체"의 명예·평판·신용이나 신뢰도를 훼손하거나 훼손할 우려가 있는 경우</u>

    3. <u>"검색광고", "서비스" 또는 "광고매체"의 품질을 저하시키거나 저하시킬 우려가 있는 경우</u>

    4. <u>"검색광고"의 효과가 현저히 떨어지는 경우</u>

⑤ "광고매체"의 운영 주체가 정당하고 합리적인 이유를 근거로 자신의 "광고매체"에서 특정 "검색광고"의 게재 제한이나 "게재 영역 등"의 변경을 요청하는 경우 "회사"는 해당 "검색광고"의 게재를 제한하거나 "게재 영역" 등을 변경할 수 있습니다. 이 경우 "회사"는 제13조에 따른 방법으로 "회원"에게 통지하며, 사전에 통지할 수 없는 부득이한 사유가 있는 경우 사후에 통지할 수 있습니다.

제11조(서비스의 변경)

① "회사"는 안정적인 "서비스" 제공을 위하여 "서비스"의 내용, 운영상 또는 기술상 사항 등을 변경할 수 있습니다.

② "회사"는 "서비스"를 변경할 경우 변경내용과 적용일자를 명시하여 "네이버 검색광고센터"에서 사전에 공지합니다. 단, "회원"의 권리나 의무 및 "서비스" 이용과 관련되는 실질적인 사항을 변경할 경우 적용일자 7일 전부터 공지하며, "회원"에게 불리한 변경의 경우 적용일자 30일 전부터 공지합니다.

③ "회원"은 "서비스" 변경에 동의하지 않을 경우 "회사"에 거부의사를 표시하고 "회원" 탈퇴를 할 수 있습니다.

제12조(서비스의 중단)

① "회사"는 컴퓨터 등 정보통신설비의 보수점검, 교체, 고장, 장애, 통신두절 또는 운영상 합리적인 사유가 있는 경우 "서비스" 제공을 일시적으로 중단할 수 있습니다.

② 전항의 경우 "회사"는 제13조에 따른 방법으로 "회원"에게 통지합니다. 다만, "회사"가 사전에 통지할 수 없는 부득이한 사유가 있는 경우 사후에 통지할 수 있습니다.

③ "회사"는 제1항에 따른 "서비스" 제공 중단으로 발생한 "회원"의 손해에 대하여 고의 또는 과실이 없는 한 책임을 지지 않습니다.

제13조(회원에 대한 통지)

① "회사"가 "회원"에 대하여 통지를 하는 경우 "약관"에 별도의 규정이 없는 한 "회원"이 제공한 전자우편주소, (휴대)전화번호, 주소, "네이버 검색광고센터" 로그인 시 동의창 등의 수단으로 할 수 있습니다.

② "회사"는 "회원" 전체에 대하여 통지를 하는 경우 7일 이상 "네이버 검색광고센터" 내 게시판에 게시함으로써 전항의 통지에 갈음할 수 있습니다. 다만, "회원"의 "서비스" 이용에 중대한 영향을 주는 사항에 대해서는 전항의 통지 수단 중 2개 이상의 방법으로 통지합니다.

③ "회원"은 "회사"에 실제로 연락이 가능한 전자우편, (휴대)전화번호, 주소 등의 정보를 제공하고 해당 정보들을 최신으로 유지하여야 하며, "회사"의 통지를 확인하여야 합니다.

④ "회원"은 전항의 의무를 소홀히 하여 발생한 불이익에 대해서는 보호받지 못합니다.

제14조(서비스 이용료 등)

① "검색광고"의 서비스 이용료는 대금지급 방식에 따라 정액제와 종량제로 구분되며, "회원"은 각 상품별 특성에 따라 서비스 이용료를 광고의 게재 전에 비즈머니로 충전 또는 지급하여야 합니다.

② "검색광고"의 구매방식은 입찰제와 선착순 등으로 분류되며, "회원"은 "회사"가 정한 절차와 방식에 따라 구매에 참여하여야 합니다.

③ "회원"이 "네이버 검색광고센터" 또는 "회사"가 정한 절차에 따라 "회사"가 "회원"을 대신하여 제3자에게 서비스 이용료 등 "서비스" 이용과 관련한 금원을 세금계산서 발행 등의 방식으로 청구할 것을 요청할 경우 "회사"는 이에 대하여 동의할 수 있습니다. 단, "회사"는 "회원"의 요청을 거절할 수 있습니다.

④ "회원"이 지정한 제3자는 "회사"가 지정한 절차를 준수하여야 하며, "회원"이 지정한 제3자가 서비스 이용료 등 "서비스"와 관련한 금원을 적기에 "회사"에 납부하지 않을 경우 또는 "회사"가 발행한 세금계산서의 수령을 거절할 경우 "회사"는 "회원"에게 세금계산서를 발행하고 해당 금원을 청구할 수 있으며, "회원"은 즉시 "회사"에 납부하여야 합니다. "회원"이 지정한 제3자의 세금계산서 수령 거절 등의 사유로 "회사"에 손해가 발생할 경우 해당 손해에 대해서는 "회원"이 모든 책임을 부담합니다.

⑤ "프리미엄 로그 분석 서비스"의 이용대가는 무상으로 합니다.

제15조(회사의 의무)

① "회사"는 관련 법령과 "약관"을 준수하며, 계속적이고 안정적으로 "서비스"를 제공하기 위하여 최선을 다하여 노력합니다.

② "회사"는 "회원"이 안전하게 "서비스"를 이용할 수 있도록 개인정보(신용정보 포함) 보호를 위하여 보안시스템을 갖추어야 하며 개인정보 처리방침을 공시하고 준수합니다.

PART 01

PART 02

PART 03

PART 04

PART 05

PART 06

③ "회사"는 "회원"이 "서비스"에 등록한 "광고소재" 등을 제2조 제2항의 "서비스" 범위 및 "서비스" 자체의 홍보 목적 등으로 사용할 수 있으며, 필요한 경우 수정·편집하여 활용할 수 있습니다.

④ "회사"는 "서비스" 이용과 관련하여 "회원"으로부터 제기된 의견이나 불만이 정당하다고 인정될 경우 이를 처리하여야 하며, "네이버 검색광고센터" 내 게시판, 전자우편 등을 통하여 "회원"에게 처리과정 및 결과를 전달할 수 있습니다.

⑤ "회사"는 "회원"의 "프리미엄 로그 분석 서비스" 이용에 따른 웹사이트 등록정보, 웹 로그 분석자료(이하 "산출물"이라 한다)를 "회원"의 동의 없이 제3자에게 제공할 수 없습니다. 단, "회원"의 "프리미엄 로그 분석 서비스" 관련 문의에 따라 원활한 "프리미엄 로그 분석 서비스" 설치 및 사용을 위한 상담 등을 위하여 ㈜인컴즈, ㈜컴파트너스 또는 ㈜엔에이치엔데이터에 "산출물"을 제공하는 경우는 예외로 합니다.

제16조(회원의 의무)

① "회원"은 관련 법령, "약관", 광고운영정책, 이용안내 및 "회사"가 공지하거나 통지한 사항 등을 준수하여야 하며, 기타 "회사"의 업무에 방해되는 행위를 하여서는 안 됩니다. (⑩ 회원 웹사이트가 불법정보를 담고 있거나 법령을 위반하는 내용으로 구성하는 경우 등 포함)

② "회원"은 "회원계정"을 "서비스"를 이용하기 위한 용도(⑩ 회원 정보관리, 키워드관리, 이용료결제 등)로만 사용하여야 합니다.

③ "회원"은 어떠한 경우에도 "회사"의 사전 승낙 없이 아래와 같은 행위를 하는 에이전트(agent), 로봇(robot), 스크립트(script), 스파이더(spider), 스파이웨어(spyware) 등의 수단을 제작, 배포, 설치하거나 이를 유도하여서는 안 되며 기타 부정한 방법 등을 통해 아래와 같은 행위를 하거나 그러한 시도를 하여서는 안 됩니다.

   1. "회사"가 제공하지 않는 방식으로 "서비스"에 접속하는 행위
   2. 노출횟수 및 클릭횟수를 부정하게 생성하거나 증가시키는 행위
   3. "회사"의 서버 및 설비 등에 부하를 야기하는 행위
   4. 기타 "서비스"의 정상적인 운영을 방해하는 행위

④ "회원"은 "약관"에 따른 "회사"의 정당한 "서비스"를 제외하고는 "광고매체"의 다른 영역에서 "회원" 또는 제3자의 영업을 홍보하기 위하여 키워드와 관련된 광고 또는 기타의 방법을 통한 광고를 할 수 없습니다.

⑤ "회원"은 구매한 "검색광고" 및 이와 관련된 "서비스" 이용권한을 "회사의 동의없이" 타인에게 대여하거나 양도하여서는 안 되며, 타인이 구매한 "검색광고" 및 이와 관련된 "서비스" 이용권한을 "회사의 동의없이" 대여받거나 양수하여서도 안 됩니다.

⑥ "회원"은 자신의 "회원계정"을 "회사"의 동의 없이 타인의 웹사이트, 상품, 서비스 또는 타인에 관한 정보 등을 광고하기 위한 목적으로 사용하여서는 안 됩니다.

⑦ "회원"은 회원 정보에 회원 및 회원 측의 직원이 아닌 타인의 정보 또는 허위의 정보를 기재해서는 안 됩니다.

⑧ "회원"은 "서비스"에 관한 자료와 입찰 등 게재신청에 대한 정보 등 "서비스" 이용과정에서 취득한 일체의 정보를 "권한설정"을 통한 권한을 위탁하거나 위탁받은 다른 "회원" 이외의 제3자에게 제공, 공개 또는 누설하여서는 안 됩니다.

⑨ "회원"은 "서비스" 제공 또는 본 조 위반여부를 확인하기 위해 "회사"가 자료 또는 접근권한의 제공 및 관련 사실에 대한 소명을 요청하는 경우에는 이에 성실히 임하여야 합니다.

⑩ "프리미엄 로그 분석 서비스"를 이용하는 "회원"은 아래 각호의 행위를 해서는 아니 됩니다.

    1. "회사"의 사전 동의 없이 영리를 목적으로 "프리미엄 로그 분석 서비스"를 이용하는 행위

    2. "프리미엄 로그 분석 서비스"의 내용을 "회사"의 사전 동의 없이 타인에게 제공하거나 변조, 유포하는 행위

    3. "프리미엄 로그 분석 서비스"를 해킹하거나, 이를 이용하여 컴퓨터 바이러스를 유포하는 행위

    4. "프리미엄 로그 분석 서비스"의 운영에 장애를 일으키거나 장애를 일으킬 우려가 있는 행위

⑪ "회원"이 "회사"의 귀책 없이 "약관" 또는 관련 법령을 위반하여 제3자가 "회사"를 상대로 민·형사상 등의 문제를 제기하는 경우 "회원"은 해당 문제해결을 위해 적극 협조하여야 하며, 이와 관련하여 "회사"에 손해가 발생한 경우 손해를 배상합니다.

제17조(검색광고 이용계약의 해지)

① "회원"은 언제든지 "네이버 검색광고센터"에 접속하여 정액제 "검색광고" 이용계약의 해지를 신청할 수 있으며, 이 경우 신청일 다음 날에 해지됩니다.

② "회원"이 전항에 따라 정액제 "검색광고" 이용계약을 해지하는 경우 "회사"는 남은 계약 기간만큼의 서비스 이용료를 환급하여 드립니다.

제18조(비즈머니의 충전, 환불, 소멸 등)

① "비즈머니"는 신용카드와 현금(이하 "현금 등"이라고 합니다)을 통해 충전이 가능합니다. "비즈머니"와 "현금 등"의 교환비율은 일대일(1 : 1)입니다.

② "회사"는 정액제 "검색광고"의 이용계약이 취소 또는 해지될 경우 서비스이용료 등을 "비즈머니"로 환급하여 드립니다. 환급이라 함은 "회원"의 "회원계정"으로 해당 "비즈머니"를 돌려드리는 것을 의미합니다.

③ "회사"는 "회원"이 "서비스" 이용 중단 등을 이유로 "비즈머니"의 환불을 요청하는 경우 "회원계정"에 있는 "유상비즈머니"에 대해 환불합니다. 환불이라 함은 "회원"이 충전한 수단에 따라 카드결제 취소 또는 현금으로 해당 금액을 돌려드리는 것을 의미합니다. 단, 카드 결제 취소의 경우 기 사용한 "서비스" 이용료를 결제한 후에 카드 결제 취소가 가능합니다.

④ "비즈머니"는 마지막으로 충전 또는 이용된 날로부터 5년이 경과하도록 다시 충전 또는 이용되지 않을 경우 상법상의 상사소멸시효에 의해 광고운영정책에서 정하는 바에 따라 소멸될 수 있습니다.

⑤ "회사"는 "비즈머니"로 전환할 수 있는 "비즈쿠폰"을 "회원"에게 발행할 수 있습니다. "회원"은 "비즈쿠폰"에 명시된 기간 및 조건에 따라서만 이를 사용할 수 있으며, 기간 내 미사용 시 해당 "비즈쿠폰"은 소멸됩니다.

PART 01
PART 02
PART 03
PART 04
PART 05
PART 06

제19조(검색광고의 게재기간 등)

① 정액제 "검색광고"의 게재기간에 대한 사항은 아래와 같습니다.

1. "회원"이 신청한 "검색광고"의 게재기간을 변경하고자 할 경우 "회사"의 고객센터로 요청하여야 하며, 휴일에 요청한 건은 휴일 이후 첫 영업일에 접수된 것으로 봅니다.

2. "회원"이 자신의 사유로 "검색광고"의 일시적인 게재중단을 요청한 경우 게재가 중단된 기간은 게재기간에 포함되어 서비스 이용료가 부과됩니다.

3. "회원"의 서비스 이용료 지급 지연, 소명자료 미제출이나 "검색광고"의 심사 미통과, 재심사 등의 사유가 발생한 경우 정액제 "검색광고"는 게재되지 않으며 "검색광고" 이용계약이 취소될 수 있습니다.

② 종량제 "검색광고"의 게재기간에 대한 사항은 아래와 같습니다.

1. "회원"은 언제든지 "네이버 검색광고센터"에 접속하여 "검색광고"의 추가, 삭제, 게재, 게재 중지 등을 신청할 수 있습니다.

2. "회원"이 정상적인 서비스 이용을 위해 "비즈머니"를 사전에 충분히 충전하지 않은 경우 "검색광고"의 게재가 중단될 수 있으며, 이로 인해 발생하는 문제에 대한 책임은 "회원"에게 있습니다.

제20조(이용제한 등)

① "회사"는 "회원"이 관련 법령 및 "약관" 또는 광고운영정책에 따른 의무를 위반하는 경우 "검색광고" 게재 신청 제한, "검색광고" 게재 제한, "서비스" 이용 정지, 제8조에 따라 체결된 "검색광고" 이용계약 해지, 제4조에 따라 등록된 "회원" 직권 해지 등(이하 "이용제한"이라고 합니다)을 할 수 있습니다. "이용제한"의 구체적인 기준 등에 대해서는 광고운영정책 등에서 정합니다.

② "회사"는 제4조 제3항에 따른 승낙 취소 사유가 있는 것을 사후에 발견하였을 경우 "회원"에게 "이용제한"을 할 수 있습니다.

③ "회사"는 제1항 또는 제2항에 따라 "이용제한"을 하는 경우 "회원"이 "회사"와 이용계약을 체결하고 이용하는 "회사"의 다른 서비스(지역광고, 지식쇼핑, 부동산 등)에 대하여도 이용을 제한하거나 이용계약을 해지할 수 있으며 "회사"의 다른 서비스에서 이용이 제한되거나 계약이 해지된 경우 "검색광고" 서비스의 이용을 제한하거나 이용계약을 해지할 수 있습니다.

④ "회사"는 제1항 또는 제2항에 따라 "이용제한"을 하는 경우 제13조에서 정한 방법으로 "회원"에게 통지합니다. 이 경우 "회사"는 "이용제한"을 하기 전에 상당한 기간을 정하여 "회원"에게 이의신청의 기회를 부여하며, 다만 광고운영정책 등에서 정하는 사유가 있을 경우엔 별도의 이의 신청 기간을 부여하지 않을 수 있습니다.

⑤ "회원"은 본 조에 따른 "이용제한"에 대하여 "회사"가 정하는 절차에 따라 이의신청을 할 수 있습니다. "회사"는 "회원"의 이의가 정당하다고 인정할 경우 즉시 "이용제한"을 취소합니다.

⑥ "회원"은 제5조를 준수하지 않아 본 조에 따라 "이용제한"을 받은 경우 "회사"가 정하는 절차에 따라 "회원" 정보를 수정한 후 "이용제한"의 철회를 요청할 수 있습니다.

⑦ "회사"는 정액제 "검색광고"에 대해 "이용제한"을 하는 경우 남은 계약기간 만큼의 서비스 이용료를 환급하여 드립니다.

4. 이용제한 또는 탈퇴 시의 권한설정 처리

① 권한설정을 이용 중인 회원이 이용정지 제재를 받은 경우, 해당 회원이 권한설정을 통해 위탁하거나 위탁받은 권한의 이용이 제한됩니다.

② 이용정지 제재 상태의 회원은 권한설정을 통해 해당 회원에게 권한을 위탁한 다른 회원의 회원계정 접근이 제한됩니다.

③ 이용정지 제재 상태의 회원으로부터 기존에 권한설정을 통해 권한을 위탁받은 다른 회원은 제재 상태 회원의 회원계정 접근이 제한됩니다.

④ 이용정지 제재에 따른 권한 이용의 제한 처리 결과는 광고관리시스템을 통해 확인하실 수 있으며, 시스템상 처리 결과가 반영되는 데에는 수분에서 최대 20분 가량의 시간이 소요될 수 있습니다.

⑤ 권한설정을 이용 중인 회원이 회원탈퇴를 하거나 또는 직권해지 제재를 받은 경우, 권한설정을 통해 해당 회원이 위탁하였거나 또는 위탁받은 권한설정은 철회됩니다.

[회원계정 정보 변경]

1. 통합회원 정보 및 광고 계정 정보변경

① '통합회원' 정보의 변경은 '네이버 통합 광고주센터'에 접속하여 직접 변경하시거나 [온라인 고객센터]를 통하여 변경을 요청할 수 있습니다. '광고 계정' 정보의 변경은 '네이버 검색광고'에 접속하여 직접 변경하시거나 검색광고 [온라인 고객센터] 또는 광고영업 담당자를 통하여 요청하실 수 있습니다.

② 다만, 사업자 광고주에서 개인 광고주로 변경하시는 경우에는 네이버 검색광고에 접속하여 계정 정보를 변경하실 수 없습니다. 이 경우 원칙적으로 개인 광고주의 정보로 새로운 '광고 계정'을 생성하여야 합니다.

③ 회원계정의 정보변경이 완료된 계정에 등록된 사이트에 대해서는 사이트 검수를 실시하여 관련 법령, 약관, 검수기준, 이용안내 등에 부합하지 않는 경우 광고 게재를 제한할 수 있습니다.

④ 매월 첫 영업일로부터 3일 동안은 세금계산서 발행업무로 인하여 정보변경이 불가하며, 따라서 이 기간에 접수된 정보변경 요청은 세금계산서 발행업무 종료 후에 처리됩니다.

[세금계산서 수정재발행]

1. 세금계산서 수정재발행

① 세금계산서의 수정재발행이 필요한 회원은 직접 네이버 검색광고에 접속하여 세금계산서의 수정재발행을 신청하시거나 검색광고 [온라인 고객센터] 또는 광고영업 담당자를 통하여 요청하셔야 합니다.

② 세금계산서의 수정재발행은 해당 분기에 발행된 세금계산서를 대상으로 해당 분기의 '분기 마감' 이전에 신청하셔야 하며, 해당 분기에 발행된 세금계산서를 대상으로 하지 않거나 해당 분기의 '분기 마감' 이후에 신청하신 경우에는 원칙적으로 처리가 불가합니다.

③ 회사는 매분기마다 '분기 마감'에 앞서 회원에게 약관 제13조에 따른 방법으로 '분기 마감'을 통지합니다.

[광고 게재]

1. 광고 게재

① 회원은 네이버 검색광고 플랫폼을 통해 관련 법령, 약관, 검수기준, 이용안내 등에 부합하는 검색광고 게재 신청을 하셔야 합니다.

② 회사는 회원이 게재를 신청한 검색광고의 키워드, 제목, 설명 등에 대해 일정한 방식으로 심사를 하여 게재 여부를 결정하고, 게재 여부에 대해 회원에게 약관 제13조에 따른 방법으로 통지합니다.

③ 회사가 회원의 광고 게재 신청을 승낙한 것이 해당 검색광고 또는 해당 검색광고의 대상이 된 사이트 등이 위법하지 않거나 약관, 검수기준, 이용안내 등에 적합함을 최종적으로 보증하거나 보장하는 것은 아니며, 따라서 광고 게재를 승낙한 이후에도 검색광고 또는 해당 검색광고의 대상이 된 사이트 등이 관련 법령 또는 약관, 검수기준 등을 위반하는 것이 확인될 경우 회원에게 수정을 요청하거나 광고게재 중단, 서비스 이용정지, 회원 직권 해지 등의 조치를 취할 수 있습니다.

2. 광고 수정요청 및 재게재

① 회사는 검색광고 또는 해당 검색광고의 대상이 된 사이트 등이 관련 법령 또는 약관, 검수기준 등을 위반하는 것이 확인될 경우 회원에게 일정한 기간을 정하여 수정을 요청할 수 있습니다.

② 수정 요청을 받은 회원은 정해진 기간까지 검색광고 또는 해당 검색광고의 대상이 된 사이트 등이 관련 법령 또는 약관, 검수기준 등을 위반하지 않도록 수정을 해주셔야 하며, 수정하지 않으셔서 발생하는 불이익은 광고주님께서 부담하셔야 합니다.

③ 관련 법령 또는 약관, 검수기준 등을 위반하는 사유를 해소하신 회원은 네이버 검색광고를 통해 검색광고 게재신청을 하실 수 있으며, 회사는 해당 검색광고의 게재 여부에 대해 회원에게 약관 제13조에 따른 방법으로 통지합니다.

[광고 게재제한]

일정한 검색광고가 다음의 각 항목 중 어느 하나에 해당할 경우, 해당 검색광고의 게재를 제한하거나 게재되는 검색광고의 수를 제한할 수 있습니다.

1. 광고 게재제한 사유

① 회사에 법률적 또는 재산적 위험을 발생시키거나 발생시킬 우려가 있는 경우

  * 검색광고가 관련 법령을 위반하는 사이트로 연계됨으로써 회사가 민·형사적 책임을 부담할 가능성이 있는 경우

  * 검색광고가 관련 법령을 위반하는 회원의 영업행위 등에 연계됨으로써 회사가 민·형사적 책임을 부담할 가능성이 있는 경우

[대표적 사례들]
- 온라인 도박 서비스 제공 확인 시 광고게재제한
- 이미테이션 제품 판매 확인 시 광고게재제한
- 웹하드등록제에 따른 미등록 P2P 사이트로 확인 시 광고게재제한
- 흥신소/심부름센터 사이트 내에서 개인사생활 조사 등의 서비스 제공 확인 시 광고게재제한
- 출장 안마/마사지 서비스 제공 확인 시 광고게재제한(성매매 연계 개연성)
- 경마/경정/경륜 경주에 대한 예상정보 제공 확인 시 광고게재제한(불법 사설경주 운영 개연성)
- 의료기관이 아닌데 문신/반영구 시술 서비스 제공이 확인되는 경우 광고게재제한

② 회사 및 광고매체의 명예·평판·신용이나 신뢰도를 훼손하거나 훼손할 우려가 있는 경우
  * 검색광고가 관련 법령을 위반하지는 않더라도 도의적으로 비난의 대상이 되거나 사회 일반의 정서에 반하는 회원의 영업행위에 연계됨으로써 회사의 명예·평판·신용·신뢰도가 훼손될 가능성이 있는 경우
  * 검색광고가 관련 법령을 위반하지는 않더라도 도의적으로 비난의 대상이 되거나 사회 일반의 정서에 반하는 광고주의 영업행위에 연계됨으로써 회사의 명예·평판·신용·신뢰도가 훼손될 가능성이 있는 경우
  * 검색광고가 관련 법령을 위반하지는 않더라도 도의적으로 비난의 대상이 되거나 사회 일반의 정서에 반하는 사이트에 연계됨으로써 광고매체의 명예·평판·신용·신뢰도가 훼손될 가능성이 있는 경우
  * 검색광고가 관련 법령을 위반하지는 않더라도 도의적으로 비난의 대상이 되거나 사회 일반의 정서에 반하는 회원의 영업행위에 연계됨으로써 광고매체의 명예·평판·신용·신뢰도가 훼손될 가능성이 있는 경우

[대표적 사례들]
- 자위기구 판매 광고로 확인 시 광고게재제한
- 유흥업소 직업정보 제공 광고로 확인 시 광고게재제한
- 성인화상채팅 서비스 제공 확인 시 광고게재제한
- 애인대행 서비스 제공 확인 시 광고게재제한
- 흥신소 및 심부름센터 광고의 네이버 웹툰/블로그 광고노출 제한

③ 검색광고, 서비스 또는 광고매체의 품질을 저하시키거나 저하시킬 우려가 있는 경우
  * 검색광고가 관련성이 지나치게 떨어지는 사이트에 연계됨으로써 검색광고 서비스의 품질을 떨어뜨릴 가능성이 있는 경우
  * 검색광고가 관련성이 지나치게 떨어지는 사이트에 연계됨으로써 광고매체의 서비스 품질을 떨어뜨릴 가능성이 있는 경우
  * 검색광고로 신청된 키워드 자체가 회원들의 사이트나 영업행위 등에 관련성 있게 연계될 가능성이 거의 없는 경우

PART 01
PART 02
PART 03
PART 04
PART 05
PART 06

* 검색광고가 게재되는 키워드와 광고소재, 키워드와 랜딩페이지, 광고소재와 랜딩페이지, 키워드와 광고소재와 랜딩페이지 간 관련성이 낮아 검색광고 서비스의 품질을 떨어뜨릴 가능성이 있는 경우

　　* 검색광고가 게재되는 키워드와 광고소재, 키워드와 랜딩페이지, 광고소재와 랜딩페이지, 키워드와 광고소재와 랜딩페이지 간 관련성이 낮아 광고매체의 서비스 품질을 떨어뜨릴 가능성이 있는 경우

　　* 검색광고가 게재되는 키워드에 대한 검색사용자의 탐색니즈와 해당 키워드에 게재된 검색광고의 업종/카테고리 등 간의 관련성이 낮아 검색광고 서비스의 품질을 떨어뜨릴 가능성이 있는 경우

　　* 검색광고가 게재되는 키워드에 대한 검색사용자의 탐색니즈와 해당 키워드에 게재된 검색광고의 업종/카테고리 등의 관련성이 낮아 광고매체의 서비스 품질을 떨어뜨릴 가능성이 있는 경우

　　[대표적 사례들]
　　– 구매한 키워드와 관련된 상품, 서비스, 정보 등에 관한 단순 소개(예 명칭, 이미지, 연락처 등의 나열 등)만 확인되는 경우
　　– 구매한 키워드와 광고소재, 랜딩페이지 간의 충분한 관련성이 확인되지 않는 경우
　　– 구매한 키워드에 대한 검색사용자의 탐색니즈 등 고려 시, 업종/카테고리 등의 관련성이 낮은 경우

　④ 검색광고의 효과가 현저히 떨어지는 경우
　　* 검색광고가 광고매체에서 노출되는 횟수가 지나치게 적은 경우
　　* 검색광고가 광고매체에서 노출되기는 하나 광고매체 이용자의 클릭률이 지나치게 낮은 경우

　⑤ 광고매체의 운영 주체가 정당하고 합리적인 이유를 근거로 자신의 광고매체에서의 검색광고 게재 제한 등을 요청하는 경우

2. 광고 게재제한 절차

　① 회사는 광고매체의 요청에 의해 일정한 검색광고의 게재 제한 등을 하는 경우 회원에게 약관 제13조에 따른 방법으로 통지합니다.

　② 광고매체의 요청에 의해 일정한 검색광고의 게재 제한 등을 하는 경우 원칙적으로 검색광고 게재 제한 등의 조치를 취하기 전에 회원에게 통지하며, 다만 광고매체가 긴급한 사정을 이유로 시급히 요청해 왔을 경우에는 부득이 게재 제한 등의 조치를 취한 후에 회원에게 통지할 수 있습니다.

[이용제한]

1. 이용제한 조치

　① 회사는 회원이 관련 법령 및 약관 또는 광고운영정책에 따른 의무를 위반하는 경우 검색광고 게재 신청 제한, 검색광고 게재 제한, 검색광고 서비스 이용 정지, 검색광고 이용계약 해지, <u>검색광고 회원 및 광고 계정 직권 해지</u> 등을 할 수 있습니다.

4. 부정경쟁행위의 금지

① 회사는 『부정경쟁방지 및 영업비밀의 보호에 관한 법률』상의 "부정경쟁행위"의 존재 여부 및 그 범위에 관하여 임의로 판단하지 않으며, 아울러 "부정경쟁행위"로부터 회원 등을 사전에 보호하거나 동 행위의 중단을 요청하지 않습니다.

② 회사는 일정한 회원의 광고 게재 등이 "부정경쟁행위"에 해당한다는 법원의 판결문, 기타 관련 국가기관의 유권해석 등이 제출되는 경우 지체 없이 해당 광고의 게재를 중단할 수 있습니다.

[부칙]

1. 본 운영정책은 2023년 10월 11일부터 시행됩니다.
2. 2023년 10월 05일부터 시행되던 종전의 운영정책은 본 운영정책으로 대체됩니다.

※ 출처 : https://saedu.naver.com/adguide/policy/policy.naver

PART 01
PART 02
PART 03
PART 04
PART 05
PART 06

CHAPTER 03 > 카카오 검색광고 집행기준 및 준수사항

[집행기준]

1. 용어의 정의

1) 본 문서에서 별도로 명시하지 않는 한, 비즈채널은 사이트를 뜻합니다.
2) 연결화면 : 랜딩페이지, 광고소재에 등록한 '랜딩URL'로 연결되는 페이지를 뜻합니다.
3) 키워드 : 키워드광고를 진행하기 위해 구매하는 키워드를 뜻합니다.
4) 광고소재 : 광고를 구성하는 모든 요소를 의미합니다.

2. 집행기준

1) 광고주의 사이 및 광고주가 제작한 광고소재를 검토하여 '카카오 키워드광고 심사정책'에 맞지 않을 경우 수정을 요청할 수 있으며, 당사 정책에 따라 특정 광고주의 가입 요청 또는 특정 광고물의 게재 요청을 거절할 수 있습니다.
2) 법정사전심의 대상인 광고는 해당기관의 사전심의를 받은 경우에만 광고집행이 가능합니다.
3) 사회적인 이슈가 될 가능성이 있거나 이용자의 항의가 심할 경우, 집행 중인 광고라도 수정을 요청하거나 중단할 수 있습니다.
4) 원칙적으로 한글과 영어로 구성된 사이트만 광고할 수 있으며, 그 외의 언어로 구성된 사이트는 광고가 제한될 수 있습니다.
5) 카카오는 '카카오 키워드광고 심사정책'에 따라 광고주, 광고소재, 연결화면, 연결화면 자체의 유효성, 적합성, 연관성 등을 검수하고, 위배되는 내용이 있을 시에는 광고의 게재를 거부하거나 광고를 수정요청할 수 있습니다.
6) 카카오에서 제공하는 개별 서비스의 운영원칙/약관에 따라 특정 광고주의 가입 또는 특정 광고물의 게재가 제한될 수 있습니다.

3. 광고심사

1) 심사 대상
   (1) 광고주가 등록한 비즈채널 사이트에 대한 심사를 진행합니다.
   (2) 광고주가 등록한 키워드, 광고소재 및 랜딩URL을 통해 연결되는 화면에 대한 적합성 여부를 심사합니다.

(3) 연결화면에서의 여러 행위들이 정상적으로 작동하고 있는지 여부를 심사합니다.

2) 심사 프로세스

(1) 광고심사는 광고주가 등록한 사이트와 키워드, 광고소재가 카카오 키워드광고 심사정책에 따라 노출이 가능한지 심사하는 과정입니다.

(2) 입력한 정보와 실제 정보의 일치 여부, 업종별 서류 확인, 업종 확인, 사이트 판단, 기타 여러 운영정책에서 정하는 바를 심사하여 광고 가능 여부를 판단합니다.

(3) 카카오는 등록한 키워드 및 광고소재와 랜딩 URL의 연관성, 카카오 키워드광고 심사정책의 부합 여부, 완성도, 기타 여러 운영정책에서 정하는 바를 심사하여 광고노출 여부를 판단합니다.

(4) 심사는 광고의 최초 등록 시 및 광고소재 수정 시 실시되며, 심사승인 이후에도 카카오 키워드광고 심사정책 및 개별 서비스 운영원칙/약관에 따라 광고노출이 보류, 중단될 수 있습니다.

4. 광고 금지 행위

1) 다음 금지 행위가 확인되는 경우 당사 정책 및 기준, 카카오 키워드광고 심사정책 위반 여부와 상관없이 광고에 대하여 임의 수정, 취소, 중단 등의 조치를 취할 수 있습니다.

(1) 카카오에서 제공하는 방식이 아닌, 다른 방식으로 서비스에 접속하여 이용하는 행위

(2) 노출/클릭과 같이 광고의 성과를 변경하거나 부정하게 생성시키는 경우

(3) 회사의 이익에 반하는 광고 등을 노출하여, 회사에 피해를 발생시키는 경우

(4) '카카오 키워드광고 심사정책', 개별 서비스 운영 원칙/약관, 관계 법령을 빈번하고 상습적으로 위반하는 경우

(5) 카카오의 정당한 광고 수정 등에 응하지 않는 경우

(6) 고의적으로 카카오 키워드광고 심사정책, 개별 서비스 운영원칙/약관, 관계 법령을 악용하는 경우

(7) 기타 카카오가 판단함에 있어 서비스의 이용을 방해하는 경우

2) 1)항의 내용이 확인되어 광고주의 이용 자격이 제한되는 경우 면책을 주장할 수 없으며, 집행된 기간에 상응한 환불, 보상 또는 광고기간의 제공을 요구할 수 없습니다.

[카카오 서비스 보호]

1. 카카오 서비스 및 디자인 모방/침해 금지

1) 카카오 서비스의 이미지를 손상시킬 수 있는 내용의 경우 광고집행이 불가합니다.

2) 카카오의 로고, 상표, 서비스명, 저작물 등을 무단으로 사용하는 경우 광고집행이 불가합니다. (단, 카카오와 사전협의 후 사용한 경우에는 광고집행이 가능합니다.)

3) 광고가 아닌 카카오 서비스 내용으로 오인될 가능성이 높은 내용은 광고집행이 불가합니다.

PART 01
PART 02
PART 03
PART 04
PART 05
PART 06

2. 업무방해

1) 본인 또는 제3자를 광고하기 위해 카카오의 이용약관, 개별 서비스의 운영원칙/약관 등에 위반하는 행위를 하거나 이를 유도하는 경우에는 광고집행이 불가합니다.

2) 관련 법령, 카카오의 이용약관, 개별 서비스의 운영원칙/약관 등을 위반하여 카카오 서비스에 부당하게 영향을 주는 행위를 하거나 이를 유도하는 사이트는 광고집행이 불가합니다.

[인터넷/모바일 이용자의 사용성]

1. 인터넷/모바일 이용자 방해

1) 다음과 같이 인터넷/모바일 이용자의 인터넷 이용을 방해하거나 혼동을 유발할 수 있는 경우 광고집행이 불가합니다.

    (1) 이용자의 의도와 상관없이 사용자의 환경을 변화시키는 경우

    (2) 사이트 또는 어플이 정상적으로 종료가 되지 않은 경우

    (3) 사이트를 종료하면 다른 인터넷 사이트로 연결하는 경우

    (4) 사이트 접속 시 Active X 등 기타 프로그램 유포를 통하여 팝업 광고 및 사이트로 연되는 경우

    (5) 스파이웨어를 통한 개인정보의 수집, 사용자 디바이스에 대한 임의의 행위를 일으키는 경우

    (6) 사이트로부터 본래의 인터넷 사이트로 되돌아가기를 차단하는 경우

    (7) 특정 컴퓨터 또는 모바일 디바이스 환경에서(특정 프로그램을 설치해야)만 그 내용을 확인할 수 있는 경우

    (8) 인터넷 이용자의 동의 없이 바로가기를 생성하는 경우

    (9) 시각적 피로감을 유발할 수 있는 과도한 떨림 또는 점멸효과를 포함하는 경우

    (10) 시스템 또는 네트워크 문제나 오류가 있는 것처럼 표현한 경우

    (11) 과도한 트릭으로 인터넷 이용자가 혼란을 일으킬 수 있는 경우

    (12) 클릭을 유발하기 위한 허위 문구 및 기능을 사용하는 경우(마우스포인트, 사운드/플레이 제어 버튼 등

    (13) 카카오 서비스의 접속 등 통상적인 서비스 이용을 방해하는 경우

    (14) 이용자의 개인정보를 강제로 수집하는 경우

2. 인터넷/모바일 이용자 피해

1) 다음과 같이 인터넷/모바일 이용자에게 피해를 주는 경우 광고집행이 불가합니다.

    (1) 사이트의 관리/운영자와 연락이 되지 않는 등 상당한 기간 동안 정상적으로 운영되지 않는 사이트

    (2) 신용카드 결제나 구매 안전 서비스에 의한 결제가 가능함에도 현금 결제만 유도/권유하는 사이트

    (3) 상당한 기간 내에 상품/서비스를 제공하지 않거나, 정당한 이유 없이 환불을 해주지 않는 사이트

    (4) 국가기관이나 한국소비자원, 서울특별시 전자상거래센터 및 이에 준하는 기관과 언론사에서 이용자에게 피해를 유발하고 있다고 판단하거나 보도한 사이트

- 공정거래위원회 민원 다발 쇼핑몰 공개
- 서울시 전자상거래센터 사기 사이트 공지/보도

(5) 카카오 이용자로부터 피해 신고가 다수 접수된 업체 및 사이트

[현행법 및 윤리 기준 준수]

1. 카카오 이용자가 제품이나 서비스에 대한 올바른 정보를 제공받지 못하여 합리적인 구매 행위를 하지 못할 뿐만 아니라, 구매 행위를 하지 않더라도 광고 자체의 내용을 잘못 받아들일 가능성이 있는 표현이 확인되는 경우 광고집행이 불가합니다.

1) 「표시 · 광고의 공정화에 관한 법률」 제3조 및 동법 시행령 제3조에 따라 공정한 거래 질서를 해칠 우려가 있는 광고는 광고집행이 불가합니다.

2) 카카오 키워드광고 심사정책은 한국온라인광고협회의 「인터넷광고심의규정」 제6조에 따라 인간의 생명, 존엄성 및 문화의 존중을 위한 온라인광고 자율권고 규정을 준수하며 이를 위반하는 경우 광고집행이 불가합니다.

3) 다음에 해당하는 콘텐츠/상품/서비스가 비즈채널, 광고소재 또는 연결화면에서 확인되는 경우 광고집행이 불가합니다.

2. 현행법 및 주요 권고 사항

1) 카카오 서비스 이용자의 안전과 정서를 해치는 광고로서 현행 법령에 위배되는 내용은 광고집행이 불가합니다.

2) 광고 사이트 및 실제로 판매하는 제품, 제공되는 서비스는 관련된 모든 법률과 규정을 준수해야 합니다.

3) 정부기관 및 이에 준하는 협회/단체의 주요 권고사항에 의거하여 특정 광고를 제한할 수 있습니다.

4) 소송 등 재판에 계류 중인 사건 또는 국가기관에 의한 분쟁조정이 진행 중인 사건에 대한 일방적 주장이나 의견은 광고집행이 불가합니다.

3. 선정/음란 광고

1) 과도한 신체의 노출이나 성적 수치심을 불러일으킬 수 있는 음란/선정적인 내용은 광고집행이 불가합니다.

2) 강간 등 성폭력 행위를 묘사하는 내용은 광고집행이 불가합니다.

4. 폭력/혐오/공포/비속 광고

1) 과도한 폭력이나 공포스러운 표현을 통해 지나친 불안감을 조성할 수 있는 내용은 광고집행이 불가합니다.

2) 폭력, 범죄, 반사회적 행동을 조장하는 내용은 광고집행이 불가합니다.

3) 혐오감을 불러 일으킬 수 있는 내용은 광고집행이 불가합니다.

(예 오물, 수술장면, 신체 부위 일부를 확대하는 경우 등)

PART 01
PART 02
PART 03
PART 04
PART 05
PART 06

4) 과도한 욕설, 비속어 및 저속한 언어를 사용하여 불쾌감을 주는 내용은 광고집행이 불가합니다.

5. 허위/과장 광고

1) '허위/과장 광고'란 광고하는 내용과 제품, 서비스의 실제 내용이 다르거나 사실을 지나치게 부풀림으로써 소비자의 합리적인 선택을 방해하는 광고를 의미합니다.

2) 허위의 사실로서 사회적 혼란을 야기할 수 있는 내용은 광고집행이 불가합니다.

3) 거짓되거나 확인되지 않은 내용을 사실인 것처럼 표현하는 내용은 광고집행이 불가합니다.

4) 중요한 정보를 생략하거나, 부분적인 사실을 강조하여 사람들을 잘못 오인하게 할 수 있는 내용은 광고집행이 불가합니다.

5) 광고주 및 캠페인 목적과 관련성이 낮은 내용을 통해 이용자를 유인하는 경우는 광고집행이 불가합니다.

6) 인터넷 이용자가 실제 발생한 사실로 오인할 수 있도록 하는 표현은 광고집행이 불가합니다.

6. 기만적인 광고

1) '기만적인 광고'란 소비자에게 알려야 하는 중요한 사실이나 정보를 은폐, 축소하는 등의 방법으로 표현하는 광고를 의미합니다.

2) 소비자가 반드시 알아야 할 정보 등 소비자의 구매 선택에 있어 중요한 사항에 관한 정보의 전부 또는 일부에 대하여, 소비자가 인식하지 못하도록 표기하거나, 아예 누락하여 표기하지 않은 경우 광고집행이 불가합니다.

3) 소비자가 반드시 알아야 할 정보를 은폐 또는 누락하지 않고 표시하였으나 지나치게 생략된 설명을 제공하는 방법으로 표시한 경우 광고집행이 불가합니다.

4) 광고 내용이 사실과 다르거나, 이벤트가 종료된 후에도 계속해서 집행하는 경우는 허용되지 않습니다.

7. 부당한 비교 광고

1) '부당한 비교 광고'란 비교 대상 및 기준을 명시하지 아니하거나 객관적인 근거 없이 자신 또는 자신의 상품, 용역을 다른 사업자(사업자 단체, 다른 사업자 등 포함)의 상품 등과 비교하여 우량 또는 유리하다고 표현하는 광고를 의미합니다.

2) 비교 표시 광고의 심사기준은 공정거래위원회 예규 제153호를 기준으로 심사하며, 해당 기준에 위배되는 경우 광고집행이 불가합니다.

8. 비방 광고

1) '비방 광고'란 다른 사업자, 사업자 단체 또는 다른 사업자 등의 상품/용역에 관하여 객관적인 근거가 없는 내용으로 광고하거나, 불리한 사실만을 광고하여 비방하는 것을 의미합니다.

2) 사실유무와 관계없이 다른 업체의 제품을 비방하거나, 비방하는 것으로 의심되는 경우 광고집행이 불가합니다.

9. 추천/보증 광고

1) 추천 · 보증 등을 포함하는 콘텐츠 사용하는 경우 공정거래위원회의 「추천 · 보증 등에 관한 표시 · 광고 심사지침」을 반드시 준수해야 합니다.

2) 추천 · 보증 등의 내용이 '경험적 사실'에 근거한 경우에는 당해 추천 · 보증인이 실제로 경험한 사실에 근거해야 합니다.

3) 광고주와 추천 · 보증인 사이의 경제적 이해관계가 있는 경우 이를 명확하게 표시해야 합니다.

4) 표시 문구(추천 · 보증 광고 표시, 광고주와의 고용 관계 및 경제적 이해 관계 표시)를 적절한 문자 크기, 색상 등을 사용하여 소비자들이 쉽게 인식할 수 있는 형태로 표현해야 합니다.

5) 이외 내용은 '공정거래위원회'의 「추천 · 보증 등에 관한 표시 · 광고 심사지침」을 따릅니다.

10. 타인 권리 침해

1) 개인정보 유포 등 사생활의 비밀과 자유를 침해할 우려가 있는 내용은 광고할 수 없습니다.

2) 지적 재산권(특허권/실용신안권/디자인권/상표권/저작권 등) 및 초상권 등 타인의 권리를 침해하는 경우 광고집행이 불가합니다.

3) 다음의 경우 타인의 권리를 침해하는 광고로 판단합니다.

    (1) 해당 연예인과의 계약관계 또는 동의 없이 사진 또는 성명 등을 사이트 또는 광고소재에 사용하는 경우

    (2) 저작권자와의 계약관계 또는 동의 없이 방송, 영화 등 저작물의 캡처 이미지를 사이트 또는 광고소재에 사용하는 경우

    (3) 저작물 콘텐츠의 무단 복제 및 컴퓨터 프로그램의 크랙(Crack) 등을 제공하거나 판매하는 경우

    (4) 이용자의 행위 없이 자동으로 게임을 실행할 수 있도록 도와주는 오토마우스(오토플레이) 프로그램을 판매하거나 관련 정보를 공유하는 경우

    (5) 위조상품(이미테이션)을 판매하는 경우

    (6) 기타 타인의 권리를 침해하는 경우

4) 화폐 도안을 무단으로 사용하는 행위는 「저작권법」에 의해 금지되며, 광고에 무단으로 사용될 경우에는 광고집행이 불가합니다.

11. 이용자(소비자)가 오인할 수 있는 표현

1) 성분, 재료, 함량, 규격, 효능 등에 있어 오인하게 하거나 기만하는 내용

2) 부분적으로 사실이지만 전체적으로 인터넷 이용자가 오인할 우려가 있는 내용

3) 객관적으로 인정받지 못하거나 확인할 수 없는 최상급의 표현

4) 난해한 전문용어 등을 사용하여 인터넷 이용자를 현혹하는 표현

5) 제조국가 등에 있어서 인터넷 이용자가 오인할 우려가 있는 표현

PART 01

PART 02

PART 03

PART 04

PART 05

PART 06

12. 보편적 사회정서 침해

1) 인간의 생명 및 존엄성을 경시하는 내용은 광고집행이 불가합니다.

2) 공중도덕과 사회윤리에 위배되는 내용은 광고집행이 불가합니다.

3) 국가, 국기 또는 문화유적 등과 같은 공적 상징물을 부적절하게 사용하거나 모독하는 표현은 광고집행이 불가합니다.

4) 도박 또는 지나친 사행심을 조장하는 내용은 광고집행이 불가합니다.

5) 미신숭배 등 비과학적인 생활 태도를 조장하거나 정당화하는 내용은 광고집행이 불가합니다.

6) 의학 또는 과학적으로 검증되지 않은 건강비법 또는 심령술은 광고집행이 불가합니다.

7) 출신(국가, 지역 등) · 인종 · 외양 · 장애 및 질병 유무 · 사회 경제적 상황 및 지위 · 종교 · 연령 · 성별 · 성 정체성 · 성적 지향 또는 기타 정체성 요인 등을 이유로 인간으로서의 존엄성을 훼손하거나, 폭력을 선동하거나, 차별 · 편견을 조장하는 내용은 광고집행이 불가합니다.

8) 자살을 목적으로 하거나 이를 미화/방조하여 자살 충동을 일으킬 우려가 있는 내용은 광고집행이 불가합니다.

9) 범죄, 범죄인 또는 범죄단체 등을 미화하는 내용은 광고집행이 불가합니다.

10) 용모 등 신체적 결함 및 약점 등을 조롱 또는 희화화하는 내용은 광고집행이 불가합니다.

11) 다른 민족이나 다른 문화 등을 모독하거나 조롱하는 내용은 광고집행이 불가합니다.

12) 사회 통념상 용납될 수 없는 과도한 비속어, 은어 등이 사용된 내용은 광고집행이 불가합니다.

13) 저속/음란/선정적인 표현이 포함되거나 신체 부위를 언급하는 방법 등으로 성적 충동을 유발할 수 있는 내용은 광고집행이 불가합니다.

14) 기타 보편적 사회정서를 침해하거나 사회적 혼란을 야기할 우려가 있는 내용은 광고집행이 불가합니다.

13. 청소년 보호

1) 「청소년 보호법」에 따라 '청소년 유해 매체물' 및 '청소년 유해 약물'로 고시된 사이트, 매체물은 청소년 유해 매체물의 표시방법 및 청소년접근제한조치(성인인증 절차)에 따라 연령 확인을 통하여 미성년자가 구매할 수 없어야 합니다.

　(1) 청소년유해매체물이란 여성가족부가 청소년에게 유해한 것으로 결정하여 고시한 사이트 및 매체물을 뜻합니다(「청소년 보호법」 제7조 및 제9조).

　(2) 청소년 유해 매체물로 고시되지 않았다 하더라도 해당 사이트 접근 시 청소년접근제한조치(연령 확인 및 청소년 이용 불가 표시)가 확인되는 경우 청소년 유해 매체물로 판단하여 본 기준을 적용합니다.

2) 청소년 유해 매체물의 표시방법(방송통신위원회 고시 제2015-17호 참조)

　(1) 청소년 유해 문구

　　① 「정보통신망 이용촉진 및 정보보호 등에 관한 법률」 및 「청소년 보호법」에 따라 19세 미만의 청소년이 이용할 수 없습니다.

(2) 청소년 유해로고

    ① 컬러 매체의 경우 적색 테두리의 원형 마크 안에 '19'라는 숫자를 백색 바탕에 흑색으로 표시

    ② 흑백 매체의 경우 흑색이 아닌 바탕에 흑색 테두리의 원형 마크 안에 '19'라는 숫자를 흑색으로 표시

(3) 유해 로고와 유해 문구는 화면 전체의 1/3 이상의 크기로 상단에 표시해야 합니다.

(4) 일반 사이트로 연결되는 19세 미만 나가기 기능을 구비해야 합니다.

(5)「청소년 보호법」제17조 규정에 의한 상대방 연령 및 본인 여부 확인 기능을 구비해야 합니다.

※ 출처 : https://kakaobusiness.gitbook.io/main/ad/searchad/keywordad/ad-audit

PART 01

PART 02

PART 03

PART 04

PART 05

PART 06

CHAPTER 04 › 카카오 제한업종

1. 공통

1) 카카오 정책에 따라 아래 업종과 유사하다고 판단되는 경우 광고의 게재 거부 혹은 중단될 수 있음

2) 카카오의 개별 서비스의 운영원칙/약관에 따라 해당 업종 외에도 광고집행이 불가할 수 있음

3) 허가받은 운영업자로서 광고집행이 가능하더라도, 카카오 내부 정책에 따라 광고집행이 불가할 수 있음

2. 담배/주류사이트

1) 담배, 주류를 판매하거나 이를 중개하는 사이트

2) 담배, 주류 등을 판매하는 사이트로의 접속을 유도하는 배너, 링크 등을 가진 사이트

3) 청소년에게 담배, 주류 등을 권장하거나 호기심을 유발시킬 수 있는 내용을 포함하는 사이트

3. 성인사이트

1) 성인방송, 성인커뮤니티, 성인용품

   ① 성인방송, 성인커뮤니티, 성인용품 및 이와 유사한 서비스 및 정보를 제공하는 사이트

   ② 성인방송, 성인커뮤니티, 성인용품 및 이와 유사한 서비스를 제공하는 사이트로의 직접적인 접속을 유도하는 배너, 링크 등을 가진 사이트

2) 성인 화상채팅

   ① 여성가족부에서 청소년유해매체물로 고시(청소년보호위원회 고시 제2008-148호)한 성인 화상채팅 및 애인 대행 사이트

   ② 성인 화상채팅 및 애인 대행 사이트로의 직접적인 접속을 유도하는 배너, 링크 등을 가진 사이트

3) 출장 마사지

   ① 출장 마사지, 전립선 마사지 등을 제공하는 안마 및 스포츠마사지 사이트

   ② 출장 마사지, 전립선 마사지 등과 관련된 안마 및 스포츠마사지 구인·구직 정보를 제공하는 사이트

4) 유흥업소

   ① 룸살롱, 단란주점, 가라오케 등을 홍보하거나 관련된 직업정보를 제공하는 사이트

   ② 성매매 알선 또는 암시하는 소개 등 직업정보를 제공하는 사이트(고시 제 2010-34호)

4. 사행산업사이트

사행산업통합감독위원회법 제2조에서 사행산업으로 규정하고 있는 '카지노업', '경마', '경륜', '경정', '복권', '체육진흥투표권', '소싸움 경기' 등은 광고 집행 불가

1) 도박, 카지노
① [형법] 및 [사행 행위 등 규제 및 특례법]에 따른 도박 및 사행 행위 사이트
② 도박 및 사행 행위 사이트로의 접속을 유도하는 배너, 링크 등을 가진 사이트
③ 도박장 또는 사행 행위 영업장 창업을 위한 컨설팅 등을 제공하는 사이트
④ 도박 또는 사행 행위를 모사한 게임을 제공하는 사이트

2) 경마/경륜/경정
① [한국마사회법] 및 [경륜/경정법]에 따른 경마, 경륜, 경정 사이트
② 경마, 경륜, 경정 사이트로의 접속을 유도하는 배너, 링크 등을 가진 사이트
③ 경마, 경륜, 경정 경주에 관한 예상 정보 등을 제공하는 사이트
④ 마권 또는 승자투표권 구매를 대행 또는 알선하거나, 마권 또는 승자투표권을 양도하는 사이트
⑤ 경마, 경륜, 경정을 모사한 게임을 제공하는 사이트

3) 복권
① 복권을 발행, 판매하는 사이트
② 복권 발행, 판매 사이트로의 접속을 유도하는 배너, 링크 등을 가진 사이트
③ 복권 구매를 대행 또는 알선하거나 복권을 양도하는 사이트

5. 위법/부적절한 콘텐츠 사이트

1) 게임기에 장착되어 불법 복제 프로그램을 구동할 수 있도록 제작된 닥터툴 상품을 판매하거나, 관련 정보를 공유하는 사이트
2) 어린이 장난감으로 취급될 수 있는 형상 및 외관을 가지고 있으며, 콘센트에 플러그를 꽂아 사용할 수 있는 완구 모형 전기용품을 판매하는 사이트
3) 학위논문 등의 작성을 대행해주거나, 각종 시험 등에 응시를 대리해주는 서비스를 제공하는 사이트
4) 카드깡, 휴대폰깡 등의 불법 대출 서비스를 제공하는 사이트
    ※ 카드깡 : 허위거래나 실제 거래금액을 초과하여 신용카드로 결제하도록 하거나 신용카드로 구매하도록 한 재화 등을 할인하여 매입하는 등의 『여신전문 금융업법』 위반
    ※ 휴대폰깡 : 허위거래나 실제 거래금액을 초과하여 휴대폰 요금으로 결제하도록 하거나 휴대폰 요금으로 구매하도록 한 재화 등을 할인하여 매입하는 등의 『정보통신망 이용촉진 및 정보보호 등에 관한 법률』 위반
5) 저작권을 침해할 수 있는 불법 자료를 제공하는 사이트
6) 정품 상품, 프로그램 등 합법적인 절차 및 서류를 갖추지 못하고 불법 유통하는 사이트
7) 법으로 금하거나 정보통신윤리위원회 등 관련 기관에서 지정한 불법적인 내용을 담고 있는 사이트
8) 선거, 정당, 정치 단체는 광고 집행이 불가하며, 특정 정당 및 후보의 정치 공략 또는 선거 관련 키워드, 문구, 이미지를 활용한 광고 집행 제한

6. 유사수신행위 사이트

1) 원금 또는 출자금 등을 보장한다는 명목으로 불특정 다수인으로부터 자금을 조달하는 업체의 사이트는 유사수신행위를 영위하는 것으로 판단되어 [유사수신행위의 규제에 관한 법률]에 따라 광고집행 불가

2) 사이트 내에서 다음과 같은 내용의 문구 또는 콘텐츠가 확인될 경우에는 유사수신행위를 영위하고 있는 것으로 판단
   - 투자하시면 원금 및 고수익을 보장합니다.
   - 투자금에 대한 안전한 회수를 보장합니다.
   - 투자하시면 고리의 이자를 지급해 드립니다.
   - 투자금에 대하여 월 수익금을 확정하여 지급해 드립니다.

7. 법령 및 선량한 풍속, 기타 사회질서에 반하는 사이트

1) 관련 법령 및 선량한 풍속, 기타 사회질서에 반하는 사이트는 광고할 수 없으며, 광고 게재 승인 이후라도 이러한 사실이 확인된 경우에는 광고집행 중단할 수 있음

2) 국내에 널리 인식된 타인의 성명, 상호, 상표/서비스표, 기타 타인의 상품 또는 영업임을 표시한 표지와 동일하거나 이와 유사한 것을 사용하여 타인의 상품 또는 영업과 혼동하게 하는 사이트는 광고집행 불가

8. 인터넷 판매 및 유통이 불가한 상품을 취급하는 사이트

1) 의약품을 판매하거나 이를 중개하는 사이트
2) 총포, 도검, 화약류, 분사기, 전기충격기, 석궁을 판매하거나 이를 중개하는 사이트
3) 혈액 및 혈액 증서로 금전, 재산상의 이익 기타 대가적 급부를 받거나 이를 중개하는 사이트
4) 군복, 군용장구, 유사군복(외관상 군복과 식별이 극히 곤란한 물품)을 판매하거나 이를 중개하는 사이트
5) 야생 동식물을 포획, 채취, 유통하거나 이를 중개하는 사이트
6) 허가받지 않은 주방용 오물 분쇄기를 판매하거나 이를 중개하는 사이트
7) 영업허가를 받지 않은 업자가 제조하거나 수입신고를 하지 않고 수입된 건강기능식품의 판매 및 이를 중개하는 사이트
8) 안전인증을 받지 않거나 표시가 없는 공산품, 전기용품의 판매 및 이를 중개하는 사이트
9) 등급분류를 받지 않은 게임, 음반 영상물을 판매하거나 이를 중개하는 사이트

9. 기타 사이트 및 콘텐츠

1) 도청, 위치추적 등 개인정보 침해 서비스를 제공하는 업체 또는 사이트 및 이와 유사한 사이트
2) 카페, 클럽, 블로그, 미니홈피 등 포털사이트 커뮤니티를 매매하는 사이트

10. 의견광고

1) 특정인에 대한 의견을 제시하거나 특정인 또는 특정집단에 반대하기 위한 의견 광고는 집행 불가

2) 사회적 이슈가 되고 있는 사안 또는 분쟁 가능성이 있는 사건에 대해 일방적으로 주장, 설명하는 내용의 광고는 집행 불가

3) 기타 광고 매체에 게재하는 것이 부적절하다고 판단되는 의견 광고는 집행 불가

※ 출처 : https://kakaobusiness.gitbook.io/main/ad/searchad/keywordad/ad-audit/restricted-industry

PART 01

PART 02

PART 03

PART 04

PART 05

PART 06

CHAPTER 05 > 구글의 광고정책

[구글 정책 소개]

구글애즈는 전 세계 모든 규모의 사업체가 구글과 구글 네트워크를 통해 다양한 제품과 서비스, 애플리케이션, 웹사이트를 홍보할 수 있도록 지원하고 있습니다. 구글에서는 광고주가 기존 고객과 신규 고객을 포함한 모든 잠재고객에게 도달할 수 있기를 바랍니다. 그와 동시에 구글에서는 안전하고 건전한 사용자 환경을 조성하고자 사용자에게 노출되는 광고 유형에 관한 의견과 우려에 귀를 기울이고 있습니다. 또한 온라인 트렌드 및 관행, 업계 규정과 정부 규제 등에 대해서도 정기적으로 검토하고 있습니다. 마지막으로, 정책을 개발하는 과정에서 구글은 기업으로서의 가치와 문화뿐 아니라 운영, 기술, 사업과 관련하여 고려할 사항에도 주의를 기울이고 있습니다. 이러한 배경에서 구글 네트워크의 모든 광고에 적용되는 정책을 개발했습니다.

광고주는 관련 법률 및 규정과 위에 설명된 구글 정책을 모두 준수해야 합니다. 사업을 운영하는 지역은 물론 광고가 게재되는 지역에 적용되는 요건을 반드시 숙지하고 최신 변경사항을 항상 알고 있어야 합니다. 이러한 요건에 위배되는 것으로 확인된 콘텐츠는 게재가 차단될 수 있으며, 반복적으로 혹은 심각한 수준으로 요건을 위반한 광고주의 경우 구글 광고 이용이 금지될 수 있습니다.

[정책 개요]

구글에서는 신뢰할 수 있고 투명하며 사용자, 광고주, 게시자 모두에게 적합한 건전한 디지털 광고 생태계를 지원하고자 합니다. 이 도움말의 목적은 아래에 안내된 구글 광고 정책에 부합하는 구글애즈 캠페인을 구축하도록 돕는 데 있습니다. 이러한 정책은 법률을 준수할 뿐만 아니라 사용자에게 안전하면서 만족도 높은 광고를 게재하기 위해 마련되었습니다. 즉, 구글 정책에 따라 사용자 및 전체 광고 생태계에 유해한 것으로 생각되는 콘텐츠는 금지됩니다.

구글에서는 자동 평가 방식과 직접 평가 방식을 복합적으로 사용하여 구글애즈가 이러한 정책을 준수하도록 합니다.

구글 광고 정책은 크게 네 가지 영역으로 구분됩니다.

1. 금지된 콘텐츠 : 구글 네트워크에서 광고할 수 없는 콘텐츠

① **모조품** : 구글애즈에서는 모조품의 판매 또는 프로모션을 금지하고 있습니다. 모조품에는 진품과 동일하거나 매우 흡사한 상표권 또는 로고가 사용됩니다. 위조업자는 브랜드의 특징을 모방하여 모조품을 해당 브랜드 소유권자의 진품으로 위장합니다. 이 정책은 광고와 웹사이트 또는 앱의 콘텐츠에 적용됩니다.

② **위험한 제품 또는 서비스** : 구글은 온라인 환경과 오프라인 환경 모두에서 사용자에게 안전한 환경을 제공하고자 손상, 손해 또는 부상을 입힐 수 있는 제품이나 서비스의 홍보를 허용하지 않습니다.

- 위험한 콘텐츠의 예 : 기분전환용 약물(화학 물질 또는 천연 성분), 향정신성 물질, 약물 사용을 돕는 장치, 무기, 탄약, 폭발물 및 폭죽, 폭발물 등 유해한 물품의 제조법, 담배 제품

③ **부정행위 조장** : 구글은 정직과 공정을 중요하게 여기며, 이에 따라 정직하지 못한 행동을 유도하는 제품이나 서비스의 홍보를 허용하지 않습니다.

- 부정 행위를 조장하는 제품이나 서비스의 예 : 해킹 소프트웨어 또는 해킹 방법 안내, 광고나 웹사이트 트래픽을 인위적으로 늘리기 위한 서비스, 위조 문서, 학력 위조 서비스

④ **부적절한 콘텐츠** : 구글은 다양성과 타인에 대한 존중을 중요하게 여기며 사용자가 불쾌감을 느끼지 않도록 노력하고 있습니다. 따라서 충격적인 콘텐츠가 포함되어 있거나, 증오, 편협, 차별 혹은 폭력을 조장하는 광고 또는 도착 페이지를 허용하지 않습니다.

- 부적절하거나 불쾌감을 주는 콘텐츠의 예 : 특정 개인이나 집단을 괴롭히거나 위협하는 콘텐츠, 인종차별, 혐오 단체 관련 용품, 적나라한 범죄현장 또는 사고현장 이미지, 동물 학대, 살인, 자해, 갈취 또는 협박, 멸종위기 동물의 판매 또는 거래, 욕설을 포함하는 광고

2. 금지된 행위 : 구글을 이용하는 광고주에게 허용되지 않는 행위

① **광고 네트워크 악용** : 구글에서는 구글 네트워크에 게재되는 광고가 사용자에게 유익하고 안전하며, 다양하고 관련성 높은 정보를 제공할 수 있기를 바랍니다. 구글에서는 광고주가 광고 심사 절차를 속이거나 우회하려는 광고, 콘텐츠 또는 대상을 운영하는 것을 허용하지 않습니다.

- 광고 네트워크 악용의 예 : 멀웨어가 포함된 콘텐츠의 홍보, 실제 사용자가 방문하게 되는 페이지를 숨기는 '클로킹(Cloaking)' 등 기법의 사용, '아비트리지(Arbitrage)' 또는 광고 게재가 유일한 혹은 주된 목적인 웹사이트의 홍보, 사용자를 다른 곳으로 보내기 위해 만들어진 '브릿지' 또는 '게이트웨이' 페이지의 홍보, 사용자로부터 소셜 네트워크상의 공개적 지지를 얻는 것이 유일한 혹은 주된 목적인 광고, '게이밍(Gaming)' 또는 구글의 정책 검토 시스템을 회피하기 위한 설정 조작

② **데이터 수집 및 사용** : 구글에서는 사용자의 정보를 소중하게 생각하고 적절한 방식으로 관리하고 있다는 신뢰를 주기 위해 노력하고 있습니다. 이에 따라 광고 파트너는 이러한 정보를 오용하거나 불분명한 목적을 위해, 혹은 적절한 공개 또는 보안 조치 없이 수집해서는 안 됩니다.

리마케팅 및 맞춤 잠재고객을 포함하는 개인 맞춤 광고를 사용하는 경우 추가 정책이 적용됩니다. 개인 맞춤 광고 타겟팅 기능을 사용하는 경우 개인 맞춤 광고 데이터 수집 및 사용 정책을 검토하시기 바랍니다.

- 취급 시 주의해야 하는 사용자 정보의 예 : 성명, 이메일 주소, 우편 주소, 전화번호, 국적, 연금, 주민 등록번호, 세금 ID, 건강보험 또는 운전면허증 번호, 생년월일, 재정 상태, 정치적 준거 집단, 성적 지향, 인종 또는 민족, 종교
- 무책임한 데이터 수집 및 사용의 예 : 비보안 서버를 통한 신용카드 정보 수집, 사용자의 성적 지향 혹은 재정 상태를 알고 있다는 식의 홍보, 관심 기반 광고 및 리마케팅에 적용되는 구글 정책의 위반

③ 허위 진술 : 구글에서는 사용자가 구글 플랫폼을 신뢰하기를 바라며, 이를 위해 광고를 통해 사용자가 정보를 바탕으로 결정을 내리는 데 필요한 명확하고 정직한 정보를 제공하고자 노력하고 있습니다. 구글에서는 관련성이 높은 제품 정보를 제외하거나 제품, 서비스 또는 비즈니스에 관한 오해의 소지가 있는 정보를 제공하여 사용자를 기만하려는 광고 또는 대상을 허용하지 않습니다.

- 허위 진술의 예 : 대금 청구 방법/금액/시기 등과 같은 결제 세부 정보의 누락 또는 불명확한 표기, 이자율/수수료/위약금과 같은 금융 서비스 관련 비용의 누락 또는 불명확한 표기, 사업자등록번호/통신판매업신고번호/연락처 정보/사업장 주소(해당하는 경우)의 미표기, 실제로 구매 또는 이용할 수 없는 상품, 서비스, 거래 제안, 체중 감량이나 금융 소득과 관련하여 비현실적이거나 오해의 소지가 있는 주장, 허위 기부금 및 물품 모집, '피싱(Phishing)' 또는 사용자의 중요한 개인정보나 금융 정보를 빼내기 위해 유명 회사를 사칭하는 행위

3. 제한된 콘텐츠 및 기능 : 제한적으로만 광고할 수 있는 콘텐츠

아래의 정책은 법적, 문화적으로 민감할 수 있는 콘텐츠와 관련이 있습니다. 온라인 광고는 고객에게 도달하기 위한 효과적인 방법이지만, 구글에서는 민감한 콘텐츠의 경우 부적절하게 보일 수 있는 시기와 위치에 광고가 게재되지 않도록 필요한 조치를 취하고 있습니다.

이에 따라 아래의 콘텐츠는 제한적으로만 광고가 허용됩니다. 일부 지역의 일부 사용자는 이러한 광고를 보지 못할 수 있으며, 광고주는 광고를 운영하기 전 추가적인 요건을 충족해야 할 수도 있습니다. 일부 광고 제품, 기능, 네트워크에서는 아래의 제한된 콘텐츠를 지원하지 않을 수 있다는 점에 유의하시기 바랍니다. 더 자세한 내용은 정책 센터에서 참고할 수 있습니다.

① 기본 광고 처리 : 구글에서는 모든 사용자에게 안전하고 신뢰할 수 있는 광고 경험을 제공하기 위해 최선을 다합니다. 이를 위해 구글에서는 로그인하지 않은 혹은 만 18세 이상임이 확인되지 않은 사용자에게 특정 유형의 광고 카테고리를 게재하는 것을 제한합니다.

② 성적인 콘텐츠 : 광고는 사용자 환경설정을 존중하고 법적 규정을 준수해야 합니다. 구글에서는 광고 및 도착 페이지에 포함된 특정 종류의 성적인 콘텐츠를 제한하여 사용자 검색어, 사용자 연령, 광고가 게재되는 지역의 현지 법규에 따라 제한된 시나리오에서만 게재됩니다. 광고가 미성년자를 타겟팅해서는 안됩니다.

- 제한된 성적인 콘텐츠의 예 : 생식기 및 여성 가슴 노출, 번개 만남, 성인용품, 스트립 클럽, 외설적인 실시간 채팅, 선정적인 자세를 취한 모델

③ **주류** : 구글은 현지 주류 관련 법규 및 업계 표준을 준수하므로 주류 관련 광고는 허용하지 않습니다. 주류 및 주류와 유사한 음료 모두가 이에 해당합니다. 일부 유형의 주류 관련 광고는 허용됩니다. 단, 아래의 정책에 나온 요건을 충족해야 하고, 미성년자를 타겟팅하지 않으며, 주류 광고를 명시적으로 허용하는 국가만 타겟팅해야 합니다.

- 광고가 제한되는 주류의 예 : 맥주, 와인, 사케, 증류주 또는 독주, 샴페인, 강화 와인, 무알코올 맥주, 무알코올 와인, 무알코올 증류주

④ **저작권** : 구글은 현지 저작권법을 준수하고 저작권 보유자의 권리를 보호하므로 무단으로 저작권 보호 콘텐츠를 사용하는 광고를 허용하지 않습니다. 저작권 보호 콘텐츠를 사용할 법적 권한이 있는 경우 광고를 게재하려면 승인을 신청하세요. 승인되지 않은 콘텐츠가 표시되면 저작권 관련 이의신청서를 제출하세요.

⑤ **도박 및 게임** : 구글은 책임감 있는 도박 광고를 지원하고 현지 도박 관련 법규 및 업계 표준을 준수하므로 특정 유형의 도박 관련 광고를 허용하지 않습니다. 도박 관련 광고는 아래의 정책을 준수하고 광고주가 적절한 구글애즈 인증을 취득한 경우 허용됩니다. 도박 광고는 승인된 국가를 타겟팅하고, 책임감 있는 도박에 대한 정보를 표시하는 방문 페이지를 보유해야 하며, 미성년자를 타겟팅하지 않아야 합니다.

- 광고가 제한되는 도박 관련 콘텐츠의 예 : 오프라인 카지노, 사용자가 포커/빙고/룰렛/스포츠 게임에 내기를 걸 수 있는 사이트, 국영 또는 민간 복권, 스포츠 배당률 애그리게이터 사이트, 도박 사이트의 보너스 코드 또는 프로모션 혜택을 제공하는 사이트, 카지노 기반 게임에 관한 온라인 교육 자료, '재미로 하는 포커' 게임을 제공하는 사이트, 카지노 이외의 현금 게임 사이트

⑥ **헬스케어 및 의약품** : 구글은 건강 관리 및 의료에 대한 광고 규정을 준수하기 위해 최선을 다하고 있으므로 광고 및 대상은 관련 법규 및 업계 표준을 준수해야 합니다. 일부 건강 관리 관련 콘텐츠는 전혀 광고할 수 없으며, 광고주가 구글 인증을 받았고 승인된 국가만 타겟팅하는 경우에만 광고를 게재할 수 있습니다.

⑦ **정치 콘텐츠** : 모든 정치 광고 및 대상은 광고가 타겟팅하는 모든 지역의 현지 캠페인 및 선거법을 준수해야 합니다. 이 정책에는 법적으로 규정된 선거 운동 '금지 기간'이 포함됩니다.

- 정치 콘텐츠의 예 : 정당 또는 후보 홍보, 정치 사안 지지

⑧ **금융 서비스** : 구글에서는 사용자가 적절하고 정확한 정보를 바탕으로 재무적 결정을 내릴 수 있도록 돕기 위해 노력하고 있습니다. 구글의 정책은 사용자에게 금융 상품 및 서비스와 관련된 비용을 검토할 수 있는 정보를 제공하고, 유해하거나 기만적인 금융 상품 판매로부터 사용자를 보호하기 위해 마련되었습니다. 이 정책에서 금융 상품 및 서비스라 함은 맞춤 재무 컨설팅을 포함한 자금 및 암호화폐의 관리 또는 투자와 관련된 상품 및 서비스를 가리킵니다.

금융 상품 및 서비스를 홍보하는 경우 광고가 타겟팅하는 지역의 중앙 및 지방 정부 규정(예 현지법에서 요구하는 특정 공개사항 포함)을 준수해야 합니다. 자세한 내용은 국가별 요건(모든 요건이 포함되어 있지는 않음)을 참조하세요. 하지만 광고주는 광고가 타겟팅하는 모든 지역의 현지 규정에 대한 자체 조사를 해야 합니다.

⑨ **상표권** : 구글 광고에 상표를 사용할 수 있는 경우를 결정하는 요소로는 여러 가지가 있습니다. 정책 센터에 설명된 바와 같이 본 정책은 상표 소유자가 구글에 유효한 상표권 침해 신고서를 제출한 경우에만 적용됩니다.

⑩ **현지 법규** : 광고주는 광고가 게재되는 모든 지역에서 구글 광고 정책뿐 아니라 모든 관련 법률 및 규정을 항상 준수해야 합니다.

⑪ **기타 제한된 비즈니스** : 일부 유형의 비즈니스는 사용자 피해를 방지하기 위해 구글 광고 서비스 이용이 제한될 수 있습니다. 이때 이 비즈니스가 다른 구글 정책을 준수하는지는 고려되지 않습니다. 구글에서는 지속적인 자체 검토와 사용자, 규제 기관 및 소비자 보호 당국의 의견을 바탕으로 악용되기 쉬운 제품 또는 서비스를 찾아내기도 합니다. 특정 유형의 비즈니스가 사용자의 안전 또는 환경에 부당한 위험을 주는 것으로 판단되면 구글에서는 관련 광고의 게재를 제한 또는 중지할 수 있습니다.

⑫ **제한된 광고 형식 및 기능** : 구글 광고의 고급 광고 형식 및 기능에 대한 액세스를 결정하는 여러 가지 요소가 있습니다. 모든 광고주는 특정 요구 사항을 충족하거나 인증 절차를 완료할 때까지 특정 광고 형식을 사용할 수 없습니다.

⑬ **아동용 콘텐츠 요건** : 광고주는 아동용으로 설정된 콘텐츠에 개인 맞춤 광고를 게재하지 않을 수 있습니다. 아동용 콘텐츠에 광고가 제한된 카테고리는 ㉠ 성인용 및 선정적 콘텐츠, ㉡ 연령 제한 미디어 콘텐츠, ㉢ 주류/담배/기분전환용 약물, ㉣ 도박, ㉤ 모바일 구독 등이 있습니다.

4. 광고소재 및 기술 관련 요건 : 광고, 웹사이트, 앱이 충족해야 하는 품질 기준

구글에서는 불편함이나 번거로움을 주지 않으면서 사용자의 관심을 끌 수 있는 광고를 제공하기 위해 노력하고 있습니다. 이에 광고주가 효과적인 광고를 만드는 데 도움을 주고자 광고소재 요건을 개발했습니다. 또한 사용자와 광고주가 구글에서 제공하는 다양한 광고 형식을 충분히 활용할 수 있도록 기술 요건도 마련했습니다.

① **광고소재** : 만족스러운 사용자 환경을 제공하기 위해 구글은 모든 광고, 광고 확장, 도착 페이지에 엄격한 전문성 및 광고소재 표준을 적용하고 있습니다. 이에 따라 구글 네트워크에 게재되는 광고는 전문적이고 명확해야 하며, 사용자를 관련성 있고 유용하면서 쉽게 이용할 수 있는 광고로 유도해야 합니다.

- 광고소재 및 전문성 관련 요건을 충족하지 못하는 광고의 예
  - '여기서 제품을 구매하세요'와 같은 모호한 문구가 포함된 지나치게 광범위한 광고
  - 단어, 숫자, 문자, 구두점, 기호를 반복적으로 또는 교묘하게 사용하는 광고(예 FREE, f-r-e-e, F₹€€!!)

② **도착 페이지 요건** : 구글에서는 고객이 광고를 클릭할 때 만족스러운 경험을 할 수 있기를 바랍니다. 따라서 도착 페이지는 사용자에게 가치 있는 정보를 제공하고, 정상적으로 작동하고, 유용하고, 쉽게 탐색할 수 있어야 합니다.

- 도착 페이지 요건을 충족하지 못하는 광고의 예
  - 'google.com'을 입력했는데 'gmail.com'으로 이동하는 등 표시 URL이 방문 페이지의 URL을 정확하게 반영하지 못하는 광고
  - 미완성되었거나, 도메인이 선점되었거나, 작동하지 않는 사이트나 앱
  - 일반적으로 사용되는 브라우저로 볼 수 없는 사이트
  - 브라우저의 '뒤로' 버튼을 사용할 수 없는 사이트

③ **기술 요건** : 명확하고 기능적인 광고가 게재될 수 있도록 광고주는 특정 기술 요건을 충족해야 합니다.

④ **광고 형식 요건** : 광고주가 만족스러운 사용자 환경을 제공하고 매력적이고 전문적인 광고를 게재할 수 있도록 구글에서는 각 광고에 적용되는 특별한 요건을 준수한 광고만 허용합니다.

*참고 : 이미지 광고, 동영상 광고를 비롯해 텍스트 광고가 아닌 형식으로 된 비가족용 광고는 금지됩니다.

  - 광고 형식 요건의 예 : 광고 제목 또는 내용의 글자 수 제한, 이미지 크기 요건, 파일 크기 제한, 동영상 길이 제한, 가로 세로 비율

※ 출처 : https://support.google.com/adspolicy/answer/6008942

MEMO

MEMO

MEMO

MEMO

MEMO

MEMO

검색광고마케터 1급

초 판 발 행   2023년 03월 10일
개정1판2쇄   2024년 07월 30일

저   자   방미영 · 서보윤
발 행 인   정용수
발 행 처   (주)예문아카이브
주   소   서울시 마포구 동교로 18길 10 2층
T   E   L   02) 2038 - 7597
F   A   X   031) 955 - 0660

등 록 번 호   제2016 - 000240호

정   가   22,000원

홈페이지 http://www.yeamoonedu.com

I S B N   979-11-6386-273-4   [13000]